»Wie soll man sich dieser Stadt nähern, die so vielerlei herüberschickt in unser Abendland, wo die Empfehlungen dafür lauten: Vom Wasser her, notfalls schwimmend zur Serailspitze hin. Durch die Luft jedenfalls auf einem fliegenden Teppich. Und literarisch ausgerüstet lediglich mit den Märchen aus den Tausendundein Nächten im erwartungsvollen Gemüt?« Esther Gallwitz beantwortet die Frage in ihrer Sammlung umfassend.
In siebenunddreißig chronologisch geordneten Kapiteln entsteht in diesem Buch ein lebendiges Bild der Stadt *Istanbul,* die in der Vergangenheit eine weitaus größere Rolle spielte als heute. Zuerst Kaiserstadt *Konstantinopel,* dann Hauptstadt des byzantinischen Reiches *Byzanz,* schließlich, nach der Eroberung durch die Türken im 16. Jahrhundert, Hauptstadt des türkischen Reiches *Istanbul.*

insel taschenbuch 530

Istanbul

ISTANBUL

Herausgegeben von Esther Gallwitz
Mit Illustrationen von Thomas Allom
Insel Verlag

insel taschenbuch 530
Erste Auflage 1981

Quellenhinweise am Schluß des Bandes
Vertrieb durch den Suhrkamp Taschenbuch Verlag
Umschlag nach Entwürfen von Willy Fleckhaus
Satz: LibroSatz, Kriftel
Druck: Nomos Verlagsgesellschaft, Baden-Baden
Printed in Germany

Wann eine Lust dich treibt was Seltsames zu sehen
dort wo der halbe Mond im Osten pflegt zu stehen/
das vormals Abraham von Gott gelobte Land/
so nun getrücket wird von schwerer Türcken Hand
so geh durch dieses Buch / du wirst in wenig Stunden
durchreysen tausend Meil / eh daß du noch empfunden
der Füße Müdigkeit. Es braucht nicht lange Weil/
kein Säbel hindert dich / kein schneller Türcken Pfeil.

M. Samuel Christelius, SS. Theol. Stud. Qui

I

BYZANZ, CONSTANTINOPEL, ISTANBUL

Eine Stadt und ihre Namen

Die »Blinden« bauten die erste Stadt gegenüber

von Nikolai 1551

Die Stadt soll zuerst von den Lacedämoniern erbaut worden sein, unter der Regierung des Fürsten Pausanias, 663 Jahre vor Christi Geburt. Man erzählt sich noch folgende Sage. Pausanias befragte das Orakel, wo er sich mit seinen Lacedämoniern niederlassen sollte; ihm wurde zur Antwort gegeben: »zunächst bei den Blinden.« – Unter den Blinden aber wurden die Megarenser verstanden, welche zuerst nach Thrazien gekommen waren, die fruchtbare Gegend und vorteilhafte Lage von der jetzigen Stadt aber nicht erkannten, sondern sich an das ganz unfruchtbare Gestade Klein-Asiens überschifften, und dort die Stadt Calcedon erbauten.

Woher die alte Stadt Byzanz ihren Namen gehabt haben soll.

Melanchthon 1557

Die Stadt ist gelegen in Thracia am Hellesponto, und ist dem Reich sehr bequem gewesen, denn Europa und Asia ist daselbst nicht weit voneinander gelegen, auch ist Afrika nicht unbequem zu schiffen. Und man schreibt auch, daß die alte Stadt Byzantium von denen zu Charthago gebauet sei. Von diesem zeugen viel Historien, daß sie mit Schiffen sehr wohlgerüstet gewesen seien und ihre Ware sehr weit weg geführt haben. Und meines Bedünkens nach achte ich, daß des Namens Ursprung aus der Sprache der Völker in

Phönicia herkomme, welcher Name sich reimt auf eine neue Niederlage, da der Ort zur Wollust bequem ist. Betzonia, das ist ein Weinhaus, und daß dieser Name sich darauf füge, haben die alten Sitten ausgewiesen.

»Warum Constantinopel Istampel genennet werde.«

Gerlach 1674

Ob der Mahlzeit erzählte mein Gnädiger Herr, warum die Türken Constantinopel Istampel nennen? Und sagt, sie haben's von den Griechen. Wann von diesen einer den anderen gefragt: wo willst du hin? hab er geantwortet: Istinpolis. Gleich wie man auch von Rom gesagt: Wohin? In urbem. Woher? Ex urbem. Wann er schon viel Meilen davon gewesen. Dergestalt haben die Türken auch etliche Worte von den Völkern, unter denen sie gewohnet, genommen, und aus den griechischen Wörtlein ein verderbtes Istampol gemachet. Die gelehrten Türken nennen Constantinopel anstatt Istampol Ißlampol, das ist der Gläubigen Stadt. Denn Ißlam heisset der wahre Glaub'.

»Man könnte das Ganze mit einem Adler von ausgespannten Flügeln, welcher schief zur Linken blicket, vergleichen.«

Gylles 1549

Hierüber sind die Nachrichten früherer Geschichtschreiber sehr verschieden. Nach Einigen erbaute Byzanz ein Sohn der Ceres und des Neptuns, Namens Byzanz, nach Andern Byzes, der Anführer einer Megarensischen Kolonisten-Flotte, welchen Byzanz eigentlich sein Dasein verdankte. Noch Andere geben den Sparter Pausanias als den Gründer von Byzanz an, wiewohl er diesen Namen nur dadurch verdient haben mag, daß er, durch Abfüh-

rung einer Kolonie dahin, Byzanz in neuen Flor versetzte.
Byzanz hieß auch Antonina, von Antoninus Bassianus, einem Sohne des Kaisers Severus, und viele Jahre später erhielt es durch Konstantin den Großen die Namen: Neu-Rom – Konstantinopel – Konstantins-Stadt.

Konstantin der Große ging damit um, eine Stadt zu bauen, welche seinen Namen tragen sollte. Lange schwankte sein Entschluß, in welcher Gegend er die Konstantins-Stadt erstehen lassen wollte, bis er endlich durch einen Zufall zu dem Entschluße bewogen wurde, daß aus Byzanz Konstantinopel werden sollte. Adler sollen nämlich an dem Orte, wo er vorher Konstantinopel erbauen wollte, von Zeit zu Zeit den Bauleuten Steinchen geraubt, und nach Byzanz getragen haben. Es war im 362ten Jahre von der Allein-Herrschaft des August's an, als Konstantin der Große Byzanz zur Welt-Gebieterin erhob. Das alte ehrwürdige Rom genügte dem stolzen Herrscher nicht mehr, und ein neues Rom Konstantin's erhob sich. Furchtbare Mauern umzingelten es; herrliche Paläste wuchsen empor für das erlauchte Korps der Senatoren, welche er aus Rom mit sich gebracht hatte, und in der neuen Kaiserstadt eben so geehrt wissen wollte, wie zu Rom.

Konstantinopel wird auf drei Seiten vom Meere umgeben, gegen Nord von dem Meerbusen, welchen der Bosporus bildet, genannt das Horn, gegen Ost wird es eingeschlossen von den äußersten Mündungen des Bosporus, gegen Süd begrenzt es der Propontis, und gegen West das Festland Thraziens.
Die Gestalt betreffend, dehnt sich Konstantinopel landeinwärts immer mehr in die Breite aus, und hat ungefähr die Gestalt eines Dreieckes mit gebogenen Seiten und stumpfen Winkeln; von den drei Winkeln ist einer gelagert gegen den

Propontis, der zweite gegen das Festland Thrazien's – beide haben gleiche Länge – der dritte am Meerbusen liegend, ist allenfalls um eine Meile kürzer.
Im Umfange hat die Stadt 2½ geographische Meilen, nach älteren Geschichtschreibern 111 Stadien. Ihre Länge erstreckt sich über den Rücken des Vorgebirges, welches aus 6 Hügeln besteht, und wird nicht viel über 30 Stadien ausmachen. Die Breite der Stadt ist verschieden, und beträgt nie unter einer Meile; aber auch nirgends mehr als 12 Stadien; nur da, wo die Stadt sich in zwei Flügel ausbreitet, ist sie so breit, als lange. Man könnte das Ganze mit einem Adler von ausgespannten Flügeln, welcher schief zur Linken blicket, vergleichen; auf seinem Schnabel läge der erste Hügel des Vorgebirgs und der kaiserliche Palast, auf dem Auge die Sophien Kirche, auf dem Hinterkopfe die Rennbahn; auf dem Halse der zweite und dritte Hügel, den übrigen Teil der Stadt machten die Flügel und der übrige Körper aus.

»Beschreibung der Kaiserlichen Stadt, derselben Gegend, Gelegenheit, Bebauung und Bewohnung.«

Kriestein 1543

Constantinopel ist von alters Bisantium genannt worden, danach Neu Rom, nachfolgend vom Kaiser Constantino dem ersten, Constantinopel. Biasanza (wie man sagt) war auf der Seite, da nun Pera liegt, und hat den Namen vom Fluß Biasancio, welcher nachfolgend durch ein Erbeben (deren an demselben Ort viele und gewöhnlich sind) seinen Lauf auf andere Orte gewendet, wiewohl ich's nicht glaub' ...
Die Stadt hat um sich im Kreis achtzehn welsche Meilen und ist bergig, hat sieben Berglein, nicht sehr hoch. Die Ringmauer darum ist schlecht, voller, aber nicht sehr guter Häuser aus Holz und Letten, und wenig von Stein erbaut. Es

gibt auch viel öde und unwohnhafte Ort, da wächst Zypresse und dergleichen Bäum. In Constantinopel ist des Türken Palast, ein herrlich groß Ding. Item der verschlossene Palast des Frauen Zimmers, die Wohnung der Genizzer (Janitscharen), des Patriarchats, der Palast Kaiser Constantini, der zum Teil zerbrochen, Sankt Sophias Kirch, ein sehr schön und herrlich Ding, von Kaiser Constantino erbaut zum allerschönsten, mit Säulen, Marmelstein und Antiquitäten, wie man noch auf heutigen Tag sieht. Aus einem anderen Teil desselben hat der Türk einen Roßstall gemacht für seine Pferd'. Item der Tempel oder Moschea des Sultan Mahomets. Hart daran ist ein Amorato, das ist wie ein Spital, daselbst beherbergt man jedermann, welcher Nation und Glaubens er sei, der hinein begehrt. Den speist man drei Tage lang, gibt ihm Honig, Reis, Fleisch, Brot und Wasser, auch eine Schlafkammer. Man sagt, daß einen Tag um den andern über tausend Gäst' von mancherlei Nation da unterhalten werden. Hat dabei Bäder und sehr schöne Brunnen, die sind sehr lustig zu sehen. Es sind da auch die Moschea oder Tempel des Sultan Baiesyt, Sultan Selim und anderer Herren, die sind ohn' Maß schön und wohl erbaut. Aus dem scheint, wenn sie wollten, könnten sie auch schöne und köstliche Häuser und Paläst' bauen. Item das Ort, genannt Hippodramo, das ist da, wo man vor altem die Roß laufen ließ, nach der Art Teatro und Circo. Zur Mitte des Hippodramo steht eine Agucchia, das ist eine Säul, formiert wie eine Nadel, sehr schön und wohl gemacht, ohne Mörtel, aus lebendigem Stein zusammen gesetzt, und geht in die Höhe, mehr als fünfzig Ellen, sich verlierend, das gleich aussieht wie eine Nadel, und steht auf vier marmelsteinernen Kugeln. Allda ist noch eine Säul, gemacht wie eine Natter, mit dreien Köpfen aus Glockenspeis. Noch ein glockenspeiserner Hercules, aus Ungarn dargebracht. Danach zur Mitte mancherlei Marmelsteinerne Stück aufgerichtet, in die sind die Historien obgesagter und anderer Ding gehauen, die auf dem Teatro und Hippodramo sich verlaufen haben. Es sind auch in der Stadt hin und wider eingeführte Wasser, Archen, Säulen, Brunnen aus der Donau und anderen nahegelegenen Wassern hineingeleitet. Viel Gärten an der Reichen Häuser. Viel Moschea und Tempel besonderer Herren. Bäder, die an den Tempeln stehen und besonderen Personen und der Gemeind' gehören. An der anderen Seite des Meers, oberhalb des Palasts, sind ungefähr bei zwei welschen Meilen, ein wenig mehr oder minder, die Berg Asiens, welches Asia jetzt unter dem Namen Natalia genannt wird. Und am Ufer daselbst sind etliche kleine Schlößlein, die genannt werden Scutari. Danach liegt Calcedonia im Winkel des Helesponti, da sieht man viel Antiquitäten. Da ich hinkam, sah ich unterm Erdreich einen Brunnen gebaut, aus dem allerbesten Marmelstein. Und in der Mitte des Brunnens entsprang und quellte ein frisches Wasser, darüber war ein Gewölb aus feinem Marmelstein auf vier schönen Säulen. An anderen Orten sieht man altes, zerbrochenes Kirchengebäu von Christen und anderer. Und in der Wahrheit die allerschönsten lieblichsten und fruchtbarsten Ort'. Die Gegend der Stadt Constantinopel ist solchermaßen beschaffen, daß man's vollkommen nicht allein nicht beschreiben, sondern auch der verschiedentlichen Ding halber mit der Vernunft kaum erlangen mag. Und da ist keiner, der es sieht, und schätzt's nicht allen anderen Gegenden der Welt voranzusetzen für würdig. In der Stadt wohnen außer den Türken ohne Zahl viel Juden, nämlich Marranen, so aus Hispania vertrieben sind, welche die Türken alle Handwerk gelernt haben und noch lernen, und der mehrere Teil aller Handwerksläden, werden von den genannten Marranen gehalten. Es ist ein Ort in der Stadt, der heißt Bisestano, da kauft und verkauft man allerlei Gewand und türkische Ware, wie seidene Tücher, Flachs, Silber, gearbeitetes Gold, Bögen, Menschen, Roß und schließlich alle Ding, so man zu Constantinopel hat, die bringt man daher zu Markt, und hat

Alltag feil und offen außer des Freitags ... Noch ist ein Arsenal, das ist ein Zeughaus für Schiffe, an der Seite zu Pera, klein und nicht weit im Kreis. Es hat auf dem Meer 92 Gewölbe, und innen im Arsenal nicht so viel Weite und Platz, daß man nicht allein Galeeren, sondern auch das Zeug und Holz dazu gehörig darin nicht behalten kann. In demselben arbeiten gemeinhin des Tags an 200 Mann.

Aufruf zur Wiedereroberung
de Lisola 1684

Wenn irgend eine Stadt in der Welt zum Sitz und Haupt eines großen Kaisertums von Natur wohl gelegen und bequem ist, so ist es meistlich Constantinopel, als in welcher Stadt man die Grenzen Asiens und Europas genau und nahe sehen, und also aus Europa seinen herrschsüchtigen Scepter samt den länderbegierigen Waffen gar leicht bringen kann, auch diese großen Welt-Teile durch das Band mächtiger Herrschaft zusammenbinden und vereinigen kann, ob sie schon durch eine Meerenge voneinander geschieden seien.
Dies war auch eine von den meisten Ursachen, warum die alten römischen Kaiser von Constantini Magni Zeiten, diese herrliche und so wohl gelegene Stadt zu dero Sitz erkieset und zum neuen Rom gemacht haben. Wenn also ein Ort der Christenheit zum besten zu erhalten und wider die Türken möglichst zu beschützen oder auch wieder zu erobern sei, ist es gewisslich vor allen andern Constantinopel, durch dessen Verlust die ganze Christenheit in allen asiatischen und angrenzenden europäischen Ländern einen erbärmlichen Sturzfall erlitten.
Daher muß man sich höchlichst verwundern über die Trägheit der damaligen deutschen Kaiser und anderer christlichen Häupter, welche doch vormals so begierig waren, das gelobte Land mit großen und kostbaren Heereszügen, an

welche sie fast ihr Land und Leute, ja Gut und Blut wageten, einzunehmen. Daß sie nachmals so stille sitzen können und zusehen, wie diese mächtige Stadt samt dem ganzen orientalischen Kaisertum an den Erbfeind des Christlichen Namens übergehe.

Istanbul

Haller 1979

erstellt über den Untiefen
zwischen Erdteil und Erdteil
so alt, so wirr von Pracht
halb Mond, halb Abhub

dampfend am Tag
gebläht von Kuppeln
geschlitzt von Messern
gewürgt von Schnüren
gereizt vom gellenden Blech
der vor Hitze verrückten Autos

sitzst Du vorm Meer
wo der Plunder blüht
die Brüste voll Weihrauch
die Füße bedeckt mit dem Schorf der Verlorenen

Du bist
das Gewölb des neunten Himmels
der Schnee der Zisterne
der Fluch im Mund des Hungernden
Meerstern
Lichtbaum
Tau am Morgen
Glühender Stein

2
DIE EROBERUNG CONSTANTINOPELS

»Er hat die Trachen Büchsen gießen lassen«

Lewenklaw 1590

Sultan Muchemet Chan, der ander (der zweite) dies Namens, und sonst der neunte Fürst Osmanier Geschlechts.

Er hat die Trachen Büchsen gießen lassen, und ist also von Adrianopoli mit dem Geschütz und so mächtigem Kriegsvolk ausgezogen, und hat sich für die Stadt Constantinopoli gelägert: Da er dann die Stadt beschossen, die Mauern und Zinnen zerbrochen hat.

Derweil aber die Christen darin so große Wehr täten, doch die Stadt vor ihm nicht erhalten konnten, hat er sie seinem Kriegsvolk preisgeben. In dem sind die Türken heftig angetreten, haben gestürmt, und haben die Stadt mit Gewalt eingenommen.

Am 20. des Monats Rebuilula 1453 haben die Türken die Stadt Constantinopoli gewonnen und erobert.

Da sie nun in seine, des Sultan Muchemets Gewalt gekommen: Hat er sich der seltsamen Gebäu verwundert und ist in der Stadt umhergeritten. Wie er auf den Atmeidam kam, hat er daselbst gesehen eine steinerne Säulen, darauf gesetzt eine dreifache kupferne Schlange mit drei Köpfen. Wie er dies gesehen, hat er gefragt, was das für ein Abgott wäre. Hat mit einem Pussdigan danach geworfen, hat der einen Schlangen Kopf die untere Lefzen abgeworfen. Sobald das geschehen, sind viel Schlangen in der Stadt gesehen worden. Wie solches erfolgt, haben ihn die Leut beredet, daß er es ferner zufrieden gelassen. Denn durch dasselb Bild ist gemacht, daß kein Schlang hat in der Stadt sein dürfen. Welche Säule noch auf den heutigen Tag stehet. Und wiewohl

nach Abwerfung der einen kupfernen Schlang unterer Lefzen, Schlangen in die Stadt gekommen sind: können oder mögen sie doch niemand beschädigen.
Es ist auch ein kupfernes Pferd aufgerichtet gewesen, darauf ein kupferner Mann gesessen, welches er auch hinweg hat reißen lassen. Durch dasselb soll der Pestilenz der Weg verbunden gewesen sein, damit die in der Stadt nicht hab regieren mögen.

Ein schlichter Mitkämpfer auf griechischer Seite berichtet von der Eroberung

Nikonchronik

Im Jahre 6961 (1452/53), als der gottlose Mehmed, Sohn des Murad, über die Türken herrschte und mit dem in Konstantinopel regierenden rechtgläubigen Kaiser Konstantin, Sohn des Johannes, Frieden und Vertrag hatte – da begann dieser gottlose Mehmed den Krieg gegen Konstantinopel. In rechtswidriger Weise, entgegen allen Vereinbarungen und Schwüren, führte er zu Wasser und zu Lande eine große Streitmacht herbei und eröffnete den Kampf. Unerwartet rückte er an und schloß die Stadt mit starker Heeresmacht ein. Der Kaiser, die anwesenden Würdenträger und alle Leute in der Stadt sahen ihn heranziehen und wußten nicht, was tun; denn in der Stadt waren nicht Leute genug versammelt und auch die Brüder des Kaisers waren abwesend. Da sandte der Kaiser Unterhändler zum Sultan Mehmed, um sich nach dem Geschehenen zu erkundigen und wegen Friedens zu verhandeln. Jener Verruchte aber – ungläubig und heimtückisch, wie er war – schickte die Gesandten unverrichteter Dinge zurück. Er selbst aber rückte mit einem gewaltigen Heeresaufgebot mit furchtbarer Wucht zu Wasser und zu Lande vor die Kaiserliche Stadt, im Monat Dezember. Und er befahl, Geschütze, Feuerschlangen und

Mauerbrechgeräte in Tätigkeit zu setzen und den Sturm auf die Stadt vorzubereiten. Die Leute in der Stadt aber, Griechen und Franken, machten Ausfälle aus der Stadt und kämpften mit den Türken, um sie an der Aufstellung der Mauerbrechgeräte zu hindern. Da jedoch die türkische Heeresmacht groß und mächtig war, so konnten ihr die Griechen keinen fühlbaren Schaden antun, denn es kämpfte da einer gegen Tausend und zwei gegen unzählige. Als nun der Kaiser dieses erfahren hatte, befahl er den Würdenträgern und Megistanen, die Krieger auf die Stadtmauern, Türme und Tore zu verteilen, ferner auch Wachtposten und Sturmglocken auf allen Abschnitten aufzustellen. Ein jeder sollte so seinen Abschnitt versorgen und schützen, alles herrichten, was zum Kampfe notwendig ist, und die Türken von der Mauer herab bekämpfen; keiner sollte jedoch die Stadt verlassen, weder zu Fuß, noch zu Pferd. Desgleichen befahl er, an den sturmgefährdeten Stellen Geschütze und Feuerschlangen aufzustellen, um die Mauern zu schützen. Der Kaiser selbst aber und mit ihm der Patriarch, die Kaiserin, die heiligen Väter und die gesamte Geistlichkeit, sowie auch zahlreiche Frauen und Kinder zogen in die heiligen Kirchen, beteten und sprachen wie folgt: »Herr, o Herr! Furchterregendes Wesen und unaussprechliche Kraft, bei deren Anblick weiland die Berge erzitterten (Jes. 64, 1) und die Kreatur erbebte, Sonne und Mond erschraken und zu leuchten aufhörten, die Sterne aber vom Himmel herabfielen! Wir aber, die Verruchten, achteten all dessen nicht, sündigten und übertraten Deine Gebote, o Herr, und erzürnten und ergrimmten Deine göttliche Herrlichkeit unzählige Male. Denn vergessen haben wir Deine große Gnade und achteten nicht Deiner Gebote, und wie die Rasenden wandten wir uns ab von Deiner Gnade und Deinen Wohltaten, die auf uns ruhten, und wandten uns zu den Uebeltaten und Gesetzlosigkeiten, die uns weit von Dir wegführten. Alles, was Du nunmehr über uns und über diese heilige

Stadt hast hereinbrechen lassen, hast Du in Deinem gerechten und wahrhaftigen Gericht unserer Sünden wegen geschehen lassen und steht uns nicht an, unsere Lippen zu öffnen und zu sprechen.«

Die Türken aber griffen allerorts Tag und Nacht ununterbrochen an und lösten sich ab, um den Städtern keinerlei Ruhe zu gönnen, diese vielmehr zu ermüden; denn sie bereiteten sich zum Sturme vor. Und so kämpften sie dreizehn Tage lang.

Am vierzehnten Tage begannen die Türken Hörner und Trompeten zu blasen und Pauken zu schlagen. Dann ließen sie viele Geschütze und Feuerschlangen auffahren und begannen auf die Stadt zu feuern und sie auch aus zahlreichen Bogen zu beschießen. Die Städter konnten wegen dieser gewaltigen Beschießung nicht auf den Mauern stehen bleiben, kauerten vielmehr an geschützten Stellen und erwarteten den Sturmangriff; andere wiederum erwiderten das Feuer der Türken nach Kräften aus Geschützen und Feuerschlangen und töteten viele Türken. Der Patriarch Anastasios aber betete ununterbrochen mit den heiligen Vätern und der gesamten Geistlichkeit um göttliche Gnade und um Errettung der Stadt. Als nun die gottlosen Türken alle Leute von den Mauern vertrieben hatten, erhob ihr gesamtes Heer ein großes Geschrei und griff die Stadt, schreiend und brüllend, von allen Seiten zugleich an, die einen mit verschiedenartigen Feuergeräten, andere mit Leitern, andere wiederum mit Mauerbrechern; und vieles andere führten sie mit, was zur Erstürmung von Städten dient. Die Städter warfen sich ihnen ebenfalls mit Rufen und Schreien entgegen und kämpften erbittert. Der Kaiser aber ritt durch die Stadt und feuerte seine Leute an, indem er sie auf Gott vertrauen hieß; und er befahl, in der ganzen Stadt die Glocken zu läuten, um die Menschen zusammenzurufen. Als die Türken das große Glockengeläut vernahmen, ließen sie Hörner und Trompeten und zahlreiche Pauken erschallen. Und es war eine erbitterte Schlacht und gar schrecklich anzuhören: denn es donnerten die Geschütze und Feuerschlangen, es dröhnten die Glocken, es schrien und jammerten die Menschen der beiden Heere, es klirrten die Waffen und es weinten und jammerten die Frauen und Kinder in der Stadt; die Erde erbebte und niemand konnte hören, was der andere sprach. Das gewaltige Feuer der beiderseitigen Geschütze und Feuerschlangen verhüllte die Stadt und die ganzen Kriegsschaaren mit dichtem Rauch, so daß die Leute nicht sehen konnten, wer gegen wen kämpfte; und viele starben an Pulverrauch. Und sie kämpften Mann gegen Mann auf allen Mauern, bis die nächtliche Finsternis sie trennte. Da zogen sich die Türken in ihr Lager zurück und ließen ihre Toten liegen. Die Städter aber, durch den Kampf gegen die Türken erschöpft, fielen wie tot nieder und ließen nur einzelne Wachen auf den Mauern zurück. Am nächsten Morgen befahl der Kaiser die Leichen der Gefallenen einzusammeln und zu beerdigen; es waren aber der ruhmreichen und wohlbekannten Griechen 1740 gefallen, und 700 Armenier. Der Kaiser ging mit seinen Würdenträgern die Mauern entlang, um die Krieger zu besichtigen; sie hörten aber nichts und gaben keine Antwort, denn alle lagen sie da vor lauter Erschöpfung. Und sie sahen die Gräben voller Leichen, und weitere Leichenhaufen im Strom und auf den Ufern; und sie schätzten achtzehntausend gefallener Türken. Und der Kaiser befahl, alle Mauerbrechgeräte zu verbrennen. Er selber aber begab sich mit dem Patriarchen, mit den heiligen Vätern und mit der gesamten Geistlichkeit in die heilige Große Kirche, um dem allmächtigen Gott und der allerreinsten Mutter Gottes ein Dankgebet zu verrichten; denn sie hofften bereits, daß der Gottlose abziehen würde, nachdem er derartige Verluste seines Heeres gesehen.

Mehmet II. erscheint vor Constantinopel mit großem Geschütz

Hammer-Purgstall 1827

Am Freitag nach Ostern, am sechsten April 1453, erschien Mohammed mit seinem Heere vor der Stadt, schlug sein Zelt hinter dem Hügel vor dem Tore des Charsias oder Caligaria auf, und umzingelte die Stadt auf der Landseite, von dem hölzernen Tore des Palastes bis an das goldene Tor. Die große Kanone wurde vor demselben Tore Kaligaria aufgeführt, hernach aber, weil das neubefestigte Tor derselben zu vielen Widerstand bot, vor das Tor des heiligen Romanos gebracht, welches von derselben den Namen des Kanonentores erhalten, und denselben noch heute trägt. Neben dieser zwölfhundertpfündigen standen zwei kleinere, welche Kugeln von anderthalb Zentnern schossen, und den Verheerungen der großen den Weg bereiteten. Diese brauchte zwei Stunden, um geladen zu werden, und wurde des Tages nur sieben Mal abgefeuert, das achte Mal noch vor Tagesanbruch, als Signal und Wegweiserin des Angriffs. Aber bald sprang sie, und zerriß den Meister, der sie gegossen, den ungarischen Feuerwerker Orban. Die gesprungene wurde jedoch wieder brauchbar hergestellt, und fuhr fort, sieben Mal des Tages die Mauern mit schweren Felsenmassen zu erschüttern, aber der Meister, welcher die Schläge des Ungeheuers geleitet hatte, war nicht mehr, und die Wirkung entsprach nicht der gehegten Erwartung. Da erschien im Lager Mohammed's ein Gesandter Johannes von Hunyad, welcher vor anderthalb Jahren mit dem Sultan dreijährigen Waffenstillstand abgeschlossen hatte. Als er zusah, wie ungeschickt der Feuerwerker der großen Kanone zielte und schoß, lächelte er über seine Ungeschicklichkeit, und belehrte ihn, wie er das Geschütz zu besserer Wirkung richten solle. Er lehrte ihn, daß um desto schneller Bresche zu schießen, er nicht nur gerade auf einen Punkt, sondern einmal fünf bis sechs Klafter rechts, dann fünf bis sechs

Klafter links widerprellende Schüsse tun, und dann erst wieder in die Mitte dieser beiden Ziele schießen müsse, damit die von beiden Seiten geschwächte Mauer in der Mitte so sicherer zusammenstürze. Dem Rat ward Befolg und Erfolg. So trugen ein ungarischer Feuerwerker und ein ungarischer Gesandter durch den Guß und die Leitung der großen Kanone das Ihrige zum Falle Constantinopel's bei.

»Ist denn kein Christ hier?« rief Kaiser Constantin

Zinkeisen 1840

Seit drei Tagen hatte man die Gewißheit, daß der Sturm den 29. (Mai) stattfinden werde. Die Wachfeuer, die allgemeine Bewegung, das wilde Geschrei im Lager der Osmanen waren die sichern Vorboten des nahen Verhängnisses. Selbst in diesen letzten Tagen kam es noch zu Hader und Zwietracht nicht nur unter den Truppen, sondern sogar unter ihren Führern: Giovanni Justiniani und Lukas Notaros überhäuften sich gegenseitig, um einiger Kanonen willen, die Beide für sich in Anspruch nahmen, mit den härtesten Vorwürfen, den bittersten Schmähungen. Nicht ohne Not gelang es endlich dem Kaiser, zwischen ihnen Frieden zu stiften. Während sich also längs der Mauern, wo der Feind keine Rast ließ, Alles zum letzten Kampfe rüstete, ließ der Kaiser im Innern der Stadt von Mönchen und Priestern Prozessionen halten, Heiligenbilder umhertragen und Litaneien anstimmen zur Abwehr des bevorstehenden Unterganges. Das wehrlose Volk, Weiber und Kinder, zog ihnen unter Heulen und Wehklagen nach und schickte mit ringenden Händen Gebete zum Himmel für die Erhaltung der Stadt und die Errettung der Seinigen.

Es war eine kurze, heitere Sommernacht. Schon grauete der Tag, als der Kaiser seine Runde bei dem Tore Kaligaria,

dem äußersten Posten auf der Landseite nach dem Hafen hin, beschloß. Die ganze Nacht hindurch hatte man hier auf den Wachtürmen das Getöse der Geschütze und der Belagerungsmaschinen vernommen, welche die Osmanen an dieser Stelle näher an die Mauer heranrückten. Bereits Tags vorher, am 28., hatte Mohammed seine Truppen auf der Landseite zum Hauptangriff in zwei Heerhaufen geteilt. Zehntausend Janitscharen und hunderttausend Reiter standen, unter des Sultans eigenen Befehlen, im Mitteltreffen und sollten gegen die Hauptposition am Tore des heiligen Romanos agieren; links schlossen sich ihnen bis herab zum Meere fünfzigtausend Mann an; rechts bis in die Gegend des goldnen Tores war der zweite Heerhaufen, über hunderttausend Mann stark, aufgestellt. Eben so war die ganze Nacht hindurch an der Seeseite gearbeitet worden, um die Schiffe und Kanonenbarken näher an das Ufer heranzubringen. Achtzig Zweiruderer standen in einer Linie von dem hölzernen Tore an bis an das sogenannte blühende oder schöne Tor, und von hier an zogen sich die übrigen Schiffe in einer Doppelreihe um die ganze Stadt herum, so weit sie ausreichten. Auch die Belagerten hatten ihre Streitkräfte während der Nacht mehr auf die Punkte konzentriert, wo die Hauptangriffe erwartet wurden.
Noch war der Tag nicht angebrochen, noch funkelten hie und da die Sterne, als der Sturm begann. Die erste Linie der Osmanen, die schwächsten Truppen des ganzen Heeres, welche Mohammed absichtlich vorausgeschickt hatte, wurde sogleich zurückgeworfen; haufenweise stürzten die Osmanen von den zum Teil schon erklimmten Mauern herab, ihre Belagerungsmaschinen wurden zertrümmert und der erste Sieg blieb an diesem verhängnisvollen Tage noch in den Händen der Romäer und ihrer Genossen. Aber unverzüglich ziehen neue Haufen heran, das ganze Lager, von einem Meere zum andern, wälzt sich, wie auf ein gegebenes Zeichen auf einmal gegen die Mauer, und der Sturm

wird auf allen Seiten zugleich unter furchtbarem Schlachtgeschrei erneuert. Zwei volle Stunden halten die Belagerten in diesem Kampfe der Verzweiflung noch Stand gegen die Übermacht des hundert Mal stärkern Feindes.

In diesem Augenblick wendet sich das Glück. Justiniani, der Held des Tages, die Hoffnung Aller, wird im Schlachtgetümmel schwer verwundet, verliert den Mut und verläßt auf der Stelle seinen Posten. Keine Vorstellungen seiner Genossen, kein Zureden, selbst des Kaisers dringende Bitten nicht, sind im Stande, ihn zurückzuhalten: »Mein Bruder!« ruft ihm Constantin zu, »halte standhaft aus, verlaß uns nicht in dieser Not, auf Dir beruht das Heil dieser Stadt, kehre nach Deinem Posten zurück; wohin willst Du denn?« – »Dahin«, antwortet Justiniani kalt, entmutigt, schon ganz außer Fassung, »dahin, wo Gott selbst diese Türken hinführen wird!« und mit diesen Worten eilt er dem Meere zu, wirft sich in ein Schiff und setzt nach Galata über, um seine Wunde verbinden zu lassen.

Unterdessen kämpfte Kaiser Constantin noch allein unter einem Haufen Osmanen am Tore des heiligen Romanus. Er wollte das Unglück seines Hauses und die Schmach dieses Tages nicht überleben, und wich keinen Fuß breit von der Stelle. Nur hätte er gern den Todesstoß nicht von den Schwertern dieser Ungläubigen, sondern von der Hand eines Christen gehabt. »Ist kein Christ hier?« rief er in wehmütiger Verzweiflung, als ihm das Blut schon in Strömen von Händen und Füßen floß und seine Getreuen rund um ihn herum als Leichen den Boden deckten; »ist keiner hier, der mir das Haupt abschlage?« – Da dringen drei Janitscharen zu gleicher Zeit auf ihn ein; der eine zerfleischt ihm von vorn das Gesicht, der zweite spaltet ihm das Haupt und der dritte gibt ihm den Todesstoß in den Nacken. Da sich der Kaiser vorher der Zeichen seiner Würde entkleidet hatte, so blieb sein Körper, von Niemand erkannt, unter den Leichen der übrigen Erschlagenen liegen. Das war das Ende des letzten Beherrschers des byzantinischen Reiches.

»Das Gott gebaute Schauwunder der Erde ward ein Gräuel des Abscheus.«

Hammer-Purgstall 1827

Nun strömte die Volksmenge von der Hafenseite der großen Kirche Aja Sofia zu. Männer, Weiber, Greise, Kinder, Mönche, Nonnen, und dies abermals aus Aberglauben an dieselbe seit Jahren gang und gebe Prophezeiung, daß, wenn die Türken bis zur Säule Constantin des Großen vorgedrungen sein würden, ein Engel vom Himmel steigen, und einem an der Säule sitzenden armen und niedrigen Manne ein gezogenes Schwert mit den Worten übergeben werde: Nimm dies Schwert, und räche das Volk Gottes! – Darauf würden die Türken sogleich den Rücken wenden, und, von den Griechen verfolgt, nicht nur aus der Stadt und aus ganz Klein-Asien, sondern bis an die Grenze Persien's getrieben werden. So wogte die Volksmenge nach Aja Sofia hin, und in Kurzem war die weite Kirche sammt allen Vorhallen, Gängen und Gallerien mit Menschen dicht angefüllt, welche bei verschlossenen Türen in derselben ihr Lebensheil zu finden hofften, in welcher sie seit der Kirchenvereinigung ihr Seelenheil zu suchen verschmäht hatten; die wegen des Henotikons so lange leer gestandene, und wie eine Räuberhöhle verlassene Aja Sofia war nun mit Menschenbeute für die türkischen Räuber vollgepfropft. »Wäre«, sagt der Geschichtschreiber Ducas, »in diesem Augenblicke wirklich ein Engel vom Himmel gestiegen, und hätte er die Worte verkündet: Nehmet die Kirchenvereinigung an, und ich will die Feinde aus der Stadt treiben, sie würden sich dennoch nicht dazu bekannt, und sich lieber den Türken, als der römischen Kirche überliefert haben.« So groß war die durch den Vereinigungsakt gestiftete Zwietracht. Die Türken brachen die verschlossenen Tore mit Beilen auf, und schleppten das geflüchtete Volk wie zahme Schlachttiere in die Sklaverei fort. Die Männer wurden mit Stricken, die Weiber mit ihren Gürteln zwei und zwei zusammengebunden, ohne Rücksicht des Alters und des Standes, der Archimandrite mit seinem Türhüter, die Frau mit ihrer Magd, die zarte Nonne mit dem Mönche, nicht zu ihrer, sondern zu des Räubers Lust oder Dienst. Die ganze Kirche ein großer Gräuel. Die Heiligenbilder wurden ihres Schmuckes beraubt und zerbrochen, die goldenen und silbernen Geschirre geraubt, die Meßgewänder zu Schabracken verwendet, die Kreuzigung erneut, und das Kruzifix mit einer Janitscharenhaube im Spotte herumgetragen. Die Altäre dienten ihnen zu Tafeln, Krippen und Lotterbetten, indem sie selbst darauf aßen, oder ihre Pferde darauf fressen ließen, oder darauf Mädchen und Knaben schändeten. »So wurde«, sagt Ducas, »das Wort des Propheten Amos erfüllt: Von den Altären Betel's will ich Rache nehmen, spricht der Herr, die Hörner des Opfertisches werden untergraben zur Erde fallen, ich werde den Palast mit Zinnen niederstürzen auf das Sommerhaus, die elfenbeinernen Häuser werden vernichtet werden, und viele andere, spricht der Herr. Eure Feste werde ich verabscheuen, und an euren Brandopfern keinen Gefallen haben. Entferne von mir den Schall deiner Lieder, und die Psalmen deiner Orgeln will ich nicht hören. Das Ende meines Volkes ist gekommen, spricht der Herr, ich werde seine Züchtigung nicht länger verschieben, und an jenem Tage werden die Gewölbe des Tempels heulen, spricht der Herr.« Wirklich heulten die Gewölbe des damaligen größten Tempels der Christenheit, von den Bachanalien der Räuber und den Threnodien der ihrer Güter, ihrer Freiheit, ihrer Ehre Beraubten. »Der Tempel Aja Sofia's«, sind Phranza's Worte, »der irdische Himmel göttlicher

Weisheit, der himmlische Thron göttlicher Glorie, der zweite Cherubinenwagen des Herrn der Welten, das Gott gebaute Schauwunder der Erde, ward ein Gräuel des Abscheu's.« Indessen hatten von der Hafenseite die Griechen die von dorther nicht angegriffenen Mauern noch behauptet, und blieben auf ihren Posten, bis die schon seit ein Paar Stunden die Stadt plündernden Türken, ihnen in den Rücken kamen. Da liefen zugleich die von außen Belagernden Sturm, und brachen bei den Hafentoren von Petra und dem heutigen Tore des Mehlmagazins in die Stadt erobernd ein.

3

VON EINIGEN MERKWÜRDIGEN GEGENSTÄNDEN, DIE DIE TÜRKEN VORFANDEN

»Wär es Leder, es möcht so lang nicht gestanden sein, es wär verfault.«

Schiltberger, um 1400

Der Kaiser von Constantinopel hat zween Palast in der Stadt, und der eine ist gar schön und wohl gezieret mit Gold und mit Lasur und Marmelstein, und vor dem Palast ist gar ein schöner Hof zu Stechen und zu allerlei Kurzweil, die man haben will. Vor dem Palast ist Kaiser Justinians Bild auf einem Roß, und ist auf eine hohe marbelsteinene Säule gesetzt. Da fragt ich einen Bürger aus der Stadt, von wem das Bild gemacht wäre. Der sagt mir, es wär von Glockenspeis und wär also ganz gegossen, Roß und Mann aneinander. Etliche sagen hierzuland, es sei von Leder. Nun ist es wohl tausend Jahr da gestanden. Wär es Leder, es möcht so lang nicht gestanden sein, es wär verfault. Das Bild hat vor Zeiten einen güldenen Apfel in der Hand gehabt und hat bedeutet, daß er gewaltiger Kaiser ist gewesen über Christen und über Heiden.

Vom Atmeidan und der Columna Serpentina

Lewenklaw 1590

Durch das Wort Atmeidan wird von den Türken der Platz zu Constantinopel verstanden, welcher nicht weit von Sant Sophia gelegen, und vom Wettlauf der Roß bei den Griechen Hippodromus hieß. Denn wo man's Wort für Wort auslegen will, heißt At so viel in türkischer Sprach als Roß, und Meidan ein weiten und breiten Platz: Da man vorzeiten als die griechischen Kaiser noch regiert, allerlei Wettlauf gehalten, das Volk dadurch zu ergötzen. Die Schlangensäul ist noch heutigs tags vorhanden, von Erz dermaßen gegossen, daß drei Schlangen von unten auf ineinander geflochten, gerad über sich fahren, und zuletzt ihre drei Häls und ihre drei Schlangenköpf zu oberst voneinander auf drei Seiten ausstrecken und teilen. Man schreibt auch, es hab' Kaiser Constantin der Große, der Constantinopel gebauet, vorzeiten auf diese drei Schlangenköpf den berühmten Tripodem oder Dreifuß des heidnischen Abgotts Apollinis gesetzt, welcher zuvor in der Stadt Delphis von uralten Zeiten war gewesen. Daß aber die Chronik meldt', es sei durch dasselb Bild gemacht worden, daß kein Schlang' in der Stadt hab' können sein, als lange das Bild vorhanden: Solches hat man dem Sultan Muchemet berichtet aus der Griechen Meinung.

Dieselben haben noch ein geschriebenes Buch, von den Gebäuden der Stadt Constantinopel . . . Es folgt gleich hierauf von einem kupfernen Mannsbild auf einem kupfernen Roß, welches der Muchemet auch hinweg reißen lassen, dadurch der Pestilenz der Weg verbunden gewest soll sein. Demselben mögen zwar abergläubische Leut eben darum etwas Glauben geben, weil jetzo die Pest alle Jahr zu Constantinopel im Sommer, sobald die warmen Monat herzu rücken, grausam sich erzeiget. Eben des Sommers als wir hinkamen, hielt man für gewiß, es wären innerhalb vier Monat über die hundertfünfzigtausend Personen daran gestorben.

Auch Salomon Schweigger sah 1578 »etliche Wundersäulen und alte Gedächtnisse« in der Stadt.

Schweigger 1608

Auf gemeldetem Rennplatz aber stehen etliche alte Monumenta, als erstlich ein alte, hohe Säul, von Mauerstein aufgeführt, die ist von Alter ziemlich zerfallen. Demnach ein Obeliscus oder Pyramis, das ist ein hohe, zugespitzte Säul, die sich zu höchst in eine Dachform gibt, aus rotem, schönem Marmor, über die vierzig Ellenbogen hoch, von einem einzigen Stück, auf vier Würfeln von Erz stehend, darein sind gehauen einen halben Zoll tief literae Hieroglyphicae, solche Zeichen oder Bilder, deren vor Zeiten die Aegyptier anstatt der Buchstaben gebraucht, in Beschreibung der heidnischen vermeinten göttlichen Geheimnisse, daher sie auch den Namen haben, daß man's nennt die heilige Schrift.
Außer dieser Säulen werden noch andere auch in der Stadt gefunden, eine zunächst bei des Herrn Oratoris Behausung, die ist von braunem Porphyrstein, in die Rundierung gemacht, von einem einzigen Stück, sehr hoch, wie ein Turm, welchen Stein man jetziger Zeit nicht mehr, wie man sagt, kann arbeiten.
Nach dieser gibt es die Säul mit den Historien, welche auch von einem einzigen Stück, inwendig hohl, darinnen man durch Staffeln bis zu höchst hinauf kann gehen. An dieser Columna oder Säulen befinden sich drei wunderliche Ding: Erstlich daß sie von einem einzigen Stück ist. Das ander, daß die ausgehauenen Bilder an derselbigen nach der optica oder perspectiva gehauen sind, also daß man das Höchste und mittelste Bild in gleicher Größe auf dem Boden unten kann sehen, wie das unterste. Das dritte, daß sie durch und durch hohl ist. Auf dieser Columna Historiata oder Historiensäul, die von grauem Marmor ist, steht eines Kaisers Triumph ausgehauen, gewundener Weis', wie ein gestreifter Stecken, über die Maßen künstlich. Sie steht auf dem Frau-

enmarkt, genannt Afratbasar, denn Afrat heißt ein Weib, und Basar ein Platz oder Markt.

Wie der Obelisk wieder aufgerichtet worden war.

Busbecq 1596

Ferner sieht man in Konstantinopel zwei denkwürdige Säulen: die eine liegt bei der Karawanserei, wo wir wohnten, die andere auf dem Markt, den die Türken Aurat-Bazar nennen, das heißt Weibermarkt; hier ist von unten bis oben die Geschichte eines Feldzugs des Arkadius eingehauen, der sie gebaut hat und dessen Standbild lange auf ihrer Spitze gestanden hat. Man möchte sie übrigens lieber eine Schnecke nennen als eine Säule wegen ihrer Stufenanlage, mit der man drinnen zur Höhe hinaufsteigt; ich habe eine Abbildung von ihr. Dagegen die Säule gegenüber der Herberge, wo der Sitte nach die kaiserlichen Gesandten unterkommen, besteht abgesehen von Untersatz und Bekrönung nur aus acht mächtigen Porphyrblöcken, die durch ihre Fügung wie Ein Stein aussehen; und das Volk glaubt, es wäre auch so. Denn wo sich Stein an Stein paßt, steht ein Lorbeergewinde über, das um die ganze Säule herumgeht; so wird, wenn man es von unten ansieht, die Fuge verborgen. Da diese Säule von häufigen Erdbeben erschüttert und von einem Brand in der Nähe geschwärzt ist, zeigt sie Risse an vielen Stellen und ist, um nicht einzustürzen, mit zahlreichen Eisenbanden umschlossen. Auf ihr soll einstmals ein Standbild Apollos, dann Konstantins, zuletzt des älteren Theodosius gestanden haben, aber alle habe die Gewalt der Winde oder ein Erdbeben heruntergestürzt.
Von dem Obelisken, dessen ich vorhin Erwähnung tat, der auf dem Hippodrom steht, erzählen die Griechen, er sei einmal vom Postament gefallen und habe jahrhundertelang am Boden gelegen. Zur Zeit der späteren Kaiser habe dann

ein Baumeister sich anheischig gemacht, ihn wieder auf seine Basis zu stellen, und nachdem der Preis vereinbart war, habe er, vornehmlich aus Winden und Seilen, einen ungeheuren Apparat aufgestellt. Damit habe er den Riesenstein aufgerichtet und ihn aufrecht so weit gerückt, daß nur noch ein Finger breit bis zu der Höhe des Postamentes fehlte, auf das er gehörte. Da habe das zuschauende Volk geurteilt, Schweiß und Zweck der ganzen Zurichtung seien verloren, und man müsse mit schweren Mühen und Kosten das Werk von vorn anfangen; er aber habe sich nicht beirren lassen, sondern in Kenntnis der natürlichen Kräfte befohlen, eine gewaltige Menge Wasser zu bringen. Das ließ er stundenlang über seine Maschine gießen, und als die Taue, in denen der Obelisk hing, allmählich naß und wieder trocken wurden, hätten sie sich ihrer Natur gemäß zusammengezogen; so hätten sie den Obelisken emporgerückt und auf das Postament gestellt, unter großer Bewunderung und Beifall des Volkes.

Eine Inschrift auf dem Obelisken

Lady Montagu 1717

An dem oberen Ende dieses Hippodroms steht ein Obelisk aus Porphyr, wahrscheinlich aus Ägypten gebracht, die Hieroglyphen darauf sind alle noch unbeschädigt, ich halte sie für nichts weiter als Spitzfindigkeiten der Alten. Er ruht auf vier kleinen ehernen Sockeln und diese auf einem Piedestal von viereckigen Quadersteinen, auf zwei Seiten voller Figuren in Flachrelief, die eine Seite stellt eine Schlacht, die andere eine Versammlung dar. Die beiden anderen Seiten haben eine Inschrift in griechisch und lateinisch. Die letztere schrieb ich auf meine Schreibtafel:

»Widerstrebend einst den erlauchten Herrn zu gehorchen,
Ist mir befohlen, die Palme zu tragen auch über die ausgelöschten Tyrannen.
Alles weicht Theodosius und seiner langhindauernden Nachkommenschaft.
So bin ich, besiegt und bezwungen, in dreimal zehn Tagen
Unter Proclus als Richter erhoben zu den hohen Lüften.«

4
DIE WIEDERHERSTELLUNG DER STADT.

Tursum Beg steigt mit Mehmet II. nach der Eroberung in die Kuppel der Hagia Sophia und berichtet später davon.

Schneider 1949

Der Herrscher der Welt betrachtete diese Wunderwerke in der Kuppelhöhlung und die Figuren und geruhte dann, auf das Äußere der Kuppel hinaufzusteigen. Er stieg hinauf, so wie der Geist Gottes zum Stockwerk des vierten Himmels aufgestiegen ist. Von den Galerien der Zwischenstockwerke betrachtete er die Meereswogen des Fußbodens und stieg (dann) auf die Kuppel. Als er sah, daß die Neben- und Anbauten dieses starken Baues verfallen waren und in Ruinen lagen, dachte er daran, daß die Welt unbeständig und unfest ist und am Ende zugrunde gehen wird; und von den zuckerstreuenden Worten, die er (diesen Zustand) bedauernd aussprach, gelangte folgender Vers an das Ohr dieses Armen und schrieb sich ein auf die Tafel des Herzens: »Das Amt des Vorhanghüters versieht in Kosrau's Kuppelhallen die Spinne, die Eule spielt die Wachtmusik in der Festung des Afrasiyab!«

Von des Sultan Muchemets Gebäuden zu Constantinopel

Lewenklaw 1590

Die Chronik meldet nicht ausdrücklich, was der Sultan Muchemet für Gebäu zu Constantinopel angefangen und aufgerichtet. Darum will ich dieselben aus dem Laonico und anderen herfür suchen. Laonicus schreibt, er sei damals etlichen Gebäuden in der Stadt, als der Tempel, des Arsenals, des Byzantinischen Schlosses oblegen. Solches Schloß habe er aufgebauet neben dem Stadttor, das Gülden Tor von den Griechen genannt, da auch er mächtig große und gar ansehenliche Türm aufgeführt, und das Schloß inwendig schön geziert ... Es merke der Leser hineben, daß der Bau der Tempel zu verstehen ist als die Änderung der justinianischen Kirche Christi, die die heilig Sophia oder Weisheit Gottes ist, in eine mahumetisch Messit (Moschee). Und von der Niederreißung des gar uralten Tempels der Christen, so vom Kaiser Constantino gestiftet, und der Heiligen Apostel Kirch genannt: an dero Statt er seine Messit samt dem Imaret gebaut, welche Sultan Muchemets des anderen (II.) Messit, die aller erst unter den türkischen ist, und zwar ein herrlicher Bau, wie noch heutigs tags zu sehen. Er hat auch das Arsenal, so durch die Liederlichkeit der griechischen Kaiser in Abgang gekommen war, wieder erneuert: und ist dasselb nachfolgend von seinen Nachfahren mit solchem Fleiß geziert und erweitert, daß es jetzo eins großen Begriffs. Liegt ober Galata im Sino Keratino, den süßen Wassern zu ... Das Arsenal (die Türken nennens Tersane) begreift heutigs tags in sich 187 Gewölbe, in einer langen Reihen nacheinander gebaut, und kann ein große Anzahl Galeeren darinnen gehalten werden ... Es ist vorzeiten ein kaiserlich Gebäu gewesen, von welchem Laonicus meldet, es habe Sultan Muchemet dahin das Byzantinisch Schloß gebaut, neben der güldenen Pforten: Welches Schloß auf einer Seiten, gegen Mittag und dem propontischen Meer, auf der anderen gen Niedergang gericht. Dies sind die Gebäu, welche laut der Histori Laonici vom Sultan Muchemet verfertigt worden. Menauinus aber, wie auch andere mehr, schreibt: es hab' Sultam Muchemet drei Schlösser zu Constantinopel gebaut, das Genisarai, das Eskisarai und Jedicula. Das Geni oder neue Sarai liegt dem Aufgang der Sonnen zu, gegen Scutari oder den Promontorio Dalmatico über, am äußersten Eck oder Winkel der Stadt, welcher vom

nahe dabei gelegenen alten Kirchlein das Eck San Dimitri genannt wird: da der Bosporus mit großem Ungestüm gleich unten am Berglein, darauf das Schloß oder Sarai steht, ins propontisch Meer hinein fällt. Vorzeiten hat man's Palatium Byzantinum und Akropolis Byzantina genannt, das ist ein Schloß, auf einem unter den dreien äußersten Ecken der Stadt gelegen, an welchem Ort der uralt Byzas anfänglich Byzantium (jetzt Constantinopel) gebauet. Dies ist nun der Osmanischen Sultan Residenz, Wohnung und Hoflager, die Osmanisch Capi oder Pforten genannt. Sie ist allenthalben mit Mauern und Türmen eingeschlossen und umgeben, deren Umfang sich auf drei griechische Meilen erstreckt ... Das Esski oder alte Sarai liegt eben mitten in der Stadt: gleich wie auch vorzeiten daselbst der alten Kaiser großer Palast Vasilia ta megala genannt, gewesen. Jetzt ist da des Sultans fürnehmes Frauen Zimmer, und erstreckt sich des Sarai Platz, den Umfang betreffend auf 2000 Schritt. Die Jadi Cula ist am Strand oder Ufer des propontischen Meers gebaut, am Eck der Stadt, zum Teil gegen Mittag, zum Teil gegen Niedergang sich ziehend, beim güldenen Tor, so noch vorhanden, aber zugemauert, und den Stadtmauern zu, welche zu Land die Stadt beschließen ... Der Name dieses Schlosses kommt in türkischer Sprache von Gedi oder Jedi und Cula, das ist sieben Türm. Dies Schloß der sieben Türm ist für des Türkischen Königs Schätz deputiert und verordnet, daß man sie darin bewahr: und müssen allzeit Kriegsleut daselbst in der Guardi sein und Wacht halten, dero Zahl man auf 500 schätzt.

Anstatt des Glockengeläuts ertönt der Ruf des Muezzin

Zinkeisen 1854

Die Wiederherstellung von Constantinopel war nach der Einnahme dieser Stadt die erste, die vorzüglichste Sorge

Sultan Mohammed's. Sie war zweifacher Natur, eine materielle und eine moralisch-politische. Es galt namentlich unter diesen großartigen Ruinen des byzantinischen Kaiserreiches, auf denen fortan die Sultane der Osmanen ihren Herrschersitz aufschlagen sollten, ein neues Leben zu schaffen und mit Hilfe der alten Reste und neuer Elemente den Grund zu einer andern Ordnung der Dinge für die kommenden Zeiten zu legen.
Materiell hatte Constantinopel durch die lange Belagerung, den Sturm und die dreitägige Plünderung verhältnismäßig jedenfalls bei weitem weniger gelitten, als man erwarten sollte. Denn, so viel wir wissen, wurde nach der Einnahme der Stadt im Innern weiter nichts zerstört, keine Kirche, kein Kloster, kein Palast mit Feuer und Schwert dem Boden gleich gemacht. Mohammed selbst tat der Zerstörungslust seiner Horden gleich am ersten Tage durch jenen Machtspruch Einhalt, durch welchen er sich zum unumschränkten Herrn der ganzen Stadt erklärte: »Begnügt euch mit den Schätzen und eueren Gefangenen, vergreift euch aber nicht an den Häusern, welche mein Eigentum sind.«

Mohammed gab seiner Herrschaft in dem Kaisersitze der Constantine, nach dem Beispiele seiner Vorfahren und ganz im Geiste des Islam und seines Volkes, durch die Umwandlung der Sophienkirche in eine Moschee gleichsam die heilige Weihe. Schon am vierten Tage nach der Einnahme der Stadt, es war ein Freitag, ertönte anstatt des Glockengeläutes von den Zinnen dieses Gotteshauses herab der feierliche Aufruf zu dem fünfmaligen Gebete der Gläubigen, welches hier an demselben Tage zum ersten Male öffentlich zur Ehre des Propheten und im Namen des Sultans, als des Beherrschers der Stadt, vollzogen wurde. Die Umwandlung der übrigen Kirchen in Moscheen erfolgte erst später nach und nach. Man reinigte sie, nahm Bilder und Statuen heraus und brachte an den Orten, nach welchen sich die Gläubigen bei der Verrichtung der Gebete zu wenden hatten, Nischen an. Eine einzige Kirche ward, dem Patriarchen zum Gottesdienste der Christen überlassen. Die zahlreichen, von ihren Bewohnern längst verlassenen Klöster wurden teils von Derwischen besetzt, teils zu Werkstätten für Handwerker bestimmt oder auch in bloße Wohnhäuser umgewandelt. Mohammed erteilte dem ersten Befehlshaber der Stadt, Suleiman-Beg, den Auftrag, die zu der Ausbesserung und Wiederherstellung der Mauern und Festungswerke nötigen Arbeiter mit ihren Familien aus den zunächst gelegenen Provinzen in Asien und Europa mit Gewalt nach Constantinopel zu ziehen. Wer sich weigern würde, den Befehlen des Sultans zu folgen, der sollte augenblicklich mit dem Tode bestraft werden. So wurden bis zum Monat September nicht weniger als 5000 Familien, Christen und Osmanen, vorzüglich aus den Städten an den Ufern des schwarzen Meeres als Colonisten nach Constantinopel verpflanzt. Und dieses System der gewaltsamen Wiederbevölkerung der verödeten Hauptstadt durch einen Teil der Einwohner der unterworfenen Provinzen blieb, einmal begonnen und durch die Notwendigkeit geboten, auch in der Folge noch in Kraft und wurde namentlich bei Mohammed's umfassenden Eroberungen fast durchgängig in Anwendung gebracht.

Das byzantinisch-hellenische Element behielt unter diesem sonderbaren Gemisch einer aus allen Ländern und Völkern unter der Herrschaft der Osmanen nach und nach zusammengetriebenen Bevölkerung gleich vom Anfange an eine entschiedene Überlegenheit, welche seine spätere so eigentümliche Stellung zu den Osmanen in der Hauptstadt, wie in den Provinzen, wesentlich bedingte. Denn außerdem, daß eine beträchtliche Menge der neuen Colonisten dem Stamme der byzantinischen Hellenen angehörte, war auch der Untergang der alten Einwohner, ungeachtet der 60 000

Seelen, welche in die Sklaverei geschleppt worden sein sollen, keineswegs so vollständig und allgemein, als man denken sollte. Ein guter Teil derselben kehrte schon in der ersten Zeit wieder nach Constantinopel zurück, und die Hauptsache dabei war, daß diese Rückkehr von Mohammed selbst gewünscht und auf jede Weise begünstigt wurde.

Das Patriarchat bleibt bestehen, wird aber in eine geringe, unansehenliche Kirche verwiesen.

Goethe 1827

... Als nun in späterer Zeit die Türken nach und nach das ganze (byzantinische) Reich und zuletzt die Hauptstadt überwältigten, fand der neue Herrscher ein großes Volk vor sich, das er weder vernichten konnte noch wollte, das sich auch nicht sogleich bekehren ließ. Untertan sollten sie bleiben, Knechte sollten sie werden, aber durch welche Macht waren sie zusammenzuhalten und als Einheit zu fesseln?

Da fand man denn geraten, die alte geistliche Majestät in ihren Formen bestehen zu lassen, um, indem man auch sie unterjochte, der Menge umso gewisser zu sein. Ließ man aber dem geistlichen Oberhaupt auch nur einen Teil seiner ehemaligen Vorzüge, so waren es noch immer überschwengliche Vorteile, grenzenlose Privilegien, die ihm übrigblieben. Durch eine bestehende Synode wurden Patriarchen und Erzbischöfe gewählt, die letzteren auf Lebenszeit. Kein Gouverneur und Pascha durfte sich in geistliche Händel mischen noch sie vor seine Gerichtsstelle rufen; Patriarch und Synode bildeten eine Art Jury, und was sonst noch zu erwähnen wäre, wovon wir nur bemerken, daß die Güter der unbeerbt sterbenden Geistlichen nicht vom Staate eingezogen wurden, wie das Vermögen der übrigen kinderlos Abscheidenden.

Zwar verfuhren die Überwinder folgerecht genug, um allmählich auch die Geister wehrlos zu machen. Die einzeln stehenden Kirchen wurden in Moscheen verwandelt, alle Schulen geschlossen, jeder öffentliche Unterricht verboten, allein die Klöster hatte man bestehen lassen, da denn die Mönche nach echt orientalischer Weise, sich ihrer Kirchen und Kapellen bedienten, um Kinder zu versammeln, sie bei gottesdienstlichen Zeremonien mit assistieren zu lassen, ihnen bei dieser Gelegenheit durch Katechisation das Nötige beizubringen und dadurch Religion und Kultus im Stillen aufrechtzuerhalten.

Hier aber tritt nun eine Hauptbetrachtung hervor, daß schon in der alten byzantinischen Verfassung der Patriarch nicht allein von religiosen Männern, von Priestern und Mönchen umgeben gewesen, sondern daß er auch einen Kreis, einen Hofstaat von Weltgeistlichen um sich versammelt gesehen, welche mit ihren Familien – denn verheiratet war ja der Priester, um so mehr der ihm verwandte Laie – von undenklichen Zeiten her einen wahren Adel bildeten und in strenger Hofordnung eine Stufenreihe von Amts- und Würdenstellen einnahmen, deren griechischerweise zusammengesetzte, vielsilbige Titel unsern Ohren gar wunderlich klingen müssen.

Dieser Kaste, wie man sie wohl nennen darf, lagen die wichtigsten Geschäfte und also der größte Einfluß in Händen. Die Besitztümer aller Klöster, die Aufsicht darüber sowie über deren Haushalt war ihnen übergeben; ferner bildeten sie um den Patriarchen in allen bürgerlichen und weltlichen Dingen ein Gericht, wo Beschlüsse gefaßt und von wo sie ausgeführt wurden. Dagegen fehlte es ihnen auch nicht an Pfründen und Einkünften, die ihnen auf Klöster und sonstige geistliche Besitzungen, sogar auf Inseln des Archipels angewiesen waren.

Dieses große und bedeutende Geschlecht mochte nun viel von seinem Rang und eigenem Besitz bei dem Untergange des griechischen Reiches verloren haben; aber was von Personen und Kräften übrigblieb, versammelte sich augenblicklich um den Patriarchen als um seinen angeborenen Mittelpunkt. Und da man diesen gar bald ans Ende der Stadt, in eine geringe, unansehenliche Kirche verwies, wo er sich aber doch gleich eine Wohnung anbaute, versammelten sie sich um ihn und nahmen das Quartier ein, welches vom nahegelegenen Tore den Zunamen vom Fanal erhielt, wo sie sich anfangs, gegen ihre früheren Zustände, gedrückt und kümmerlich genug mögen beholfen haben.

Aber untätig nicht. Denn die wichtigen Privilegien, welche dem Patriarchen vergönnt waren, schlossen ja auch sie mit ein und forderten, wenn auch in großer Beschränkung, noch ernstlicher als vormals die Tätigkeit, welche, durch länger als zwei Jahrhunderte fortgesetzt, ihnen endlich einen höchst bedeutenden Einfluß verschaffte, den Einfluß, den der Geistreiche, Denkende, Unterrichtete, Umsichtige, Rührige über denjenigen erlangen muß, der von allen diesen Eigenschaften keine besitzt und von dergleichen Wirksamkeiten keine sich zu eigen gemacht hat. Ihnen muß seit dem ersten Augenblicke des großen Unglücks und dem ersten Gnadenblick einer dem tyrannischen Überwinder abgenötigten Gunst alles dringend obliegen, was zur Erhaltung der ganzen nationellen Korporation nur irgend beitragen konnte. Sie, als die Finanzmänner des hohen Patriarchenstuhles, lassen sich abgesondert von ihm nicht denken, und sie, die in ihrer Ganzheit eines großen Wohlbehagens zueinander gehörten, werden sich gewiß in dem Moment der Zerstückelung desto eifriger aufgesucht und zu ergänzen getrachtet haben.

5
ANKUNFT IN CONSTANTINOPEL

Von unserer Ankunft zu Constantinopel

Schweigger 1608

Den 1. Tag Januarii Anno 1578 zu Constantinopel angekommen. Das war der allerunlustigest Tag, den wir auf der ganzen Reis' gehabt wegen des Regens, Schnee und der Kälte. Eine Meile Wegs außerhalb der Stadt traf Freiherr Ungnad, der Orator uns an, setzt sich zu meinem Gnädigen Herrn in die Kutschen, und zogen also fort. Ein Stadium vor der Stadt hielten 150 Pferd, meinen Gnädigen Herrn zu empfangen und einzubegleiten. Beide Herren Legaten samt ihrem Adel setzten sich auf die Pferde und kamen des Morgens um 9 Uhr zu Constantinopel an. Vollbrachten also hiemit diese mühselige Reis'. Dem allmächtigen ewigen Gott sei Lob und Dank in Ewigkeit.

»Es läßt sich wohl nichts Schöneres denken, als der äußere Anblick, doch anders gestalten sich die Dinge, wenn man an Land steigt.«

Tournefort 1700

Konstantinopel mit seinen Vorstädten, ist ohne Widerspruch die größte Stadt in Europa. Es scheint, als ob der Kanal der Dardanellen und des schwarzen Meeres ausdrücklich dazu bestimmt seien, ihr die Schätze aus allen Teilen der Welt zuzuführen. Was aus dem Reiche des Mogols, aus Indien, aus dem entferntesten Norden, aus China und Japan dahin kommt, muß über das schwarze Meer. Alle Waren aus Arabien, aus Ägypten, Äthyopien, von der Küste von Afrika, und alles, was Europa Gutes hat, wird dahin

durch den Kanal des weißen Meeres gebracht. Diese beiden Kanäle sind gleichsam die Tore von Konstantinopel; die Nord- und Südwinde sind die Flügel oder die Schlüssel derselben.
Wohl läßt sich nichts Schöneres denken, als der äußere Anblick von Konstantinopel. Häuser, Dächer, Terrassen, Balkons und Gärten, bilden verschiedene Amphitheater, über welche die schönsten Bazare, Serails und Moscheen hervorragen. Diese Moscheen sind sehr große Gebäude, mit Blei bedeckt, und mit kleinen Türmen versehen, auf welchen der Halbmond glänzt. Doch anders gestalten sich die Dinge, wenn man an das Land steigt; Konstantinopel mit diesen prächtigen Gebäuden ist mit jenen berühmten Tempeln in Ägypten zu vergleichen, in denen man nichts, als Krokodile, Ratten, Lauch und Zwiebeln antraf, welche die Götzendiener als ihre Gottheiten verehrten.

Vasen über Vasen getürmt

Lady Montagu 1718

Pera, Galata und Tophana, die zusammen einer sehr schönen Stadt gleichen, sind ganz von europäischen Christen bewohnt. Die See trennt sie von Konstantinopel, sie ist hier nicht über die Hälfte breiter als die größte Breite der Themse. Allein die Christen setzen sich ungern den Ungelegenheiten aus, die ihnen zu Zeiten von den Levents oder Seeleuten (ärgere Ungeheuer als unsere Binnenschiffahrtsmatrosen) bereitet werden. Frauen müssen, wenn sie nach Konstantinopel gehen, ihre Gesichter verhüllen, was sie verabscheuen. Es ist wahr, sie tragen Schleier in Pera, allein diese dienen nur dazu, ihre Schönheit mit mehr Vorteil zu zeigen, zu Konstantinopel aber würde man diese Schleier nicht dulden. Diese Gründe schrecken fast jeden ab, und die französische Gesandtin wird, glaube ich, nach Frankreich

zurückkehren, ohne je in Konstantinopel gewesen zu sein. Sie werden sich also wundern, Madame, wenn ich diesem allen hinzufüge, daß ich sehr oft dagewesen bin. Der Jashmack oder türkische Schleier ist mir nicht nur sehr bequem, sondern sogar angenehm geworden, und wenn er es auch nicht wäre, würde ich doch immer gern einige Unbequemlichkeiten ertragen, um eine Leidenschaft zu befriedigen, die bei mir so mächtig geworden ist: meine Neugierde.
In der Tat ist das Vergnügen, in einem Boot nach Chelsea zu fahren, nicht mit dem Rudern auf der Enge der hiesigen See zu vergleichen, wo sich zwanzig Meilen bis zum Bosporus hinunter die schönste Mannigfaltigkeit an Aussichten zeigt. Das asiatische Ufer ist mit Fruchtbäumen, Dörfern und den reizendsten Naturlandschaften bedeckt; auf dem europäischen steht Konstantinopel auf sieben Hügeln, deren ungleiche Höhen die Stadt noch einmal so groß erscheinen lassen, als sie ist – eine der größten Städte der Welt. Eine schöne Mischung von Gärten, Pinien- und Zypressenhainen, Palästen, Moscheen und öffentlichen Gebäuden erheben sich reizvoll und scheinbar symmetrisch eins über das andere, so wie Euer Gnaden es in einem Schrank gesehen haben, der von der Hand des größten Künstlers geziert ist, wo Vasen über Vasen getürmt und mit Blumenkörben, Büchsen, Puppen und Leuchtern vereinigt sind. Dies ist ein seltsamer Vergleich, allein er gibt einen genauen Begriff von der Sache.

Der Gesandte des Kaisers, Joseph von Hammer-Purgstall, beschreibt seine Ankunft 1799.

Am folgenden Morgen fuhr ich zu Boot nach Pera ab. Erst hier entwickelte sich der ganze Zauber des Bosporus durch die Nähe der Landhäuser, an denen das Boot mit Pfeilschnelle, besonders in der ›Teufelsströmung‹, am asiatischen

Hafen vorbeischoß. Die Häfen der Dörfer von Lastschiffen des Marktes und von Kajaks Privater umwimmelt, die Landungsplätze der Privatgebäude zu verschlossenen Toren führend, vor diesen hier und da ein schwarzer Verschnittener, die Sommerpaläste der Sultane und Sultaninnen, die mit farbigen und vergoldeten Gittern ins Meer hinausragenden Erker, die goldenen Inschriften auf azurnem Grund, die hohen Zypressen, die Rauchfänge und Minarette gingen wie in einer Zauberlaterne vorbei. Die Aussicht auf die Spitze des Sees und auf die hinter demselben sich entfaltende Kaiserstadt der sieben Hügel eröffnete sich, ein regelloses Bild architektonischer Phantasie, ein hingeträumtes Gemälde aus Tausendundeiner Nacht. Ich stürzte mich ins Meer dieser neuen Eindrücke östlicher Welt. Ein großartiger, lebensfroher oder schwermütiger Eindruck jagte den anderen durch meine Seele. In der Nacht weckte mich zwei Stunden, ehe es tagte, der durch die tiefe Stille von den Minaretten tönende Gebetsausruf des Muesim, der mit den Worten endet: ›Gebet ist besser als Schlaf.‹

Ich kenne die Stadt vom Sehen besser als London

Lord Byron 1810

Ich habe alle bedeutenden Moscheen kraft eines Firmans besichtigt: diese Gunst wird Ungläubigen selten gewährt, aber die Abreise des Botschafters hatte sie für uns erwirkt. Ich bin den Bosporus bis zum Schwarzen Meer hinaufgefahren, rund um die Mauern der Stadt, und tatsächlich kenne ich sie vom Sehen besser als London.

Von Konstantinopel kannst Du Beschreibungen in vielen Reisebüchern finden, aber Lady Mary Wortley befindet sich in einem sonderbaren Irrtum, wenn sie sagt, »die Kathedrale von St. Paul würde sich seltsam neben der Hagia

Sophia ausnehmen«. Ich war in beiden Kirchen und habe sie von innen und außen aufmerksam besichtigt. Zweifellos ist St. Sophia interessanter wegen ihres immensen Alters und des Umstandes, daß alle griechischen Kaiser von Justinian an in ihr gekrönt und einige am Altar erschlagen wurden, abgesehen von den türkischen Herrschern, die sie regelmäßig besuchen. Aber der Bau steht an Umfang und Schönheit manchen Moscheen nach, besonders der Soleiman-Moschee und anderen, und kann nicht in einem Atem mit St. Paul genannt werden (ich rede wie ein *Cockney*). Trotzdem ziehe ich die gotische Kathedrale von Sevilla St. Paul, St. Sophia und jedem religiösen Gebäude vor, das ich je gesehen habe. Die Mauern des Serails ähneln in ihrer *Anlage* denen des Newsteader Parks, nur sind sie höher; aber der Ritt entlang der dem Meer abgewandten Stadtmauer ist wunderbar. Stelle Dir vier Meilen riesiger, dreifacher Zinnen vor, mit Efeu bedeckt und mit 218 Türmen gekrönt, und auf der anderen Straßenseite türkische Friedhöfe voll mit gewaltigen Zypressen (es gibt keinen schöneren Fleck auf der Erde). Ich habe die Ruinen von Athen, Ephesus und Delphi gesehen. Ich habe einen großen Teil der Türkei, viele Teile Europas und auch einige Asiens durchwandert, aber mir ist kein Werk der Natur oder der Kunst vor Augen gekommen, das auf mich den gleichen Eindruck machte wie die Aussicht von beiden Seiten der Sieben Türme bis zum Ende des Goldenen Horns.

Ankunft in der Fahrpost

Fürst Pückler 1844

Mein letzter Tag in Kleinasien gab mir eine neue Erfahrung. Ich fuhr zum ersten Mal mit der von Nicäa bis Konstantinopel neu etablierten Fahrpost – ein merkwürdig halsbrechendes Fuhrwerk! Man denke sich einen ganz kleinen

Armesünderkarren, nicht viel größer als die Gondel eines Luftballons, wo sich zwei Personen zusammengedrängt gegenübersitzen, nicht etwa auf einem festen Sitz, sondern auf netzartig überspannten Stricken ohne eine Lehne noch irgendeinen Stützpunkt.

Die ungeheuren Stöße aber, die man fortwährend erleidet, werden nach einigen Stunden fast unerträglich. Ich fühlte mich bereits wie gerädert, als endlich die Kuppeln und Minaretts des alten Byzanz am Horizont auftauchten; doch wie bei den Religionsmärtyrern der Enthusiasmus allen Schmerz tötet, so wurde auch ich von diesem Augenblick an gefühllos für alles Ungemach. Von der Meerseite sind zwar, wie ich später erfuhr, die Approchen Konstantinopels unendlich schöner, viel aber ersetzte meine Empfänglichkeit; als ich Skutari und seine kirchhöflichen Zypressenwälder durchfahren hatte und, am blauen Bosporus angelangt, das alte Serail und Schloß der Sultane mit aller Pracht der unermeßlichen Hauptstadt und allen ihren tausendfach belebenden Erinnerungen vor mir sah, schlug mir das Herz in so freudigem Entzücken, als sei ich noch ein Jüngling und das *nil admirari* noch keine traurige Lehre der Erfahrung und Übersättigung, die auf mich Anwendung finden könne.

Rilkes Cousine kommt 1888 mit dem Zug angereist

Grosser-Rilke 1937

Je näher man der Stadt kommt, desto dichter fährt der Zug am blauen Meer entlang, oft trennt uns von ihm nur die alte byzantinische Stadtmauer, die unmittelbar aus dem Wasser ragt. An dem verwitterten Gestein kleben wie Nester die winzigen baufälligen Holzhäuserchen der Armen. Sie stören nicht die ewige Würde dieses uralten Bauwerks, sie gehören dazu. Das tiefblaue Meer schimmert auch hier durch die Löcher und Einstürze. Weiter geht es an Jedicule vorbei, der alten byzantinischen Festung, von der noch vier Türme stehen und in der das alte berühmte goldene Tor der byzantinischen Kaiser liegt. Ich hatte bei dem Anblick ganz meine Besorgnisse über die fremden Verhältnisse, in die ich kommen würde, vergessen. Mein Mann hatte mir nicht gesagt, wie und wo wir wohnen sollten, er wollte mich überraschen.

Als der Zug in Sirkedji, dem Hauptbahnhof von Konstantinopel, einfuhr, empfing uns ein furchtbares Geschrei und Getöse der vielen Hamals (Lastträger), die uns beim Aussteigen aus dem Zuge überfielen und von denen jeder ein Gepäckstück erobern wollte. Ich meinte, die Kerle seien alle verrückt geworden, sie prügelten und stießen sich um den kleinen Verdienst, den ihnen das Koffertragen bringen sollte, dazwischen schrien sie: *»Effendim bakschisch!«* Als wir glücklich in einem Araba (Droschke) verstaut waren, sah ich zum erstenmal die wilden Hunde von Konstantinopel, die unseren Wagen hungrig umkreisten.
Der Wagen fuhr durch ein Gewirr kleiner schmutziger Straßen, in denen es nach Fischen und Knoblauch roch. Überall sah ich winzig kleine Lädchen, für unsere Begriffe eigentlich Buden. Die Inhaber arbeiteten meist vor dem Laden im Freien, und inmitten all dieser Armseligkeit erhob sich der gigantische Bau der Moschee Valide. Bald waren wir auf der Brücke angekommen, die Stambul mit Galata verbindet: dort sieht man rechts auf den Bosporus und links auf das Goldene Horn, und gegenüber liegt Galata. Mich überwältigte dieser Rundblick, den ich zum erstenmal genoß und den zu sehen ich niemals überdrüssig geworden bin. Nachdem wir über die Brücke gefahren waren, kamen wir in das Banken- und Haupthandelsviertel der Stadt, Galata. Von hier nach dem europäischen Stadtviertel Pera steigt die Straße steil an, Pera liegt auf einem Berg. Diese bergige Straße raste unsere Droschke im wilden Galopp empor; mir verging die Lust, umherzusehen; ich glaubte, daß wir alle

aus dem Wagen fliegen müßten. Der Kutscher hieb mit tollen Peitschenschlägen auf die armen abgetriebenen Pferde ein. Mein Mann, der diese Art des Wagenlenkens schon gewöhnt war, beruhigte mich. Gottlob hielt die Fuhre plötzlich vor einem Haus.

Ein Romanheld erreicht Stambul

Loti 1906

Der Tag, an dem er zum erstenmal wieder nach Stambul gelangte, war der trübste und kälteste des ganzen Jahres, obgleich man sich schon im Monat April befand. Dennoch fühlte sich André Lhéry, sobald er die Brücke überschritten hatte und sich im Schatten der großen Moschee befand, wie neugeboren. Die Erinnerungen aus früherer Zeit tauchten wieder in ihm auf, er kannte noch alle Straßen und Wege in Stambul, als hätte er es nie verlassen gehabt. Selbst die türkischen Worte, die ihm entfallen waren, fielen ihm wieder ein, und er setzte sie in seinen Gedanken zu ganzen Sätzen zusammen. Fast kam er sich lächerlich vor mit seinem hohen Zylinderhut in dieser Umgebung; er kaufte sich deshalb in einem der vielen Läden in der Hauptstraße einen Fes, der, wie gebräuchlich, erst genau für seinen Kopf hergerichtet wurde. Auch kaufte er ein Gebetbuch, um es in der Hand zu halten, damit er den Friedhofwächtern gegenüber als echter Orientale erscheine. Denn nun hatte er Eile, zu Nedjibes Grab zu gelangen. Er nahm einen Wagen und rief, um seine Kenntnis der türkischen Sprache zu zeigen, dem Kutscher sehr laut zu: *»Edirne kapoussouna guetur!«* (Fahr mich nach dem Adrianopeler Tor.)
Der Weg dorthin ist sehr weit; der Kutscher mußte fast ganz Stambul durchfahren, dessen Straßen oft so steil sind, daß die Pferde jeden Augenblick in Gefahr sind, auszugleiten und niederzustürzen.

Zuerst kam man durch die belebtesten Straßen in der Nähe des Basars, den die Fremden viel besuchen, und wo ein ohrenzerreißender Lärm herrscht. Dann folgten die Steppen mit dem Plateau, von wo aus man auf allen Seiten Minaretts und Dome erblickt. Und dann folgen die von Gräbern, Leichenkiosks und Fontänen eingefaßten Avenuen, die noch ganz unverändert waren.
Stambul bestand also noch immer. Und dadurch, daß er es ebenso wiederfand, wie es früher gewesen, fühlte sich André Lhéry, bebend unter einer wohligen Beklemmung, plötzlich in seine Jugend zurückversetzt; er kam sich vor, als lebe er nach langen Jahren des Selbstvergessens wieder auf.

Studiendirektor Thamm kommt an und vermeint sich im Kölner Karnevalsgedränge.

1912

»Was soll das bedeuten?« fragte einer den andern. Schließlich kam des Rätsels Lösung. Gerade bei der Einfahrt des Schiffes, beim Untergang der Sonne um 6 Uhr, war der Monat Ramasan, die Fastenzeit der Türken, zu Ende gegangen.
So war es denn für uns Fahrgäste der »Dacia« ein Ereignis, gerade zu richtiger Stunde an Land zu gehen. Langsam näherte sich unser Schiff dem Quai von Galata. Am Ufer stand eine dichtgestaute Menge von Lastträgern, »Hamal« genannt, Hotelbediensteten und Fremdenführern. In einer Art babylonischer Sprachverwirrung ertönten Namen von Hotels und Anfragen der Lastträger vom Ufer aus. Kaum war die Landungsbrücke gefallen, da stürzte der Schwarm aufs Verdeck und umringte die fremden Opfer, vor allen uns in der ersten Klasse. Ich erwehrte mich ihrer Aufdringlichkeit dadurch, daß ich das von einem ostpreußischen Kollegen mir empfohlene Hotel nannte und nur noch mit einem

vom Besitzer beauftragten Führer zu tun bekam. Ein Hamal wurde herangerufen. Er sollte warten, bis der Weg über das untere Verdeck zur Landungsbrücke frei geworden sei; jedoch er zwängte sich, vielleicht in der Absicht, recht bald anderweitig Geld zu verdienen, mit meinem Gepäck durch die mit ihren Habseligkeiten beladenen armen Leute hindurch und veranlaßte mich, ihm zu folgen. Was da geschah, erinnerte mich an das Gedränge beim Cölner Karneval an Straßenkreuzungen, wenn der Fastnachtszug naht. Ich wurde buchstäblich hochgehoben und fortgeschoben, während auf Haupt und Rücken meines Hamal Fausthiebe in Menge niedersausten. Doch wir erreichten das Ufer und die Zollstation, deren Beamte ohne die sonst übliche Handsalbe »Bakschisch« die Fremden freundlich behandelten. Dann brachte ein Wagen mich und den Führer auf steilen Straßen hinauf in ein deutsches Hotel an der Perastraße. Der gesprächige Besitzer, ein gemütlicher Sachse, der schon mehr als 30 Jahre in Konstantinopel verlebt hat, verkürzte mir den Abend durch heitere und ernste Geschichten aus früheren Zeiten und aus den letzten Schreckenstagen.

Architekt Bonatz baute später das Parkhotel in Istanbul

Bonatz 1950

Istanbul ist nach Lage und Bauten wohl der märchenhafteste Platz der Welt.

Eine kleine türkische Geschichte beschreibt, wie Napoleon III. die Gesandten aller Länder um sich versammelt hatte und die Frage stellte, welches der beste oder stärkste Staat sei. Er wollte Komplimente für Frankreich hören, die ihm bereitwillig von allen Seiten gespendet wurden, nur nicht von Ali Pascha, der sagte: »Die Türkei.« – »Wieso? Warum?« – »Sehen Sie«, sagte er, »ihr von außen und wir

von innen geben uns seit hundert Jahren alle Mühe, den Staat zu zerstören – es ist nicht gelungen.«
Auf das Stadtbild von Istanbul angewendet, müßte diese Geschichte lauten: Seit hundert Jahren geben sich Industrieen, Spekulanten, Behörden und Private alle Mühe, die Schönheit zu zerstören; es ist ihnen bis jetzt nicht gelungen. Kraft seiner Lage sieht sogar das abscheuliche Häusergewirre von Pera im Morgensonnenschein vom Wasser her schön aus. Die von Gott gegebene Lage mit so viel Wasserfronten und Hügeln und Buchten mit Schiffen ist immer noch über die bösen Absichten der Menschen Meister geblieben – bis jetzt. Aber man sollte Gottes Geduld nicht zu sehr ausnützen.

Los, steig ein, hat er gesagt. Ich fahre nach Istanbul

Füruzan 1976

Los, steig ein, hat er gesagt. Ich fahre nach Istanbul, hat er gesagt, aus reiner Gottgefälligkeit nehm ich dich mit. Ich habe mich schnell neben ihn gesetzt. War ich glücklich . . .! Bäume, Häuser, Menschen, völlig fremde Menschen flogen an mir vorbei. Dann kam der Mond heraus. Wir sind stehengeblieben. Vor einem Zimmer mit einer brennenden Lampe, das eine Art Kaffeehaus war. Beim Eingang lagen mehrere Bündel frisch gespaltener Kienspäne. Ich fuhr mit der Hand über das ausgeflossene Harz. Dabei ist mir eingefallen, daß ich auch als kleines Mädchen immer die Bäume streichelte. In dem Augenblick ist mir aufgegangen, daß meine Kindheit zu Ende war. Der Wirt setzte uns heißes Maisbrot mit scharf gewürzter Trockenwurst vor. Als wir weiterfuhren, war der Mond schon am Untergehen, ich bin eingeschlafen. In der Nacht kommen einem Gegenden, die man nicht kennt, so unheimlich vor . . . Aber die Nacht und der Morgen damals haben mir nichts ausgemacht.
Wie ich Istanbul zum erstenmal sah, war alles andere ver-

gessen. Oh, Istanbul ... Wir sind gegen Abend hingekommen. Noch nie in meinem Leben hatte ich die Sonne so rot untergehen sehen. Und überall Menschen, überall Stimmen. An jeder Ecke wurden Lieder gespielt. Ich war nicht wenig erstaunt über dieses Gedränge, die vielen verschiedenen Gesichter. Das ist jetzt lange her, aber immer noch kommt mir die Schönheit dieser Stadt und das Gedränge auf den Straßen unglaublich vor.

Ich hör Istanbul

Kanik 1945

Ich hör Istanbul, mit geschlossenen Augen;
Eben weht sachte der Wind;
Es rühren sich leise und lind
An den Bäumen die Blätter.
Fern, ganz in der Ferne
Die niemals ruhenden Glöckchen der Wasserträger;
Ich hör Istanbul, mit geschlossenen Augen.

Ich hör Istanbul, mit geschlossenen Augen;
Es fliegen wohl Vögel vorüber,
Hoch in der Luft in Scharen und schreiend und schreiend.
In den Reusen werden die Netze gezogen,
Frauenfüße, die leicht ins Wasser tauchen –
Ich hör Istanbul, mit geschlossenen Augen.

Ich hör Istanbul, mit geschlossenen Augen;
Der kühle Bazar,
Mahmutpascha zwitschernd und zirpend,
Die Höfe, von Tauben erfüllt.
Und Hammerstimmen kommen von den Docks,
In dem geliebten Frühlingswind ist Schweißgeruch.
Ich hör Istanbul, mit geschlossenen Augen.

Ich hör Istanbul, mit geschlossenen Augen;
Den Rausch der alten Welten noch in sich tragend
Mit dunklen Bootsschuppen ein Haus am Strand,
Im Rauschen mattgewordner Südwinde
Ich hör Istanbul, mit geschlossenen Augen.

Ich hör Istanbul, mit geschlossenen Augen;
Ein hübsches Mädchen geht über das Pflaster,
Und Flüche und Sänge und Lieder, Geschwätz,
Aus einer Hand fällt etwas zu Boden –
Gewiß eine Rose.
Ich hör Istanbul, mit geschlossenen Augen.

Ich hör Istanbul, mit geschlossenen Augen,
Ein Vogel zappelt in seinem Saum;
Ob seine Stirne heiß oder nicht, ich weiß es;
Ob seine Lippe feucht oder nicht, ich weiß es.
Hinter den Pinien hebt sich ein weißer Vollmond,
Ich merke es aus dem Schlag seines Herzens –
Ich hör Istanbul.

6

AUCH EINE STADT

Alles war auf dem Verdeck, voran ein für seinen Orient sehr eingenommener griechischer Priester, der den Landesbewohnern, die ihr herrliches Vaterland mit Entzücken begrüßten, auf ihre Frage: wie sich denn Neapel zu Konstantinopel verhalte, sehr pathetisch antwortete: Anche questa è un città! – Auch dieses ist eine Stadt!

Goethe 1787

Eine Stadt ohne Briefpost

Pouqueville 1805

So ungefähr sieht die große Stadt aus, die von einem Volke bewohnt wird, welches durch nichts mit Europa zusammenhängt, als den Platz, den es einnimmt; die Stadt, wo man keine Briefpost antrifft, wo die Straßen keine besondere Benennung haben, deren Einwohner keinen Familiennamen tragen, sondern sich bloß durch zweideutige Vornamen unterscheiden, und wo endlich selbst kein Mensch sein Alter recht weiß, weil es an Beweismitteln dazu fehlt! . . . Hier herrschen Unterdrückung, Frechheit, Despotismus und Gleichheit! . . . die Gewalt des Gesetzes und des Schreckens, hier bestraft man den Mord und lobt ihn. Nichts scheint in Constantinopel, diesem Zusammenflusse von Tugenden und Lastern, Grundsätzen und Barberei an seiner Stelle zu sein, und das gemeine Wesen erhält sich nur durch das Gewicht der Jahre und geachteten Gebräuche. Immerfort wird hier der Beobachter Stoff zu Nachdenken und interessanten Resultaten finden, denn noch lange nicht kennt man die Türken hinlänglich, welche ein neuer Schriftsteller ein Volk von Antithesen genannt hat.

Es hält schwer, Neues und dennoch Wahres zu sagen. Vergleich mit Neapel.

Brunner 1833

Keine Aufgabe ist wohl schwieriger für den Reisebeschreiber, als Schilderung einer Stadt von Bedeutung und Eigentümlichkeit. Diese Wahrheit empfand ich zwar jedesmal, wenn ich mich im Fall befand es zu tun, doch nie lebhafter denn jetzt, da die weltberühmte Kaiserstadt des Morgenlandes, die alte Byzanz, vor meinen Augen liegt, und eine Schilderung verlangt, wahr, treu und eigentümlich wie sie selbst. Durch die Unzahl der Vorgänger befindet sich das Feld schon so gründlich bearbeitet, daß es unendlich schwer hält, neues und dennoch wahres zu sagen.

Neapel, Konstantinopel, Valencia und Rio-Janeiro gelten gemeiniglich für die 4 schönsten Lagen der bekannten Welt. Obgleich nun der Begriff von Schön ein so äußerst individueller und relativer ist, daß er sich schwerlich je gänzlich wird bereinigen lassen, so gestattet er denn doch gewisse Haltpunkte der Vergleichung, welche nicht zu übersehen sind. Ohne daher weder das spanische, noch das brasilianische Paradies zu kennen, unternehme ich hier, als vielleicht noch ungewohnte Schilderungsweise, eine Parallele zwischen Neapel und Konstantinopel. Der Leser mag urteilen, in wie weit sie befriedige, d. h. inwiefern sie gelang.

Wer zur See ankömmt, muß in Konstantinopel entweder, wie wir, von Süden, oder vom Bosphorus herkommen: *Tertium non datur*. Man gleitet die sanften Wogen des Bosphorus hinunter, zwischen zahllosen Gebäuden, Pinienhainen und trefflich gestalteten Anhöhen, wo alles Überfluß atmet und, vom unten zu beschreibenden Buyukdere an, einen zusammenhängenden Garten bildet. Übertrieben und lächerlich klingt indessen die Behauptung, welche ich wohl schon selbst gehört, an einigen Stellen sei der Durchpaß so enge, daß die Segelstangen der durchfahrenden Schiffe die

Dächer berühren müßten. Lieblich ist diese Fahrt von etwa 4 Stunden unstreitig; daß sie aber einer Rheinfahrt von Mainz bis Bonn, oder einer Seepartie längs den romantischen Ufern unserer meisten Schweizerseen, geschweige denn der lombardischen, oder, unserer Parallele näher zu kommen, einer Schiffahrt durch den Meerbusen von Baja oder Neapel vorzuziehen sei, ist meines Erachtens, gewaltiger Irrtum.

Neapels Anfahrt dagegen, wie erhaben und lieblich zugleich! Capri, Ischia, Procida; die romantischen Vorgebirge von Misenum und Minerva; der rauchende Feuerberg, dessen Dampfwolke meist die einzige am stets heitern Himmel ist; die unzähligen Villen, womit die Anhöhen in ewigem Frühling sich schmücken; die schimmernde Stadt im Hintergrunde eines stets klaren und mäßig weiten Beckens; die hohen Samnitergebirge in weiter Ferne, und endlich die umgebenden klassischen Erinnerungen: das sind die Umgebungen, welche das italische Eden die seinen nennt.

In Neapel gibt es zwar unendlich viele enge, häßliche Gäßchen voll Übelgeruch aller Art (jedoch stets gut bepflastert), aber auch schöne breite Straßen mit herrlichen Gebäuden und einer fast beispiellosen Lebendigkeit; in Konstantinopel sind alle Sraßen mehr oder weniger schlimm, halsbrechend und von fast lauter hölzernen Hütten umgeben, welche durch ihre vorragenden Stockwerke die Traurigkeit des Pfades noch erhöhen. Die Plätze Neapels, obschon keine Muster von guter Anlegung, noch eben geräumig, sind doch sauber bepflastert, und unterbrechen das Gewirre der Gassen auf eine dem verirrten Fremden oft heilsame Weise; in Konstantinopel gibt es, außer demjenigen zu Tophana, wo eine geschmackvolle, von einem Juden erbaute Moschee und ein echt orientalisch ausstaffierter Brunnen stehen, bei Sta. Sophia, dem Ocmeidan und demjenigen hinter Jenibazar, zugleich dem südlichen Ende Konstantinopels, keine von Bedeutung, und auch letztere beide befinden sich in

einem so übeln Zustande, und unbepflastert, daß sie zur Winterszeit eben so gewiß sich in einen unendlichen Pfuhl verwandeln müssen, als sie dagegen im Sommer fast beständig von Staubwirbeln gepeitscht sind.

An Kirchen haben beide Hauptstädte Überfluß; in Neapel stehen sie jeden Fremden und Einheimischen zu allen Stunden offen, sind, wie in Italien allgemein, öffentliche Stelldichein; allein der schwärmerische und mißtrauische Osmane hält die seinen jedem ungeweihten Tritte verschlossen, und soll auch schon durch eine derbe Tracht Prügel dem neugierigen Fremdling die Weisung für ein und allemal erteilt haben, daß hier sogar großherrliche Firmane, von europäischen Gesandten ausgewirkt, gegen orientalisches Vorurteil nichts vermögen. Ihr inneres Ansehen lasse ich darum unerörtert; dasjenige der neapolitanischen hatte mich nicht besonders angesprochen.

Eben dasselbe gilt von den Palästen beider Städte; mit der größten Leichtigkeit bekömmt man die Schlösser des Königs in und außerhalb Neapel zu Gesichte; aber dreifache Riegel verrammeln den Eingang des weitläufigen Serai des Großherrn dem Dreisten, welcher danach zu fragen sich erkühnt. Das Zeughaus von Tophana und die dortige neue Artillerieschule ist eben so unsichtbar, ohne ganz besondere Gunst und Erlaubnis.

Fast bei jedem Schritte stößt der Fremde zu Rom auf Altertümer, und Neapels Gefilde, obgleich ein von Erdbeben stets wieder aufgewühlter Grund, haben Gegenstände und Sammlungen aufzuweisen, die einzig sind in ihrer Art. Doch was hat denn Konstantinopel, außer ein paar Säulen und Obelisken von noch sehr problematischem Werte, außer einigen, eben so zweifelhaften, für Konstantins Palast ausgegebenen Gewölben, außer der mehrere Stunden entfernten, von mir nicht besuchten, Julianischen Wasserleitung, fast alle aus den spätern Zeiten des römischen Reiches herrührend, an Altertümern aufzuweisen? Der Geist des Islams ist ein zerstörender oder doch vernachläßigender *Genius* alles dessen, was nicht ihm seine Entstehung verdankt.

Der Fremde, welcher unter Verhältnissen nach Neapel kömmt, wie ich nach Konstantinopel, d. h. unvorbereitet, findet in Neapel doch Bücher, Freunde, Gelehrte, auch *tant bien que mal ciceroni*. In Konstantinopel (wo die Unkenntniß der Sprache immer noch obendrein eine Hauptschwierigkeit für fast jeden Ankömmling ausmacht, der man nur durch die Länge der Zeit begegnet) ist zwar keine Zensurfehme, doch aber sind weder Bücher, noch Gelehrte für Fremde zugänglich; die Freunde, an die man etwa empfohlen ist, lauter Kaufleute (folglich keine Ästhetiker!), und die Dragomans, deren ich zwei nach einander (einen immer dümmer, als den andern) hatte, vollends Leute, die über einige lückenhafte Kenntniß von italienischer, französischer und griechischer oder türkischer Sprache hinaus keine von denjenigen Eigenschaften besitzen, welche eines lernbegierigen Fremden Rechnung ausmachen, und so zu sagen, bloße Wörterbücher.

Hat gleich das neapolitanische Volk etwas Nationales in seiner Kleidung, so ist dies doch durch die allgemeine europäische Modetyrannei dergestalt verwischt, daß man sie bloß noch beim Landmanne aus entferntern Tälern, am reinsten aber vielleicht noch bei den Weibern der Insel Procida, antrifft. Hierin nun übertrifft Konstantinopel seine Nebenbuhlerin unendlich. Ein Gewimmel der verschiedenartigsten Kostüme von Franken, Griechen, Armeniern, Türken, Tataren, Russen bietet sich hier dem Auge dar. Ausdrucksvolle Gesichter, und andere, worauf sich starrer Stumpfsinn abspiegelt, ehrwürdige Bärte und wilde Knebelbärte aus weiten Kaftens kontrastieren seltsam mit dem glatten Kinne des knapp angezogenen Franken.

Noch eine Ähnlichkeitsvergleichung steht wohl hier nicht und am unrechten Orte. In Neapel, Konstantinopel, sowie in Sizilien und Griechenland, geschieht das Verneinen mit-

telst Schnalzen und Aufwärtsnicken, so daß also die Herrn Altertumsdeutler, welche es für Überbleibsel aus des Dionysus Zeiten hielten, gewaltig irre sind. Es ist vielmehr eine orientalische Sitte, herübergewandert ins Abendland, so gut wie die weite, bequeme Kleidung der Klostermönche, ihr watschelnder Gang, die Schleiertracht der Nonnen und noch viele andere, gewiß nur erst bei längerm Aufenthalt im Orient auffallende, Einzelheiten.
Aus der bisher durchgeführten Parallele zweier hochberühmter Städte des Südens, an sich, und ohne anderweitige Rücksichten betrachtet, als desjenigen, worauf allein ich Anspruch machen darf, d. h., was sie dem Ankommenden und daselbst sich Umsehenden darbieten, mag schon ungefähr mein individuelles Urteil hervorblicken.

»Aber hier in Stambul begegnet dir ein Schiff mit 120 Kanonen auf der Straße.«

Kinglake 1844

Auch wenn wir nicht teilnehmen an den Lobgesängen über »Moscheen und Minaretts«, können wir doch Istanbul preisen. Wir können den Hafen loben, wir können sagen und singen, daß nirgendwo an einem anderen Ort die See so heimatlich mit einer Stadt verbunden ist. Da gibt es keine Ufer mit Kieselsteinen und keine Sandbänke, keine schlammigen Flußbetten, keine schwarzen Kanäle, weder Schleusen noch Docks, die das wahre Herz des Ortes von den tiefen Wassern trennen; wenn du im lärmendsten Stadtteil von Stambul bist, kannst du auf der ruhigen Straßenseite unter den Zypressen gegenüber flanieren, kannst du den unergründlichen Bosporus überqueren. Wenn du von deinem Hotel zum Bazar gehen willst, mußt du die leuchtende blaue Wasserstraße des Goldenen Horns passieren, die tausend Segelschiffe trägt. Du bist an die Gondeln gewöhnt, die an

San Marco vorübergleiten, aber hier in Stambul ist es ein 120 Kanonenschiff, das dir auf der Straße begegnet. Venedig breitet sich vom flachen Land aus, und schickte früher sein Staatsoberhaupt hinaus, die fremde, widerstrebende See zu umwerben und sich mit ihr zu vermählen. Aber die stürmische Braut des Dogen ist hier die Sklavin, die sich vor dem Sultan bückt. Vor seine Füße kommt sie mit den Schätzen der Welt – sie führt ihn von Palast zu Palast – mit einer unwiderstehlichen Zauberkraft verlockt sie die Winde, ihr zu folgen, und die blasse Wange ihres Herrn zu fächeln – sie hebt seine Seestreitkräfte bis an die äußeren Tore seiner Gärten – sie bewacht die Mauern seines Serails – sie macht die Intrigen seiner Minister zunichte – sie verschleiert die Skandale an seinem Hofe – sie löscht seine Rivalen aus, und sie bringt seine ungezogenen Weiber, eine nach der anderen, zum Schweigen. So unendlich sind die Wunder dieser Tiefe.

7
IM WINTER WIE IM SOMMER SIND DIE WINDE VERÄNDERLICH

Ein heiterer Himmel und ein gesundes Klima

Olivier 1795

Die natürliche Lage von Constantinopel, ist so vortrefflich, als man sich nur vorstellen kann. Bei der Fruchtbarkeit und Abwechselung des umherliegenden Landes, den Umfang, der Bequemlichkeit und Sicherheit des Hafens, der Leichtigkeit, Lebensmittel zu erlangen, genießt diese Stadt noch die Vorteile einer milden Temperatur der Luft, eines heitern Himmels und eines gesunden Klima. Da Constantinopel 41° 1″ nördlicher Breite gelegen ist, so mäßigt der nordnordöstliche Wind, der des Tages regelmäßig vom schwarzen Meere her wehet, die Hitze des Sommers, auch zugleich die Winter-Kälte, wenn sie nicht allzu heftig ist, weil er auf seinem Zuge über das Schwarze Meer, das er seiner ganzen Länge nach durchstreicht, sehr vieles von seiner Rauhigkeit verliert.

Im Winter sind die Winde sehr veränderlich und wehen von allen Ecken des Kompasses her, aber gemeinhin dreht sich der Nordwind nach Nordosten, oder der Südwind nach Südwesten. Im Winter fällt häufiger Regen und der Himmel ist trübe und neblicht, hingegen führen die aus dem Meer von Mamara und dem Archipelagus kommenden Winde heiteres Wetter herbei. Indessen regnet es häufig. Bei beiden Winden, weil der auf dem schwarzen Meere herrschende Nordwind die Wolken aufhält und kondensiert. Dennoch hat man im Winter bei einem leichten Südwind zuweilen vierzehn Tage lang einen klaren Himmel und milde Witterung.

Der Nordwestwind wehet gewöhnlich nach einem starken Regen. So bald er regiert, ist die Luft heiter und die Kälte mäßig. Er hält aber nicht lange an, ist gewöhnlich der Vorläufer vom Südwind, drehet sich aber häufig nach Norden und Nordosten.

Bei Tage friert es in Constaninopel selten und des Nachts fällt das Thermometer nie über zwei bis drei Grad unter dem Gefrierpunkt. Es gibt zuweilen Jahre, wo viel Schnee fällt, aber gewöhnlich schmilzt er schon während des Herabfallens, und in der Nachbarschaft dieser Hauptstadt bleibt er selten einige Tage liegen, ohne zu schmelzen oder ganz zu verschwinden. Doch hat man uns erzählt, daß die Kälte zuweilen so heftig wird, so daß der Hafen zufriert, der Schnee einen Fuß hoch sich anhäuft, und etliche Tage liegen bleibt.

Im Frühling sind die Winde ebenfalls veränderlich, aber die Kälte ist mäßig. Im April und selbst im Mai regnet es sehr viel, und die Wärme spürt man erst im Juli. Gegen Ende des Februars im sechsten Jahr der Republik entfalteten sich die Knospen der Bäume, etliche Tage früher blühten schon Pfirsich- und Aprikosenbäume, und der Mandelbaum zeigte schon seine Früchte.

Im Juli setzt sich der Wind in Norden fest, und es ist selten, daß in den drei Sommermonaten der Südwind weht. Der Himmel ist während dieser Jahreszeit beständig heiter und klar und der Regen selten.

Zuweilen im Juli und noch öfter im Anfang des Septembers, weht der Wind mehrere Tage hintereinander aus Süden, und alsdenn ist die Hitze sehr stark. So habe ich den 7ten, 8ten und 9ten September das Reaumürsche Thermometer bis auf 27 Grad steigen sehen, da es sonst gewöhnlich bei der größten Hitze mitten im Tage nur auf 23 oder 24 zu stehen pflegt.

Der Herbst ist gemeinhin sehr heiter: es regnet während verschiedner Tage, und in verschiednen Absätzen, vor und

nach dem Aequinoctium, aber nach diesem wird der Himmel helle, und das Wetter bleibt vierzehn Tage, vier Wochen, auch länger ununterbrochen schön, und die Kälte fängt nur im Januar an. Tott hat bemerkt, daß der Südwind im Anfange des Herbstes etwas kalt zu sein pflegte, weil er über den Schnee des Berges Olympus weht. Auch wir haben die nämliche Bemerkung gemacht, wie auch daß dieser Wind selbst im Winter, den ersten Tag immer kälter war, als den zweiten und dritten: gewöhnlich aber geht er bald nach Südsüdwesten über, und folgt der Richtung des Meerbusens von Saros und des Hellesponts. Die neueren Griechen kennen ihn unter dem Namen Lodos; er ist im Winter immer gelinder als der Südwind, und die Luft reiner und heiterer.
Die Weiber haben Pelze für jede Jahreszeit: den schwarzen Fuchs, den Marder und Zobel für den Winter, das Grauwerk für den Frühling und Herbst, und den Hermelin für den Sommer: die meisten haben in ihren Schränken zehn bis zwölf verschiedne Pelzkleider, von denen eines zuweilen fünfzehn- bis zwanzigtausend Franken kostet.

Das Klima ist interessanter als der Hof zu Constantinopel

Pouqueville 1805

Der Hof von Constantinopel, an dem man nur wenig ausgezeichnete Personen bemerkt, verdient, wie man sich leicht vorstellen kann, nur eine geringe Aufmerksamkeit, ich werde also seiner hier nicht weiter erwähnen, sondern von einem allgemein interessanten Gegenstande, nämlich dem Klima von Byzanz, sprechen.
Die Luft von Constantinopel ist, ohne gerade so rein zu sein wie die von Attika oder Griechenland, doch schön und heiter. Man kann, in einem gewöhnlichen Jahre, die Veränderungen derselben folgendermaßen bestimmen: sechs und sechzig Tage Regen, viere Schnee, sechse Nebel, zwanzig

bedeckter Himmel, vierzig veränderlich Wetter, fünfzehn Donnerwetter, zwei hundert und vier und fünfzig heiteres Wetter fast ohne die geringste Störung.

Zwei Hauptwinde teilen sich in die Herrschaft des Klimas von Constantinopel auf eine beinahe ausschließende Weise. Der Nordwind herrscht ungefähr neun Monate, er mäßigt die Hitze des Sommers, und gibt der Luft ihre Elastizität wieder, wodurch sie der Gesundheit so vorteilhaft wird; er erhält seine wohltätigen Eigenschaften von dem Berge Hämus, über den er streicht; der Südwind herrscht im Winter, und einige Tage fühlt man auch den Ostwind, dann aber erfolgt gemeiniglich Schnee. Im Frühling wechseln die Winde immer nach Osten, und im Herbst kommen sie wieder nach Süden zurück.

Der Frühling eröffnet das Jahr durch eine sanfte Temperatur der Luft gegen die Mitte des Monats April; der Azur des Himmels läutert sich, die Wolken bilden, seltner erscheinend, nur weißlichte Massen, die sich unvermerkt zerstreuen; gelinde Winde aus Süden führen die Zugvögel herbei, und das ruhigere Meer scheint an der Milde und Annehmlichkeit der Jahreszeit Anteil zu nehmen. Der Nordwind, der sich noch bisweilen spüren läßt, bringt von Zeit zu Zeit kalte Platzregen, und wirkt unangenehm auf die Vegetation.

Indessen schmücken sich die lachenden Gegenden des Bosphorus mit einem reizenden Grün, die Belgrader Waldungen bilden köstliche Gebüsche. Sie sind ein Bild der alten, durch Gottesverehrung geheiligten Wälder; daher dulden die Türken nicht, daß das Beil hereingebracht werde, sondern erhalten sorgfältig die alten Bäume, welche sie schmücken. Der Weinstock und die Gesträuche, welche Asien schmücken, erheben sich nun und blühen, indem sie nur selten etwas durch widrige Witterung leiden. Der Sommer fängt an mit dem Monat Juni; man empfindet nun die Hitze, und kaum bewegt ein leises Lüftchen die Oberfläche des Meeres, bis im Monat August die Gefilde den Anblick der Versengung überall darstellen. Dann findet man nur in den Wäldern noch Schatten und Grün. Indessen erhebt sich doch täglich der Nordwind, und weht erquickend von drei Uhr des Nachmittags bis zum Untergang der Sonne, um die herrlichen Nächte vorzubereiten, welche an die Stelle der heißern Luft des Tages treten. Selten nur, oder vielmehr nur als eine ganz außerordentliche Erscheinung fühlt man den Wind von Aleppo, dessen Herr von Tott in seinen Memoiren gedenkt.

Die Gewitter, welche nun von Zeit zu Zeit Statt finden, sind furchtbar. Sie kommen von Osten und gehen nach Norden, und werden von Regen begleitet, welche gewöhnlich acht und vierzig Stunden dauern. Um diese Zeit pflegt die Pest meistenteils ihre größten Verheerungen anzurichten. Mit dem Herbste aber, der im Monat Oktober anfängt, scheint alles neue Kraft zu gewinnen, und man könnte diese Jahreszeit als die angenehmste für Constantinopel ansehen. Überall bricht junges Grün hervor, und lange nach dem Verschwinden der Zugvögel genießt man noch der mildesten Luft. Der Winter endlich erscheint eigentlich nur in den letzten Tagen des Dezembers. Asiens Gebirge werden mit Schnee bedeckt, indeß seine Ebenen noch grün sind. Die Wogen des schwarzen Meeres erheben sich wie Gebirge. Die Natur scheint in Bewegung und man erblickt grauliche dicke Wolken, die häufigen Regen ausströmen. Dieses ist auch die Zeit der Erdbeben, deren Verheerung noch an deutlichen Spuren zu erkennen ist.

Selten wird der Himmel mehrere Tage lang bedeckt, und Nebel sieht man wenige. Eine wahrhaft poetische Morgenröte geht der Sonne vorher, deren Untergang immer etwas trauriges hat, denn es bleibt etwas sonderbar Unruhiges in der Luft, bis die Sterne aufgehen.

8

DIE BEVÖLKERUNG VON CONSTANTINOPEL

Der Charakter der Volksmenge in Constantinopel und wie sie gezählt oder geschätzt wird

Olivier 1795

Constantinopel enthält eine Mischung von Türken, Griechen, Armeniern, Juden und Europäern, woraus natürlicherweise eine große Verschiedenheit von Sprachen, Sitten und Religionen entsteht. Die Türken sind die zahlreichste Volksklasse, und wohnen zerstreut in allen Gegenden der Stadt und der Vorstädte. Die Griechen machen ungefähr den sechsten Teil aller Einwohner aus, und bewohnen eine Gegend am Ende des Hafens, welche den Griechischen Namen Fanaraki oder der Leuchtturm führt. Doch hält sich auch eine große Anzahl zu Pera oder Galata unter den Franken (so nennt man hier alle Europäer ohne Unterschied) auf. Die Armenier sind etwas weniger zahlreich als die Griechen, und haben ihre Wohnungen im Innern der Stadt und in den Vorstädten; doch haben sich seit einiger Zeit, wie oben bemerkt worden, die Angesehensten in Pera unter den Franken niedergelassen, doch ohne sich unter sie zu mischen. Die Juden machen die kleinste Anzahl aus, und wohnen im Innern der Stadt, doch halten sich auch einige in Pera und Galata auf, und machen die Mäkler der Kaufleute.

Die Abgesandten und Agenten der fremden Mächte bei der Pforte, nebst den Europäern die der Handel nach Constantinopel zieht, machen an zweitausend Seelen aus. Die Seeleute bleiben meistenteils an Bord ihrer Schiffe, die Kaufleute aber wohnen in Galata, um in der Nähe des Hafens zu sein; hauptsächlich aber ziehen sie diese Gegend darum allen andern vor, weil sie daselbst feste Häuser von Backsteinen bewohnen, auch dauerhaft gebaute Warenmagazine besitzen, die mit kupfernen Fensterladen versehen sind; sie haben überhaupt nichts versäumt, was ihre Personen und Eigentum gegen die Feuersbrünste schützen könnte, die so häufig in dieser Stadt wüten.

Nur die Mohamedaner, sie mögen übrigens nun Türken oder Araber sein, können Bedienungen und Stellen bei der Regierung, oder Staats-Ämter bekleiden, und unter den Janitscharen oder andern Kriegsvölkern aufgenommen werden; in der Marine aber sind beinahe alle Matrosen Griechen. Ferner beschäftigen sich die Türken mit dem Handel, einige im Großen, mehrere mit dem Detailhandel, und mechanischen Künsten, dem Studium der Gesetze und der Religion, auch der Schreibkunst.

Die Muselmänner besitzen gewöhnlich geringe Kenntnisse, viel Fanatismus und einen lächerlichen Hochmut. Das Studium derjenigen, die sich den Wissenschaften widmen, schränkt sich gewöhnlich auf die Kenntnis der verschiednen Erlärungen des Korans, der Landes-Gesetze die aus demselben entlehnt sind, und der Auslegungen der Gesetzgeber ein. Einige beschäftigen sich mit der Dichtkunst, dem Studium der persischen und arabischen Sprachen, imgleichen der Astrologie. Nur sehr wenige haben einige Kenntnis in der Mathematik und Astronomie. Ihre Arzneikunde ist weiter nichts als einige vom Vater auf den Sohn vererbte Verfahrungsmethoden. Sie haben durchaus keinen Begriff von Naturgeschichte, Physik, Geographie, Kenntnis des Seewesens und der Taktik. Von der Geschichte wissen sie nur was sie selbst betrifft, und in Betreff andrer Völker, selbst der Griechen, die vor ihnen die Länder des türkischen Reichs besaßen, stecken sie in der schimpflichsten Unwissenheit. Beinahe alle mechanische Künste sind bei ihnen in der Kindheit, oder völlig unbekannt, die Färberei, die Verfertigung einiger Zeuge, der Degenklingen und Messer ausgenommen.

Die Griechen sind munter, geistreich und gewandt: sie treiben allerlei Gewerbe, auch einigen Handel, dienen in der Marine, bereisen die verschiednen Seestädte, vertiefen sich aber selten ins Innere des Landes, außer in dem Europäischen Teil des Staats. Sie finden den höchsten Genuß im Tanz und der Musik. Im übrigen Teil des Reichs befleißigen sie sich mit ziemlicher Einsicht des Ackerbaues. Die Reichen besitzen Kenntnisse, sind geschmeidig und sehr ränkevoll; sie lernen Sprachen und geben sich alle ersinnliche Mühe, um als Ärzte, Dolmetscher oder Geschäftsleute der vornehmen Türken, welche die großen Staatswürden bekleiden, angestellt zu werden. Die alten Familien bewerben sich sehr eifrig um die Ehre, als erste Dolmetscher der Pforte gebraucht zu werden, oder zu der Herrschaft der Moldau und Wallachey zu gelangen, ohnerachtet der Gefahr die mit diesen Ämtern verknüpft ist.

Die Armenier sind durchgängig Kaufleute: sie treiben im Türkischen Reich den größten Handel und zeigen dabei die meiste Einsicht. Sie sind geduldig, sparsam und unermüdet. Sie reisen im Innern von Asien und Indien umher, und haben überall Warenlager und Korrespondenten. Die meisten verstehen mechanische Künste. Sie sind Bankiers, Lieferanten und Geschäftsmänner der Paschas und andrer Großen. Man macht ihnen den Vorwurf, daß sie keine Mittel scheuen um reich zu werden, und oft mit schlechten Waren betrügen. Demungeachtet beobachten sie sehr treulich was sie versprochen haben, und sind selten wortbrüchig.

Sie sind strenge in ihren Sitten, genaue Beobachter der Vorschriften ihrer Religion, unwissend und abergläubig. Mit etwas mehr Aufklärung und unter einer andern Regierung aber würden sie bald ein sehr schätzbares Volk sein.

Die Juden erscheinen hier in einem weit nachteiligern Lichte als in Europa. Unwissender, ärmer und fanatischer als dort, treiben sie jede Art des Handels, und verschmähen

auch nicht die niedrigsten Beschäftigungen. Nur wenige unter ihnen sind Ärzte, Dolmetscher oder Geschäftsleute, und keiner von ihnen baut das Land. Ein jeder Handel ist ihnen anständig, wenn er noch so geringe Vorteile bringt. Die Reichen treiben Wucher, leihen auf Pfänder gegen Zinsen von zwei bis drei Prozent monatlich, und selbst noch mehr, nach Beschaffenheit der Umstände. Sie sind Makler, Geldwechsler und Kaufleute, die Türkischen Zolleinnehmer bedienen sich ihrer die Waren zu taxieren und die Abgaben davon zu heben.

Die Juden sind in ihren Sitten eben so streng als die Armenier, und wie jene gewinnsüchtig, aber dabei unbekümmerter, zumal wenn sie mit andern Religionsverwandten zu tun haben. Sie wohnen unter sich in abgelegnen Gegenden, und zittern bei dem Anblick eines Muselmannes.

Man kann die Volksmenge von Constantinopel, die Vorstädte Pera, Galata und Dimitri mitgerechnet, wie auch die Einwohner von Scutari und aller Dörfer am Bosphorus und in der umliegenden Gegend auf fünfmal hunderttausend Seelen rechnen. Da man im ganzen Türkischen Reiche keine Geburts- und Sterbelisten führt, da die Sitten und Lebensart der verschiednen Einwohner so sehr von einander abweichen, die Weiber beinahe durchgängig eingesperrt sind, und die Reichen oder Vornehmen so wenig als möglich ihre Häuser verlassen, so gibt es in Constantinopel kein andres Mittel die Volksmenge zu bestimmen, als durch die Getreide und Mehlkonsumption, welche, weil die Regierung beides austeilt, genau bekannt ist.

Man kann daher die Volksmenge auf 500 000 Seelen schätzen, wenn man annimmt, daß alle Männer, Weiber und Kinder täglich anderthalb Pfund Mehl verzehren. Denn in jenen Gegenden wird weit weniger Fleisch als im nördlichen Europa verbraucht, dagegen aber weit mehr Brot, Reis, Backwerk, Milch und Früchte, daher diese Berechnung ziemlich richtig ist. Noch muß man einige tausend Zentner

Mehl und Getreide mit in Anschlag bringen, die täglich, unerachtet der genauen Aufmerksamkeit der Regierung, durch den Schleichhandel eingeführt werden: doch ist dieser Umstand nicht beträchtlich genug, um mehr als einen Unterschied von höchstens 20 000 Seelen anzunehmen.

Unter Atatürk: Nicht mehr Hauptstadt

Klinghardt 1924

Das Konstantinopel von 1924 ist nicht mehr das von 1910 oder 1912 trotz der Leichtlebigkeit und Luxuslust, die sich immer noch in der berühmten großen Perastraße und auf den sommerlichen Inseln und Gestaden zur Schau stellen. Es ist eine Stadt in Wirtschaftsnot, eine Stadt, deren Europäer- und Levantinerviertel, Galata-Pera, im letzten Jahrzehnt unter immer neuen und immer anderen Verwirrungen gelitten hat, und die im letzten Jahrfünft anläßlich von Überschwemmungsstößen flüchtender Fremdvölker – Armenier, Griechen, Russen – unendliche Not, schauerliches Elend in ihren Straßen sehen mußte. Jetzt, nachdem Waffenstillstand und Friede geschlossen, ist relative Ruhe vor solch aufregenden Ereignissen eingetreten, wenn auch gewisse Befürchtungen immer noch über der Stadt schweben. Im allgemeinen ist aber nun etwas wie die Stille nach den Stürmen eingetreten, die Schaffensfreude und Unternehmungslust noch nicht recht aufkommen lassen will.
Die heutige Zusammensetzung der Bevölkerung Konstantinopels ist im Sinne des neuen türkischen Staates keine natürliche, und wohl jedermann in der Stadt weiß, daß das prozentuale Verhältnis von Mohammedanern zu Christen ein ganz anderes wäre, wenn nicht die christlichen Mächte gegen Ismet Paschas radikales Austauschprogramm entscheidenden Widerstand geleistet hätten, weil eine vollkommene Türkisierung auch Konstantinopels dem Opfern des

Sprungbrettes gleichgekommen wäre, von dem aus westlicher Unternehmungsgeist auch die nationale Türkei wieder gewinnbringend anzupacken hofft. Die christliche Bevölkerung ist sich demnach bewußt, daß sie nicht viel mehr wie geduldet ist.
Immerhin ruft dieses über vielen griechischen Familien schwebende Damoklesschwert Beunruhigung hervor, und aus Gefühlen und Erwägungen, die notgedrungen auch für einen etwas erweiterten Kreis von Pera-Galata-Bewohnern aus dieser Frage sich erheben, werden noch manche von ihnen sonst der geliebten Stadt den Rücken kehren, um, gestützt auf noch behauptetes Vermögen, in friedlicheren europäischen Städten neuen Wirkungskreis oder ungestörten Ruhesitz zu suchen.
Auch die Türken von Pera-Galata und Pangalti-Schischli, den modernen Vorstädten jenseits Peras, das heißt die türkischen Kreise, die militärisch, politisch und wirtschaftlich in den letzten Jahrzehnten eine Rolle gespielt haben, sind ihrer heutigen Lage nicht sämtlich froh. Was diese Kreise bedeutet haben in ihren Beziehungen zum Throne und als wichtige Faktoren im Staats- und Verwaltungsleben, als Repräsentanten modernen Türkentums im europäischen Rahmen der Weltstadt Konstantinopel, was ihr Stolz war, ihre Kultur, die aus asiatischen und westlichen Elementen ein neues Geschlecht auszubilden begriffen war, was einem Teil von ihnen die soziale Stellung erhielt und Gewinn abwarf, ihre vermittelnden Beziehungen zum Westen, zu seinen Gütern und Kapitalien, all das ist heute nicht mehr oder besteht nur noch in schwindendem Maße. Vom Konstantinopel dieser Kreise aus betrachtet, hat der Krieg mit seinem Ausgang Westen und Osten vertauscht: während ein Teil von ihnen bereit war, einem für die Wirtschaftszukunft Konstantinopels vermutlich sehr günstigen amerikanischen oder französischen Gesamtprotektorat oder Teilprotektorat über die Türkei zuzustimmen, ist das Gegenteil eingetreten.

Anatolien, das für Leben und Handel des einzelnen in diesen Kreisen vor nicht langem noch annähernd bedeutungslos war, spielt heute, in Angora konzentriert, den Spiritus rector.

Die Fassade

Füruzan 1973

»Istanbul ist von Bauern überschwemmt, Rahmi Bey. Auf Schritt und Tritt Leute, die noch nicht gehen und reden gelernt haben. Für solche Ausflüge bedanke ich mich. Zur Hitze und zum Staub in den städtischen Autobussen auch noch der Gestank! Dieser unerträgliche Gestank von Schweißfüßen, es wird einem übel davon. Besonders das letztemal, als wir in Beykoz waren, hatte ich mehr als genug. Ich achte sehr auf Sauberkeit, Rahmi Bey. Mit schlecht riechenden Hinterwäldlern im überfüllten Autobus zusammengepfercht zu sein, ist für mich kein Vergnügen. Ich bin eine geborene Istanbulerin. Reich waren wir zwar nicht, das nicht, doch es war eine gute, eingesessene Familie. Wenn ein Gast Wasser verlangte, wurde es ihm in einem Kristallglas auf einem Teller mit Spitzendeckchen gereicht. Der Tee durfte nie auf die Untertasse verschüttet werden. Für jedes Glas berechneten wir den Zucker. In unserer Familie wußte man, welche Aufmerksamkeiten man dem Gast schuldig ist. Diese Bauern können nicht einmal ein Brot ordentlich aufschneiden und verteilen, die beißen alle von einem Laib ab.«

Als wir nach Istanbul zurückkehrten, war ich über vierzig. Ich war schon in den Wechseljahren und übermäßig nervös. Bei der geringsten Kleinigkeit schoß mir das Blut in den Kopf, ich schwitzte am ganzen Körper.

Ob seine so gut gehenden Geschäfte ihm nicht gefährlich werden könnten, fragte ich Sedat schließlich. Rahmi Beys

Ängstlichkeit hatte auch schon auf mich abgefärbt. Mein Sohn brach darüber nur in lautes Lachen aus.
»Aber nein, Mutter, nein, mach dir da keine Sorgen, es besteht nicht die geringste Gefahr! Ich bin doch kein Beamter. Die Gesellschaft, in der ich arbeite, ist ein Privatunternehmen. Istanbul befindet sich in einer rasanten Aufwärtsentwicklung, du wirst es ja selber sehen. Die Bevölkerung nimmt fortwährend zu. Überall wird gebaut. Wir haben jetzt die sozialen Wohnbauten übernommen. Da ist am meisten Geld zu machen.«
»Aber mein Liebling, du bist doch noch so jung! Wie konntest du dir nur so viele Sachen auf einmal aufbürden?«
»Der Jugend werden jetzt viele Möglichkeiten geboten, es muß einer sich nur auf seine Arbeit verstehen. Ich gehe auf ihre Wünsche ein, dann müssen sie auch zu allem, was ich vorschlage, ja sagen. Aber es ist zwischen uns alles offen und genau abgesprochen. Deine Befürchtungen sind unbegründet. Du wirst von jetzt an in Istanbul das Leben führen, das der Mutter eines Diplomingenieurs zukommt. In ein paar Jahren kaufe ich dir dann auch neue Möbel für die Wohnung.«
»Wirklich, Sedat?«
Ich war sehr bewegt. Meine Lippen zitterten, ich konnte es nicht verhindern.
»Jetzt sind diese Dinger modern . . . die mit Kunststoff.«
»Wirklich, Sedat! Dein Vater wird es dann auch ein wenig leichter haben.«
In diesem Augenblick konnte ich Rahmi Bey nicht gram sein.
»Er hat nicht wenig für euch getan. Es gab Jahre, Sedat, da hat dein Vater seinen geliebten Raki ganz stark mit Wasser verdünnt getrunken. Es ist nicht leicht für einen Beamten, seine Kinder auf die Universität zu schicken.«
Sedat zuckte mit den Achseln. Ein Schwarm von Tauben flog flatternd über die Züge hinweg in den Himmel hinauf.

Der Luftzug streifte mein Gesicht. Ich konnte Sedat gegenüber nicht darauf beharren, daß Rahmi Bey ... Was weiß ich.
»Ach ja, mein Kind! So hör doch, Rahmi Bey, unser Sedat hat uns sogar schon eine Wohnung gefunden.«
Rahmi Bey betrachtet die bunten Fliesen des Bahnhofs Haydarpascha. Unter dem Glasdach sitzen noch andere Tauben und gurren. Mit den elektrischen Zügen kommen Fahrgäste aus den Vororten. Ohne Koffer oder sonstiges Gepäck. Auf die Art ist es bequem. Von jetzt an kann ich auch so reisen, ohne mich abzuschleppen. Bei den Markteinkäufen wird mich nicht mehr der Gedanke quälen, zuviel bezahlt zu haben, ich nehme keine großen Taschen mehr. Kleine Handtaschen werde ich tragen.

9
HÄUSER UND GÄRTEN

Mit Erstaunen sah ich alle Wände mit kleinen türkischen Versen bedeckt, die mit Bleistift geschrieben waren ... Eines dieser Distichen lautete von Wort zu Wort:
»Der Mensch kommt in die Welt, bewohnt, verläßt sie:
Nur der mein Herz bewohnt, verläßt dasselbe nie.«
Lady Montagu 1717

Der blauäugige Riese, die winzige Frau und das Geißblatt
Hikmet 1971

Er war ein blauäugiger Riese.
Er liebte eine winzige Frau,
deren Sehnsucht ein winziges Haus war
in dessen Garten buntes
Geißblatt
blüht.

Wie ein Riese liebte der Riese.
Und für so gewaltige Aufgaben waren seine Hände geschaffen,
daß er nicht das Haus bauen
– nicht an die Tür des Hauses klopfen konnte –
in dessen Garten buntes
Geißblatt
blüht.

Er war ein blauäugiger Riese.
Er liebte eine winzige Frau,
eine winzig winzige Frau.
Nach Ruhe sehnte sich die Frau.

Ermüdet von den weiten Wegen des Riesen
sagte sie eines Tages dem blauäugigen Riesen Lebwohl
und trat am Arm eines reichen Zwergs in das Haus ein
in dessen Garten buntes
Geißblatt
blüht.

Jetzt weiß der blauäugige Riese, daß
es für die Liebe des Riesen
nicht einmal zum Grab werden kann das Haus
in dessen Garten buntes
Geißblatt
blüht.

Von des Türkischen Kaisers Lustgärten

Schweigger 1608

Der Sultan hat etliche Lustgärten auf eine halbe Meil von der Stadt, darein er vielmal lusthalber fährt auf dem Wasser. Sie sind aber so zierlich und prächtig nicht gebaut, wie bei den Potentaten in der Christenheit zu sehen. So viel die Lusthäuser und übrige Zierde belangt, ihre mehreste Lust besteht in Pflanzung der edlen Früchte, davon sie sich anstatt des Weins erlustigen. Als dann sein Pomeranzen, Granaten, Feigen, Limonen, Melonen, Maulbeer, Äpfel, Birn, Kirschen etc. Solche dienen nicht allein, die Hofhaltung davon zu versehen, sondern sie werden auch verkauft, welches doch für kein Schand wird gehalten, so wenig als wenn er mit Schnee und Eis Hantierung treibt, da er jährlich ein unsäglich Geld löst aus den Eisgruben . . . Diese Ware kaufen die Obsthändler im Sommer und verkaufen's widerum dem gemeinen Volk, ein Stück so groß als ein Viertel eines Laib Brot um anderhalb Asper, das macht schier drei Kreuzer. Damit kühlen sie ihren Trank, wenn einer ein Maß Scherbet oder Hutzelwasser kauft, so kauft er zumal auch

einen Knollen Eis, den wirft er drein, oder geht auf der Gassen daher, hat ein Knollen im Mund und sauget daran ...
Ich komm wieder an die Lustgärten. Ich bin in einem gewesen, der heißt Carabali, das heißt Schwarzhönig, darin ich vornehmlich gesehen einen schönen Gang eines starken Roßlaufs lang, in der Breite möchten drei Reisige nebeneinander reiten. Und ist dieser Gang kreuzweis von schönen hohen Cypressenbäumen, wie die hohen Tannenbäum, deren jeder zwei Schritt von dem anderen steht. Zwischen zwei Bäumen steht allweg eine Rosmarinstaud, schier anderthalb Manns hoch, das steht prächtig. Das Lusthaus ist nicht grösser als eine gemeine Behausung, gar schlecht und liderlich gebaut, darin ein einziges Gemach, an beiden Orten herum offen und ohn' Fenster ... Nicht weit von diesem Haus steht ein nieder vergittert Hüttlein mit Ziegeln gedeckt, darunter hat Sultan Selim gepflegt eigener Person Zech und Collation zu halten, wie er denn zum Trinken heftig geneigt, der auch diesen Garten vor allen andern oftmals hat gebraucht, und seine Lust darin gesucht, denn er liegt nicht weit von dem Serai oder Burg, unterhalb Galata am Ponto Euxino oder schwarzen Meer ... In diesem Lustgarten sind etliche Atschamoglan, Zehentkinder von den Christen, welche die Arbeit im Garten müssen verrichten. Die haben einen Vorsteher Bostansiwascha genannt, der sie anweiset. Und wer in den Garten ein will, der muß ihnen ein Trinkgeld geben, etwa einen halben Taler oder mehr.

»Daß man von außen nichts sehen kann, was inwendig vorgeht.«

Olivier 1795

Die Häuser der Türken sind dergestalt angelegt, daß die Wohnung der Weiber allemal von der männlichen abgesondert ist: die erstere heißt Harem, oder der heilige Ort, und die zweite Selamlik oder die Wohnung der Männer. Bei den Vornehmen sind dieses zwei Hauptgebäude, die durch Zwischen-Zimmer, von denen der Herr allein den Schlüssel hat, zusammen hängen. Der Zutritt zu dem Harem ist den Mannspersonen streng verboten; die Domestiken und die männlichen Sklaven kommen nie hinein, und selbst die Verwandten dürfen sich dort nicht sehen lassen, es sei denn an den beiden großen jährlichen Festen, und bei Gelegenheit einer Hochzeit, eines Wochenbettes, und bei der Beschneidung.

Gemeinhin haben die Harems keine Fenster nach der Straße zu, oder wenn es dergleichen gibt, so sind sie so hoch angebracht, und so mit Gittern versehen, daß man von außen nichts sehen kann, was inwendig vorgeht. In denjenigen Ländern, wo jedes Haus seine eigne Terrasse hat, sind diese mit sehr hohen Mauern umgeben, die alle Verbindung nach außen zu unmöglich machen.

Wir haben auf unsern Reisen oft Verdrießlichkeiten gehabt, wenn wir hohe Orte ersteigen wollten, um von dort die Lage einer Stadt und ihren Umfang zu übersehen, weil man besorgte, wir hätten die Absicht, die Weiber zu belauschen, die in ihren Gärten spazierengingen, oder auf ihren Terrassen frische Luft schöpften. Bei diesen Gelegenheiten soll es sich oft ereignet haben, daß die Türken nach den Europäern schossen, deren Absichten ihnen verdächtig schienen.

Nur in den Palästen der Gesandten und in einigen Kaufmannshäusern findet man Schorsteine in den Wohnzimmern: alle übrigen Einwohner von Constantinopel wärmen sich vermittelst kupferner oder irdener Feuerbecken, die sie Mangal nennen, und neben ihre Sofas stellen; bei einigen Muselmännern aber, und beinahe bei allen Griechen und Armeniern stellt man dieses Becken unter einen runden oder viereckigten Tisch, mit mehrern Teppichen bedeckt, von denen einer von Zitz mit Wolle durchgenäht, an allen Seiten bis auf den Fußboden hinunter reicht, und die Hitze unter dem Tisch zusammenhält: man tut in diesem Fall nur wenige glühende Kohlen hinein, und bedeckt sie mit Asche, um die Hitze zu mäßigen. Eine gepolsterte Bank geht rund um den Tisch, auf der mehrere Personen Platz nehmen, und die Beine nach dem Mangal ausstrecken können.

Stuhl oder Teppich, wie möbliert man sich?

Gurlitt 1908

Geht man durch die Vorstädte Konstantinopels, so sieht man hier und da an Gartenmauern sonderbare Aufbauten: hoch aufgerichtete Maste, an denen Bretter so angeschlagen sind, daß zwar der Luftzug durchzustreichen, der Blick aber nicht durchzudringen vermag. Sie schützen die türkischen Gärten vor dem Einblick aus den Nachbarhäusern und wenn diese auch mehrgeschossig aufgeführt wurden: Werke der Eifersucht des Mannes, Jalousien; aber auch Werke der scheuen Abgeschlossenheit der Frauen. Man muß beobachtet haben, wie unangenehm es selbst der türkischen Bäuerin ist, wenn man ihr ins unverhüllte Gesicht sieht. Sie fühlt sich entblößt, wie etwa eine europäische Frau, die man mit offenem Kleide überrascht.

Wir klopfen an die Tür eines türkischen bürgerlichen Hauses. Der Anstand fordert, den Rücken der Tür zuzuwenden, da man nicht wissen kann, ob diese nicht von einer Frau geöffnet wird. Man hört an der Stimme, die nach dem Begehren des Klopfenden fragt, daß es wirklich so gekommen ist. Der Anstand fordert weiter, bei dem Gespräch sich nicht umzudrehen. Solange der Herr nicht im Hause ist, bleibt natürlich jeder Besuch ausgeschlossen. Er wird aus dem nächsten Kaffeehaus durch einen Knaben herbeigeholt, begrüßt uns mit sicherem Anstand, verschwindet im Haus. Nach einer Weile öffnet er gastlich die Türe: Die

Frauen des Hauses, die Töchter, die Mägde sind inzwischen »fortgeräumt«, das Empfangszimmer ist vorgerichtet. Nach wenig Minuten klopft es vor der offenen Tür: die Hand einer Unsichtbaren schiebt den Kaffee herein.
Die Griechen saßen zu allen Zeiten auf Stühlen, die Perserkönige wie die der Assyrer und Babylonier und der Ägypter sehen wir auf alten Reliefs auf Stühlen thronen. Die Römer und Germanen taten desgleichen. Die Türken sind das erste Volk in Europa, das sich mit untergeschlagenen Beinen auf Teppiche setzt. Sie sind ihrem nomadischen Herkommen getreu ein Hockervolk geblieben. Man kann auf den Straßen Konstantinopels oft genug beobachten, daß sie sich nicht setzen wie die Indogermanen, wenn sie ausruhen wollen, sondern niederkauern oder die Beine unter sich schlagen. Sie sind auf dem Boden zu Hause, ein Volk des Zeltes, das auf einem untergelegten Teppich ausruht. Das haben sie mit den Arabern gemein und mit den sassanidischen Persern im Gegensatz zu den älteren achmenidischen Persern. Auch in Indien hockt man auf Teppichen; von dorther kommt die Sitte: Der Thron der Fürsten und der der Götter ist kein Stuhl, sondern eine erhöhte, mit Teppichen belegte Bühne, auf der der zu Ehrende hockt.

Uhren, die nicht gehen

Moltke 1836

Wir haben uns gegen den Winter gerüstet, was hier nicht leicht ist. Die Häuser in diesem Lande sind überall von Holz, selbst die großen Palais der Sultans sind eigentlich nur weitläufige Bretterbuden. Man errichtet auf einer steinernen Substruktion ein schwaches, oft sehr hohes Gerüst aus dünnen Balken, bekleidet es mit Brettern, die inwendig mit Mörtel überzogen werden, bedeckt das Dach mit Ziegeln, und in wenig Tagen steht ein großes Haus da.

Nun ist nicht zu leugnen, daß hölzerne Häuser viel angenehmer zu bewohnen sind als steinerne, die hier stets feucht sind und nie so sonnig, hell und freundlich wie jene sein können. Eine Hauptbedingung für ein angenehmes Haus ist hier, daß es zu drei Vierteln aus Fenstern bestehe, und das kann nur ein hölzernes Haus leisten. Damit recht viel Zimmer auf drei Seiten Fenster an Fenster haben können, sind die Häuser mit lauter vorspringenden und eingehenden Winkeln erbaut; was man bei uns die Spiegelwände nennt, ist ein schmaler Balken. Unter den Fenstern laufen die breiten niedrigen Diwans hin; die vierte Wand aber enthält eine Nische, in deren Mitte die Tür, zu beiden Seiten derselben aber große Wandschränke sich befinden, worin die Matratzen und Decken des Tages über aufbewahrt sind, welche des Nachts auf die zierliche Strohmatte am Fußboden zu Betten bereitet werden. Die Fenster sind unten mit dichten Gittern aus Rohr geschlossen; in den Gemächern der Frauen steigt dies Gitter bis ganz oder bis fast ganz oben hinauf. Da gibt es weder Tische noch Stühle, weder Spiegel noch Kronleuchter; Abends werden zwei oder vier große Kerzen, wie unsere Kirchenlichte, mitten ins Zimmer auf den Boden gesetzt; bei Wohlhabenden und bei denjenigen, welche der Zivilisation den Hof machen, findet man gewöhnlich Tafeluhren, von denen oft drei oder vier nebeneinander stehen, ohne daß nur eine einzige ginge. Zum Essen stellt man einen kleinen niedrigen Schemel auf den Fußboden und setzt darauf eine große runde Holzscheibe (bei den Wohlhabenden eine Art messingenen Schild, sauber blank gehalten), auf dem die Speisen sich bereits befinden. Jeder langt mit den Fingern zu, nachdem zuvor das Waschbecken und zierlich gestickte Handtücher gereicht sind; Messer, Gabel und Teller sind nicht nötig, dagegen bedient man sich der Löffel aus Holz oder Horn, oft mit Stielen von Korallen, aber nie von Silber, weil der Koran ausdrücklich sagt: daß, wer hier von Silbergeschirr ißt, im Paradiese keins haben wird.

So sieht es im Innern bei den Vornehmen aus, aber auch beinahe ebenso bei den Geringeren und bei den Ärmsten. Im Äußern unterscheiden sich die Wohnungen der Türken als der Bevorrechtigten des Landes von denen der Rajahs. Der Rechtgläubige baut sein Haus mit der breiten Front nach dem Bosporus zu, streicht es rot, blau und gelb an, aber besonders rot, während die Griechen und Armenier die schmale Seite ihrer Häuser nach dem Bosporus kehren, welcher die große Heerstraße der Hauptstadt ist, und sie grau übertünchen.

Der Khan

Jahn 1828

Auch sind hier die Khans (Herbergen) besuchenswert. Der schönste und größte ist der Valide-Khan, der sich in der Nähe des alten Serails befindet. Sie sind fast alle nach einem und demselben Stil von Steinen massiv gebaut. Um den großen Hof befinden sich die Magazine und Ställe, über welchen alsdann noch zwei Stockwerke mit Galerien sind. Diese Khans werden vom Staate für reisende Kaufleute und ihre Karawanen erbaut, und auch von ihm durch dabei angestellte Diener sehr rein erhalten. Man zahlt darin nichts weder für Stallung noch für seine Kammer, in der aber nichts als eine Pritsche ist. Für die Lebensmittel muß sich jeder selbst sorgen, oder sie durch die dasige Dienerschaft herbeiholen lassen, wogegen er ihr bei seiner Abreise eine Belohnung zu geben hat. Diese Khans sind aber eigentlich nur für Inländer; doch sind sie gerade keinem Ausländer versagt. Überhaupt darf kein Nichtmohamedaner in Konstantinopel selbst übernachten, sondern der Franke muß nach Sonnenuntergang nach Pera, und so auch der Grieche, Armenier und Jude, jeder in seinen Bezirk zurück kehren.

Das Betonmißverständnis
Kästner 1973

Diese Holzhäuser, leicht, wenig Möbel, vergaßen das Zelt nie, mit dem dieses Volk aus Innerasien herkam. Auch wenn diese Holzhäuser reich waren, hatten sie das Vorübergehende, Zeitliche, Leichte, das wir als Zug des Bauens wiederum schätzen, an Stelle der sicheren Burgen unserer Großväter, deren Sicherheit nicht mehr wahr ist. Zu drei Vierteln bestanden diese Holzhäuser aus Fenstern, so wie man erst wieder in unseren Tagen baut; Beton und Thermopane geben statische und thermische Freiheit. So waren die Bosporus-Ufer bebaut: geschnitzte Fassaden, Fenstergitter der Frauen-Zimmer, Gondel-Pfähle und Marmor-Stufen, man denkt immerzu an Venedig.
Beton, ein fantastischer Bau-Stoff; Fantasie und Kühnheit, das braucht er. Verweigert man die ihm, wird er stumpfsinnig, fällt in die platteste Plattheit, denn das kränkt ihn. Die Kränkung widerfährt ihm überall dort, wo man nachahmt. Das ist hier wie in den vielen Städten, denen man die Uniform der Neuzeit unbedacht anzieht. So wird das alte Stambul jetzt schnell in eine Beton-Stadt verwandelt; im Hand-Betrieb, im Familien- und Feierabend-Betrieb wird ein Viereck-Element auf das andere gepatzt, schnellfertige Hochhäuser, ohne Wesen.
Viele Leute kommen nach Istanbul, weil sie die Liebes-Erlärungen ihrer Väter und Großväter an diese Stadt vag im Kopf haben; so etwas hält sich. Konstantinopel, geheimnisvoll, Orient, alles anders. Dabei ist es doch europäische Vorstadt geworden, das Goldene Horn ist ein Öl-Horn, Rauchschwaden, Abwasser. Die Moscheen sind verqualmt; die Entzauberung des Gebildes, das einmal die Stadt hieß, nähert sich der Vollendung.

Beschreibung des Morgens und Abends
und des Rosenhaines, welcher der schmucken Rose
als Statthalterschaft angewiesen ward.

Fasli um 1530

An einem Morgen, wo das Licht
Als Ros' auf grüner Flur aufbricht,
Wo Sonne, auf dem Thron der Welt
Das Sphärenall als Ros' erhellt,
Da sah der Frühling, der beglückte,
Wie Schönheit seine Tochter schmückte;
Er wußte, daß sie wert des Glückes,
Daß wert sie fürstlichen Geschickes;
Er war der Herr von einer Stadt,
Die Ruhm in allen Welten hat,
Ein festes Schloß von grüner Farbe,
Grün wie des Firmamentes Farbe,
Mit Wasser rein wie Chisers Brodem,
Mit Düften süß wie Jesus Odem,
Das Inn're voll mit hohen Schönen,
So Tulpen und Cypressen höhnen;
Der Meister, welcher sie erhöht,
Gab ihr den Nahmen Rosenbeet
Von dem, der diese Stadt wohl kennet,
Wird sie auch anders noch genennet,
Sie heißt auch Hain und Wies' und Flur,
Dies' all' sind ihre Namen nur.
Es setzt der Schah in diese Stadt
Die Ros' als Fürsten seiner statt,
Damit die Stadt sei voll Geschmack,
Gab er der Rose das Sandschak.
Es zog auf ihren grünen Bahnen
Die Rose auf der Herrschaft Fahnen,
Mit Freude ging sie in den Hain
Und nahm den Thron in Ehren ein.

Gerecht erfreute Sie die Welt
Und mild durchhauchte sie die Welt,
Von ihrem Duft war voll die Welt,
Durch ihre Huld entzückt die Welt,
Es glich sich aus durch sie die Zeit,
Und Flut und Stab lag nicht im Streit.

10
VOM SERAIL

Goethe 1787

Auf der reizendsten Spitze von Europa ist der Wohnort des Großherrn so lustig angebaut, als man es nur denken kann. Hohe und immer respektierte Bäume stehen in großen, meist verbundenen Gruppen hintereinander, darunter sieht man nicht etwa große Mauern und Paläste, sondern Häuschen, Gitterwerke, Gänge, Kiosken, ausgespannte Teppiche, so häuslich, klein und freundlich durcheinander gemischt, daß es eine Lust ist.

An dieser Stelle steht geschrieben »Gott stärke seine Grundfesten«.
Hammer-Purgstall 1828

Auf der Stelle der *Akropolis* des alten Byzanz, und des nachmahligen Palastgewühls der byzantinischen Kaiser, auf der Stelle, wo sich im alten Byzanz die Tempel der aussteigenden Pallas, des Poseidon, des Dionysos und Zeus, des Pferdebändigers, der dreifaltigen Hekate und der lichtbringenden Proserpina, und unter den christliebenden Kaisern die Kirchen des heiligen Demetrios und Minas, Theodors Sergios und Bachos und der heiligen Jungfrau der Wegweiserin standen, wo der Torpalast Chalke, die Hallen der Vorwachen und Leibwachen mit der siebenfachen Kuppel, die Triklinien *Laufus* mit der Schatzkammer *Tripelo* mit der Burguhr, der Speisesaal der neunzehn Tischgefährten des Kaisers, der goldene Saal mit dem Throne und der Burgkapelle, wo das *delphische*, das *eiförmige*, das *halbmondförmige*, das *dreimuschelige*, das *siebenmuschelige*, das *eintürige*, und *fünfzim-*

merige Triklinion, und endlich der *Porphyrsaal,* in welchem die Kaiserinnen entbanden, und die Kaiser im Purpur geboren wurden, sich erhoben, an dieser Stelle wurde im achthundert zwei und siebzigsten Jahre der Hidschret der Bau des neuen Serai und der kaiserlichen Pforte vollendet, deren Inschriften: *Gott verewige die Ehre seines Besitzers! – Gott befestige seinen Bau! – Gott stärke seine Grundfesten!* – noch heute das obige Jahr als Chronograph aussprechen.

»Dieser Palast liegt am lustigsten Ort der Stadt«

Schweigger 1608

Jetzund komm ich an die Burg und kaiserlichen Palast, welchen die Türken nennen Saraia. Dies Wort kommt von dem hebräischen Wort Sar, das heißt ein Fürst, und Saraia ein Fürstlich Haus oder Fürstlicher Palast. Dieser Palast liegt am lustigsten Ort der Stadt, daraus man siehet auf die beiden Meere Pontum Euxinum und Bophorum Thracicum, und gegen den Bosphoro über, in Asiam Minorem. Und stößt das Saraia an beiden Seiten ans Meer. Es hat in seinem Begriff mehr denn eine halbe teutsche Meil', und ist sehr unordentlich und ungeschickt gebaut. Die Gebäu stehen überzwerch, krumm und schräg durcheinander, als wie sie einem aus einem Sack ungefähr gefallen wären. Sie sind auch nicht so hoch, groß, weit und so ansehentlich gebaut, ausgenommen ein einziges Haus, welches hoch und weit, mit drei Reihen Fenster übereinander von lauter Quadersteinen. Eh man in den Palast kommt, muß man durch zween lange Höf' gehen. Meins Erachtens ist ein jeder Hof mehr denn ein Morgen oder Jauchart Ackers groß. Der erste Hof ist ungepflastert, ausgenommen allein eine schmale Straß', darauf man aus und ein fährt und reitet, die ist gepflastert. In diesem Hof halten die Stallknecht mit ihrer Herren Pferd', bis sie aus dem Rat heraus kommen, denn alles Hofgesind' muß in diesem Hof absteigen, und wird niemand vergönnt in den inneren Hof hineinzureiten, denn allein dem Sultan, und so er vielleicht solches einem Wascha aus Gnaden vergünstigt. Im inneren Hof hat es zu beiden Seiten in der Länge herab Vor-Schöpf mit bleiernen Dächern. Etliche Zauschen und andere stunden auch in diesem Gang. Auf der anderen Seite haben die Janitscharen, die Hockenschützen, aufgewartet, mit ihren Hauptleuten, die sie nennen Buluk Wascha, das sind Chiliarche, Centuriones, Decuriones, das ist Obrist über tausend, über hundert und über zehn. Sie nennens auch Capi, sie hatten aber kein Handgeschütz noch Seitenwehr, oder einig Waffen, ausgenommen ein jeder ein langes Brotmesser. Die stunden mit zusammengelegten Händen, wie die Weiber prangen, so still, daß einer nicht ein Wort hät' gehört; welches eine Anzeigung gab eines großen Gehorsams. Deren doch bei 3000 möchten versammelt gewesen sein. Desgleichen im äußersten Hof, da die Stallknecht und Bärenhäuter auf ihre Herren warteten mit den Pferden, da hat man kein Geschwätz oder Red' gehört. Summa, man sah allenthalben und bei einem jeden einen sehr großen Gehorsam und Furcht gegen ihren Padeschach oder König, und gegen ihren Vorgesetzten, von welchen unsere Hofjunkern und Hofgesind wohl möchten in diesem Fall Hofzucht lernen, welche, wenn sie aufwarten, einander vexieren, hin und wider ziehen, ein groß Gelächter anrichten, und närrische Possen reißen, damit sie ihnen selbst die Weil kürzen . . .

Das Krankenhaus und die Apotheke im Serail sowie die kaiserlichen Küchen

Murhard 1800

Durch das Haupttor gelangt man rechts zu einem ansehnlichen, langen, massiv aufgeführten Palaste, dessen vorzüg-

lichster Eingang beständig offen steht, aber scharf bewacht wird. Er ist das allgemeine Krankenhaus für alle Personen, welche zum kaiserlichen Hofstaate gehören, und innerhalb der Mauern des Serails wohnen. Er besteht aus einer Menge von teils großen, teils kleinen Gemächern; einige sind schön verziert, andere nur gering bemalt. Überall sind Divans angebracht, bald mit bessern, bald mit schlechten Polstern belegt. Die Zimmer sind nach dem Stande der Kranken verschieden. Unheilbare Kranke oder diejenigen, welche man dafür ausgibt, müssen den kaiserlichen Palast ganz verlassen. Die Aufsicht über das Krankenhaus führt ein weißer Verschnittener, welcher vom Kapi-Aga die Befehle empfängt, und mehrere andere Verschnittene unter sich hat.
Der erste Arzt und der erste Chirurg des Hofes, der Hekim-Baschi und der Geira-Baschi, müssen täglich einen Besuch hier machen. Mit dem großen Krankenhause auf dem ersten Serails-Hofe ist zugleich eine ansehnliche Apotheke verbunden, welche an Größe und Kostbarkeit die erste in Konstantinopel sein soll. Auf dem Hofe rechts hinter der Säulen-Galerie auf dem Fußboden sind neun große Gewölbe, welche oben mit Blei gedeckt sind, und von einem Ende des Platzes zum andern reichen. Hier sind die kaiserlichen Hofküchen und die Wohnungen der zu denselben gehörigen Personen. Man findet keine Schornsteine auf diesen Gebäuden; das Feuer wird in der Mitte derselben angezündet und der Rauch geht durch die Löcher in den Kuppeln. Ein weißer Verschnittener mit einigen Untergebenen hat beständig die Aufsicht, daß das Feuer von hier keinen Schaden bringe. Jedes von den neun Gebäuden ist von den andern abgesondert, und für sich bestehend. Jedes hat sein besonderes Holz-Magazin, und eine bestimmte Anzahl von Baltadschis, über welche der Akegi- oder Ataschis-Baschi die Oberaufsicht hat, und einen Kiaja (Intendanten) über jedes einzelne Gebäude setzt.
Aus den kaiserlichen Küchen werden nur die vornehmern

Klassen des Serails gespeist; die niederen müssen sich selbst mit Nahrung versorgen. – Jährlich werden 40 000 Ochsen in das Serail geliefert, täglich über 500 Schafe, Lämmer und Ziegen, 10 Kälber, 400 Hühner, 100 Paar junge Tauben, und 50 junge Gänse verbraucht, das Fleisch von so vielen andern Tieren abgerechnet.
Die Gemüse und Früchte werden in den kaiserlichen Gärten gezogen, und der viele Reis, welcher verbraucht wird, kommt meistens aus Ägypten. Gegen 400-600 Halvaschis (Zuckerbäcker) sind ohne Unterlaß beschäftigt. – In den Küchen-Gebäuden befindet sich auch der Kilar, in welchem die auserlesensten Getränke für den Großherrn und seinen Hofstaat bereitet werden.

Der Sopha des Sultans war nicht ausgezeichnet

Pouqueville 1805

Ich hatte Bekanntschaft gemacht mit dem Gärtner des Großherrn, Herrn Jacques, der ein Deutscher aus Rastadt gebürtig war, und der mir und meinem Gefährten Fornier versprach, uns die Gärten des Sultans zu zeigen. Ich hatte diese Bekanntschaft Herrn Melling, dem Maler der Hadidgé Sultane zu verdanken. Wir begaben uns daher den 10. Septbr. früh zu Herrn Melling, der uns einführte. Nachdem wir an der Spitze des Serails ans Land gestiegen waren, gingen wir vorwärts bis über Jeni Keosk, und traten in den Palast des Sultans durch Dermin Capi, oder die Mühlenpforte, am Ufer des Meeres gelegen, unterhalb von Hastalik Odassi, oder dem Krankenzimmer.
Wir befanden uns nun zwischen dem ersten und zweiten Walle der Stadt, welche die natürliche Befestigung des Serails von der Meeresseite ausmachen. Denn dieser Palast, der eigentlich eine Stadt für sich in dem Innern von Constantinopel ist, hat seine mit Schießlöchern versehenen

Mauern, seine Bastionen, und Tore, welche denen einer alten Festung gleichen. Die Entfernung eines Walles vom andern scheint ungefähr zweihundert Fuß zu betragen. Gegen Norden führt ein gepflasterter Weg zu einer Türe im zweiten Walle. Sie ist der Eingang zum Hasné oder kaiserlichen Schatze, welches ein weites Gebäude ist, bedeckt mit Marmorplatten, nicht weit von der Säule des Arcadius, wovon ich sogleich sprechen werde. Zur Rechten dieses Weges erhebt sich eine Unterscheidungsmauer, welche die westliche Seite des Gartens bildet. Vor sich sieht man einen Platz von der ganzen Breite zwischen den Mauern, bestimmt zur Anordnung des Gefolges vom Sultan, wenn er auf dieser Seite absteigt, um in seinen Palast oder herauszugehen. Links erblickt man einen beträchtlichen Raum von drei Seiten, mit Palisaden umgeben, deren vierte der zweite Wall bildet, und das ist eine Art von Garten, erfüllt mit Gesträuchen, Rosen, Heliotrop, in kleine Gebüsche verteilt, so wie mit Resten verfallener Gebäude Und es gibt an den Toren zerstreute Posten, die man bis ans Ende des Palastes des Sultans erblickt, der sich westlich mit einer Quermauer endigt, an deren Fuß sich ein Kloak findet, das aus den Küchen des Serails herausgeführt ist.
Vierzig Fuß von dem Posten der Bostandgi's, auf dem Wege der zu dem Hasné führt, gelangten wir an die Türe des Gartens. Sie ist von weißem Marmor, fünfzehn Fuß hoch, vier Fuß breit, geziert mit Säulen im schlechten Stil, auf denen eine Schwelle ruht, worauf man die Namenschiffer des Sultans Selim III. erblickt. Hier wurden wir von sechs Armeniern empfangen, den Bedienten des Herrn Paul, der, um uns zu begleiten, erst eine türkische Kleidung anlegte.
Ein hölzerner Bogengang von fünf und zwanzig Fuß Höhe, fünfzehn in der Breite, dauerhaft gebaut in Form eines Kreuzes, erstreckt sich in die Länge und Breite auf diesem Erdwinkel, der den prächtigen Namen eines Gartens des Sultans führt. In der Mitte des Kreuzes, das er bildet, erhebt

er sich zu einem Dome über einem kleinen marmornen Bassin, worin sich ein Springquell befindet.
Allein der Bogengang selbst, an Dauer ein wahrhaft deutsches Werk, scheint recht den Angriffen der Zeit zu trotzen. Er ruht auf festen eichenen Balken und hat ein unverwüstliches Gitterwerk, bedeckt mit einer dreifachen Lage grüner Malerei. Dieses Gerüste trug die Zweige von Jasmin, der es ganz bedeckte, und die Luft im ganzen Garten mit Wohlgeruch erfüllte.
Rechts, wenn man den Teil des Bogengangs nimmt, der nach dem Meere geht, findet man das Keosk des Großherrn, Jeni Keosk, oder der neue Pavillon genannt. Man steigt auf drei zirkelförmigen Stufen hinauf, welche um seinen ganzen halben Umfang herumlaufen, der in den Garten hereingeht. Diese Stufen von weißem Marmor haben drei Fuß Breite und sechs Zoll Höhe. Eine große Wachsleinwand, wie ein Vorhang gemalt, welche vom Dache herunterhängt, dient diesem Keosk statt der Türe und gibt ihm auf dieser Seite die Gestalt eines Zeltes. Wir hoben sie auf um hineinzutreten, und ich wurde angenehm überrascht von der Eleganz und Schönheit dieses reizenden Lokals. Seine Gestalt ist ellyptisch und es hat im größten Durchmesser, von der Leinwand bis ans Sopha, das unter den aufs Meer gehenden Fenstern steht, sechs und dreißig Fuß. Europäische Maler haben eine Säulenordnung darin gebildet. Die Lambrien sind reich gemalt und mit Geschmack vergoldet. Von der Mitte des Gewölbes herab hing ein Lüster von Kristall, den der Lord Elgin, wie man sagte, im Namen des Königs von England dem Großherrn geschenkt hatte. In den Zwischenräumen der auf Kalk gemalten Säulen sind die Wände mit Spiegeln und schönen Blumenstücken geschmückt. Es waren auch Käfige hier mit Zeisigen, welche singen gelernt hatten, und selbst Wasser schöpften; endlich sahe man auch noch einen kristallenen Quell, aus dem ein zu Abwaschungen bestimmtes Wasser floß. Der Sopha des Sultans war nicht ausgezeich-

net, und als ich meine Verwunderung darüber äußerte, daß der Boden nur mit gedruckter Leinwand bedeckt war, erfuhr ich, daß diese Mode jetzt anfange im Serail herrschend zu werden.

Die Aussicht von dem Jeni Keosk ist herrlich, und der Sultan geht gern hierher um den bezaubernden Anblick eines mit Schiffen und vergoldeten Barken bedeckten Meeres zu genießen, welche sich in tausenderlei Richtungen kreuzen. Man hat auch die Aussicht über das Harem, worin man jedoch die Weiber nicht erkennen kann.
Als ich die Terrasse (die seit achtzehn Monaten nicht mehr existiert,) verließ, um in den Garten zurückzukehren, fragte ich, wohin die Treppe führe, die ich unter der Erde sich verlieren sahe, und die in einer Tiefe von acht Fuß durch ein eisernes Gitter verschlossen war. Ich erfuhr, der unterirdische Gang, in den sie angebracht ist, und den ich am besten mit den großen Wasserabzügen zu Paris vergleichen kann, sei der geheime Weg des Sultans in ein gewölbtes Keosk, unter dem Jeni Keosk, worin er Tabak raucht. Diese Treppe führt auch zu einer kleinen eisernen Türe, welche man längs des Quais sieht, und deren Bestimmung man mir bisher noch nicht hatte sagen können. Der Sultan kann von hier ohne alles Geräusch sich in eine Barke werfen und einer ihm drohenden Gefahr entgehen, oder unvermutet auf die Rebellen sich stürzen. Selbst Truppen kann er hier herausgehen lassen, gleich als habe sie die Erde ausgespieen.
Nachdem man über eine steinere Brücke gegangen ist, gelangt man in das Tal von Dolma-Bakché. Hier fängt der Sommerpalast des Sultans an, der sich auf einem nahen Hügel erhebt. Unter den Bäumen findet man Caffeehäuser von Bostandgis gehalten, welche die Fremden anständig bedienen. Das Tal erstreckt sich ungefähr tausend Schritte von Osten nach Westen, und seine Breite hält ungefähr zweihundert Schritte. Das Ufer des Meeres gegen Westen ist

niedrig, und mit Trauerweiden verziert. Hohe Platanen und andere herrliche Bäume bilden gegen Norden ein Wäldchen, worin die Caffeehäuser und ein von den Würfen des Dgerid fast zerstörter Pavillon stehen.
Der Palast des Sultans selbst ist auf dem Meeresufer erbaut, und heißt der Palast von Bechiktasch. Dieses Gebäude zeigt auf seiner Fassade ein Miniaturgemälde, welches eine unendlich mannigfache, auf die Mauern gemalte Landschaft vorstellt. In dem Innern findet man unbebaute Gärten und dürres Land, und Herr Melling, der an den Gemächern gearbeitet hat, hat mir gesagt, daß alles darin schlecht oder äußerst mittelmäßig ist. Im letzten Jahre vor Ausbruch des Kriegs mit Frankreich wollte der Sultan das Vergnügen eines Schauspiels genießen. Er ließ daher einige Italiener rufen, die sich zu Pera befanden, und man führte wirklich ein Stück auf. Die Lieblichkeit der italienischen Musik schien Selim nicht zu rühren, auch waren die europäischen Tänze nicht nach seinem Geschmacke; allein als er die Seiltänzer erblickte, rühmte er die Geschicklichkeit der Christen, und er wußte seine Bewunderung kaum zu mäßigen, als er endlich einen Menschen auf den Händen gehen sah.
Man erfreute ihn auch mit der Vorstellung: der Räuber vom Schwarzwalde, einer Pantomime, die recht nach seinem Sinne war, und die in dem Harem von Constantinopel gegeben wurde.

»So weit man sehen kann herrscht überall Grabesstille«
Jahn 1828

Das Serail oder die eigentliche Residenz des Sultans liegt auf einer in den Kanal vorspringenden Landspitze von Konstantinopel, wo das alte Byzanz stand, und ist durch eine ungefähr 30 Fuß hohe Mauer mit Türmen von der Stadt abgesondert. Der Eindruck, den es von Galata oder von

Skutari aus macht, ist wirklich erhaben; allein kommt man ihm nahe, so findet sich das Auge, wie gesagt, getäuscht; denn wahres großartiges Ansehen oder Pracht der Bauart ist nirgends, sondern alles panoramisch. Jeder Sultan hat nach seinem Belieben daran gebaut, ohne auf die schon vorhandenen Anlagen einige Rücksicht zu nehmen. An der Spitze des Serails stehen 10 Kanonen zum Salutieren. Auf seiner Landseite hat es 3 große Tore, von der die Bab-Humaium (Kaiserpforte) das Haupttor ist, dessen Portal aber einen unfreundlichen Stil und keine architektonische Schönheit hat, sondern jenem einer alten plumpen Burg gleicht. Dieses Tor hat 2 Seiten-Nischen, in welche die abgeschlagenen Köpfe von Standespersonen auf 24 Stunden zur Schau gelegt werden. Man pflegt uns zu sagen, daß die Köpfe am Serail aufgepflanzt würden; allein wie man hier allgemein vernimmt, so hat man noch nie einen Kopf da aufgesteckt gesehen, und es ist auch weder eine geeignete Stelle dazu, noch eine Spur davon da. Während meinem Hiersein ging ich fast täglich hier vorüber, und habe nur einmal einen Kopf in einer dieser Nischen liegen gesehen, neben welchem das gewöhnliche Jafte lag, welches der Schandzettel ist, auf dem das Verbrechen steht. Indessen ist es aber schon abscheulich genug, daß ein Regent am Haupteingange seines Palastes auf eine so grauenvolle Art Ehrfurcht einzuflößen glaubt. Dazu kommt noch, daß hier wenigstens 60 herrnlose widrige Hunde auf die Fütterung lauern, welche ihnen die Serailsdiener des Tages über herausbringen.

Dieses Tor wird fast von allen Reiseschilderern für die hohe Pforte angegeben, allein dem ist wieder nicht so, sondern diese befindet sich stets nur da, wo der Vezier Azem (Großvezier) wohnt, bei dem die Regierung konzentriert ist, und dessen Palast in der Nähe des Serails liegt.

Der Eintritt in den ersten Hof des Serails ist dem Fremden erlaubt. Links befindet sich die von Constantin erbaute Kirche der heil. Irene, welche nun ein Zeughaus für alte

Waffen ist, das man aber nicht sehen läßt. Neben demselben ist die Theraphana (Münze), in der Armenier arbeiten, und welche man besehen darf. Sonst sind in diesem Hofe noch mehrere Gebäude, z. B. für Serailbeamten, eine Moschee, in der Mahomed's Fahne ist. Auch liegt hier der sogenannte Mörser umgestürzt, in welchem die Mufti's zerstoßen werden sollen, wenn sie sich eines Verbrechens schuldig machten. Wie aber die Türken sagen, so ist dieses eine böse Erdichtung, indem es kein Mörser, sondern ein Basin oder Wassersarg sein soll.
Den zweiten Hof darf aber der Fremde nicht betreten; doch kann man durch dessen Tor sehen, welches Bab-Selam (Heilstor) heißt. Dieser Hof ist von schön bemalten und geschmückten Gebäuden mit Säulengängen umgeben, wo Serailbeamten wohnen und der Divanssaal ist, in welchem auch den Gesandten vom Großvezier Audienz erteilt wird. Von der Mitte aus, wo zwei Fontainen sind, führen zwei schöne Cypressen-Alleen nach dem Hintergrunde an das Tor Bab-Seadet (Glückseligkeitstor), durch welches man endlich in den dritten und letzten Hof kommt, in dem der Harem ist, und von wo aus ein Säulengang nach dem Thronsaal führt.

»Zweihundertvierzigtausend Smaragden!«

Kästner 1973

Ich war bis zur dritten Vitrine, von der smaragdenen Tasse gerechnet, gedrungen, da kam erneut Leben in seine wachsoldatische Starre. Als werde ihm augenblicklich ein glänzender Einfall zuteil, drängte er sich durch die Leute auf mich zu, ergriff mich mit Daumen und Zeigefinger am Ellenbogen und lenkte mich in die Raum-Mitte, wo ein Sultan-Thron unter Glas stand. Es war eigentlich weniger ein Thron, wie man sich einen Thron denkt, als vielmehr eine Wanne, oval, mit Bordwand; man konnte da sitzen, hocken, im Schneidersitz kauern, auch liegen. »Look«, sagte der Mann, und erst auf den zweiten Blick sah ich, daß das Ding mit einer irren Anzahl von Edelsteinen und Perlen bestückt war. »Look here: Ein - hun - dert - tau - send Ru - bi - nen! Zwei - hun - dert - vier - zig - tausend Sma - rag - den! Ein - hun - dert - tau - send Per - len! Vier - zig Ki - lo - gramm Tur - ma - lin!« Er pausierte. Dann, mit schnellem Atemziehen und der Entschlossenheit, mit welcher auf Auktionen ein Bieter ein letztes verrücktes Gebot dem Versteigerer vor den Fuß knallt: »Einhundertfünfzigmillionendollars!«, schlug sich auf den Schenkel, als wenn er einen tollen Männerwitz gehört hätte, den Aberwitz der Menschheit, schüttelte den Kopf, lachte kurz, rieb sich die Hände und ging wieder.

Der neue Palast von Dolmabahçe

Lidell 1959

Seit ungefähr 1850 war der Serail nicht mehr Residenz des Sultans. Abdul Mejid bevorzugte den Palast von Beşiktaş; im Jahre 1853 ließ er an seiner Stelle den neuen Palast von Dolmabahçe durch den armenischen Architekten Balian erbauen. Es ist ein unbeholfenes Ding; der hohe Mittelblock, der den weiten Thronsaal birgt, paßt schlecht zu den niedrigen, abweichenden Flügeln, und die Fassade wirkt trotz dem langen Marmorquai vom Bosporus aus gesehen gar nicht eindrücklich. Es kam besser heraus, wenn sich die Reichsarchitekten weniger um äußeren Effekt bemühten: »Die Türken pflegen zu sagen, daß sie nicht bauen, um das Auge der Vorübergehenden zu befriedigen, sondern für ihre eigene Bequemlichkeit; sie verlachen den stattlichen Eindruck, den unsere Paläste in der Christenheit von außen erwecken, und die nach ihrem Geschmack im Innern nicht angenehm sind.« Innen ist er weit eher prunkvoll als schön; der riesige Thronsaal entbehrt freilich mit seinen scheinarchitektonischen Effekten in der Kuppel nicht einer gewissen Pracht. Es gibt in ihm ungeheure Armleuchter aus Bergkristall und riesenhafte Silberkandelaber.

»Ich will sehen, wo Roxane lebte«, rief eine amerikanische Touristin. »Ich bin verrückt nach Roxane!«

Doch ihr Führer, ein Bürger der neuen Türkei, kümmerte sich nicht um Roxelana (die wohl den Bosporus bei Beşiktaş besucht haben mag), und nicht einmal um Abdul Mejid. »Hier steht der Sarg von Atatürk«, beharrte er: »jedermann besucht ihn drei Tage.« Denn Dolmabahçe ist die Residenz der Präsidenten der Türkischen Republik.

11
DIE FRAU

Warum die Weibs-Bilder nicht in den Himmel dürfen

Büttner 1664

Die Weibs-Bilder dörffen in keine Kirche gehen / es sei denn, daß sie sehens halben darein kommen / wenn kein Gottesdienst gehalten wird. Sie verrichten aber in ihren Häusern allerdings ihr Gebet / wie man in der Kirche pflegt / denn sie zweifeln an der Weiber Seligkeit / glauben auch nicht / daß dieselbigen ins Paradies / sondern in dessen Vorhof kommen werden / weil die Männer und Heiligen auch im Himmel für denselbigen nicht würden Frieden haben.

Fleischeslust eines alten Weibes

Sieber 1684

Wie bei den Türken das Männliche Geschlecht untereinander abscheuliche Liebe übet / also gehet dergleichen auch bei dem Weiblichen vor / daß sie nach Paulinischer Rede (Rom. l. v. 26.) den natürlichen Gebrauch haben verwandelt in einen unnatürlichen. Welche Weibsbilder sonst bei dem Tertulliano Frictrices, bei dem Plauto Subigatrices, genennet werden. Davon zeiget folgende Geschicht: Es verliebte sich im Bade / wo die Weibsbilder insgemein zusammen kommen / ein bejahrtes Weib in ein Mägdelein / so eines armen Constantinopolitanischen Burgers Tochter war. Welche / als sie mit Bitten / und glatten Worten nicht dazu bringen mochte / was ihre blinde Begierde verlangte / hat sie sich auf ein nach unseren Sitten unglaubliches Beginnen gelegt. Sie verwechselte die weiblichen Kleider mit männlichen / mietet ein Haus in der Nähe / da des Mägdleins Vatter wohnet / gibt vor / er gehöre unters Kaisers Gesindel / die man Chiaussen nennet / macht sich mit dem Nachbar bekandt / und bringet / wegen der Tochter / bald Werbung für. Was geschicht? Der Vatter vermeint / die Gelegenheit nicht auszuschlagen, stimmet drein / verheißt nach Vermögen die Morgen-Gabe / und setzt den Hochzeits-Tag an. An demselben geht der schöne Bräutigam zur neuen Braut in die Kammer / und wird nach Ablegung des Haupt-Habits und gethaner Rede alsobald erkandt. Die Jungfrau rufft und fordert ihre Eltern / die sehen / daß sie ihre Tochter nicht einem Manne / sondern einem Weib gegeben haben. Folgenden Tages führen sie solche zum Befelchshaber der Janitscharen / welcher in Abwesenheit des Kaisers der Stadt vorstunde. Derselbe schalt der alten Vettel ihre Torheit / daß sie sich nicht schämete solcher schändlichen Wollust / solchs unbesonnenens Beginnens. Sie aber sagte: O du weist nicht was die Liebe vermag. GOtt gebe / daß du derselben Macht nicht erfahrest. Drauf gab der Commandant ein Gelächter / ließ sie wegführen und ersäufen. Also bekam der Vettel ihre Liebe übel. Wo der Schluß ist: Die Türken fragen nach geheimen Lastern nicht sehr / aber die offenbaren strafen sie ernstlich.

Die Ausgaben der Frauen hängen von nichts als ihrer eigenen Phantasie ab. Womit die Frauen ihre Jugend beweisen.

Lady Montagu 1717

Auch ist es ebenfalls sehr lustig zu bemerken, wie zärtlich er und alle seine Brüder Reisebeschreiber die jämmerliche Einkerkerung der türkischen Frauenzimmer beklagen, die doch vielleicht freier als alle übrigen des Erdbodens und die einzigen Weiber in der Welt sind, die ein Leben von ununterbrochenem, sorglosem Vergnügen führen, ihre ganze Zeit

zubringen mit Besuchen, Baden oder dem angenehmen Zeitvertreib, Geld auszugeben und neue Moden zu ersinnen. Man würde einen Mann für rasend halten, der den geringsten Grad von Sparsamkeit von seiner Frau forderte; ihre Ausgaben hängen von nichts als ihrer eigenen Phantasie ab. Es ist des Mannes Geschäft, Geld zu verdienen, und ihres, es zu vertun, und dieses edle Vorrecht erstreckt sich auf die niedrigsten unseres Geschlechtes. Hier ist ein Kerl, der gestickte Halstücher zum Verkauf auf dem Rücken trägt, und so elend Sie sich auch die Figur, die so ein geringer Krämer macht, vorstellen, so versichere ich Ihnen doch, daß seine Frau es verschmäht, andere als Goldstoffe zu tragen, sie hat Hermelinpelze und einen Kopfschmuck mit Juwelen. Es ist wahr, die Frauen haben keine geselligen Zusammenkünfte außer in den Badhäusern, und diese werden nur von ihrem Geschlechte besucht, indessen ist es doch ein Zeitvertreib, an dem sie großes Vergnügen finden.
Sie können mir glauben, daß die türkischen Frauen ebensoviel Geist und Artigkeit, ja selbst Freiheit haben wie die unseren. Es ist wahr, die gleichen Sitten, die ihnen so viele Gelegenheiten verschaffen, ihre bösen Neigungen, wenn sie dergleichen haben, zu befriedigen, geben es auch völlig in die Gewalt des Ehemanns, sich an ihr zu rächen, wenn sie entdeckt werden, und ohne Zweifel büßen sie ihre Ausschweifungen zu Zeiten auf eine erbärmliche Art. Vor ungefähr zwei Monaten wurde bei Tagesanbruch nicht weit von meinem Haus der noch blutende Körper einer jungen Frau gefunden, nackend, nur in ein rauhes Tuch gewickelt, mit zwei Messerstichen, einen in der Seite, den anderen in der Brust. Sie war noch nicht völlig kalt und so erstaunlich schön, daß beinahe niemand in Pera war, der nicht hinging, um sie anzusehen. Allein es war allen unmöglich, sie zu erkennen, weil niemand das Gesicht einer Frau kennt. Man vermutet, sie sei um Mitternacht von Konstantinopel herübergebracht und dorthin gelegt worden. Nach dem Mör-

der wurde sehr wenig gefragt, und der Körper ward ohne Aufsehen begraben ...

Hierzulande ist der Ehestand ohne Fruchtbarkeit verächtlicher als bei uns die Fruchtbarkeit vor der Heirat. Man ist hier allgemein der Ansicht, daß wenn eine Frau keine Kinder mehr zur Welt bringt, sie eben zu alt für dieses Geschäft sei, ihr Gesicht mag immer das Gegenteil sagen. Diese Meinung macht die Damen hier so bereitwillig, Beweise ihrer Jugend abzulegen, was ebenso notwendig ist, um als allgemein anerkannte Schönheit zu gelten, wie die Ahnenprobe für einen, der Maltheserritter werden will. Darum begnügen sich die Frauen nicht mit dem Gebrauch natürlicher Mittel, sondern nehmen ihre Zuflucht zu allerhand Quacksalbereien, um das Ärgernis, als wenn ihre Fruchtbarkeit vorbei wäre, zu vermeiden, wodurch sie sich oft ums Leben bringen. Ohne Übertreibung, alle Frauen meiner Bekanntschaft haben zwölf oder dreizehn Kinder, und die älteren rühmen sich, fünfundzwanzig oder dreißig gehabt zu haben, und werden nach der Zahl, die sie geboren, geachtet. Sind sie schwanger, so ist ihre übliche Rede: sie hofften, Gott wolle so gnädig sein, ihnen diesmal zwei zu senden. Wenn ich sie bisweilen fragte, wie sie für eine solche Herde, wie sie sich wünschten, zu sorgen gedächten, war die Antwort, daß die Pest gewiß die Hälfte davon töten würde, was auch wirklich geschieht, ohne daß sich die Eltern viel darum grämen; sie sind zufrieden mit der Eitelkeit, so fruchtbar gewesen zu sein. Die französische Gesandtin muß sich dieser Gewohnheit ebenso unterwerfen wie ich. Sie ist nicht viel über ein Jahr hier, hat einmal Wochenbett gehalten und ist wieder schwanger. Höchst wunderbar ist, daß sie hier von dem Fluche befreit zu sein scheinen, der dem weiblichen Geschlecht auferlegt ist. Sie empfangen alle Besuche am Tage ihrer Entbindung und erwidern sie nach vierzehn Tagen, mit allen ihren Juwelen und neuen Kleidern ausgeputzt. Möchte auch ich hierin den Einfluß des Klimas empfinden, allein ich fürchte, ich werde auch dabei eine Engländerin bleiben so wie in meiner Furcht vor Feuer und Pest, zwei Dinge, die man hier sehr wenig fürchtet.

Sehr selten können sie lesen, und schreiben beinahe niemals

Olivier 1795

Die öffentlichen Mädchen werden nicht geduldet: die Regierung verfährt zuweilen gegen diejenigen, welche Mahomedanerinnen sind, mit außerordentlicher Strenge. Es ist nichts seltnes, daß man einige in der Nacht auffängt, und sie, nachdem man sie in einen Sack mit Steinen gesteckt hat, von der Spitze des Serails lebendig ins Meer wirft. Und dennoch sieht man auf den Straßen von Constantinopel junge Griechinnen auf eine weibische Art gekleidet, die durch ihr Betragen andeuten, daß sie bereit sind, sich jedem Preis zu geben, der sie bezahlen kann.

Wider die Sitte des Landes behalten diese jungen Leute ihre Haare, und wenden die größte Sorgfalt auf ihre Frisur; sie waschen es alle Tage, reiben es mit Muskus, Ambra oder Rosenessenz ein, und schmücken es mit den Blumen der Jahreszeit. Ein künstliches Rot färbt ihre Wangen; ihre Augenbraunen und Wimpern sind von der Schwärze des Ebenholzes, um ihren Augen Glanz zu geben, und die blendende Weiße ihrer Haut zu erhöhen. Mit allen natürlichen Reizen des Körpers vereinigen sie gewöhnlich die Annehmlichkeiten des Geistes, und oft besitzen sie noch die bezaubernden Künste der Musik und des Tanzes.

Besuche annehmen von ihren Freundinnen, Verwandtinnen und Klientinnen, dies sind die einzigen Pflichten und Vergnügungen einer Mahomedanerin. Sehr selten kann sie lesen, und schreiben beinahe niemals; sie hat nur Nähen und Sticken gelernt, Konfitüren und Leckereien bereiten, und einen Sorbet zusammen zu setzen; aber angenehmer als alles dieses findet sie das Nichtstun, ruhig auf ihrem Sofa zu sitzen, und einen Rosenkranz von Korallen oder Agat durch die Finger schlüpfen zu lassen. Sie hält es für den reizendsten Genuß, von Zeit zu Zeit eine Tasse Caffee in der einen Hand, und eine Pfeife Taback in der andern zu halten, und bald den wohlriechenden Dampf des einen einzuziehen bald das feine Öl des andern hinein zu schlürfen: außer diesem ist es ihre höchste Freude, vor den Augen der Frauen, die sie besuchen, ihre kostbaren Juwelen und reichen Gewänder schimmern zu lassen.

Sklavinnenmarkt

Murhard 1800

Ganz nackt zeigt sich eine Sklavin dem Käufer in keinem Fall, weil die Strenge und der Anstand der osmanischen Sitten dagegen streitet. Aber er kann eine Matrone auf den Basar schicken, durch sie die gehörige Besichtigung anstellen lassen, besonders in der Absicht, daß sie noch Jungfer sei. Auch besehen sie die Türken an manchen Teilen, ohne jedoch den Wohlstand zu beleidigen. Sie heben ihren Schleier auf, öffnen den Mund, betrachten ihre Hände und scheinen sie so ganz zu untersuchen, wie man mit Tieren, besonders Pferden zu tun pflegt.
Die Sklavinnen tragen gewöhnliche Kleider von roher, weißer oder blauer Leinwand. Die Negerinnen sieht man auf dem Basar nicht selten ganz nackt bis auf ein grobes Hemd, das ihre Blöße bedeckt, und welches durch einen schlechten Gürtel um die Lenden festgeknüpft wird. Sklavinnen von Wert und Schönheit werden auf das reizendste angezogen.
In der Regel scheinen die Sklavinnen auf dem Basar nichts weniger als betrübt zu sein. Man sieht sie oft lachend und scherzend; die Vergangenheit vergessend, denken sie bloß an die Gegenwart. Da die meisten Töchter armer Eltern

sind, so hat sich ihr Zustand verbessert; sie schmeicheln sich einer heitern Zukunft, denn dadurch, daß sie in fremde Hände kommen, hat man aus Interesse meistens die größte Sorgfalt für sie.

Sie stehen in Hinsicht auf Bildung noch eine Stufe unter den Männern

Moltke 1836

Viel härter als das Los der Sklaven im Orient scheint mir das Verhältnis der Frauen bei der Ausdehnung, in welcher der Türke die materielle Gewalt über das schwächere Geschlecht übt.

Die Ehe ist im Orient rein sinnlicher Natur, und der Türke geht über das ganze »Brimborium« von Verliebtsein, Hofmachen, Schmachten und Überglücklichsein als ebenso viele faux frais hinweg zur Sache. Die Heiratsangelegenheit wird durch die Verwandten abgemacht, und der Vater der Braut bekommt viel öfter eine Entschädigung für den Verlust eines weiblichen Dienstboten aus seiner Wirtschaft, als daß er der Tochter eine Aussteuer mitgäbe. Der Tag, an welchem die Neuvermählte verschleiert in die Wohnung ihres Gemahls tritt, ist der erste, wo dieser sie erblickt, und der letzte, an welchem ihre nächsten männlichen Verwandten, ihre Brüder selbst, sie sehen. Nur der Vater darf ihren Harem noch betreten und übt auch später immer eine gewisse Gewalt über sie. – »Harem« heißt wörtlich Heiligtum, und die Vorhöfe der Moscheen tragen denselben Namen.

Diese Art, die Ehen zu schließen, bedingt schon an sich die Leichtigkeit, sie wieder zu lösen; ein vorhergesehener Fall, für den die Rückzahlung des etwaigen Heiratsgutes und eine Geldentschädigung gleich bei der Hochzeit festgesetzt wird. Übrigens ist der Muselmann des Spruchs aus dem Koran eingedenk: »Wisset, ihr Männer, daß das Weib aus der Rippe, d. h. aus dem krummen Bein, geschaffen. Wollt ihr ein krummes Bein gerade biegen, so bricht es. Ihr Gläubigen, habt Geduld mit den Weibern!«

Obschon das Gesetz den Rechtgläubigen vier Frauen erlaubt, so gibt es doch nur sehr wenig Türken, die reich genug wären, um mehr als eine zu heiraten. So viele Frauen, so viele besondere Haushaltungen und Wirtschaften muß er haben, denn die Erfahrung hat gezeigt, daß zwei Frauen in einem Konak sich durchaus nicht vertragen. Dagegen gestatten Gesetz und Sitte dem Moslem, so viele Sklavinnen zu haben, wie er will. Nicht der mindeste Makel haftet an der Geburt des Sohnes einer Sklavin; diese stehen unter dem Befehl der eigentlichen Kadyn oder Hanum, der Frau vom Hause. Welche reiche Quelle aber von Zwist und Hader, von Eifersucht und Ränken ein solches Verhältnis abgibt, ist leicht einzusehen.

Die Weiber sind streng bewacht und von allem Umgang, außer mit Frauen geschieden. In diesem Punkte sind alle Muselmänner einverstanden, und die Reformen werden gewiß zu allerletzt in die Harems dringen. Die Fenster sind mit Holzgittern und dahinter von oben bis unten mit dichtem Rohrgeflechte geschlossen, so, daß Niemand von außen das Mindeste vom Innern erblickt. Gewöhnlich gestattet ein kleines rundes Loch diesen Gefangenen einen Blick hinaus in die schöne freie Welt, oft aber siehst Du auch 20 bis 30 Fuß hohe Bretterverschläge, welche den reizenden Anblick des Bosporus verstecken, damit die vorüberfahrenden Kaiks mit Männern nicht von den Frauen bemerkt werden. Es ist freilich bequemer, der einzige Mann zu sein, den die Frau sieht, als unter vielen der liebenswürdigste. Auf Promenaden, in den Kähnen oder im Wagen sitzen Frauen stets nur mit Frauen beisammen. Wenn der Mann seiner Gattin auf der Straße begegnet, so wäre es die größte Unschicklichkeit, sie zu grüßen oder nur Miene zu machen, daß er sie erkenne; deshalb ist auch der Anzug der Frauen in ihrem Hause ebenso übertrieben frei, wie er außerhalb übertrieben verhüllt ist. Ein weißer Schleier bedeckt das Haar und die Stirn bis zu den Augenbrauen, ein anderer Kinn, Mund und Nase. – Die größte Reform in dem Schicksal der türkischen Frauen besteht darin, daß bei Begünstigten, wie denen des Großherrn, die Nasenspitze und ein paar Locken an den Seiten sichtbar geworden sind. Den Rest des Körpers bedeckt ein weites Gewand aus einem leichten schwarzen, hellblauen oder braunen Stoff. Ebenso unschön ist die Fußbekleidung, aus ledernen Strümpfen und Pantoffeln bestehend, welche bei den Türkinnen gelb, bei den Armenierinnen rot, bei den Griechinnen schwarz und bei den Jüdinnen blau sind. So schleichen sie langsam und schwankend wie Gespenster, unerfreulichen Anblicks einher.

Gewiß sind die Gesichter der Türkinnen im Allgemeinen sehr schön. Fast alle Frauen im Orient haben den köstlichsten Teint, wundervolle Augen und breite gewölbte Augenbrauen. Wenn diese über der Nase zusammenstoßen, so ist das eine Schönheit, und türkische Frauen ersetzen den Mangel jenes Reizes, indem sie mit schwarzer Farbe einen Stern oder einen Halbmond zwischen die Brauen malen; auch wird der Schwärze der Wimpern nachgeholfen, indem sie einen gefärbten Zwirnsfaden zwischen den Augenlidern durchziehen, und die Nägel, selbst das Innere der Hand und oft auch die Fußsohlen werden mit Khennah rot gemalt. Die beständig sitzende Lebensweise hat aber den türkischen Frauen alle Anmut der Bewegung, die Einkerkerung jede Lebhaftigkeit des Geistes geraubt, und sie stehen in Hinsicht auf Bildung noch eine Stufe unter den Männern.

Wer sich durch »Tausend und eine Nacht« verleiten läßt, das Land der Liebesabenteuer in der Türkei zu suchen, kennt die Verhältnisse wenig. Bei den Arabern mag es anders gewesen sein, aber bei den Türken herrscht in dieser Beziehung die trockenste Prosa. Ich glaube, daß aus dem, was ich oben beschrieben, hervorleuchtet, daß es zu Liebesintrigen den Frauen an Temperament, wenigstens an Geist, den Männern aber an Möglichkeit fehlt. Wird eine türkische Frau je des Treubruchs mit einem Moslem überführt, so verstößt sie ihr Gemahl mit Schimpf; hatte sie aber Verkehr mit einem Rajah, d. h. mit einem christlichen Untertan der Pforte, so wird sie noch heute, im Jahre 1836, ohne Gnade ersäuft und der Rajah gehenkt. Ich bin selbst Zeuge dieser letzteren Barbarei gewesen.

Auf einem Spaziergang auf der asiatischen Küste begegnete ich unlängst einer Koppel schwarzer Sklavinnen, die, ich glaube, aus Oberägypten kamen, wo die Weiber ebenso garstig als die in Nubien schön sind. Jene glichen wirklich kaum Menschen; die Stirn ist eingedrückt, Nase und Oberlippe bilden fast eine Linie, der starke Mund tritt weit über die Nasenspitze vor, das Kinn zurück. Es ist der Übergang zur tierischen Gesichtsbildung. Der ganze Anzug dieser Damen bestand in einem Stück Sackleinwand, dennoch fehlte der Putz nicht, denn blaue Glasringe umgaben die Knöchel und Handgelenke, und das Gesicht war durch tiefe Einschnitte in die Haut verschönert. Sie drängten sich um mich und riefen aus roher Kehle mit großer Lebhaftigkeit unverständliche Worte. Ein alter Türke, ihr Führer, bedeutete mich, daß sie fragten, ob ich eine von ihnen kaufen wollte. Eine solche Sklavin kostete durchschnittlich 150 Gulden, d. h. etwas weniger als ein Maultier. Auf dem Sklavenmarkt zu Konstantinopel habe ich die weißen Sklavinnen nicht sehen dürfen, von schwarzen saß eine große Zahl im Hofe. Sie warfen sich mit Gier über das Backwerk, welches wir unter sie verteilten, und alle wollten gekauft sein.

Aber nichts ist bezeichnender für das Verhältnis der Frauen im Orient, als daß der Prophet selbst ihnen nach diesem Leben gar keine Stellung anzuweisen wußte. Die Huris im Paradiese sind nämlich keineswegs die dort wiedererstandenen Frauen der Erde, und was nach dem Tode einmal aus diesen wird, weiß kein Mensch.

Florence Nightingale in Scutari 1854

Lidell 1959

An der asiatischen Küste liegt die riesige Selimiye-Kaserne und in der Nähe die Stelle des Spitals von Florence Nightingale. Hier landete am 4. November 1854 die mutige, redliche und eher unangenehme Frau, die mit der Menschheit im gesamten so weich, mit Einzelnen so unmenschlich war.
»Oh, Miß Nightingale«, sagte jemand aus ihrer Gruppe, als sie vom Deck zu dem riesigen Kasernenspital, das ihr Ziel war, hinüberstarrten, »dulden Sie keine bürokratischen Verzögerungen, wenn wir landen, sondern lassen Sie uns sogleich die armen Kerle pflegen!« Die von Seekrankheit erschöpfte Miß Nightingale erwiderte mit noch größerer Härte als gewöhnlich: »Die Stärksten werden am Waschzuber nötig sein!« In jener Nacht konnte der britische Gesandte schreiben: »Miß Nightingale und ihre Brigade von Krankenpflegerinnen sind in Skutari wirklich unter demselben Dach mit den tapferen und leidenden Objekten ihres Mitleids untergebracht.« Er hoffte, daß »den Kranken und Verwundeten aus dieser attraktiven Quelle viel Trost zufließen werde«.
Ihr neuster Biograph hat ein lebendiges Bild von den Unannehmlichkeiten entworfen, in die sie geriet: enge Unterkunft, eine knappe Wasserversorgung, der vollständige Mangel einer Ausrüstung, die Feindseligkeit der Ärzte und all die byzantinischen bürokratischen Verzögerungen, deren die britische Armee fähig war. Die Bedingungen des Spitals waren schlimm für die Pflegerinnen, für die Patienten möglicherweise ärger, als sie in irgendeinem modernen Konzentrationslager für die Insassen waren – ein Albtraum von Schmutz und Entsetzen. Das Gebäude war dicht überfüllt, die Fußböden standen zentimetertief unter flüssigem Schmutz, die Bettücher wimmelten von Ungeziefer. Gegen all dies mußte Florence Nightingale ankämpfen, gegen die

Apathie Lord Stratfords, des Gesandten, und gegen ein unerwünschtes Detachement von trinkenden, angeworbenen Pflegerinnen und zankenden Nonnen. Sie waren ohne ihre Einwilligung von der exaltierten Mary Stanley hergebracht worden, die sie eifersüchtig liebte. Ohne ihre außerordentliche Hartnäckigkeit und Arbeitskraft wäre das Spital im Laufe dieses schrecklichen Winters völlig zusammengebrochen: als der Frühling kam, hatte sie gesiegt, und zweihundert Mann eines Transportes konnten sauber empfangen, gebadet und in saubere Kleider und Betten gesteckt werden und erhielten eine angepaßte Ernährung.

Was eine »1320erin« einer jungen Braut erlaubt. Der Hochzeitstag.
Loti 1906

Sie begab sich in den kleinen Salon neben ihrem Schlafzimmer; dort stand ihr Piano, von dem sie Abschied nehmen wollte, denn dieses in ihre zukünftige Wohnung mitzunehmen, wurde ihr nicht gestattet. Die Mutter des jungen Beis war eine strenggläubige Mohammedanerin, eine 1320erin, wie die jungen modernen Türkinnen jene nennen, die den europäischen Kalender nicht anerkennen, sondern noch immer die Zeitrechnung nach der »Begira« anwenden. Die Mutter des Beis hatte zwar die Überführung der Bibliothek der Braut gestattet, nicht aber die des Pianos, das der so sehr daran Gewöhnten also in jenem Hause auf der anderen Seite des Golfs, im Herzen des alten Stambul, recht fehlen würde.
Sie setzte sich an das geliebte Instrument, und die kleinen nervösen Hände, die im Klavierspiel wunderbar geübt waren, fuhren hastig hin und her über die Tasten, allerlei Unzusammenhängendes improvisierend; bald aber begann sie eine äußerst schwierige Lisztsche Transskription Wagners zu spielen und begeisterte sich dabei so sehr, daß sie aufhörte, diejenige zu sein, die morgen den Kapitän Hamdi

Bei, den Adjutanten Seiner kaiserlichen Majestät, heiraten sollte, sondern sie war die Braut eines jungen Kriegers mit wallendem Haupthaar, der ein auf einer Felsspitze gelegenes Schloß bewohnte, in der Finsternis der Wolken, oberhalb eines großen, schaurigen Flusses; sie hörte tatsächlich die Sinfonie der Sagen aus alter Zeit in den Tiefen der nordischen Wälder.

Als sie aber aufgehört hatte zu spielen, als alles verrauscht war in den letzten Schwingungen der Saiten, da bemerkte sie aufblickend an den schon geröteten, schrägfallenden Sonnenstrahlen, daß der Tag sich seinem Ende zuneige, und da überfiel sie plötzlich eine große Angst bei dem Gedanken: ganz allein zu sein an diesem letzten Abend, – obgleich sie das ja selbst so gewünscht hatte.

Schnell lief sie zu ihrer Großmutter, ihr eine Bitte vorzutragen, die ihr auch gewährt wurde, und ebenso schnell schrieb sie an ihre Cousinen, diese wie in höchster Not bittend, um jeden Preis zu ihr zu kommen und ihr Gesellschaft zu leisten.

Schon seit einigen Tagen hatte sie selbst zu ihren Cousinen, denen sie dadurch wehe tat, über ihre schweren Sorgen geschwiegen; sie war zurückhaltend und fast hochmütig gewesen. Selbst diesen beiden gegenüber hatte sie sich ihres Seelenschmerzes geschämt; aber jetzt konnte sie sich nicht mehr beherrschen; sie wollte die treuen Freundinnen bei sich haben, um sich an ihren Schultern ausweinen zu können. –

»Meine Großmutter selbst erweckte mich morgens, denn ich war in jener Nacht erst spät eingeschlafen.

›Beeile dich!‹ sagte sie zu mir. ›Du hast wohl vergessen, daß du um neun Uhr bereit sein solltest? Man schläft doch nicht solange am Tage seiner Hochzeit!‹

Welche Härte in den Worten! Es war der letzte Morgen, den ich bei ihr in diesem mir so lieb gewordenen Zimmer meiner Jugend zubrachte. Konnte sie denn nicht von ihrer Strenge lassen? wenigstens für einen Tag?

Als ich die Augen aufschlug, sah ich meine beiden Cousinen, die schon früher geräuschlos aufgestanden waren und eben ihre Tcharchafs anlegten, um rasch nach ihrem Hause zurückzukehren und ihre Toiletten zu beginnen, die lange dauern würden.
Da wir nie mehr wieder in diesem Zimmer gemeinschaftlich erwachen würden, so umarmten wir uns noch einmal recht innig zum Abschied, bevor die beiden Schwestern sich entfernten.
Schon ist es neun Uhr; die Kutschen sind bereits angelangt, die Schwiegermutter, die Schwägerinnen und die Eingeladenen des jungen Bei warten; der Zug soll sich bilden ... aber die Braut ist nicht bereit. Mehrere der Damen entbieten sich, ihr beim Ankleiden behilflich zu sein; sie lehnt jedoch jede Hilfe ab und bittet dringend, sie ganz allein zu lassen. Dann ordnet sie selbst ihre Frisur, wirft in fieberhafter Eile ihre mit Orangeblüten überreich garnierte Robe über, die eine Schleppe von drei Metern hat, sie legt auch ihre Diamanten an, ihren Schleier, und befestigt die langen Strähnen von Golddraht an ihrer Coiffure. Nur an einen Gegenstand hat sie nicht das Recht zu rühren: ihr Diadem.
Dieses gewichtige Brillantdiadem, das bei uns die Stelle des Kranzes der Europäerinnen einnimmt, soll nach dem herrschenden Gebrauch der Braut von einer jungen Frau aufgesetzt werden, die unter den anwesenden Freundinnen zu wählen ist, die sich nur ein einziges Mal verheiratete, nie geschieden wurde und in ihrer Ehe erwiesenermaßen glücklich lebt. Die dazu Erwählte spricht dabei zuerst ein kurzes Gebet aus dem Koran, dann krönt sie die zu Vermählende mit eigener Hand, indem sie ihr die besten Glückwünsche darbringt und ihr noch besonders wünscht, daß ihr eine solche Krönung nicht öfter als einmal im Leben geschehe; ... mit anderen Worten: daß sie sich nicht scheiden lassen, noch wiederverheiraten möge!
Und da begann ich, auf meinem Hochzeitsthron sitzend, zu

überlegen, daß es ja für den schlimmsten Fall ein Mittel gäbe, sich zu befreien und wieder in den Besitz des Rechts, über sich selbst zu verfügen, gelangen zu können, ... ein Mittel, das Allah und der Prophet anzuwenden erlauben: die Ehescheidung ... Ja, das ist es, ich werde mich scheiden lassen! ... Wie kam es nur, daß ich nicht früher daran dachte?
In der Tat lassen sich in unserem Lande die Ehen sehr leicht und schnell lösen, wenn man den ernsten Willen hat.

Übrigens ist dieser Vorbeimarsch an sich recht hübsch, und ich würde mich dabei gewiß sehr amüsieren, wenn ich nicht selbst das traurige Götzenbild wäre, das alle betrachten wollen. Man sieht nichts als Kanten, Spitzen, Gaze, helle und heitere Farben. Auch glaube ich nicht, – wenigstens nach dem zu schließen, was ich bei den Bällen in den europäischen Botschaften gesehen –, daß bei den Festlichkeiten der abendländischen vornehmen Welt ebenso viele wirklich schöne, reizende Damen anzutreffen sind wie bei uns. Denn alle diese den Männern unsichtbaren Türkinnen sind überaus fein, elegant und graziös; ich spreche selbstverständlich von denen der neueren Generation. Selbst die weniger schönen haben immer noch gewisse Reize und ein höchst anmutiges Benehmen.
Vergessen darf ich nicht, daß, sobald eine hochgestellte Eingeladene sich meinem Thron nähert, ich mich erheben muß, um ihre Verneigung ebenso tief zu erwidern, wie es ihr beliebte, sie vor mir zu machen, und ist sie noch jung, so muß ich sie bitten, einen Augenblick an meiner Seite Platz zu nehmen.
Nun fange ich aber an, mich wirklich zu amüsieren, als fände dieser Vorbeimarsch nicht für mich, sondern für eine andere statt. Man hat nämlich die Türen nach der Straße weit geöffnet, und jede Frau, gleichviel ob eingeladen oder nicht, welche die Braut zu sehen wünscht, darf eintreten.

Und unter diesen sieht man die sonderbarsten Erscheinungen; alle wie Gespenster, mit Tcharchaf oder Yachmak, die Gesichter verdeckt, je nach der Mode der einen oder der anderen Provinz. Einzelne sind vom Kopf bis zu den Füßen eingehüllt in asiatische, kunstvoll mit Gold und Silber durchwirkte Seidenstoffe. Es erscheinen Syrierinnen in glänzenden Kostümen und Perserinnen, ganz schwarz gekleidet; auch hundertjährige Frauen, tief gebeugt auf ihre Stöcke, sieht man darunter.
Um vier Uhr kommen die europäischen Damen. Dies ist der peinlichste Augenblick des ganzen Tages. Man hatte die Damen lange am Büfett zurückgehalten, wo sie eine Unzahl kleiner Kuchen gegessen, Tee getrunken und Zigaretten geraucht hatten, um ihre Langeweile zu töten. Aber nun eilen sie in Scharen auf den Thron los, zur Besichtigung des ausgestellten seltenen Tieres.
Unter diesen Damen erscheint fast immer eine uneingeladene Fremde, deren Einführung man entschuldigen zu wollen dringend gebeten wird. Gewöhnlich eine englische oder amerikanische Touristin, die sehr begierig ist, dem Schauspiel einer türkischen Hochzeit beizuwohnen. Sie erscheint ganz ungeniert in Reisekleidung. Mit den gleichen forschenden, starren Blicken, mit denen sie die Erde von der Spitze des Himalaya oder die Mitternachtssonne vom Nordkap betrachtete, sieht sie dann auch die türkische Braut an. – Die Reisende, die das Schicksal mir bescherte, war eine Journalistin, die an ihren Händen dieselben schmutzigen Handschuhe hatte, die sie auf dem Dampfer bei der Überfahrt trug. Unbescheiden, zudringlich, erpicht auf Material zu einem pikanten Bericht für ein neugegründetes Journal, stellt sie mir mit äußerster Taktlosigkeit die allerfrechsten Fragen, auf die ich ihr selbstverständlich nicht antworte. – Ich fühle mich grenzenlos gekränkt! –
Auch der nun folgende Besuch der Damen aus Pera, die übermäßig aufgeputzt erscheinen, bietet nur Unerfreuli-

ches. Sie haben meistens schon fünfzig oder mehr Hochzeiten gesehen, und wissen deshalb bis ins einzelne, wie sich die Sachen dabei zugetragen; das verhindert aber nicht ihre ebenso albernen wie boshaften Fragen.

›Nicht wahr, Sie kennen Ihren künftigen Gatten noch gar nicht? ... Wie komisch das ist! ... Welch sonderbarer Gebrauch! ... Aber, meine liebe Freundin, Sie hätten sich einfach darüber hinwegsetzen sollen und allen ein Schnippchen schlagen! ... Sie haben es nicht getan? Ist's wahr? ... Nun, ich an Ihrer Stelle hätte es getan ... ich würde mich kurzweg geweigert haben, diese Heirat einzugehen!‹

Indem sie dies sagt, wirft sie ihrer Nachbarin, einer ebenfalls in Pera wohnenden Griechin, spöttische Blicke zu, die von der anderen durch mitleidiges Achselzucken erwidert werden.

Ich lächelte trotzdem, weil es so vorgeschrieben ist, aber ich empfinde die schamlosen Worte und das Benehmen jener beiden Geschöpfe wie blutige Schläge auf beide Wangen. –

Endlich sind sie fortgegangen, auch die anderen Besucherinnen in Tcharchafs oder mit Hüten. Nur die wirklich Eingeladenen bleiben.

Nun kann ich mir endlich erlauben, von meinem Thron herabzusteigen, auf dem ich fast sechs Stunden hindurch zur Schau saß; ich kann sogar den blauen Salon verlassen, in welchem sich die Großmütter und die sogenannten 1320erinnen, die strengen Anhängerinnen des Althergebrachten, gruppiert haben. Auf den Häuptern der meisten dieser Strenggläubigen thront noch der ehrwürdige kleine Turban.

Auf meine Bitte war eine besondere Tafel aufgestellt für die Jugend. Fünfzig Hochzeitsgäste unter fünfundzwanzig Jahren, eine immer reizender als die andere, umringten dort die Braut. Das Tafeltuch war bedeckt mit weißen Rosen.

Unter den jungen Türkinnen an meiner Tafel befanden sich einige Damen des kaiserlichen Palastes, die ›Saraylis‹, Zirkassierinnen, berühmt wegen ihrer wunderbaren Schönheit; auch andere Zirkassierinnen, die aus den Bergen stammten, Töchter von Landleuten oder Hirten, als kleine Kinder wegen ihrer Schönheit angekauft. Nachdem sie einige Jahre in den Serails als Sklavinnen gedient hatten, wurden sie plötzlich große Damen durch ihre Verheiratung mit irgendeinem Kammerherrn.

Man muß gestehen, daß sich diese schönen Emporkömmlinge in ihren eroberten Stellungen mit vielem Takt und bewundernswerter Sicherheit zu benehmen und zu behaupten wissen. Diese und Tausende ihrer jugendlichen Landsmänninnen, die im Laufe der Jahre nach der Residenzstadt verkauft werden, sind es, die den Schatz ihres reinen Blutes der abgestumpften eingesessenen Bevölkerung zuführen.

Unter den Tischgenossen herrschte Fröhlichkeit; heitere Gespräche und ausgelassenes Gelächter wechselten unaufhörlich miteinander ab.

Für uns Türkinnen ist ein Hochzeitsmahl stets eine Gelegenheit, die Sorgen für einige Zeit zu vergessen oder doch zu betäuben. Wir sind übrigens von Natur heiteren Charakters und überlassen uns gern den harmlosesten Vergnügungen. Sagte doch eine Dame, die der Französischen Botschaft angehörte, eines Tages, als sie im Begriffe stand, nach Paris zurückzukehren, zu mir: ›Niemals mehr in meinem Leben werde ich so harmlos und so herzlich lachen wie in den Harems von Konstantinopel!‹

Nachdem das Hochzeitsmahl durch einen zu Ehren der Braut in Champagner ausgebrachten Toast beendigt worden war, schlugen einige der jungen Damen meiner Tafelrunde vor: das türkische Orchester sich ausruhen zu lassen und selbst europäische Musik zu machen.

Leider mußte ich aber errötend gestehen, daß sich in meiner Wohnung kein Piano befindet! Allgemeines Erstaunen unter den Anwesenden und Mienen des Bedauerns, als wollte man sagen: ›Arme Kleine! Der junge Ehemann muß ja ein wahrer 1320er sein ... Das Leben in diesem Hause verspricht ja recht ergötzlich zu werden!‹

Bei uns Muselmanen leben, wie Sie wissen, in demselben Hause Männer und Frauen getrennt. Das fängt zwar schon an zu verschwinden, und ich kenne Bevorzugte, die wirklich gemeinsam mit ihren Männern leben. Aber das geschieht nicht in den alten strenggläubigen Familien wie die unsrige. Der ›Harem‹, unser Aufenthaltsort, und der ›Selamlik‹, wo die Männer, unsere Gebieter, wohnen, sind durchaus verschiedene Wohnungen. Ich bewohnte also unseren großen fürstlichen Harem mit meiner Schwiegermutter, zwei Schwägerinnen und einer jungen Cousine Hamdis, namens Durdane; diese war sehr hübsch, alabasterweiß, mit brennendrotem Haar und meergrünen Augen, deren Pupillen im Dunkeln leuchteten; aber man begegnete nie ihrem Blick.

Hamdi war der einzige Sohn, und seine Frau wurde sehr verhätschelt. Man hatte mir ein ganzes Stockwerk des großen, palastartigen Hauses gegeben; ich hatte für mich allein vier glänzende Salons nach der alttürkischen Mode, worin ich mich entsetzlich langweilte! ... Das also war die Ehe? ... Zärtlichkeiten und Küsse, die niemals meine Seele suchten? Lange Stunden der Einsamkeit, der Gefangenschaft, ohne Zweck und ohne Interesse. Und dann die anderen Stunden, ... wo ich die Rolle einer Puppe spielen mußte, ... oder noch eine geringere! ...

Ich hatte versucht, mein Boudoir wohnlich und angenehm einzurichten, um Hamdi zu veranlassen, seine freien Stunden hier zuzubringen. Ich las ihm die Journale vor, ich plauderte mit ihm von den Ereignissen im kaiserlichen Palast und in der Armee, ich versuchte zu entdecken, was ihn interessierte, um zu lernen, mit ihm darüber zu sprechen. – Doch nein, das verwirrte seine angeborenen Ideen; ich sah es wohl. – ›Das alles‹, sagte er, ›ist gut für die Unterhaltungen zwischen Männern, im Selamlik!‹ . . . Er verlangte von mir nur: hübsch und verliebt zu sein. Er verlangte es so oft, daß es mir zuviel wurde! . . .

Eine, die es verstand, verliebt zu sein, das war Durdane! In der Familie bewunderte man sie wegen ihrer Grazie – der Grazie einer jungen Pantherin, die alle ihre Bewegungen wellenförmig machte. Abends tanzte sie oder spielte sie die Laute: sprach sehr wenig, aber lachte immer; ein Lachen, das zugleich vielversprechend und grausam klang, wobei sie ihre kleinen spitzen Zähne sehen ließ.

Sie trat oft bei mir ein, um mir Gesellschaft zu leisten, wie sie sagte. O, welche Geringschätzung sie jedesmal für meine Bücher, mein Piano, meine Schriften und meine Briefe zeigte! – Weit von alledem, zog sie mich stets in einen der türkisch eingerichteten Salons, um sich auf einen Diwan zu werfen, Zigaretten zu rauchen und, wie sie das unaufhörlich tat, mit einem kleinen Handspiegel zu spielen. – Zu ihr, die verheiratet gewesen und jung war, glaubte ich von meinem Kummer sprechen zu können. Aber sie riß ihre großen wässerigen Augen auf und brach in schallendes Lachen aus: ›Worüber kannst Du Dich beklagen? Du bist jung, hübsch und hast einen Gatten, den Du noch lieben wirst!‹ «

»Ich wollte nicht so blindlings heiraten.«
Aus einer türkischen Ehesatire.
Midhad 1902

»Ach, Tante, wenn ich wüßte, wie ich das Original zu dieser Photographie erlangen könnte!«

»Und wenn nun, was würdest du dann tun?«

(Ein wenig verlegen) »Ich würde es heiraten.« (Ein Lächeln.)

»Meine verehrte Tante, warum hast du soeben gelacht?«

»Worüber werde ich gelacht haben? Über deinen Fall habe

ich gelacht. Deine Eltern bestürmen dich bereits seit fünf Jahren. Warum hast du nicht geheiratet?«

»Ich wollte nicht so blindlings heiraten!«

»Wie willst du denn jetzt anders heiraten?«

»Nun, ich habe ja das Bild hier in meiner Hand.«

»Das soll also leider heißen, daß du nur nach Schönheit gehen willst?«

»Aber, bitte, Tante, ist denn diese hier etwa nur schön?«

»Was denn sonst? Weißt du vielleicht, wer sie ist, wie ihre Erziehung beschaffen ist, oder ob ihr Charakter mit dem deinigen harmonieren würde?«

»Ach, wegen solchem Kram will ich mir jetzt den Kopf nicht zerbrechen.«

»So, soll das etwa heißen, daß du deine alten Anschauungen über Bord geworfen hast?«

»Beim, Himmel, ich weiß gar nicht, wie mir ist. Es ist hier sehr heiß geworden. Bitte, Tante, befiehl etwas Wasser.«

»Das sollst du haben, mein Junge. Gül-Pêker*), bringe etwas Wasser!«

Pêker brachte Wasser, und ich trank es. Aus lauter Scham vor meiner Tante wagte ich es aber nicht, sie anzublicken. Wie sollte ich auch, wo ich keinen Menschen anzublicken mehr den Mut hatte. Die Tante ließ auch für sich selbst etwas Wasser bringen. Auf einmal merkte ich, daß dieses Pêkergesicht kein anderes war als das Feengesicht meiner Tante.

»Aber bitte, Tante –«, weiter brachte ich bei meiner Verwirrung nichts heraus.

»Was ist dir, mein Sohn?«

Inzwischen entschwand das Mädchen eilends meinen Blicken.

»Wer ist diese?«

»Ich weiß es nicht.«

*) Persisch: Rosengesicht.

»Was? Du weißt es nicht? Ist sie etwa nicht die Verkörperung des Bildes, welches ich hier in der Tasche habe?«
»Ich fürchte, du verwechselst sie.«
»Ach geh mir doch mit deinem Verwechseln! Ach bitte, Tante, erlöse mich aus meiner Verzauberung!«
»Ich traue dir noch nicht recht und darf es auch nicht. Du bist ein Gegner des Heiratens und deine Neigung zu Liebeleien ist noch zu groß.«
Sofort erhob ich mich und erfaßte ihre Hand. Alle Scheu war von mir gewichen. Ich ließ die Hand wieder fahren, küßte ihre Füße und beschwor sie, mir zu sagen, wer jene und ob sie eine Sklavin sei.
»Ja«, antwortete sie, »sie ist allerdings eine Sklavin und eine von den zwei Mädchen, welche du damals auf meinem Wagen gesehen hast. Sie war auch diejenige, welcher du nachher, als ich mit der Küchenaufseherin eingestiegen und zum Bazar gefahren war, den Brief übergeben hast.«
Ich bettelte: »Laß sie mir noch eine Zigarette bringen!«
Mein Flehen wurde erhört, und das Mädchen brachte die Zigarette. Ich wollte sie nehmen, war aber so kraftlos, daß sie zu Boden fiel. Hierüber lächelte das Mädchen. Himmel, ich wurde förmlich toll, aber vor Freude.
Kurzum, in dieser Weise verging der Abend. Am nächsten Tage kehrten wir nach Hause zurück. Da ich, wie oben bemerkt, nun alle Scheu überwunden hatte, entdeckte ich mich auch meiner Mutter. Sie war augenscheinlich sehr vergnügt darüber, daß ich mit meinen eigenen Füßen mich in einer derartigen Schlinge hatte fangen lassen; wahrscheinlicher aber war es, daß sie bereits vorher so weit in die Sache eingeweiht worden war, daß dieses ihr Vergnügen die unmittelbare Folge sein mußte. Ich will keine unnötigen Worte weiter machen. Wir vertrauten die fernere Gestaltung der Verhältnisse der Tante an und ließen sie in allen Stücken gewähren, wie sie es für gut fand.
Am nächsten Tage kam meine Tante und erklärte sich

damit einverstanden, uns die Sklavin zu überlassen, aber nur unter einer Bedingung. Es sollte nämlich das Mädchen ein volles halbes Jahr nicht in mein Zimmer hineinkommen dürfen, und wenn ich dann nicht in ihrem Charakter, ihrem Betragen oder ihrer Erziehung einen Fehler entdeckt und dadurch abgeschreckt worden wäre, so sollte sie mein sein. Weiterhin aber sollte ich einen Eid darauf ablegen, daß, wenn sie einmal mein wäre, ich sie niemals wieder verlassen und mich niemals nach einer anderen umsehen dürfte.
»Ach Tante«, warf ich ein, »deine Bedingungen sind freilich recht hart. Mögen sie aber sein wie sie wollen, läßt sich denn wenigstens von der Wartezeit nichts abhandeln?«
Durch mein inständiges Bitten erreichte ich denn auch endlich, daß jene auf vier Monate herabgesetzt wurde. Und wirklich hatte auch meine Tante sehr weise gehandelt. Denn nur ihren Bedingungen war es zuzuschreiben, daß ich das Mädchen so gründlich prüfte und ihr Tun und Lassen so aufmerksam verfolgte. War es doch keine Kleinigkeit, mich verpflichten zu müssen, sie, wenn ich sie einmal geheiratet hätte, niemals wieder von mir zu lassen! Leicht ist es, ein Versprechen zu geben, schwer aber, es zu halten.
Indessen erwies sich das Mädchen so wohl erzogen, und ihr sittliches Verhalten war so vorzüglich, daß ich kaum eine Unvollkommenheit, geschweige denn einen schlechten Charakter an ihr hätte entdecken können, was mich ihr sonst abwendig gemacht haben würde.
Endlich waren die vier Monate herum. An einem Montag Vormittag kamen mein Vater, meine Tante, meine Mutter und meiner Tante Schwiegermutter zusammen. Ich und meine kleine Schwester horchten an der Tür. Man rief Pêker herein. Mein Vater holte ein schon vorher fertiggestelltes Freilassungsdokument hervor und händigte es ihr ein. Meine Tante aber hielt folgende Ansprache an sie:
»Mein liebes Mädchen! Bereits als du in mein Haus kamst, hatte ich dich freigelassen, dir aber, damit deine Erziehung

ohne Störung von statten ginge, keine Mitteilung davon gemacht. Jetzt ist nun deine Erziehung vollendet und wir sind willens, dich zu unserer Schwiegertochter und Schwägerin zu machen. Dazu aber mußt du im Vollbesitz aller Rechte und gegenüber deinem Gatten, deinem Hause, deiner Familie eine unbeschränkte Herrin sein.«
Um die Mittagszeit rief man einen Imám (Prediger) herbei. Es erschienen ferner von den Ortseinwohnern vier oder fünf der nächsten Nachbarn und wir schlossen einen regelrechten Ehebund. Gott sei Lob und Dank! Von dieser Zeit ab besann ich mich auf mich selbst und rückte in die Reihe der Vollmenschen ein.

Die großen Frauenmärkte existieren nicht mehr

Twain 1869

Moscheen gibt es reichlich, Kirchen gibt es reichlich, Friedhöfe gibt es reichlich, aber Moral und Whisky sind rar. Der Koran gestattet es den Mohammedanern nicht, zu trinken. Ihre natürlichen Instinkte gestatten es ihnen nicht, moralisch zu sein. Es heißt, der Sultan habe achthundert Frauen. Das läuft fast auf Bigamie hinaus. Unsere Wangen brennen vor Scham, zu sehen, daß so etwas hier in der Türkei erlaubt ist. In Salt Lake City macht es uns jedoch nicht so viel aus. In Konstantinopel werden noch immer zirkassische und georgische Mädchen von ihren Eltern verkauft, aber nicht öffentlich. Die großen Sklavenmärkte, über die wir alle so viel gelesen haben – wo zarte, junge Mädchen zur Besichtigung ausgezogen und dann kritisert und besprochen wurden, als wären es Pferde auf einem Bauernmarkt –, existieren nicht mehr. Die Vorführung und der Verkauf gehen jetzt unter der Hand vor sich. Gerade jetzt stehen die Notierungen hoch, teils wegen der lebhaften Nachfrage, die infolge der kürzlichen Rückkehr des Sultans und seines Gefolges von den Höfen Europas entstanden ist; teils wegen eines ungewöhnlichen Überflusses an Brotgetreide, der die Inhaber vor den Qualen des Hungers bewahrt und es ihnen ermöglicht, ihre Ware zur Erzielung hoher Preise zurückzuhalten; teils, weil die Käufer zu schwach sind, um die Kurse zu drücken, während die Verkäufer durchaus in der Lage sind, sie zu treiben. Unter diesen Umständen würde der nächste Wirtschaftsbericht einer der großen amerikanischen Zeitungen, wenn sie hier in Konstantinopel erschiene, etwa wie folgt lauten:

Zirkassierinnen beste Sorten, Ernte 1850 200 $; 1852 250 $; 1854 300 $; Georgierinnen beste Sorten, kein Angebot; zweite Qualität 1851 180 $; neunzehn gute bis mittelmäßige wallachische Mädchen zu 130 bis 150 $ angeboten, keine Käufer; sechzehn 1 A in kleinen Posten zur Räumung des Lagers abgestoßen – Preis nicht genannt.

Verkauf eines Postens Zirkassierinnen, prima bis gut, 1852 bis 1854, zu 240 bis 242½ $, Käufer 30; eine Neunundvierzigerin, beschädigt, zu 23 $, Verkäufer 10, keine Anzahlung. Mehrere Goergierinnen, Liebhaberstücke, 1852, wechselten den Besitzer in Erfüllung von Aufträgen. Die jetzt verfügbaren Georgierinnen stammen größtenteils aus der vorjährigen Ernte, die ungewöhnlich dürftig war. Die neue Ernte hat sich etwas verzögert, wird aber in Kürze hereinkommen. Was ihre Quantität und Qualität betrifft, sind die Berichte höchst ermutigend. In diesem Zusammenhang können wir außerdem zuverlässig mitteilen, daß die neue Zirkassierinnenernte äußerst gut aussieht. Seine Majestät der Sultan hat bereits große Aufträge für seinen neuen Harem erteilt, der in den nächsten vierzehn Tagen fertiggestellt wird, was den Markt natürlich gefestigt und den zirkassischen Effekten eine starke Aufwärtstendenz verliehen hat. Viele unserer scharfsinnigsten Spekulanten nutzen die Hausse und stoßen ab. Man hört Andeutungen über einen spekulativen Aufkauf in Wallachinnen.

In Nubierinnen nichts Neues. Schleppender Verkauf. Eunuchen – kein Angebot; es werden jedoch heute aus Ägypten große Sendungen erwartet.

Latifé Mohamer, die Frau Atatürks

Grosser-Rilke 1937

Wie sehr war ich überrascht, als ich nach dem verlorenen Krieg in Deutschland las, daß Latifé die Gemahlin Mustafa Kemal Paschas geworden war, des Mannes, der nach dem Weltkrieg die Türkei wieder aufgerichtet, durch einen siegreichen Feldzug gegen die Griechen den Türken Smyrna wieder zurückerobert und dadurch einen großen Teil Kleinasiens der Türkei erhalten hat. Sehr traurig aber machte mich das jähe Ende des Glückstraumes dieser romantischen Frauenseele. Zur Charakteristik dieser seltenen türkischen Frauengestalt will ich die Geschichte ihrer Verlobung mit Mustafa Kemal Pascha erzählen, wie ich sie aus zuverlässiger Quelle aus Konstantinopel erfahren habe, und die mir durchaus glaubwürdig erscheint, nach dem tiefen Einblick, den ich in das Seelenleben und den stark patriotischen Sinn Latifés gewonnen hatte. Solange ich mit ihr verkehrte, konnte ich beobachten, wie schmerzlich sie den allmählichen Verfall ihres Vaterlandes und den gegen Ende des Krieges immer deutlicher werdenden Zusammenbruch der Türkei empfand, und wie besonders das Vordringen der Griechen in Kleinasien und der bald folgende Verlust ihrer Heimatstadt Smyrna sie quälte und erschütterte.

Im Jahre 1918 mußte ich bei Kriegsende nach dem Einmarsch der Entente als lästige Deutsche Konstantinopel verlassen und konnte daher die weiteren Ereignisse um Latifé nicht mehr selber beobachten. Kemal Pascha, der Befreier und Nationalheld, war an die Spitze der tapferen

türkischen Armee getreten und hatte seinen siegreichen Feldzug durchgeführt. Latifé soll in ihrem wilden Enthusiasmus erklärt haben, daß sie dem Manne, der Smyrna wieder den Türken zurückbringe, ihre Hand fürs Leben reichen werde. Bei Kemals endgültigem siegreichen Einzuge in Smyrna sei sie ihm mit Blumen und Lorbeerkranz entgegengetreten und habe ihn im Auftrage ihres Vaters gebeten, während seines Aufenthaltes Gastfreundschaft in ihrem elterlichen Hause anzunehmen. Kemal, sehr überrascht, eine schöne unverschleierte Frau ganz gegen die damals noch nicht abgeschafften strengen Sitten vor sich zu sehen, sei von so viel Mut und Anmut überrascht vom Pferde gestiegen und sei dann an ihrer Seite, in Begleitung des Vaters, in das Haus des reichsten Kaufherrn von Smyrna als Gast eingezogen. Bald darauf wurde der Welt die Kunde, daß der große Erneuerer der Türkei sich mit Latifé verheiratet habe – sie hatte ihr Versprechen eingelöst. Sie war in ihrer selbstbewußten Art über die Tradition hinweggegangen und hatte durch ihren Einfluß endgültig die Schranken gebrochen, die der türkischen Frau der Sitte nach noch entgegenstanden; die Gleichberechtigung der Frau wurde auch bald gesetzlich durch den großen Reformer eingeführt.
Die Ehe soll sehr glücklich gewesen sein, europäische Zeitungen brachten oft Berichte über das Auftreten Latifés an der Seite ihres Mannes. Sie ritt mit ihm zusammen aus, fuhr selber Auto, präsidierte als Hausfrau bei großen offiziellen Diners und mag wohl auch sonst im öffentlichen Leben in ihrer wunderbaren Art gewirkt haben.

»Wer hat das aufgebracht, die Kinder nach Istanbul zu schicken?«

Füruzan 1976

Während des Ersten Weltkrieges kam ich als Ziehtochter in den Konak in Horhor. Sieben oder zehn Jahre soll ich damals alt gewesen sein. Der Mann, der mich ablieferte, soll sich sehr beeilt haben, um den Zug nicht zu versäumen. Nie mehr hat dann jemand nach mir gesehen oder nach mir gefragt.

Keiner hatte je nach mir gesehen oder nach mir gefragt. Hatte ich denn keinen einzigen Verwandten? Das kann doch nicht sein. In den letzten Tagen tauchen vor meinen Augen Bilder von merkwürdigen Dingen auf, die mir nicht recht begreiflich sind, von denen ich aber auch nicht glauben kann, daß es sie nicht gegeben haben soll.

In einer der dämmrigen Küchen, wo es säuerlich nach Joghurt riecht, steht eine Frau, das Haar zu Zöpfen geflochten. Um sie herum kleinere und größere Kinder in Tuchkleidchen. Die Frau nimmt eines von ihnen auf und gibt ihm die Brust, die blau geädert ist und voll von Milch. Ihr Gesicht ist nicht zu erkennen. Sie ruft mich, aber nicht mit meinem wirklichen Namen, sie sagt nicht »Servet«. Das Kind, das aussieht wie ich, geht zu ihr hin, sie nimmt es in die Arme und liebkost es. Dann setzt sie das Kind, also mich, auf den Boden und beginnt ihre Haare mit einem Schildpattkamm zu kämmen. Mit singender Stimme sagt sie vor sich hin: »Ich geb' meine Tochter nicht her. Und wenn sie hungrig und nackt wäre! Eher soll sie hier sterben, bevor sie an einem fremden Herd gedeiht. Wer hat das aufgebracht, die Kinder nach Istanbul zu schicken? Verflucht sei das Geld, das sie dafür zahlen!« Sie drückt mich ganz fest an sich.

Man hatte mir im Konak zuerst die verschiedensten Aufgaben aufgetragen, war dann aber bald daraufgekommen, daß ich zu feineren Arbeiten nicht taugte. So hatte ich an den Waschtagen das Feuer unter den Kesseln in Gang zu halten und auf die kochende Wäsche zu sehen.

Ich wuchs heran. Meine Haare, die wieder lang geworden waren, flocht ich zu Zöpfen. Die oberen Stockwerke betrat ich nie. Als mir Gülendam Kalfa ins Gesicht sagte, daß ich nicht schön und nicht fein genug sei, um vor aller Augen aufzutreten, war ich, glaube ich, fünfzehn Jahre alt. »Efem, wir wissen alle, daß der Herrgott seine Knechte so verschieden erschaffen hat wie die fünf Finger an einer Hand. Schönheit ist vergänglich. Was bleibt, sind Fleiß, Aufrichtigkeit und ein guter Charakter, nicht wahr, Efem? Wenn du diese Eigenschaften hast, meine liebe Servet, wird es dir nie an etwas fehlen. Der gnädige Herr und die gnädige Frau sind unsere Wohltäter, ihnen allein verdanken wir unseren Unterhalt. Deine Dankbarkeit ihnen gegenüber mußt du jeden Augenblick unter Beweis stellen!« Von diesen Worten verstand ich damals überhaupt nichts.

Dann wurden einige der Dienstboten des Konaks entlassen. Wenn die gnädige Frau ausging, trug sie eine Toque und kurze Kleider. Sobald der Wagen vorgefahren war, stieg sie die Doppeltreppe herunter, wobei sich der betäubende Duft ihres Parfums überhallhin ausbreitete; dann entschwand sie unseren Blicken.

Von nichts anderem war im Konak die Rede als davon, modern zu sein. Auf meine Frage, was das bedeute, hatte Gülendam Kalfa geantwortet: »Modern sein heißt angenehmer leben.« Da anstelle der entlassenen keine neuen Bediensteten aufgenommen wurden, verwendete man mich allmählich auch für Arbeiten im oberen Stockwerk. Damals lernte ich, Wäsche zu stärken, gestickte Tischtücher zu bügeln und batistene Bettücher zusammenzufalten. Die Bettwäsche von Dizdar Hanimefendi war aus reiner Seide, die aber wurde mir nicht zum Bügeln anvertraut.

O du schönes Istanbul

Füruzan 1976

In Istanbuls Straßen herrschte um diese Zeit größtes Gedränge. Cevahir trug das Leid, das immer stärker in ihr

anwuchs, mitten durch das Gewühl der Menschen und Fahrzeuge, vorbei an den elektrischen Masten, den vielstöckigen Gebäuden, den Zeitungsverkäufern, Kaufläden und Speisehäusern bis zu den Schallplattengeschäften und Autobushaltestellen in Sirkeci. Vor dem Bahnhof blieb sie stehen. Zu ihrem Aussehen, das im Laufe der Jahre nichts von seinem provinziellen Anstrich verloren hatte, paßten das rote, ländliche Kleid, die giftgrüne Weste und die runden roten Backen. Sie hörte das Pfeifen der Züge, das ihr Gefühl des Alleinseins noch verstärkte. Ein wandernder Limonadenverkäufer, der seinen Wagen mit Plastikblumen geschmückt hatte, brachte ihr für einen kurzen Augenblick die Vergnügungen an den Bairams in Erinnerung. Ein schmächtiger Ballonverkäufer in einer alten Militärjacke, die die drückende Hitze noch fühlbarer machte, schrie, so laut er konnte: »Luftballons!« Eine Frau in einem weißen Umhang schleifte ein kleines Kind, dem sie eine Ohrfeige gab, zu den öffentlichen WC-Anlagen hin. Cevahir faßte die Leute um sich her ins Auge. Jeder hatte jemanden, der auf ihn wartete. »Ich bin eben ganz allein«, sagte sie zu sich selbst, »was will ich denn noch!« Dabei rannen ihr zwei Tropfen aus den Augen. Sofort wischte sie sie mit dem Handrücken ab. Sie mischte sich unter die zur Galatabrücke hindrängende Menschenmasse.
Sie ging jetzt langsamer. Die Dampfer, die ununterbrochen ankamen oder abfuhren, bliesen aus ihren Schornsteinen feine Rußkörner in die Luft. Cevahir paßte sich nicht dem hastigen Drängen und Schieben der Leute an, die, blind für ihre Umgebung, über die Brücke eilten. Sie ging nahe dem Geländer. Ihr Zimmer, das sie zurückgelassen hatte, schien ihr plötzlich in so weiter Ferne zu liegen, als hätte sie es seit Tagen nicht mehr gesehen, als wäre es in Wirklichkeit gar nicht mehr vorhanden. Immer stärker überkam sie die Verzweiflung. Sie ließ sich tiefer und tiefer in ihr Elend fallen. Mit einem schweren Stöhnen, das ihren ganzen Körper

durchzitterte und ihre große Liebe zum blonden Kamil ausdrückte, blieb sie in der Mitte der Brücke stehen. Sie beugte sich vor und betrachtete das Meer. Wohin sie auch blickte, sie sah nur Wasser. Motorboote glitten vorbei. Wenn zwischendurch ein Lastkahn beim Durchfahren unter der Brücke seinen Rauchfang umlegte, stieg etwas wie Freude in Cevahir auf, aber ein Blick in Richtung Galata genügte, um diese Freude gleich wieder zu ersticken. Wieder beugte sie den Kopf hinunter zum Meer. Eine klare Herzenseinfalt breitete sich in ihr aus. Als sähe sie über dem Meer das Dach aus ihrer Kindheit, voll von Sperlingen und Zeisigen. Allmählich senkte sich die Abenddämmerung herab. Zwischen der kühlen Wasseroberfläche und Cevahirs Gesicht lag die Hitze des Tages. Ein großes, weißes Schiff, das im Hafen einlief, heulte langgezogen und kräftig. Alle Farben und Stimmen der Zürefa-Gasse schwangen in diesem Sirenenton mit.

Der dünne Lichtstreifen zeichnete sich ab, der seitlich des Vorhangs in ihr Zimmer gedrungen war, als Cevahir und der blonde Kamil sich zum erstenmal gesehen hatten. Eine Tür wurde fest versperrt. Sie zupfte das Unkraut aus, suchte die Minze heraus, zerrieb sie zwischen den Fingern.

Unter dem staubigen Bett lagen weggeworfene, schmutzige Stoffreste, standen schwarz gewordene Kannen mit faulendem Wasser. Als Cevahir sich die Hände waschen wollte, rannen ihr zwischen den Fingern stinkende Gräser hindurch.

»Ich bin verworfen und ausgestoßen«, sagte sie. Das war zum zweitenmal an diesem Tag, daß sie mit sich selber sprach. Aber ihre Augen blieben trocken dabei. Mit einbrechender Dunkelheit wurde das Meer spiegelglatt.

Cevahir neigte sich der Kühle des Meeres entgegen. Die Brücke lag hoch über dem Wasser. Sie wußte, daß die Kühle um so größer wurde, je näher sie dem Wasser kam. Wenn ihre Kräfte nachließen, hatte sie sich über das Brunnenloch gebeugt. Sie hing über dem Geländer. Ihre Rippen drückten sich an der Eisenstange flach, daß es sie schmerzte. Der Schmerz hielt nicht an. Die Kühle verdichtete sich in der blauen Tiefe, sie zog die Schuhe aus, sah sich für einen Augenblick um, ganz kurz. Dann stieß sie ihren Körper vor, weit vor . . .

An der Stelle, wo Cevahir soeben auf das Meer hinabgeblickt hatte, ging ein Mann vorbei. Er warf seine Zigarette zu Boden und trat sie aus. Die Straßenlampen flammten auf.

Die losesten Mädchen tragen die edelsten Namen

Bonatz 1950

Die türkischen Namen sind voller Poesie. Die losesten Mädchen tragen natürlich die edelsten Namen:
Melek – der Engel
Yildiz – der Stern
Kudret – die Allmacht
Muallah – die Erhabenheit
Saadet – das Wohlbehagen, das geht schon eher, aber bei
Ayten – die Mondscheinhaut,
wer ist so verhärtet, daß es ihn bei diesem Worte nicht überrieseln würde? – oder Gülseren, die Rosenstreuende – Ihr Frauen und Mädchen werdet mit Leidenschaft geliebt und mit dem Messer verteidigt. Ich lese täglich in der Zeitung, wenn zwei um ein Mädchen Streit bekommen, der eine den anderen ersticht und dann zur Polizei geht, sich zu stellen. Aber den Rekord stellten vier junge Burschen auf, sechzehn- bis achtzehnjährige, die ein Mädchen mitgenommen hatten, das sich ausziehen und tanzen mußte; dabei gibt es natürlich Differenzen und es wundert niemanden, wenn es Tote gibt. Aber daß in der heißen Glut alle vier tot auf dem Platz blieben und das Mädchen vor dem Grausen

nackt auf die Straße floh – macht das mal anderswo nach, wenn ihr könnt.
Die Liebe ist wesentlich naturnäher. Sie ist viel weniger von Romantik und Sentimentalitäten umrankt. Hier gilt noch Besitzerrecht. Es ist etwa fünfundzwanzig Jahre her, daß die Frau aus dem Zwang des Eingeschlossenseins befreit wurde. Sie hat sich emanzipiert und es ist schnell gegangen.
Kleine Geschichten: Ich saß mit dem lieben Freund Selcuk Milar und seiner Blume von Frau, sie heißt Emel – der Wunsch –, beim Abendessen. Er tränke nur Whisky. Ob zu Hause seine kleine Frau das erlaube, fragte ich. »Dans ma maison moi je suis le maître« (»In meinem Hause bin ich der Herr«), sagte der kleine zarte Mann.
Mein Freund Mukkader reiste mit seiner jungen Frau – er hat sie geheiratet, als sie fünfzehn Jahre alt war – trotz meiner Warnung 1943 nach Stuttgart zum Studieren. Er ließ sie in Wien mit dem Gepäck zurück, um wegen Formalitäten das Dreieck Wien – Berlin – Stuttgart – Wien zu fahren. Als er bei mir war, fragte ich ihn: »So, du reisest jetzt nach Wien, deine Frau zu suchen?« »Suchen!? – Sie ist in ihrem Zimmer!«

12

AUF DEN ZEHENSPITZEN IN DEN HAREM HINEIN UND WIEDER HERAUS

Baki um 1570

In der Schönheit Garten sind Mundrubinen süß,
In dem Paradiese sind Selbst die Qualen süß;
Sterben, wenn man Dich geseh'n, Ist Genuß so süß;
An dem Frühlingsmorgen ist Schlaf uns doppelt süß;
Zu gewöhnen ist es hart Sich an Grausamkeit,
Doch des Freundes Peinen sind Endlich lieb und süß.
Jede Lust wird eingemacht In besond'ren Saft.
Zu dem bittern Weine dünkt Braten doppelt süß.
Preiset Baki im Ghasel Deinen süßen Mund,
Ist es wieder Honigseim, Wie der Zucker süß.

Roxelane

Lidell 1959

Beim Divanturm führt ein Tor in den Harem. Er wurde von Suleyman dem Prächtigen wohl zwischen 1541 und 1545 zum Teil hierher verlegt, aus dem Palast auf dem dritten Hügel. Der unmittelbare Anlaß dazu war eine Feuersbrunst im Eski Saray im Jahre 1540-41 gewesen; der tiefere Grund war der Ehrgeiz Roxelanas. Sie war ursprünglich eine russische Sklavin gewesen (daher ihr Name) und einst vielleicht im Besitz des griechischen Renegaten und Pagen Ibrahim, des Jugendgefährten Suleymans, seines Tisch- und Bettgenossen und späteren Großwesirs. Zunächst hatte sie in Suleymans Harem eine untergeordnete Stellung als zweite Kadin inne; die erste Kadin (eine Lieblingskonkubine, die bei der Geburt eines Kindes freigelassen worden war und etwas vom Rang einer »unverheirateten Gattin« erworben hatte) war Bosfor Sultan, auch bekannt unter dem Namen Gulbehar oder »Frühlingsblume«. 1526 kam es zu einem Kampf zwischen beiden Kadinen; die Frühlingsblume zeigte sich als körperlich überlegen, sie riß das Russenmädchen an den Haaren und zerkratzte ihm das Gesicht, doch Roxelana trug einen viel wichtigeren moralischen Erfolg davon. Sie weigerte sich, zum Vorschein zu kommen, ehe sie nicht ein unentstelltes Gesicht zeigen konnte, triumphierte dank diesem strategischen Rückzug und machte Suleyman zu ihrem Sklaven. Mit Rüstems Hilfe brachte Roxelana Suleyman im Jahre 1543 dazu, die Erdrosselung des Prinzen Mustafa anordnen zu lassen, was ihrer eigenen Familie die Nachfolge sicherte. Roxelana beherrschte ihren Gatten so vollkommen, daß er sich keine neuen Kadins mehr zulegte und sogar einige seiner anziehendsten Frauen weiter verheiratete.

Von den Frauenzimmern, deren Sultan Selim 2000, Sultan Mahomet aber nur 300 gehabt haben soll

Frankfurter Messerelation 1755

Ein Grieche, welcher lange Jahre zu Constantinopel, und zwar im Serail des Großsultans selbst, gelebt hat, allwo er von seiner Mutter Bruder, der eine ansehenliche Stelle darin bekleidete, erzogen worden, setzt, in einem von ihm verfertigten Manuskript, die Anzahl der Sklavinnen oder Frauenzimmer, welche in dem Harem des itztregierenden Sultans unterhalten werden, auf 600, deren jede ihr eigenes Bett hat, und über deren 5 immer eine Aufseherin gesetzt ist, die sie nicht aus den Augen läßt. Die Anzahl dieser Frauenzimmer hängt gänzlich von der Willkür des jedesmaligen Regenten ab, indem man sich erinnert, daß Sultan Selim deren 2000, Sultan Mahomet aber nur 300 gehabt hat. Sie wohnen, wie bekannt, in dem abgelegensten Teil des Serail. Ein Teil derselben hat die Aussicht nach den Serail-Gärten, ein anderer nach dem Mare di Marmora. Seitdem der Zar Heraclius den Mädchen-Tribut nicht mehr aus Georgien schickt, geschehen die Recrutierungen für den Harem größtenteils durch Räuber, welche in Circaßien einfallen, und ganz junge Mädchen, deren Gesicht etwas verspricht, in Menge herbei führen. Sie werden im Singen, Sticken, Tanzen und in der üppigsten Gesticulation unterrichtet, und haben keine Bedienung, sondern die jüngeren und Neulinge müssen die älteren bedienen. So unumschränckt und despotisch der Großsultan auch ist, so übertritt er doch nie gewisse in seinem Harem hergebrachte Regeln, und nur an hohen Festtagen, und bei außerordentlichen Freudenbezeugungen über die Ankunft guter Nachrichten (ein itzt seltener Fall) wählt er sich aus der Menge der Sclavinnen eine neue Beischläferin, welche gewöhnlich auf den Knien, am Fußende des Bettes Sr. Hoheit hineinkriechen muß, indem nur bei außerordentlichen Gnadenfällen erlaubt wird, das Bette an der Seite zu besteigen. Sklavinnen, welche an andern Tagen und wider die Regel des Harem, die Neigung des Sultans reizen, sind in Lebensgefahr, wegen Eifersucht der im Harem herrschenden Partei, und man erinnert sich, daß unter Sultan Achmed 150 solche unglückliche Frauenzimmer mit Gift vergeben worden sind.

Besuch bei einer Ex-Sultanin

Lady Montagu 1717

Ich besuchte die Sultanin Hafitén, Favoritin des verstorbenen Kaisers Mustapha, der, wie Sie wissen (oder vielleicht wissen Sie es nicht) von seinem Bruder, dem regierenden Sultan, abgesetzt ward und einige Wochen nachher an Gift, wie man allgemein glaubt, starb. Diese Dame wurde gleich

nach seinem Tode mit dem unabänderlichen Befehl begrüßt, das Serail zu verlassen und sich unter den Großen der Pforte einen Mann zu wählen. Sie werden sich ohne Zweifel denken, daß sie bei diesem Vorschlag vor Freude außer sich war. Ganz das Gegenteil. Diese Weiber, die Königinnen genannt werden und sich als solche ansehen, betrachten diese Freiheit als den größten Schimpf, der ihnen widerfahren kann. Sie warf sich dem Sultan zu Füßen und bat ihn, sie lieber zu ermorden als seines Bruders Witwe so verächtlich zu behandeln. Sie stellte ihm in schmerzlichen Todesängsten vor, daß sie von diesem Unglück mit Recht verschont zu werden verdiente, weil sie der ottomanischen Familie fünf Prinzen geschenkt hätte. Allein, da die Knaben alle tot sind und nur ein einziges Mädchen lebt, ließ man diese Ausflüchte nicht gelten und zwang sie, eine Wahl zu treffen. Sie wählte Bekir Efendi, damals Staatssekretär und über achtzig Jahre alt, um die Welt zu überzeugen, daß sie fest entschlossen wäre, ihr abgelegtes Gelübde zu halten und nie zu leiden, daß ein zweiter Ehemann sich ihrem Bette nähere; und weil sie doch einen Untertan insofern ehren mußte, daß sie den Namen seines Weibes führte, wählte sie diesen zum Zeichen ihrer Dankbarkeit, weil er sie im Alter von zehn Jahren ihrem verstorbenen Herrn geschenkt hatte. Allein sie gestattete ihm keinen einzigen Besuch, ungeachtet sie jetzt fünfzehn Jahr in seinem Haus gewesen ist, wo sie ihre Zeit in ununterbrochener Trauer zubringt mit einer Standhaftigkeit, von der man in der Christenheit wenig Beispiele hat; besonders an einer Witwe von einundzwanzig Jahren, denn sie ist jetzt erst sechsunddreißig Jahre alt. Sie hat keine schwarzen Eunuchen zu ihrer Bewachung, denn ihr Mann ist gezwungen, sie als Königin zu ehren, und darf sich nicht im geringsten darum kümmern, was in ihrem Gemach vor sich geht.

Man führte mich in ein großes Zimmer, das der Länge nach ein Sofa mit weißen Marmorpfeilern hatte, es war mit Samt, hellblau gemustert auf silbernem Grund, überzogen, die

Kissen waren von der gleichen Art. Ich wurde gebeten, mich hier niederzusetzen, bis die Sultana erschien: sie hatte den Empfang auf diese Weise angeordnet, um ein Aufstehen bei meinem Eintritt zu vermeiden, doch neigte sie das Haupt, als ich bei ihrem Eintritt aufstand. Ich freute mich sehr, eine Dame betrachten zu können, die eine Vorzugsstellung in der Gunst eines Kaisers gehabt hatte, dem jeden Tag Schönheiten aus allen Weltteilen vorgestellt wurden. Allein mir schien, daß sie nie auch nur halb so schön gewesen sein kann als die holde Fatima, die ich zu Adrianopel gesehen hatte, ungeachtet sie Überbleibsel eines schönen Gesichts besaß, das der Kummer mehr als die Zeit zerstört zu haben schien. Sie lud mich ein, mit ihr in den Garten zu gehen, und eine ihrer Sklavinnen brachte ihr gleich einen Überwurf aus reichem Brokat, mit Zobel gefüttert. Ich begleitete sie in den Garten, der nichts Besonderes außer den Springbrunnen hatte, nachher zeigte sie mir alle ihre Zimmer. In ihrem Schlafzimmer war ihr Putztisch aufgestellt, der aus zwei Spiegeln bestand, deren Rahmen mit Perlen überdeckt waren; dann ihr Nachttalpak mit Juwelennadeln, und nahe dabei lagen drei schöne Kleider aus feinem Zobel, deren jedes zum wenigsten zweihundert Pfund Sterling wert waren. Ohne Zweifel waren diese reichen Kleider mit Fleiß zur Schau gelegt, obschon sie unachtsam auf das Sofa geworfen schienen. Beim Abschied erhielt ich die Ehre, beräuchert zu werden wie bei der Gemahlin des Großwesirs, und wurde mit einem sehr schönen gestickten Tuch beschenkt.

Alle Männer des Gesandtschaftspersonals waren begierig auf die Erzählung dessen, was ihre Damen im Harem gesehen hatten.
Gräfin Craven 1786

Von der Reinlichkeit und netten Einrichtung eines inneren Harems kann man sich keinen Begriff machen. Die Gänge und Fußböden sind mit sehr starken Decken von einem äußerst engen Gewebe bedeckt; die Binsen oder Schilfe, aus welchen sie gefertigt sind, haben die bleiche Stroh-Farbe. In den Zimmern waren keine anderen Meubles als Kissen rings herum. Da die türkischen Männer und Weiber die Pantoffeln, welche sie außer dem Hause tragen, vor der Türe des Zimmers stehen lassen, so sieht man nicht den geringsten Flecken von Unrat oder Sand. Die weibliche Kleidung besteht in einem Unterröckchen und Kasset, über welche ein langes Kleid mit kurzen Ärmeln gezogen wird. Die Frau vom Hause hat ein seidenes Kleid, welches mit einer an Gold und Diamanten reichen und schön bunten Bordure besetzt ist. Unter der Robe sieht man eine Binde, welche vorne mit zwei Reihen von Diamanten besetzt ist, und an welcher ein gesticktes Nasentuch hängt. Der Turban ist mit so vielen Perlen und Diamanten behängt, daß der Kopf dieser Dame von deren Gewichte fast gebeugt zu sein scheint; allein der ganze prachtvolle Anzug wird durch ein Stück Hermelin verunstaltet. Dieser mag anfangs nur zum Kragen gedient haben; da eine Frau die andere durch einen größeren Hermelin übertreffen wollte, so gleicht er jetzt einem großen Fliegenpflaster, welcher ihre Leiber bis an die Hüfte bedeckt. Keine dieser unwissenden Naturalistinnen ahnet auch nur ferne diese Unschicklichkeit. Ihre Haare sind in mehrere kleine Zöpfe geflochten, welche entweder über die Schulter herab hängen, oder gegen den Turban aufgeknüpft sind. Manche türkische Dame könnte für eine außerordentliche Schönheit gelten; allein da sie weiße und rote Schminke ganz dick auflegen, ihre Augenbraunen unter einer oder zwei schwarzen Streifen verbergen, ihre Zähne durch den Tabaks-Rauch sich schwärzen, und ihre Schultern ganz abrunden, so erscheinen sie eher widrig. Die letztere Erscheinung kommt von ihrer Gewohnheit, daß sie von Jugend auf wie Schneider sitzen. Die schwarze Farbe, mit welcher sie sich Linien über ihre Augenbraunen ziehen,

nimmt ihrem Auge den Ausdruck der Sanftheit. Sie stellen so einfältige Fragen, als ihr Putz gekünstelt ist, z. B. sind sie verheiratet? Haben sie Kinder? Sind sie nicht krank? Gefällt ihnen Konstantinopel? – Darüber darf man sich nicht wundern: denn die meiste Zeit jedes Tages bringen sie im Bade oder an der Toilette zu; das erste vernichtet bald ihre Reize, das letztere vereitelt deren Eindruck. Durch die warmen Bäder werden selbst die festen Körper schlapp, und Frauenzimmer von 19-20 Jahren sehen einem 40jährigen gleich. Vergebens bemühen sie sich, durch Kunst ihrer Schönheit wieder zu geben, was das warme Bad verdirbt. Bis eine Dame den Grund ihres zu baldigen Verblühens entdeckt, und ihren Zeitgenossen Vorsicht lehrt, werden sie noch immer eben so schnell ihre Schönheit verlieren, wie die Rosen, welche sie vergöttern.
Alle Männer des ganzen Gesandtschafts-Personales waren sehr begierig auf die Erzählung dessen, was ihre Damen im Harem gesehen hatten.

Wie man Frieden und Glückseligkeit im Harem erhält

Olivier 1795

Obgleich das Gesetz den Mahomedanern vier Weiber erlaubt, so haben doch wenige mehr als eine, weil es eine kostbare Sache ist, und weil diese Weiber in einem Harem zusammen gesperrt, den Mann mit ihren Klagen beunruhigen oder mit ihren Forderungen belästigen. Übrigens machen die meisten Frauen bei der Heiratsstiftung es dem Manne zur Bedingung, daß er bei ihren Lebzeiten, oder so lange er sie nicht verstoßen hat, keine andre Frau nehmen will. Sie können aber nicht verhindern, daß er so viele weiße und schwarze Sklavinnen kauft, als ihm beliebt; und wenn er nur nach dem Gesetz, welches Mahomed jedem jungen und rüstigen Muselmann auferlegt, alle Woche eine Nacht bei seiner Frau zubringt, und ihr soviel gibt, daß sie sich ihrem Stande gemäß kleiden und nähren, und nach dem Bade gehen kann so oft sie sich verunreinigt hat, kann sie nicht auf die Scheidung dringen. Auch darf sie nicht darüber klagen, wenn er ihr seine Gunstbezeigungen nur kärglich zumißt, um sie an irgend eine junge Georgierin oder Cirkassierin zu verschwenden.

Sollte er aber von seiner Frau dieselben Gefälligkeiten fordern, die er gewohnt wäre von seinen männlichen Sklaven zu erhalten, so ist sie berechtigt, sich vor dem Kadi zu stellen, um die Bestrafung des Mannes und selbst die Scheidung zu fordern; diese gewährt auch der Richter, wenn ihre Verwandten sie bei ihrer Klage unterstützen, und wenn übrigens der Ruf des Mannes so beschaffen ist, daß die Klage dadurch bestätigt wird; um auch der Frau die Beschämung zu ersparen, vor einem Gerichte ihre Beschwerden in Worte einzukleiden, kann sie zu einem konventionellen Zeichen ihre Zuflucht nehmen, und bloß ihre Pantoffeln umkehren.

Wünscht der Mann, daß Friede und Glückseligkeit in seinem Harem herrschen möge, so schränkt er sich lediglich auf seine Frau ein; oder wenn er sich einige Freiheiten in Absicht auf die Sklavinnen erlaubt, die er zu ihrem Dienst gekauft hat, so empfiehlt er diesen in Absicht auf die Frau, die größte Ehrfurcht und den unbedingtesten Gehorsam. Er sucht sie zu überreden, daß seine Neigung für sie, ihr ein Geheimnis ist, und die Frau ihrer Seits um den Frieden zu erhalten, stellt sich unwissend, in Absicht auf seine Untreue, und läßt sich dieselbe um so eher gefallen, da sie doch die Herrschaft über ihre Sklavinnen uneingeschränkt ausübt.

Hat aber ein Türke mehrere Weiber, welche alle die nämlichen Rechte und Ansprüche haben, so entstehen beinahe unausbleiblich Zänkereien.

Während der Hof im Sommerpalast in Beschick-Tasch weilte, stiegen wir durch das Fenster in den Harem

Pouqueville 1805

Wir wurden ins Harem gebracht durch die eiserne Türe, welche Kutchuk-Harem Capoussi heißt, und rechts von dem schon erwähnten Treibhause sich befindet. Die ungeheure Größe ihres Schlüssels, und der Lärm, den sie machte, als sie sich auf ihren Angeln drehte, verbunden mit der Vorstellung des Ortes, wo wir waren, erschütterten mich auf einen Augenblick. Nun erblickten wir, zwölf Fuß von der ersten, eine zweite Türe von Holz, und nachdem sie unser Führer geöffnet hatte, verschloß er sie sogleich wieder, weil er Türken im Innern des Hofes bemerkte; er beobachtete ihre Schritte, und fand doch für gut, uns, um unserer Sicherheit willen, in das Gemach der weiblichen Sklavinnen zu führen, und uns hier verborgen zu halten.
Ich untersuchte indessen das Lokale der Sklavinnen in dem ersten Stockwerke. Es besteht in einer sehr großen, geräumigen Galerie, drei hundert Fuß lang und fünf und vierzig breit, welche auf beiden Seiten eine große Menge Fenster hat, und der ganzen Länge nach durch eine doppelte Reihe von Schränken geteilt ist, welche zwei ordentliche Galerien daraus machen. Bei den Fenstern, wordurch das Licht in die doppelte Galerie fällt, hat man kleine Räume angebracht, umgeben von einer drei Fuß hohen Balustrade, und versehen mit Sofas, worauf sich die Odalisken, immer fünfzehn zusammen, niederlassen. Zwischen diesen Sofas und den Schränken, worin Jede ihre Habseligkeiten verschließt, ist ein sechs Fuß breiter Weg gelassen. Da die meisten dieser blau, rot und weiß bemalten Schränke offen standen, erlaubte ich mir zu untersuchen, was darin wäre, und ein wenig elender Putz von Aleppischem Stoffe gab mir keinen großen Begriff von dem Luxus dieser Odalisken. Ihr Schicksal kam mir noch beklagenswerter vor, als ich die Zahl der

einzelnen Abteilungen überschlagend bemerkte, daß man wohl drei hundert und fünfzig Weiber in diesen Galerien zusammen schichten könnte. Ich dachte sogleich an die mephistische Lust, welche diesen Raum erfüllt, wenn gleich die Decke um mehr als zwanzig Fuß hoch ist.

An den beiden äußersten Enden dieser doppelten Galerie befinden sich Treppen, die oben durch eine Art von Falltüren mit zwei Flügeln verschlossen werden, welche wegen ihrer Schwere nicht leicht aufgehoben werden können, und wovor noch eiserne Querriegel geschoben werden.

Die Türken, welche Herr Jacques bemerkt hatte, nötigten uns länger als eine Stunde in den Zimmern der Sklavinnen zu bleiben. Sobald sie fortwaren, steigen wir durch das Fenster, wordurch wir hereingekommen waren, wieder heraus, und öffneten die zweite hölzerne Türe, wodurch wir in den Hof des Harems herabstiegen, den uns unser Führer schnell zu verlassen riet, um nicht bemerkt zu werden. Er führte uns nun in die Gemächer der Cadunes, oder Sultaninnen, welche ich beschreiben werde, wenn ich vorläufig eine Idee von der innern Gestalt des Harems gegeben habe.

Es ist erbaut auf einem weiten Viereck, wovon ich jedoch nur die Seite am Meere messen konnte, welche ungefähr zwei hundert und sechzig Fuß beträgt. Die Gemächer dieses Flügels, der der schönste der drei andern ist, werden getragen von einer Säulenordnung, welche eine Galerie bildet.

Der Teil des Harems, welcher dem der Säulen gegenüber liegt, lehnt sich an den Wall der zweiten Befestigung. Er enthält drei Pavillons der Sultaninnen, die unter sie verteilt und mit verschiedenen Farben bemalt sind. Indessen bilden diese Pavillons nicht etwa isolierte Häuser, sondern bloß die Etikette oder Eifersucht hat die Grenzen gezogen. Die Seite des Gartens, wo wir eintraten, ist zur Wohnung der Sklavinnen bestimmt, und hier finden sich auch die Küchen. An dem dieser entgegengesetzten Teile sieht man nichts als eine hohe, mit Zinnen versehene Mauer, in der eine Türe ist, die

in einen zweiten Hof führt, wo die Gemächer der schwarzen Sklaven, und des Kislar Agassi, oder Anführers der Verschnittenen, sich befinden. Diese Wesen, welche keinem Geschlechte angehören, halten sich zum Teil bei dieser Tür versammelt, und diejenigen, welche in dem innern Hofe sind, lassen fast niemals die Muskete aus der Hand.
Wir stiegen die Treppe hinauf, welche sich in der Mitte der Kolonnade befindet, unter der wir standen, und von wo aus ich die anderen Teile des Gebäudes betrachtete, zu denen ich nicht kommen konnte. Wir traten sogleich in das Gemach der ersten Sultanin, denn die Frauen des Sultans, sieben an der Zahl, werden durch Nummern bezeichnet, und haben weiter keinen Vorzug als den, den sie vielleicht durch das Mutterwerden erhalten können. Dieses Gemach war ein großes viereckiges Zimmer, auf den Hof gehend, dessen Wandbekleidung viel Vergoldung zeigte, auch war alles mit Spiegeln bedeckt. Ich bemerkte ferner einige Kommoden von Acajou, sonst aber nichts, denn die Sofas waren mit nach Bechick-Tasch geschafft worden, welches denn beweist, daß die Paläste seiner Hoheit gerade nicht reich an Möbeln sind.
Von dem Zimmer der Sultanin gingen wir einen engen, gewundenen Gang hin, der durch einige kleine Öffnungen erleuchtet wurde, die auf das Meer gehen, und kamen so in das Zimmer der Validé Sultanin, oder der Mutter des Sultans. Es ist zum Teil erbaut über dem Keosk, welches man unter dem Namen des Keosks der Sultanin Validé kennt, und woran man die Marmorsäulen bewundert, welche man außen auf dem Quai sieht. Der Teil, der auf den Hof geht, unterscheidet sich wenig von dem Zimmer, aus dem wir kamen, ausgenommen durch die Möbel. Ich bemerkte hier zwei mit Lilien verzierte Sekretäre, einen großen Kronleuchter von Kristall, von altem gotischen Geschmacke, Wände mit Spiegeln bedeckt, Sofas von Lyoner Brokat, und einige Blumenvasen von Porzellan. Man steigt in den Teil

des Gemaches, der über dem äußern Keosk ist, auf sechs Stufen von der ganzen Länge des Gemaches. Sie waren bedeckt mit rotem scharlachnen und an den Enden gestickten Tuche. In der Höhe befand sich eine Estrade, und ein mit einem goldenen Gitter verschlossener Betstuhl,in dem die Sultanin ihre Namaz oder Gebete verrichtet.
Aus dem Zimmer der Validé Sultanin gingen wir nach einem ganz mit weißem Marmor bekleideten Bade. Die Badewanne des Sultans ist sicher nicht ein türkisches Werk, sie sieht vielmehr ganz aus wie ein alter Sarkophag oder ein Tempelgerät, dem man nun diese Bestimmung gegeben hat. Das Badezimmer selbst ist nicht im orientalischen Stil, sondern nähert sich mehr dem unsrigen. Der Fußboden ist so dicht und eben, daß man glauben sollte, er wäre aus einer einzigen Marmorplatte gemacht, von der herrlichsten Politur. Die Wände sind nicht weniger geschmackvoll, das Gewölbe hat sehr gute Bildhauerarbeit ohne Figuren, allein ich konnte nicht erfahren, wer der Baumeister davon gewesen sei. Das Bad ist übrigens leicht das allerbeste in dem Serail. Das Wasser kommt durch vergoldete Hähne herein, und bildet auf dem Marmor ein breites Becken. Welche Atmosphäre von Wohlgerüchen muß man nicht hier einatmen, da die in den Bädern von Constantinopel abscheulich verdorben ist. Ich bewunderte endlich auch das schöne Lokal und die ausnehmend feste Bauart.
Man erzählte mir während dieser Wanderung von den Sitten und Gebräuchen des Harems, dem unglücklichen Lose der hier schmachtenden Frauen. Hier vergöttern diese mit der glühendsten Phantasie begabten Wesen die Phantome ihres verliebten Wahnsinns, sie werden nicht selten die Liebhaber ihrer Gefährtinnen, und oft bemächtigt sich die Verzweiflung ihrer Seelen, stilles Verschmachten oder Selbstmord sind dann immer das Ende ihres von ihnen selbst verabscheuten Lebens.
Auf den Zehen verließen wir das Harem wieder, nachdem

wir genau untersucht hatten, ob wir nicht bemerkt worden wären. Unser Führer versicherte uns zugleich, daß wir die einzigen Europäer seien, welche bis jetzt hierher gekommen wären.

Neugierig sind sie über alle Maßen.
Grosser-Rilke 1937

Ich war sehr neugierig, einen echten türkischen Harem kennenzulernen. Man hatte Tausendundeine Nacht gelesen und erwartete Wunderdinge, aber nichts von alledem. Vergitterte Fenster waren wohl da; aber die sogenannten Sklavinnen waren schlecht angezogene Weiber, weder hübsch noch jung. Der bunte Kattunrock und die weiße Nachtjacke waren die hauptsächlichsten Toiletten; alle hatten gefärbte Fingernägel, was mir besonders eklig war. Neugierig waren sie über alle Maßen. Die Besucher wurden angetastet und die Stoffe der Kleider befühlt, ja sogar Strümpfe und möglichst auch die »Dessous«. Die erste Frau des Harems ließ immer auf sich warten, das gehörte wohl zum vornehmen Ton. Inzwischen war man diesen »Sklavinnen« ausgeliefert, jeden Augenblick kam eine neue dazu, brachte Kaffee in kleinen Täßchen oder Rosenkonfitüre, dazu ein Glas Wasser und natürlich auch Zigaretten. Zur Erhöhung des Wohlgeschmacks genießt man die Rosenkonfitüre mit einem Schluck Wasser.
Endlich erschien die Hausfrau, begleitet von Eunuchen, die mir zuwider waren, denn sie hatten eine zudringliche Art, und ihr Selbstbewußtsein war ungeheuer. Die Dame des Hauses paradierte meist in geschmackloser europäischer Toilette, geschminkt und gepudert. Steif setzte sie sich auf den Diwan und man durfte sich zu ihr setzen. Die Verständigung war schwierig, denn ich konnte nicht Türkisch, und die Türkin von damals sprach selten eine europäische Spra-

che, so daß die ganze Zeit jemand verdolmetschen mußte. Die Unterhaltung war stets dieselbe und drehte sich hauptsächlich darum, wieviel Kinder man habe, und da ich nur eins hatte, kam ich ihnen wohl verächtlich vor.

13
SULTANE IN ISTANBUL

Zum Lobe Sultan Suleimans.
Baki um 1530

Es kam und adelte die Stadt heut der Sultan,
Verwandelnd sie in Edens Flur und Gülistan;
Es freuet heute sich die Zeit als neues Jahr,
Wie seines Jusuf's sich der Greis von Kanaan.
Es ist die Zeit, wo Trauer sich in Lust verkehr't;
Der Hoffnung Jakob hat sein Auge aufgetan.
Gekommen ist die Zeit, wo des Vergnügens Pfau
Die Räder schlägt auf Flur und Wiesenplan.
Der goldne Glanz des Siegesmorgens widerscheint
Im Halbmond von der Ruhmbekränzten Fahn'.
Er wird, so hoffen wir, zu seinem Ziel gelangen;
Er, der geordnet hat die Herren im Diwan.
Es hob des Freund's Gestirn mit gutem Glücke sich,
Die Sphären drehen sich zu unsrer Gunst fortan.
Aus Schmerz war, Knospen gleich, ich eine Zeit versperrt,
Indeß der Trennung Dorn tief in das Herz mir rann.
Gottlob, daß durch Genuß des hochbeglückten Schah's,
Das Herz nun die Gestalt der Ros' in Blüh' gewann!
Die Perl' im Meer der Huld, das Gold im Schacht der Welt,
Der Geist im Weltenleib, ist unser Großsultan.
Des wahren Glaubens Hort, der Schutz Prophetenrechts,
Gehorsam gegen Gott, befolgend den Koran.
An Größe Dschem, Chosrew, ein mächtiger Chakan;
Ja seine Sklaven sind Dschemschid und der Chakan.
Der Herr der Welt, der Schah der Zeit, Suleiman!
Dem Hufe seines Pferds sind Herrscher untertan.

Solimans Gnade

Hammer-Purgstall 1828

Bei der Audienz am 27. Jän. 1528 antwortete Suleiman auf Lasczky's Anrede: »Wohlgefällig nehm' ich deines Königs Ergebenheit an, dessen Reich bisher nicht sein, sondern mein war, erworben durch das Recht des Krieges und des Säbels, da ich aber solche Zuneigung vernommen, trete ich ihm nicht nur das Reich ab, sondern will wider den Österreicher Ferdinand deinem Herrn so beistehen, daß er ruhig schlafen kann auf beiden Seiten.« Beim Herausgehen sagte Ibrahim dem Lasczky: »Nun werden wir deinen Herrn künftig König und nicht mehr Ban Siebenbürgens nennen. Mein Herr wird in Person wider seine Feinde ziehen. Wir begehren jetzt nicht mehr Tribut noch Geschenk.« Lasczky besprach nun die Zurüstungen des Feldzuges und den Plan desselben. Den Tag vor der Abschieds-Audienz (3. Febr. 1528) erhielt er vier Ehrenkleider und zehntausend Aspern (zweihundert Dukaten). Suleiman entließ ihn mit folgender Rede: »Du weißt was Not sei, dem Herrn Ergebenheit und Verbindung zu bewähren; sein Geschäft wird das meine, das meinige muß das seine sein. Ich weiß, daß sich drohende Wolken christlicher Mächte oft auf das Haupt meiner Ahnen und des Volkes Mohammed's gehäuft, aber daß denselben nie der Wetterstrahl entfuhr. Ohne ihre Anschläge wäre nicht Menschenblut geflossen, aber es war ratsam, die Macht derer, die sich wider uns erhoben, bei jeder Gelegenheit zu brechen, dein Herr unterrichte uns von allen christlichen Geschäften großen und kleinen, so wird Freundschaft zwischen uns wurzeln. Ich will deinem Herrn wahrer Freund und redlicher Bundesgenosse sein, und verspreche wider alle Feinde in Person und mit aller meiner Macht ihm beizustehen, beim Propheten, bei unserem Gottgeliebten Propheten Mohammed, bei meinem Schwerte!« Lasczky schwur »bei dem lebendigen Gott und bei Jesus dem Erlöser, der auch Gott, daß sein König der Freund der Freunde Suleiman's, der Feind seiner Feinde sein werde«, und stellte Ludwig Gritti als Botschafter und Sachwalter seines Königs vor.

Solimans Söhne

Barclai 1684

Was der Türk für ein abscheulicher Wüterich sei, auch gegen sein eigen Fleisch und Blut, gibt folgende Historie. Als Solimannus regierte, schickte er seinen ältesten Sohn Mustapham 1552 wider die Perser, welchen er einen Stoß gegeben. Als er nun, nach guter Verrichtung, auf gegebene Parol des Vaters wieder heim gekommen, ist er mit so großem Zuruf und Glückwünschungen des Volkes empfangen worden, als sonst niemand. Der Vater hat diesen Ruhm des Sohnes nicht dulden können, hat derowegen befohlen, den Sohn im inneren Schlafgemach zu strangulieren, nachmals den Körper alsbald vor das Kriegsvolk werfen und den Herold mit lauter Stimme ausrufen lassen: Es sei nur ein Gott im Himmel, so müsse auch nur ein Kaiser auf Erden sein. Darüber ist das Kriegsvolk erstaunet und verstummet. Den jüngsten Sohn, weil er darüber nur geseufzet, hat er zwei Tage hernach mit Gift hinrichten lassen. Den dritten, der zum Perser fliehen wollen, hat er durch Post zurückholen und mit dem Beil enthaupten lassen. Übrig war nur Selim, dem der Vater auch drohete, wenn er nicht der einzige noch wäre. Ist traun mehr als teuflisch gehandelt.

Solimans Auszug aus Constantinopel am 5. Juni 1559

Busbecq 1596

Ich habe seinen Auszug aus Konstantinopel angesehen, es war am fünften Juni 1559, und zwar gegen den Willen

meines Tschauschen. Als es feststand, daß der Sultan zur Abfahrt gerüstet sei, und schon der Tag bestimmt war, ließ ich meinem Tschauschen sagen, ich wolle die Abreise ansehen: er möge an dem Tag recht pünktlich kommen und mir aufschließen – denn die Schlüssel nahm er immer abends mit. Er sagt das freundlich zu. Ich gebe außerdem meinen Janitscharen und Dolmetschern den Auftrag, mir ein Zimmer an der Straße zu mieten, auf der der Sultan ausziehen werde. Sie führen das aus. Als nun der Tag kommt, stehe ich schon vor der Sonne auf und erwarte an der Tür den Tschauschen zum Öffnen; aber der zögert und zögert. Ich schicke mehrfach Leute nach ihm, bald die Janitscharen die vor der Tür zu lagern pflegen, bald meine Dolmetscher, die draußen auf Einlaß warten: das alles geschieht durch die Ritzen der schon alten Türflügel. Der Tschausche erfindet immer neue Verzögerungen, bald bestellt er, er mache sich eben auf den Weg, bald, er habe noch etwas zu erledigen.

Inzwischen vergehen die Stunden, und schon krachen die Schüsse, womit die Janitscharen das Aufsitzen des Sultans zu begrüßen pflegen. Da läuft mir die Galle über, ich sehe mich zum Besten gehalten. Mein Ärger und meine gerechte Empörung bringt selbst die Janitscharen auf: sie meinen, wenn meine Leute von innen kräftig gegendrückten und sie von draußen nachhülfen, so würde man die altersschwachen Türen wohl dahin bringen können, daß die Riegel abbrächen und man aufmachen könne. Ich stimme zu, und die Tür gibt dem kräftigen Stoße nach. Nun stürzen wir zu dem Hause, wo ich ein Zimmer hatte mieten lassen.

Hier beschaue ich nun mit großem Vergnügen den glänzenden Zug. Zunächst Garipigen und Ulufagen, immer zu zweit, dann einzeln die Seliktaren und Spahis: das sind die Bezeichnungen der Garde zu Pferd nach ihren Quartieren und Schwadronen; man glaubt, sie zähle ungefähr sechstausend Mann. Dazu kam die Menge der Paschas und übrigen

Würdenträger, ferner das Hausgesinde und die Sklavenschaft des Sultans.

Wirklich, ein anmutiges Bild gibt der türkische Reiter auf seinem kappadokischen oder syrischen oder sonst edelrassigen Pferde, mit dem Geschirr und den Sätteln, die von Silber, Gold und Perlen schimmern.

Als die Reiterei vorüber war, begann der lange Zug der Janitscharen; selten sind sie mit andern Waffen als ihren Musketen gerüstet. Ihrer aller Kleidung ist von gleicher Form und Farbe, damit man sie als Diener und gleichsam als Familie eines Herrn erkennt. Da gibt es keinen ungemeinen Kleiderprunk, nichts Zerschnittenes und Durchbrochenes. Nur mit Federn und Roßhaaren und ähnlichem Soldatenschmuck sind sie ausschweifend, oder besser wahnsinnig, besonders die Veteranen am Ende des Zuges. Mit ihren Federn, die sie als Stirnschmuck aufstecken, glaubt man einen Wald wandeln zu sehen. Es folgen zu Pferd ihre Hauptleute und Obersten mit ihren besonderen Abzeichen. An letzter Stelle schreitet einzeln ihr Oberbefehlshaber, der Aga, einher.

Nun kommen die obersten Würdenträger, darunter auch die Paschas, dann die Leibwache des Hofes mit besonderem Schmuck und Gewand, die gespannten Bogen – denn Schützen sind sie alle – in Händen schwingend. Nunmehr wurden mehrere Pferde des Sultans, glänzend durch Gestalt und Geschirr, an der Hand vorübergeführt. Er selber saß auf einem herrlichen Roß mit strenger, zusammengezogener Stirn, man sollte seinen Zorn erkennen. Neben ihm drei Knaben: der eine trug eine Wasserflasche, der zweite den Mantel, der dritte den Bogen. Es folgten etliche Kammereunuchen, und den ganzen Zug beschloß eine Schwadron von etwa zweihundert Reitern.

Murad III. besteigt den Thron 1574

Hammer-Purgstall 1829

Murad war mittlerer Statur, blassen Angesichts, aus welchem matte Augen, mit starken Braunen überwölkt, hervorglotzten, und dünner rötlicher Bart lang herunterfloß. Die blasse Gesichtsfarbe und seine Magerkeit wurden dem Opium zugeschrieben, beide verloren sich, als er das Opium aufgab, und mäßig Wein trank; aber die Unmäßigkeit im Genusse des Harems rächte sich durch die fallende Sucht. So gebildet und gesittet kam der acht und zwanzigjährige Sultan am Tage der Wintersonnenwende von Magnefia am Ufer des Propontis zu Mondania an, bestieg die zufällig dort liegende Galeere, setzte in sieben Stunden nach Constantinopel über, und landete bald nach Mitternacht bei den Batterien des Serai, in der Nähe des Köschks Sultan Bajefid's. Seekrank legte sich dort Murad auf die Erde nieder, und begehrte Wasser, sich zu waschen, wozu, da keines vorhanden, er sich des Meerwassers bedienen mußte; zum Andenken dessen wurde nach der Hand dort eine Fontaine errichtet. Der Tschausch Hasan und der Steuermann der Galeere Ahmed gingen, den Großwesir von des Sultans Ankunft zu verständigen. Sokolli eilte mit Laternen herbei, dem neuen Herrn die Hand zu küssen, und führte ihn durch das Gartentor (der Stadt) und das kaiserliche des Serai in dasselbe zur Mutter ein. Das erste Geschäft noch in der Nacht war der kanunmäßige Mord von fünf Brüdern, möglichen Nebenbuhlern des Thrones. Mit Tagesanbruch versammelten sich die Minister und Großen mit schwarzen Kopfbünden in der Moschee Aja Sofia zum Morgengebete, und begaben sich dann zum Diwan und Serai. Um sieben Uhr erschien der Sultan in einem schwarz ausgeschlagenen Doliman von violettem Atlas, den Kopf schwarz umwunden, und setzte sich auf den Thron. Der Großwesir huldigte zuerst, die Erde vor dem Throne küssend. Der Sultan grüßte die Versammlung, und zog sich in's Harem zurück. Erwartungsvoll standen die Aga der Verschnittenen mit verschränkten Armen, des ersten Wortes nach der Besitznahme des Thrones harrend. »Ich bin hungrig, gebt mir zu essen«, sagte der nach vorübergegangenem Seeübel eßlustige Sultan, und dieses Wort, als üble Vorbedeutung einer Hungersnot ausgelegt, bestätigte durch die noch im selben Jahre eingetretene große Teuerung den Volksaberglauben an die Vorbedeutung zufällig gesprochener Worte.

Osmanische Erbfolge und der Prinzenkäfig

Hammer-Purgstall 1829

Seit drei Jahrhunderten, welche das osmanische Reich bestand, waren bis jetzt vierzehn Sultane in ununterbrochener Linie nächster Abstufung vom Vater auf den Sohn auf einander gefolgt. Die Anwendung der auf die osmanische Erbfolge von dem Gesetzbuche Dschengischan's übertragenen Seniorität in der Thronfolge hatte zwischen Seitenverwandten nicht Statt gefunden, weil, da durch den Kanun des Brudermordes die Oheime der Kronprinzen aus dem Wege geräumt wurden, bei jedesmaliger Thronveränderung nur zwischen Brüdern, nie zwischen Neffen und Oheimen die Thronfolge streitig sein konnte. Jetzt war zum ersten Male ein Oheim vorhanden, nämlich der bei der Thronbesteigung Ahmed's, weil er damals der einzige Sprößling des osmanischen Stammes, und später bloß zufällig nicht gemordete Mustafa. Das Leben war ihm zwar gelassen, aber durch vierzehnjährige Einsperrung im Käfige (so hieß fortan das Gemach der Kronprinzen) jeder Funke geistiger Entwickelung erstickt, alle Schärfe physischen und sittlichen Sinnes durch die Kerkerluft abgestumpft worden.

Murad IV. regiert seit 1633

Hammer-Purgstall 1830

Tyrann war Murad der Vierte im vollesten Sinne des Wortes, und zwar ein schwarzgallichter, blutdürstiger, rachesüchtiger Tyrann, dessen Äußeres besonders in den letzten sieben Jahren seiner Regierung seinem Inneren vollkommen entsprach. Ein schöner Mann, mittleren aber untersetzten Wuchses, dunkeln Kastanienhaares, dichten schwarzen Bartes und schwarzen feurigen Auges, dessen drohender Blick noch fürchterlicher durch Runzeln, welche die beiden Braunen vereinten; auf der Braunen Wink erhoben sich Tausende von Armen, auf der Runzeln Zusammenziehen rollten Tausende von Köpfen im Staube. Von ungemeiner Stärke und Gewandtheit, beflügelte er den Wurf des Dschirids wie den von Pfeilen, die Pfeile weiter als Flintenkugeln, er durchbohrte damit Platten von vier Zoll, und zerhieb den mit Rhinozeroshaut überzogenen indischen Schild aus Elefantenohr. Er liebte die Jagd von Hirschen, Rehen, Hasen, Ebern, wilden Ziegen und Böcken, die er mit eigener Hand fällte, besonders große Treibjagden von fünf und zwanzigbis dreißigtausend Treibern, und vertrieb sich damit besonders in der letzten Zeit den Lendenschmerz, den er sich auf dem persischen Feldzuge geholt. Seine Worte, seine Winke wurden wie die Beschlüsse des Schicksals gefürchtet und befolgt. Wie bei nahendem Sturme die Vögel verstummen und flüchten, so verstummte und flüchtete Alles vor seiner Gegenwart. Durch die Notwendigkeit, sich in des Tyrannen Gegenwart nur durch Zeichen verständlich zu machen, erreichte unter ihm die Sprache der Stummen durch Winke des Auges, Bewegen der Lippen und Blöcken oder Grinzen der Zähne ihre höchste Ausbildung; so auch die geheime Ausspäherei durch seine eigenen täglichen und nächtlichen Runden in stets wechselnder Verkleidung.

Ob er den Machiavell ins Türkische übersetzt gelesen, ist

wohl aus guten Gründen zu bezweifeln, aber sein Blutdurst und seine Rachsucht waren teuflischer als Machiavell's Staatskunst, und am sprechendsten wird seine tief verborgene, mit Blutwucher lang hinausgeschobene Rachsucht, von welcher diese Geschichte so viele Beispiele geliefert hat, durch sein eigenes Wort geschildert: »Die Rache altert nicht, wenn sie auch ergraut«.

»Ich will Constantinopel kaufen«

Castellan 1815

Amurat IV. ging eines Tags auf den Straßen von Constantinopel in einer kleinen Begleitung, wie er zu tun pflegte, herum, und traf unterwegs einen Mann an: dieser geriet nicht außer Fassung und warf sich nicht nach der Sitte der Türken mit einer Schnelligkeit auf die Erde nieder, die mehr Schrecken als Ehrfurcht verrät, sondern blieb vor dem Sultan stehen und betrachtete ihn mit einer frohen und spöttischen Miene, woran Amurat nicht gewöhnt sein mochte. Vergebens riefen die Tschauschs dem Verwegenen zu, er sollte vor dem Mächtigsten der Monarchen den Staub küssen; der Betrunkene (dies war er wirklich) fing an zu lachen, und indem er sich Amurat näherte, tat er ihm auf eine vertrauliche Art den Vorschlag, ihm Constantinopel zu verkaufen. Dieser Fürst hatte noch niemals andere Leute als solche gesehen, die vor ihm zitterten oder die in seinen Augen jeden seiner Wünsche lasen; die Kühnheit dieses Mannes setzte ihn daher in Erstaunen und gefiel ihm gewissermaßen. Er fragte ihn, wieviel er für die Hauptstadt der Welt geben wolle. »Du sollst zufrieden sein«, erwiderte der Betrunkene, »ich will auch dich kaufen, wenn du dich verkaufen willst, und der Sohn der Sklavin soll sicher gut bezahlt werden.« (Wenn die Türken mit ihrem Oberhaupte unzufrieden sind, so legen sie ihm diese Benennung bei, weil die Kaiser bloß Sklavinnen zu Müttern haben.) Amurat ließ den ins Serail bringen, der ihm diesen Kauf vorschlug. Er befahl, ihn bis morgen in einem prächtigen Zimmer ausruhen zu lassen, wo er in einen so tiefen Schlaf verfiel, als ob er den Kaiser nie gesehen hätte. Bei seinem Erwachen erschrak Bekry über das, was er erfuhr, eben so sehr, als er anfänglich über die ihn umgebende Pracht erstaunt war. Als er hörte, er solle vor den Kaiser kommen, versah er sich mit einer Schale Wein, da seine Wächter Befehl hatten, ihm alles zu geben, was er verlange. Sobald er vor Amurat erschien, fragte ihn dieser Fürst spöttisch, wieviel er für Constantinopel und für die Freiheit des Kaisers geben wolle? »Diesen Preis da«, erwiderte Bekry, indem er sein Gefäß hinhielt und so viel als möglich die Heiterkeit des vorigen Tags heuchelte, »der Wein ist mehr wert als alle Reiche der Welt, und man gewinnt dabei, wenn man sein Sklave ist.« Amurat hatte niemals Wein getrunken, ließ sich aber durch die Neugierde dazu verleiten; er fand ihn vortrefflich, machte sich mit Bekry lustig und hatte in kurzem das Gefäß ausgeleert. Die Berauschung, die darauf erfolgte, kam ihm anfänglich als ein angenehmer Zustand vor, allein als er darauf den Verstand verlor, schlief er ein. Da er beim Erwachen heftige Kopfschmerzen fühlte, schlug ihm sein Lehrer im Trinken die nämliche Quantität von Wein, den er gestern getrunken hatte, als Heilmittel vor. Solche wiederholte Versuche gewöhnten den jungen Sultan ans Weintrinken und an denjenigen, der ihn damit bekannt gemacht hatte, so daß sie nicht mehr ohne einander leben konnten. Der Kaiser gab Bekry keine andre Stelle als die seines Zechgesellschafters, die er mit so vielem Rechte verdient hatte.

Das Ottomanische Reich ist wie eine maschinenreiche Oper

Frankfurter Messerelation 1750

Die Türkischen Geschichten bleiben einander immerzu ähnlich. Das Ottomanische Reich ist wie eine Maschinenreiche Oper. Kaum ist man auf der stürmenden See gewesen, so ist man schon in einer bezauberten Insel, wo alles von Lust und Üppigkeit duftet, und auf einmal findet man sich wieder in dem Lärmen einer dem Feind entgegenziehenden Armee. Wir haben vor einem halben Jahre die verschiedenen heftigen Veränderungen berichtet, welche in dem Türkischen Staatsministerio vor sich gegangen ... Jetzt lief die Zeitung eines entsetzlichen Brandes bei uns ein, welche an die 6000 Häuser, ohne die Kramladen und Schuppen, verzehrte. Bald darauf entstund ein neues Feuer, welches entsetzlich wütete, und gleichwie das erstere ein Vorläufer des Falls verschiedener Minister gewesen, so hätte das Letztere bald dem Sultan (Mahmut I.) selbst den Thron, wo nicht gar den Hals, gekostet. DasUnglück wollte, daß er eben krank war, als dieses Feuer ausbrach. Weil nun die Türken gewohnt sind, daß ihre Sultane der öffentlichen Not in Person zu Hilfe eilen, wenn eine Feuersbrunst gar zu weit um sich greift, so glaubten sie auch itzo, es verlohne sich schon der Mühe, daß sich der Sultan auf ein paar Stunden aus dem Serail herausbegebe, da etliche tausend Wohnhäuser und sogar der prächtige Palast des neuen Muffti in der Asche lagen. Indes konnte es diesmal nicht sein. Seine Hoheit lagen zu Bette, und konnte diese Liebespflicht den Untertanen nicht erzeigen. Hierüber entstund ein Gemurmel des Volks. Einige behaupteten, der Sultan sei zu faul, andere, er sei zu stolz. Die am gelindesten urteilten, waren der Meinung, er sei Alters halben zur Regierung unfähig. Alle waren also der Meinung, man müßte der schläfrigen Regierung ein Ende machen, und den Sohn des Sultans auf den Ottomanischen Kaiserthron erheben. Es half also nichts, die Tage der Krankheit mußten verkürzt werden, um des unruhigen Volkes willen. So ungelegen es dem Sultan vielleicht war, so mußte er sich in eine Moschee erheben, um sich dem Volke zu zeigen. Sobald kam er nicht zum Vorschein, so lief ihm das unbeständige Volk wieder mit Wunsch und Segen entgegen.

Er geht zuweilen auch incognito auf den Straßen zu Constantinopel herum

Frankfurter Messerelationen 1783/84

Man lieset in den öffentlichen Blättern folgende Schilderung von dem jetzigen türkischen Kaiser, Achmet IV. (Abdul Hamid I.). Er ist den 8. Mai 1722 geboren. Von seiner zarten Jugend an bis zum 21. Januar 1773 hat er fast immer in einer Art von Staatsgefangenschaft gelebt. Als Mustafa III., sein Vorweser und Bruder dem Tode nahe war, ward er erst zu ihm gerufen, und von selbigem zu seinem Nachfolger ernannt. Er empfohl ihm auch seinen einzigen Sohn Selim, der damals 12 Jahre alt war. Achmet IV. trat die Regierung an, als die Pforte mit Rußland im Krieg begriffen war. Er machte Frieden und setzte zugleich ein ganz neues Ministerium ein. Den Sohn seines Bruders nahm er zu sich, und begegnete ihm väterlich, anstatt daß er sich nach orientalischer Art an ihm wegen seiner langen Gefangenschaft hätte rächen können. Dieser Prinz lebt noch, und ist jetzt 22 Jahre alt. Sobald sich Achmet IV. auf dem Thron befestigt hatte, suchte er das Reich auf alle Weise in besseren Stand zu setzen. Besonders war er sehr streng gegen die Paschas und Gouverneurs, welche die Untertanen aussogen, um ihren Geiz zu befriedigen. Jetzt wird er in seinen Bemühungen vom Groß-Vezier und dem Capitain Pascha unterstützt, die sich auch Mühe geben, die Nation zivilisierter zu machen, und europäische Sitten und Gebräuche bei ihnen einzuführen, gegen welche sie bisher ein großes Vorurteil geäußert haben. Achmet IV. liebt die Lektüre, versteht verschiedene europäische Sprachen, und ist ein Liebhaber der Kräuterkunde. Er ist nicht mit jener asiatischen Pracht umgeben, wie viele seiner Vorweser, sondern geht oft ohne großes Gefolge, zuweilen auch incognito, auf den Straßen zu Constantinopel herum, um Kundschaft einzuziehen, worüber sich die Einwohner am meisten beschweren. Er besucht die Schiffswerfte, Kanonengießereien, und ist, wenn Feuer entsteht, immer in Person gegenwärtig, um Befehle zum Löschen zu geben. Er hat nun 9 Jahre regiert, während welcher Zeit die Untertanen keine Empörung gemacht haben. Sein Gang, seine Taille und seine ganze Physiognomie haben viel angenehmes, und ob er gleich von Natur friedfertig ist, so liebt er doch die Kriegskunst, und soll solche ziemlich studiert haben. Seine Hoheit sind jetzt 60 Jahre, und ein Vater verschiedener Kinder, wovon der älteste Sohn, Sultan Soliman, seit dem 17. März 4 Jahr alt ist.

Wie man Abdul Hamid drei Jahre später sieht

Frankfurter Messerelationen 1787

Er ist mager, und über die mittelmäßige Größe, von starkem Körperbau, der aber durch den zu übermäßigen Gebrauch des Serails, der eigentlich das Hauptgeschäft seines Lebens ausmacht, ganz entnervt ist. Seine Physiognomie hat nicht das geringste Reizende, sondern vielmehr eine förmliche Häßlichkeit an sich, da sie in keinem Verhältnisse mit dem übrigen Körper steht. Seine Gesichtsfarbe ist gelbbraun, und der ganze Anstand seines Körpers hat etwas pagodenmäßiges an sich. Von seinem Charakter läßt sich nichts weiter sagen, als daß er sehr schwachköpfig, und nichts weiter als ein Wollüstling in ausgedehntestem Verstande ist, wobei er aber keine andere Wollust kennt, als jene des

Genusses der Weiber, die ihn unbeschränkt beherrschen. Er ist eben nicht blutdürstig, wie es überhaupt kein Weichling ist, allein er begeht die den ottomanischen Despoten eigene Grausamkeit, so oft es seinen Weibern gefällig ist, so wie er sich von diesen unumschränkt beherrschen läßt. Von ihnen, dem Kislar-Aga, d. i. der Vorsteher der Verschnittenen, und von dem Bartscherer, hängt, unter Achmet des IV. Regierung, das Schicksal des ganzen Ottomannischen Reichs ab. Während seiner Regierung erlitt das ottomanische Reich die gewaltigsten Erschütterungen. Der mit den Russen nach einem unglücklichen Krieg geschlossene Friedensschluß, die darin bewilligte Schiffahrt auf dem Schwarzen Meere, die der Pforte entrissene Krim, die bewerkstelligte Unabhängigkeit des Prinzen Heraklius, sind tiefe Wunden, die schwerlich selbst die vermögende Zeit wieder heilen wird.

Selim III. ist Musselinedrucker

Pouqueville 1805

Selim III., Sohn des Sultans Mustapha, bestieg den Thron im Jahre 1789. Dieser Fürst hat, bei einer angenehmen Gesichtsbildung, in seinem Blicke eine Heiterkeit, die den Muselmännern sonst nicht eigen ist, welche vielmehr etwas Wildes im Auge haben. Große edle Züge, ein schwarzer und dicker Bart, eine sehr proportionierte Büste zeichnen ihn unter allen Männern seines Hofes aus, allein wie alle Abkömmlinge des kaiserlichen Hauses hat er sehr schlechte Schenkel und Beine, weshalb er auch eigentlich nur zu Pferde sich gut ausnimmt. Nach den Gesetzen des Reichs, welche verordnen, daß Jedermann ein Gewerbe verstehen muß, ist auch er ein Musselindrucker geworden. In seiner Kindheit, am Hofe erzogen, wurde er erst unter des schwachen Abdulhamids, seines Vorfahren, Regierung eingeschlossen. Man faßte vorteilhafte, große Hoffnungen von einem Prinzen, der etwas mehr als die Mauern seines Gefängnisses gesehen hatte, allein nichts hat diese bis jetzt noch gerechtfertigt. Gerecht, menschlich, hat dieser Fürst doch immer Bilder einer traurigen, unglücklichen Zukunft vor Augen. Seit zehn Jahren vergießt er oft Tränen über den Zustand seines Reichs. Je gebildeter er selbst ist, desto mehr fühlt er, wie sehr seine Untertanen den Europäern nachstehen, welche ihm täglich durch Vergrößerungen ihrer Länder seine Schwäche und seines Reiches Verfall beweisen. Die Haidonts oder Räuber aus Rumelien haben ihm auch noch keine Ruhe gelassen; der letzte Krieg hat ihn in immerwährende Unruhe versenkt, und er schwankt oft in einer drückenden Unentschlossenheit, die für einen Fürsten stets verderblich ist.

Untertänigst
Castellan 1815

Selim III. wollte eines Tages durch eines der kleinen eisernen Gitter gehen, die wir bei der Beschreibung des Serails erwähnt haben: ein Capydjy öffnete eilfertig dasjenige, wo er Wache stand, und die Hand blieb zwischen dem Gitter und der Mauer stecken: schon stand die Begleitung des Sultans in zwei Reihen und die Bostandschis lehnten sich an dies Gitter. Der unglückliche Capydjy ließ trotz dem grausamen Schmerze, den er empfand, keine Klage hören; er blieb in dieser Stellung die ganze Zeit über, wo die Begleitung vorbeiging. Man schaffte ihn in Ohnmacht fort: seine vier Finger waren weg und fielen auf die Erde und doch würde er eher umgekommen sein, als daß er es an der seinem Oberherrn gebührenden Ehrfurcht hätte fehlen lassen, wenn er das Stillschweigen gebrochen, und um Hilfe gebeten hätte.

Abdul Hamid II. verbietet Shakespeare

Lidell 1959

Abdul Hamids Liebhabereien waren Zimmerarbeiten, Laubsägen und Pistoleschießen; eine Wache warf ihm Orangen in die Luft, die er selten verfehlte. Er stümperte auch in Chemie und fuhr mit einem Motorschiff auf dem See herum. Manchmal veranstaltete er außerordentlich langweilige Abendgesellschaften oder ließ von Theatergruppen Stücke aufführen; er bestand darauf, daß die weiblichen Rollen von Männern gespielt wurden. Er war kein sinnlicher Mensch; sein Harem war klein, seine Mahlzeiten leicht, weil er an chronischen Verdauungsstörungen litt. Seine Hauptbeschäftigung war, die *djournals* (die täglichen Rapporte seiner Spione) zu lesen und Intrigen zu spinnen. Seine Furcht war so mächtig, daß alle Werke, die den gewaltsamen Tod von Fürsten beschrieben, auf seinen Befehl verboten wurden, unter anderem natürlich eine Anzahl Shakespeare-Stücke; und seine Angst vor der Dunkelheit bewirkte, daß die Kioske und der Park von Yildiz strahlend erhellt wurden von elektrischem Licht, das er im übrigen Konstantinopel nicht zuließ. Er war nie ohne Revolver, und es konnte denen, die zu einer Audienz zugelassen wurden, leicht passieren, daß sie damit bedroht wurden, wenn sie durch irgendeine Bewegung seine Furcht erweckt hatten.

Der schreckliche und unglückliche Mann war der letzte absolute Herrscher in Konstantinopel und ein ausgesprochenerer Despot als irgendein Sultan oder byzantinischer Kaiser vor ihm.

»Mit kurzen Worten, ich sollte Spionin sein!«

Grosser-Rilke 1937

Eines Tages nun wird mir ein Adjutant des Sultans gemeldet, und seine Botschaft überraschte mich nicht wenig. Er war beauftragt, mich sofort nach Jildis zu geleiten: Majestät wollte mit mir persönlich sprechen. Zur selben Zeit kursierten gerade wieder Gerüchte übler Art von der Tyrannei des Sultans; es verschwanden Menschen, die ihm unbequem waren, in nie aufgeklärter Weise. Er selbst lebte immer in Angst um sein Leben, und man erzählte, daß er ein trauriges, von Furcht erfülltes Dasein führte. Im eigenen Palais hatte er nur wenige Vertraute, und niemand wußte, wo er seine Nachtruhe hielt. Auch in den Harem verfolgte ihn die Furcht, und vor der Türe seines Schlafzimmers, das jeden Tag wechselte, mußte stets ein Tscherkesse, dem er ganz vertraute, Wache halten.

Dem Ruf des Sultans nicht zu folgen, konnte ich nicht wagen. Also bat ich, möglichst gefaßt, den Adjutanten, zu warten, unter dem Vorwand, ich müßte meine Toilette wechseln. Schnell schrieb ich ein paar Zeilen an das Generalkonsulat und an unsere Botschaft, um sie von dieser Einladung zu unterrichten, damit, wenn ich vielleicht bis zum Abend noch nicht zurückkehrte, ihnen mein Aufenthalt bekannt wäre, um Nachforschungen anzustellen. Diese zwei Briefe wurden vom Sekretär meines Büros besorgt.

Es war für mich eine aufregende Wagenfahrt nach Jildis hinauf in Begleitung des an und für sich sehr netten Offiziers, der gut deutsch sprach und mich unterwegs von seiner Militärzeit in Deutschland unterhielt. Das hatte etwas Beruhigendes für mich. Endlich angelangt, ging es, angegafft von Eunuchen und alerlei Beamtenvolk, in einen kleinen Salon, der Offizier immer neben mir; hier verließ er mich, und ich saß in diesem ungemütlich kleinen Raum mindestens zwei Stunden. Ab und zu huschte ein Eunuch herein und brachte

Kaffee, Süßigkeiten und Zigaretten. Endlich kam der freundliche Offizier wieder, um mich zur Majestät zu geleiten.

Der Sultan bewillkommnete mich äußerst freundlich, und der Offizier dolmetschte. Ich mußte französisch sprechen, der Sultan verstand nämlich französisch und konnte so verfolgen, ob ihn der Dolmetscher auch nicht betrüge; Deutsch verstand er nicht. Er reichte mir die Hand und machte mir viele freundliche Komplimente. Allmählich kam er dann auf den Kernpunkt der Sache: Es sei ihm bekannt, daß ich auf der deutschen Botschaft, auch in der Familie des Botschafters, intim verkehre, und er mache mir den Vorschlag, ihm über alles, was ich bei solchen Gelegenheiten auch von politischer Bedeutung erfahre, Mitteilung zu machen. Er wisse, daß ich auf Geldverdienst angewiesen sei, und für die kleine Mühe, die mir diese Berichte bereiten würden, sicherte er mir seine volle Gunst auch in materieller Beziehung zu. Mit kurzen Worten, ich sollte Spionin sein!

Meine Antwort war ausweichend: ich dankte für das Vertrauen, das der Sultan in mich setzte, aber ich bäte, mir Zeit zu lassen und einige Tage überlegen zu dürfen, ob ich seinen Wünschen Folge leisten könne. Darauf verabschiedete er mich ganz kurz, entschieden ungnädig. Ich zitterte innerlich und dachte, nun würde ich wohl auch wie so manche andere mit einem Stein um den Hals in den Bosporus versenkt werden. Die Fahrt in dieser Angst, den Adjutanten wieder neben mir, ist mir unvergeßlich. Ich atmete erst erleichtert auf, als der Wagen die Richtung nach Pera einschlug und ich sicher zu Hause anlangte.

14

DIE HOHE PFORTE, RECHT UND GESETZ

»Die Pforte«

Brown 1800

Die Pforte, deren gewöhnliche Politik darin besteht, daß sie denen, welche sie nicht bestrafen kann, Belohnungen erteilt, und Köpfe mit Lorbeern schmückt, die sie, wenn es in ihrer Gewalt stünde, vom Rumpfe trennen würde, blieb auch diesmal ihren Grundsätzen getreu.

Aber Schwüre brauchen sie den Christen nicht zu halten

Ein Vers aus Racines Bajazet und Büttner 1664

Der Herrscherstamm
Der Ottomannen ist nicht, Sklaven gleich,
An einen Schwur gebunden. Frage sie,
Die Helden, die des Krieges Recht als Sieger
Durch alle Lande führte! Frei im Sieg,
Und Herren ihres Worts, erkannten sie
Als ihr Gesetz des Staates Wohl nur an.
Der Thron, der heil'ge, ruht zur Hälfte
Auf einem oft gebrochnen Eide nur.

Allein, um so viel weniger ist es zu verwundern, daß der Türke keinen Frieden, versprochene Treu, Schwur, Brief noch Siegel hält, weil in ihrem Alcoran ausdrücklich vorgesehen, daß man denen Feinden, sonderlich den Gauren und unbeschnittenen Heiden, wie sie die Christen nennen, keine Treu, Glauben noch eidliche Verbündnis zu halten schuldig sei.

Morgenländisches Sinnbild für die Einteilung des Staatsgebäudes

Hammer-Purgstall 1828

Wir gehen nun von den Gebäuden der Stadt zu dem des Staates über, welches sich der Morgenländer als ein vollständiges Haus, oder vielmehr Zelt denkt, und nach diesem bildlichen Begriffe die verschiedenen Zweige der Staatsverwaltung benennt. Auf den Grundfesten der Religionsgesetze *(Scheri)*, des Herkommens *(Aadet)*, und der Verordnungen willkürlicher Macht *(Kanun)* erhebt sich das Staatsgebäude, dessen erster und vorzüglich in die Augen springender Teil das *Tor* oder die *Pforte* ist. Wie das *Tor* ein Ebenbild des Hauses im Kleinen, so ist die *Pforte* der allgemein angenommene Ausdruck für die Regierung, weil von der ältesten Zeit her die Geschäfte der Völker an dem Palasttore der Könige geschlichtet wurden. An dem Tore des Königspalastes waren die Wachen geschart, und durch sieben Leibwachen führte ehemals der Weg zum Palaste des griechischen Kaisers. Das Tor ward also nicht nur Bild der Regierung im Allgemeinen (als hohe Pforte), sondern auch im Besonderen für die Kriegsmacht, deren einzelne Waffengattungen *Tore* genannt wurden, und aus zweimal sieben solchen Toren bestand die Macht des Heeres. Der dritte bildliche Sinn endlich des Wortes Tor bezieht sich nicht auf das Reich oder die Regierung im Allgemeinen, sondern bloss zunächst auf den Hof und den *Harem*, welcher das Haus oder das Tor der Glückseligkeit (*Dari* oder *Deri seadet*) heißt, während die Pforte der Regierung die hohe Pforte des Reiches oder des Glückes *(Babi dèwlet)* genannt wird. Das Reich ist *glücklich* und der Hof *glückselig;* vor dem *Tore des Reiches* sind die Schutzwachen desselben gelagert, an der hohen Pforte schaltet und waltet der Wesir. Durch das *Tor der Glückseligkeit* führet der Weg in das Heiligtum der Glückseligkeit, in das Innerste des Hofes, in das Frauengemach ein. Im Innern des Hauses ist die *Kammer,* wo der Schatz aufbewahrt, und von der Finanz-Verwaltung die Hauswirtschaft besorgt wird, und im Saale das *Sofa* (der Diwan), auf dessen Ehrensitze die Würden des Gesetzes Platz nehmen; die innersten Zimmer endlich gehören dem Hofstaate, dem äusseren und inneren. Der *Kanun,* d. i. das Grundgesetz des Eroberers, wodurch er, oder vielmehr in seinem Namen sein letzter Großwesir, Mohammed der Karamanier, die Einrichtung der Staatsverwaltung und die Abstufung der Reichswürden ordnete, legt in der Einteilung der Staats- und Hofämter durchaus die Vierzahl unter, welche von den *vier Säulen,* die das Zelt stützen, hergenommen ist, und welche auch schon in den vier nächsten Jüngern und Kalifen des Propheten, und in den vier Waffengefährten Osmans, des Stifters der Dynastie, historischen Grund hat.

Was Diwan und Pforte betrifft

Stork 1829

Diese vier Stützen des Reichs, sind nach Mohameds II. Gesetzgebung: der Wesir, der Kasiasker oder Heerrichter, der Defterdar oder Kammerpräsident und der Nischandschi, oder Staatssekretär der Anagramme. Da aber diese Ämter jährlich verändert oder wenigstens neu bestätiget werden, und es also immer mehrere gibt, die, wiewohl außer Tätigkeit, doch den Charakter des begleiteten Amtes beibehalten, so sind die Stützen des Reichs eigentlich – die Wesire, Kasiaskere, Defterdare und Nischandschi, welche die Hauptbestandteile des Divans als solche ausmachen.

»Der Palast, den er (der Großwesir) zu Konstantinopel bewohnt, hießt die hohe Pforte, wodurch denn auch insgesammt die Regierung und das osmanische Ministerium bezeichnet wird.«

Die hohe Pforte ist wohl zu unterscheiden von dem kaiserlichen Tore, welches das erste Tor des Serails ist, und oft für

den Inbegriff des ganzen Hofstaates gilt, wie jene für den Inbegriff der ganzen Regierung.
Im Orient heißt: an der Pforte stehen, was bei den Europäern den Hof machen, zu Hofe gehn, genannt wird.
Wenn der Großwesir in's Feld zieht, so begleiten ihn alle Militär- und alle Ämter des Diwans und der Kammer, die Minister des Innern und des Äußern, d. i. der Kiaja Beg und der Reis Efendi, mit ihren Kanzleien, für die jedoch stellvertretende Beamte, wie für den Großwesir selbst unter dem Titel: Kaimakam Pascha, ernannt werden, damit die Zentral-Verwaltung des Reichs nicht in's Stocken gerät. Der letzere Stellvertreter muß dem Großwesir aber von allen wichtigen Begebenheiten Bericht erstatten.
Die mit dem Lager ziehenden Beamten heißen: die Ämter des kaiserlichen Lagers (Ordui humajun) und die in der Residenz zurückbleibenden: die des kaiserlichen Steigbügels (Rikiabi humajun).

Bei Hofe kann jeder etwas werden

Pouqueville 1805

Der Vezir Jezouf ist ein Reishändler gewesen. Der Kapudan Passa war ein armer Georgischer Sklave, und die übrigen Personen des Hofs sind von nicht erlauchterer Abkunft. Der elendeste Schiffer kann morgen Passa werden, und sonderbar genug ist es, der Türke nimmt, sobald er auf dem von seinem Herrn ihm angewiesenen Posten steht, einen Ton der Würde an, der in Erstaunen setzt. Man kann kaum an die Verwandlung glauben. Macht hier das Kleid den Mann, gibt es ihm einen Anstrich von Hoheit? Das überlasse ich Andern zur Entscheidung. Indessen verstehen sich diese Menschen recht gut auf die Pfiffe der Politik und ihre Umwege; ihre Lieblingsmaxime ist: Man muß den Hasen im Karren jagen; und diese zerstört oftmals die Berechnungen der europäischen Diplomatik. Sie haben keine Kenntnisse, aber dafür oft Genie, das zum Regieren mehr hilft, als Gelehrsamkeit. Unglücklicherweise, sagt man, geben sie Nationalvorurteilen zu viel nach, allein man sollte sie erst recht kennen, ehe man über sie abspräche, und sie tun vielleicht besser, Türken zu bleiben, als halb gebildet zu sein.

Der Groß-Vezier mit drei Roßschweifen
Tournefort 1700

Wenn der Sultan einen Großvezier ernennt, so übergibt er ihm das Siegel des Reichs, auf welches sein Name geschnitten ist. Dieses trägt er beständig auf seiner Brust. Seine Gewalt ist ohne Schranken; doch hat Jedermann die Freiheit, in seinen Palast zu gehen, und auch dem Ärmsten gibt er Audienz. Er unterstützt den Glanz seiner Würde mit vieler Pracht. Er hat mehr als 2000 Offiziere. Wenn er sich öffentlich sehen läßt, so ist sein Turban mit zwei Zitternadeln geziert, mit Diamanten und Edelsteinen besetzt. Das Geschirr seines Pferdes ist mit Gold, Steinen, und Perlen übersät. Vor ihm werden drei Roßschweife getragen. Man sagt, ein General der Türken sei, da er nicht gewußt, wie er seine Leute wieder zusammenbringen sollte, die alle ihre Standarten verloren hatten, auf den Einfall geraten, einem Pferde den Schweif abschneiden zu lassen, und solchen auf eine Lanze zu stecken. Sobald die Soldaten dieses Zeichen sahen, kamen sie wieder zusammen und trugen den Sieg davon.

Abdul Hamid I. läßt mobil machen

Frankfurter Messerelationen 1788

Eigenhändiger Brief des Sultans (Abdul Hamid I.) an seinen Groß-Vezier wegen der Mobilmachung.

»Ihr mein oberster Vezier, mein General und unbeschränkter Lieutenant, dessen Treue in die Augen aller Rechtgläubigen schimmert. Da die Länder, welche meine hohen Vorfahren (deren Gräber das höchste Wesen erleuchten möge) besessen haben, durch die Russen, mit Hintansetzung der Verträge, angegriffen worden sind, so ist beschlossen worden, diesen Ungläubigen den Krieg anzukündigen, und ein aus dem Heiligtum der Gesetze erlassener Fetva hat dieser Entscheidung die gesetzmäßige Bestätigung verliehen.

Um den Pflichten nachzuleben, welche ein heiliger Krieg gegen Ungläubige auferlegt, und um das heilige Gesetz des Fürsten der Propheten (auf welchem der reinste und vollkommenste Segen ruhen möge) zu erfüllen, sind meine kaiserlichen Befehle in dem gesamten Umfange meinen Staaten bekanntgemacht worden. Die Kriegsrüstungen sind heut zu Tage der Hauptgegenstand der mein hohes Reich beschäftigen muß: Ihr, mein oberster Wisir und mein General und mein unbeschränkter Lieutenant, beseelt von Rechtschaffenheit, Treue und Eifer, die ich von Euch erwarte, macht von nun an die nötigen Verfügungen, um in eigener Person auszuziehen, und beschäftigt Euch aufs Tätigste mit den Kriegsvorkehrungen. Ich empfehle Euch Einigkeit und Einverständnis mit den Großen meines Reiches und allen Soldaten, meinen Knechten. Gebt die dringendsten und strengsten Befehle, daß alle diejenigen, welche in das Lager folgen sollen, sich in die Grenzen ihres Standes einschränken, und den Aufwand in den Zurüstungen, sowie die Verwirrungen durch zahlreiche Dienerschaften, dergleichen in den vorigen Kriegen gesehen wurden, sorgfältig vermeiden. Alle Eure Bemühungen müssen einstimmig und allein auf die Zerstörung der Moscoviter (Russen), auf diese treulosen Feinde unseres Glaubens abzielen. Und Ihr Große meines Reichs, und ihr Soldaten, meine Knechte, wendet alle Sorgfalt auf die vollkommene und getreue Vollziehung der Kriegsverfügungen, in Befolgung der Befehle und Ratschläge eures vielgeehrten Generals, meines obersten Wisirs und unbeschränkten Lieutenants. Euch aber, mein oberster Wisir, da Eure Verfügungen in allem meinem kaiserlichen Willen gemäß sind, überlasse ich gänzlich die Ausführung der Kriegsbereitungen, und räume Euch eine unbeschränkte Gewalt ein. Um Euch zugleich ein ausgezeichnetes Merkmal meiner Gunst zu geben, übersende ich Euch einen mit Diamanten besetzten Säbel, er soll Euch zur Vertilgung unserer Feinde dienen. Ich schicke ihn durch meinen Cavedgi Baschi, bei seiner Ankunft sollt Ihr den Säbel um Eure ruhmreichen Lenden binden, und gleich auf die Mittel der Verteidigung und Erhaltung Bedacht nehmen. Ihr sollt eilen, allenthalben Truppen zu senden, wo es nützlich ist, und Ihr werdet, mit einem Worte, für alle nötigen Anordnungen Sorge tragen. Ich vertraue Euch die Großen meines Reichs, die Soldaten, meine Knechte, und die Truppen. Es steht nun bei Euch, dieses Zutrauen zu rechtfertigen, und ich empfehle Euch dem Schutze des Allerhöchsten. Ich gebe Euch eine volle und unbeschränkte Macht, Jedermann kennt die durch die Russen geschehene gewaltsame Besitznehmung der Krim. Die ganze Welt ist Zeuge von der Menge in dem schwarzen Meere schiffenden Fahrzeuge. Wie können also die Gesinnungen eines jeden Menschen sein, der noch einen Funken Religion im Herzen hat? Möchte das Höchste Wesen seine hohe Gunstbezeugungen über Euch, über alle Großen meines Reichs, über die Soldaten, meine Knechte, über alle Truppen, über mich, den schwächsten Diener, ausbreiten! Amen: Möchte der Höchste die Russen, diese treulosen Feinde unseres Glaubens vernichten! Amen!

Die Polizei

Tournefort 1700

Man hält zu Konstantinopel eine bewunderungswürdige Polizei. Wenn ein Bäcker zu leichtes Brot verkauft, wird er mit einem Ohr an seinen Laden genagelt, und muß in dieser Stellung 24 Stunden ausharren. Man kann mit aller Sicherheit Kinder auf den Markt schicken; denn Polizei-Bediente untersuchen auf der Straße ihre Waren, und wenn sie betrogen wären, würde der Kaufmann sogleich zur Bastonnade verurteilt. Für eine einzige, abgehende Zwiebel besteht die Strafe in 30 Stockschlägen. Den Ärzten, wenn durch ihr Verschulden Jemand hätte sterben müssen, hängt man ein Brett mit Glocken an den Hals, und läßt sie damit Spaziergänge durch alle Straßen machen. Wird ein Leichnam auf der Straße gefunden, so werden die nächsten Nachbarn verurteilt, das Blut zu bezahlen. Deswegen gibt sich Jedermann alle Mühe, Unordnungen vorzubeugen.

Strafvollzug

Murhard 1800

Bagno, das Gebäude zur Wohnung für die Sklaven und Verbrecher, liegt zwischen Ayna-Serai und dem Arsenale nahe am Hafen. Man nennt es noch bisweilen das Gebäude von St. Paul. Es ist aus Steinwerk aufgeführt, und gehört zu den öffentlichen Anstalten. Sein Umfang ist beträchtlich, und das Innere gleicht mehr einer Scheune als einer für Menschen eingerichteten Wohnung. Es gibt weder einzelne Stuben, noch Gemächer. An den vier Wänden sind von dem Boden bis zur Decke kleine Behältnisse zur Wohnung für die Sklaven neben- und über einander angebracht. Ein jedes derselben ist nicht größer, als daß ein Mann der Länge nach darin liegen und schlafen kann, ist mit einem Geländer

umgeben, ungefähr von einer halben Mannes-Höhe, und oben jedesmal offen.
Die hier befindlichen Sklaven werden teils zu öffentlichen Arbeiten, teils zur Bemannung der kaiserlichen Galeeren angewendet. Auch von der Todesstrafe befreite Missetäter müssen ihre übrige Lebenszeit auf eine elende Weise im Bagno hinschleppen.
Über die Sklaven führen einige Türken, Guardians genannt, die Aufsicht; sie haben immer den Stock in der Hand, und der geringste Fehler wird scharf bestraft. Die Nahrung und Kost der Gefangenen besteht in Wasser, einigen kleinen Broten, Oliven, Gurken, grünen Suppen und Gemüsen. Die Luft im Innern des Bagno ist sehr verdorben und ungesund.

15

WAS VON DER GESANDTEN FUSSFALL ZU HALTEN IST

Unterbringung der Gesandtschaft

Schweigger 1608

In mehrgedachten Kammern hat ein jeder sein Bettladen, mitsamt den Matzen, das sind Polster mit Werg oder Roß- und Kühhaar ausgefüllt. Die Bettstatten vergleichen sich allerdings den Obsthütten, denn zu beiden Seiten sind zwei ungehobelte buchene Bretter, das Haupt- und Fußbrett mit Lattennägeln an vier Stollen genagelt, darin der Boden desgleichen von ungehobelten Brettern ist. So haben wir in den Gemachen ein ziemliche Notdurft, Mäus' Ratzen, Wiesel, Wandläus' Flöh und Läus' gehabt. Es hat auch etlich mal das Gesind in ihren Matzen, wie auch mein Gnädiger Herr in seinem Bett auf eine Zeit eine Schlange gefunden, und mit dem Säbel entzweigehauen. Und das vielen unglaublich scheint, so sind auch die Pferde mit Flöhen sehr übel geplagt, daher sie im Sommer so unruhig, und im Stall dermaßen toben und springen, als wenn man sie mit Spornen hiebe.

Auf dem obgemeldeten Gang hat Freiherr David Ungnad auf seine Kosten einen feinen Saal zur Tafelstuben lassen bauen, dieser hat bei 12 Schritt in der Länge und 8 in der Breite, und seine Kämmerlein am Saal lassen tünchen und sauber zurichten. Der Kammern sind in Summa 30. Inmitten des Hauses ist ein hübscher, weiter gepflasterter Hof, in welchem ein Schöpfbrunnen, doch hat er kein heilsames Wasser. Das Haus ist unten her allenthalben gewölbt, dieselben Gewölbe sind Stallungen für die Pferd. An einem Ort ist es mit Brettern verschlagen anstatt eines Kellers. In diesem

Stall könnt man über 400 Pferde stellen, es ist aber kein Bahrn oder Raufe darin, auch keine unterschiedlichen Ständ', wie in unseren Landen bräuchlich, sondern wie die Weite des ganzen Gebäus sich selbst gibt in den vier Gängen, so lang und breit ist er. Diese Herberg gehört zu der nächsten Stiftskirchen, Ali Wascha genannt, das ist die Kirche des Ali Wascha, als von dem sie erbaut worden. Daraus gibt der Türkisch Kaiser jährlich etliche Hundert Asper Hauszins in die Stiftskirch. Über der Pforten sind zwo Küchen. Auswendig hat diese Behausung Läden oder Kram, darinnen haben etliche Handwerksleut ihre Werkstätt.
Unter der Pforten ist bestellt zur Guardi ein Zausch mit vier Janitscharen, welche beides dem Herrn Oratori und seinem Gesind zugegeben werden, sie auf der Gassen zu begleiten. Deren jedem gibt der Herr Orator jährlich 50 Ducaten und ein Kleid. Die werden alle Jahr abgewechselt, ausgenommen der Zausch nicht, der ist schon viel Jahr Guardi Obrist gewesen, der hat jährlich 100 Ducaten an Geld und andern Schmieralien.

»Daß er also kniend dem Kaiser den Rock küssen mußte«

Schweigger 1608

Am 17. Januarii Anno 1578 waren beide Herren Oratores gen Hof vor den Sultan erfordert, die ließen vor ihnen her die Verehrungen und das Geld auf den Kutschen führen. Die Credenz, Silbergeschirr und Uhrenwerk trugen die Diener unter den Röcken verborgen bis in das Saraia oder Burg, daselbst empfingen's des Sultans dazu verordnete Diener und brachten's vor den Sultan hinein in sein Gemach. Bei der andern Pforten, durch welche man in den innern Hof kommt, stiegen beide Herren Oratores samt ihrem Adel von ihren Pferden. Die beiden Herren gingen durch den weiten, gepflasterten Hof zu Fuß in des Sultans Gemach hinein. Der

Adel und das übrige Gesind blieben in demselben inneren Hof stehen. Vor den Herren ging ein Capitschiwascha, ein Obrister Türhüter großen Ansehens, der trug in der Hand ein Ägyptisch Rohr, wie sie im roten Meer wachsen, und geleitet den Herrn Gesandten ins Gemach. Gleich vor dem Gemach warten vier Zauschen, die sind Adelmäßig. Deren zween ergriffen einen aus den beiden Legaten zuvörderst an den Wamsärmeln, und griffen unter die Ärmel, führtens also vor den Sultan hinein, und stießen sie alsdann vor dem Sultan ganz ungestümmiglich und unfreundlich zu Boden auf die Knie. Ein Kämmerling oder Capagaschi reicht dem knieenden Legaten des Sultans, der gleich vor ihnen saß, Rockärmel, den mußten sie küssen.
Dies ist ein recht teuflischer Stolz und Hoffahrt, daß diese Barbari sich nicht scheuen, dem Römischen Kaiser solchen Despect und Spott anzutun, daß des Kaisers Gesandte dieser Bestia müssen einen Fußfall tun, da sich doch wollt gebühren, daß sie ihre Werbung vor ihm sitzend sollten verrichten, in gleichem Ansehen gegen ihn, welches aber dieser barbarische Bauernstolz nicht gestattet, auf daß männiglich sehe, daß die Tölpel nichts halten von dem höchsten Haupt der Christenheit, dem Römischen Kaiser, und von seiner Majestät Macht und Gewalt. Will sich derhalben wohl gebühren, daß die Legaten des Türken auch in solcher Demut vor der Kaiserlichen Majestät erscheinen, und zu dergleichen Fußfall gezwungen werden.
Nachdem sie nun den Ärmel nach Notdurft geküßt, waren sie widerum aufgericht' und etlich wenig Schritt beiseits gestellt. Da fingen sie an, was sie im Befehl hätten, vorzubringen, mit vorgehendem freundlichem Gruß wegen Ihrer Kaiserlichen Majestät, neben Überreichung der Kaiserlichen Credenzschreiben, dies Inhalts unvergleichlich: Daß Ihre Majestät diese Edlen Herrn als Legaten (denn in dergleichen Sachen fragen die Türken sonderlich nach dem hohen Adel) zu seiner Hoheit hab' abgefertigt, mit Befehl,

was den angestellten Frieden zwischen Ungarn und dem Ottomanischen Haus belangt, zur Erhaltung desselben nichts sollten unterlassen. Wie denn Ihre Majestät sich solches gegen ihm, dem Sultan, freundlich versehe, und bis daher zum Teil im Werk befunden hab', da nämlich vor kurzen Jahren verschienen nicht mehr den 9000 Christen in die Türkische Dienstbarkeit sind kommen. Dadurch er seinen freundlichen geneigten Willen genugsam zu erkennen gegeben. Daraus auch Ihre Kaiserliche Majestät leichtlich abnehmen kann, was sie sich gegen ihn zu versehen haben.

Dies alles hat Herr David Ungnad als der ältere Legat, durch den deutschen Türken Melchior von Dierberg, seinen ordentlichen Dolmetschen, deutsch vorgebracht, stehend, und den Hut in den Händen haltend, welches gleichwohl bei den Türken ungewöhnlich, denn kein Türk vor seinem Kaiser oder Sultan den Hut abzeucht. Die Credenzbrief waren auf Pergament lateinisch beschrieben. Wann der Herr Orator ein Periodum oder ein' Sentenz geredt', trat der Dolmetsch zu ihm, solches anzuhören, alsdann trat er gegen den Sultan und erzählt's auf Türkisch, darnach holt er wieder ein Maul voll.

Das Gemach ist ungefähr 12 Schritt weit, gar dunkel, mit wenig hohen Lichtern oder Fenstern. Der Boden war überdeckt mit köstlichen Persianischen Teppichen. Der Sultan saß auf einer erhöhten Bühne, eines Schuh's hoch von dem Boden, die war zween Schritt breit und zween lang, mit köstlichern seidenen Teppichen bedeckt, als die vorigen waren, mit edlen Steinen gestickt. Auf den Teppichen an der Wand herum lagen schöne Kissen und Polster von gülden Stücken, darein gleichfalls edle Stein gewirkt waren. Auf der Bühne saß der Sultan also, daß er die Füß' nicht übereinander schrenkt, wie sonst der Türken Brauch ist, sondern stellet die Füß auf dem Boden auf, als säß' er auf einem Stuhl. Er hätt' ein schön gülden Stück an, und an den Fingern schöne Ring von schönen großen Rubinen und Diamant', die in

unseren Landen so groß nicht gesehen werden, denn ihre größte Zier steht in schönen Ringen. Gülden Ketten, Königliche Kron, Scepter, Apfel, Mantel und dergleichen Kaiserliche Ornat ist bei ihnen unbekannt und ungebräuchlich.
Vor dem Sultan stunden drei Wascha, die man möchte nennen Kurfürsten, da sie mit Ansehen die anderen Ständ' alle übertreffen. Die legten die Händ' übereinander, wie die Weiber prangen, mit untergeschlagenen Augen, und sahen niemand an, wie auch der Sultan selbst. Der saß auf der niederen Bühne als wär er entschlafen, oder wie ein geschnitzt' Bild, ohn alle Red', ohn Umsehen und ohn alle lebendige Gebärd'. Außerhalb den gemeldten Personen war niemand im Gemach.
Auf des Herrn Oratoris Anbringen war kein Wort geantwortet, denn wie gemeldt, dieser saß wie ein Götz, die andern drei stunden wie steinerne Bilder, der Obrist Wascha empfing von dem Herrn Oratore die Credenzbriefe ohne alle Reverenz, ohne Hand- oder Briefküssung. Es ging fein still zu, wie bei einer Kindbetterin der Brauch ist.

Die »Verehrungen« für den Türkischen Kaiser vom deutschen Kaiser
Schweigger 1608

Folgen nun auch die Verehrungen in Specie, die mein Gnädiger Herr mit sich gen Constantinopel gebracht:
Erstlich sind dem Sultan für seine Person gereicht worden an barem Geld vierzig tausend Taler. Item dem Vesirasem oder Obristen Wascha 18 000 Taler. Item dem Biali Wascha 2000 Taler. Item dem Achmet Wascha eintausend Taler. Item dem Mustapha Wascha eintausend Taler. Item dem Janitschar Aga dreihundert Taler. Item dem Capitschi Waschen und obristen Türhüter 1500 Taler. Item dem Dolmetschen tausend Taler. Item dem Beeg zu Gran dreihundert Taler. Item dem Wascha zu Ofen dreitausend Taler. Item

seinem Hofgesind 600 Taler. Summa an Geld 76 500 Taler.
Mehr an Silbergeschirr und Uhrenwerk:
Erstlich dem Sultan zwo Uhren auf 1500 Taler geschätzt. Item zwo vergüldete silberne Wannen, zween Wasserkessel, zwei große, doppelte Credentz von Schmelzwerk, zwei Credentz von getriebener Arbeit, zwo große Flaschen von geschmelztem Laubwerk, item ein Gießbecken und Kanndel, alles vergüldt. Tut in Summa 5000 Taler ...
Obwohl diese Credentz und Silbergeschirr alles zumal von sehr köstlicher Arbeit, die wohl höher möcht geachtet werden, denn das Metall, das Gold oder Silber, so gilt es doch nichts bei diesen Leuten. Sie verwundern sich zwar darüber, aber wie man mich bericht', so lassen sie es alles wieder schmelzen, und machen Münz oder Geld daraus. Die schönen Uhrenwerk soll der Sultan in einem großen Gemach auf einem Haufen stehen haben, die ihm von vielen Jahren her sind zugekommen, die verderben von dem Rost. Etliche werden verkauft. Bisweilen läßt er abwechseln und ihm eins derselben ins Gemach stellen.

Die Türken können nicht leiden, daß die ausländischen Gesandten zusammenkommen.

Gerlach 1674

Den 17. (Juli 1576) vor Tag ist der Herr Teranofsky, Polnischer Gesandter, zu meinem Gnädigen Herrn gekommen, und bei drei Stund' mit ihm gesprochen. Zwar wider des Bassen Willen, den er darum angesprochen gehabt, er aber es ihm abgeschlagen und zu ihme gesagt, was er bei den Deutschen tun wolle, seien sie doch Feinde miteinander. Er geantwortet: Sie wären durch Heirat und andere Wege nun viel Jahre miteinander Freunde. Jener wieder: Es sei des Sultans Gewohnheit nicht, daß man die Ambassadors oder Gesandten zusammen lasse. Wenn sie in der Christenheit zusammen kommen, mögen sie Freundschaft suchen, wie sie wollen ...

Busbecq kehrt nach Istanbul zurück und möchte eine Audienz
Busbecq 1596

Meine Amtsgenossen fand ich unversehrt, sonst aber hatte es große Veränderungen in der Türkei gegeben: Suleimans jüngerer Sohn Bajazet war aus schwerer Gefahr befreit und mit dem Vater versöhnt; der Großwesir Achmet Pascha war mit der Schlinge erwürgt; Rustan hatte die frühere Würde wiedererlangt. Hierüber alsobald: jetzt will ich erzählen, mit welcher Feindseligkeit ich vom Sultan, den Paschas und den übrigen Türken aufgenommen wurde.
Als nämlich die Paschas – das ist die Sitte, ehe sie einen beim Sultan einführen – meine Meldung von mir hören wollten und sahen, daß der Kaiser auf seinem Rechte bestehe und die Einhaltung der Verträge für billig halte, die er der Witwe des Woiwoden oder Statthalters Johann *[Zapolya]* von Siebenbürgen weder abgezwungen noch abgelistet hatte, da waren sie unzufrieden und empört. Das lange Glück hat diese Türken so übermütig gemacht, daß sie nichts für unbillig halten, was sie wollen, und nichts für billig, was sie nicht wollen. Daher begannen sie uns ernstlich zu drohen und große Gefahren anzukündigen, wenn wir mit solchen Aufträgen ihrem Herrn vor Augen träten. Als wir trotzdem auf der Zulassung bestanden, weigerten sie sich, die Gefahr mit uns zu teilen. »Wie viele Köpfe haben wir denn – das ist ihre Art zu reden – daß wir es wagen dürften, euch mit solchem Bescheid vor den Sultan zu bringen? Man sieht ja deutlich, daß ihr ihn zum besten habt, und das wird er nicht ruhig hinnehmen. Er steht jetzt mit siegreichem Heere hier, er hat gegen die Perser neue Erfolge errungen, er ist unbändig und hochfahrend, seit sein Sohn und Neben-

buhler dahin ist: und schon an dessen Hinrichtung mögt ihr seinen Jähzorn ermessen. Was kann ihm erwünschter kommen als eine Heerfahrt nach Ungarn? Da kann er sein stark angestrengtes Heer mit der Beute und den Vorräten der Ungarn erfrischen und den Rest dieser Provinz, der ohnehin nicht groß ist, zu seinem Reiche schlagen. Wenn ihr also verständig seid, haltet euch stille, reizt nicht die Ruhenden und beschleunigt nicht euer Verderben: das wird immer noch früh genug kommen.«
Zu solchen Reden der Paschas paßten die der übrigen Türken. Ungefähr das mildeste, was sie uns ankündigten, war, es würden unser zwei in den ärgsten Kerker gestoßen werden, der dritte – das wäre mein Teil gewesen – ohne Nase und Ohren zum Kaiser zurückgesandt werden. Dazu kamen die bösartigen Mienen und feindlichen Blicke der Leute, die an unserer Herberge vorübergingen: alles sah wüst und drohend aus. Auch begannen sie seit der Zeit, uns weit rauher zu behandeln, uns enger eingeschlossen zu halten, keinen bei uns eintreten zu lassen, keinem von unseren Leuten das Ausgehen zu gestatten: so hielten sie uns ziemlich in allen Dingen als Gefangene, nicht als Botschafter. Das dulden wir nun schon den sechsten Monat, und wer weiß was noch kommen wird. Aber komme was Gott will; jedenfalls wird uns in allem Geschehenden, in allem zu Ertragenden die Würde und Güte unserer Sache zu großem Troste dienen.

Polnische Legaten ziehen mit Verehrungen los.

Frankfurter Messerelation 1597

Um diese Zeit haben auch die Polen eine stattliche und starke Legation und Botschaft mit einem herrlichen Präsent von Geld, Zobeln und andern derlei Sachen nach Constantinopel verordnet und abgehen lassen, auf daß sie den Frieden, welchen Sultanus, der Türkische Kaiser mit ihnen gemacht und eingegangen, auch zuvor auf beiden Seiten bestätiget worden, möchten prolongieren und weiter fortstrecken, denn sie etliche Zeit erfahren hatten, was er für ein unfreundlicher Nachbar wäre, wenn sie solchen Anstand nicht mit ihm hätten. Derwegen, damit sie auch solchen desto eher und leichter erlangen und erhalten möchten, haben sie auf ihrer Seiten an Verehrungen nichts mangeln lassen, sondern beides, Geld und dergleichen andere Waren, mit sich genommen, auf daß sie durch ihre Gutwilligkeit ihn dazu reizeten und locketen.

Königin Elisabeth schickt Mehmed III. um 1600 eine Orgel

Lidell 1959

Ein hübsches Ereignis in der Regierung Mehmeds III. ist der Besuch des Orgelbauers Thomas Dallam. Er brachte eine wundervolle Orgel aus seiner eigenen Werkstatt mit, ein Geschenk der Königin Elisabeth an den Großtürken, weil sie ein türkisches Bündnis gegen ihre katholischen Feinde anstrebte. Sie hatte schon früher Murad III. um Hilfe gebeten »gegen diesen Götzenanbeter, den König von Spanien, der die Königin von England vernichten und dann seine gesamte Macht auf den Untergang des Sultans richten will, um sich zum Weltherrscher zu machen«. Im neunzehnten Jahrhundert sollten die Deutschen in ähnlicher Weise versuchen, den Protestantismus als nahen Verwandten des Islam hinzustellen.

Dallam mußte unvorbereitet aufbrechen und hatte kaum Zeit, sich einen sackleinenen Anzug für die Meerfahrt und einen zweiten aus Wollstoff anzuschaffen. Nach seiner Ankunft wurde die Orgel zuerst im Hause des englischen Gesandten, Sir Henry Lello, in Pera zusammengesetzt. Es mußte manches in Ordnung gebracht werden: »Die außerordentliche Hitze im Schiffsbauch, und der Wellengang des Meeres hatten bewirkt, daß aller Glanz verschwunden war.« Die reparierte Orgel wurde darauf über das Goldene Horn geschafft. Das Schiff feuerte für den Sultan Salutschüsse ab, die Dallam als verschwendete Höflichkeit an einen Ungläubigen vorkamen, weil sie zwei Christenleben kosteten: den Schiffszimmermann tötete der Rückschlag des ersten großen Stücks, und ein Matrose wurde vom letzten Schuß zerrissen. Ein (offenbar) im zweiten Serailhof gelegenes Gemach war zum weitern Aufbau der Orgel bestimmt worden, »das man zu keinem andern Zweck errichtet hatte, als um darin die Brüder jedes Kaisers zu erwürgen«.

Was der Gesandte sagte, war entmutigend. »Ihr seid mit einem Geschenk unserer gnädigen Königin hierher gekommen, nicht zu einem gewöhnlichen Fürsten oder König, sondern zu einem mächtigen Monarchen der Welt, doch Ihr wäret besser zu irgendeinem christlichen Fürsten geschickt worden, weil Ihr dann bestimmt für Eure Mühen eine große Belohnung erhalten hättet; doch Ihr müßt bedenken, daß er unter denen, welchen Ihr dies kostbare Geschenk gebracht habt, ein Monarch, aber ein Ungläubiger ist und der große Feind aller Christen. Alles, was wir oder andere Christen ihm bieten können, hält er für unsere Pflicht oder glaubt, wir gäben es aus Angst vor ihm oder in der Hoffnung auf eine große Gunst aus seinen Händen. Man hat noch nie vernommen, daß er einen Christen für irgendein Geschenk je belohnt hätte, und deshalb dürft Ihr um keinen Preis auf seine Hände schauen.« Der Gesandte fügte hinzu, daß die Orgel auf den ersten Blick Erfolg haben müsse; wenn der Großtürke ihrer am nächsten Tag überdrüssig würde, sei das unwichtig, doch wenn sie ihn im ersten Moment enttäuschte, sei er imstande, sie zu zertreten und zu zerstören, und alle Mühe wäre dann umsonst gewesen.

Dallam machte die Orgel zuerst für eine mechanische Vorführung bereit: eine Uhr schlug zweiundzwanzigmal, ein Spiel von sechzehn Glocken spielte ein vierteiliges Lied, zwei Figuren auf der Orgel erhoben silberne Trompeten und stießen hinein, und dann spielte die Orgel ein fünfsätziges Stück zweimal. »Ganz oben auf dem sechzehn Fuß hohen Orgel stand ein Stechpalmenbusch voller Amseln und Drosseln, die sangen und ihre Flügel schüttelten, wenn die Musik zu Ende war.« Jetzt war der Westen an der Reihe, Konstantinopel mit einem prächtigen mechanischen Spielzeug zu ergötzen.

Entgegen Lellos Erwartung wurde Dallam gebeten, vor dem Sultan zu erscheinen und zu spielen, und wurde mit Gold beschenkt. Man bot ihm auch zwei Frauen an, kaiserliche Konkubinen oder zwei Jungfrauen nach seiner Wahl, wenn er im Dienste des Sultans bleiben würde.

Der türkische Kaiser tyrannisiert tapfer

Frankfurter Messerelation 1634

Zu Constantinopel hat indessen der Türkische Kaiser tapfer tyrannisiert, dem französischen Ambassador zwo Capellen, so er in seinem Haus gehabt, niederreißen, und aller Christen Kirchen in Galata sperren lassen, ihnen eine Contribution von 300 000 Kronen auferlegt, auch einen Venetischen Kaufmann, Thomaso Zanedini genannt, wegen daß er mit einem Perspectiv ins Serail gesehen, samt dem Muphti aufhängen, den Bassa von Aleppo enthaupten, und ihre Güter confiszieren lassen. Der griechische Patriarch aber ist gegen Erlegung 30 000 Kronen wieder ledig geworden.

Wann der Sultan in den Audienzsaal kommt

Büttner 1664

Die vornehmsten Raths-Täge / an welchen Diwan gehalten und von denen wichtigsten Reichs Angelegenheiten beratschlaget wird sein der Sonntag und Dienstag / da der Groß Herr öfters selbst in den Audienz-Saal kömmt / sich alldar mit dem Groß Vezier / und anderen Hohen Bedienten von vorfallenden Kiegs- und Staats-Sachen zu unterreden; Den Freitag hingegen halten sie feierlich / als wir den Sonntag / und die Juden den Samstag; weil an gemeldte Tage Mahomet aus Meccha gangen ist.

Unterdessen kame der Kayserliche Groß-Gesandte / dem Diwan, so mit kostbaren Tapeten belegt war / immer näher / darinnen drei mit einem Zeug von Gold und Silber bedeckte Bänke stunden / auf der Mittlern saß der Großvezier / hatte unter sich einen Carmesin roten mit Gold gestickten sammeten Teppich / mitten über seinem Haupt sahe man ein klein viereckigtes vergittertes Fensterlein / dessen sich der Sultan bedienet / um zu sehen und zu hören was im Diwan passieret.

Die Französische Gesandschaft kommt in Constantinopel an. Herr de Feriol kommt nicht zur Audienz. Die Lilie auf dem Dach seines Hauses wird für ein Kreuz gehalten und erregt Unwillen.

Frankfurter Messerelation 1700

Am Anfang des Dezember (1700) langte auch der neue französische Gesandte, Herr de Feriol de Lora an. Als er bei den Dardanellen mit seinen beiden Kriegsschiffen von 60 bis 70 Kanonen angekommen, verlangte der Commandant, daß er sich mit seinen Leuten in türkische Schiffe begeben möchte, weil man keine christlichen Schiffe durchsegeln ließe. Herr Feriol aber gab zur Antwort, er habe Ordre mit seinen Schiffen bis nach Constantinopel zu gehen. Segelte also durch und grüßte die beiden Casteln daselbst mit zwei Kanonenschüssen. Den 15. dito hatte er zu Constantinopel Audienz bei dem Großvesier. Es nahm zugleich der bisherige Gesandte Mr. de Chateauneuf bei demselben seine Abschieds-Audienz ... Den 26. von ejusdem sollte Mr. Feriol Audienz bei dem Groß-Türken haben, wobei sich aber ein großer Disput ereignete. Denn nachdem er sich aufs Beste dazu geschickt, in großem Gefolge nach dem Serail verfügt, und neben seiner Suite die Caftans bekommen, wurde ihm angesagt, den Degen abzulegen, weil nicht gebräuchlich, daß jemand vor den Sultan mit Gewehr komme. Hierzu wollte der Gesandte sich nun durchaus nicht verstehen, weil andere auch die Degen behalten. Und könne er also ohne Nachteil seines Königs und seiner selbst solchen nicht ablegen. Der Groß-Vezier widerlegte dieses, daß dergleichen niemalen geschehen, sie müßten denn die Degen verborgen gehabt haben. Nach langem Contestieren, und da Mr. Feriol vielleicht vermeint, es werde dabei bleiben, gehen sie fort, und fassen ihn zwei Capici Bassa unter die Arme. Als sie kaum wenige Schritte vor des Sultans Zimmer kommen, will ihm ein anderer Capici Bassa den Degen von der Seite nehmen, den er aber mit der Hand von sich stößt. Weil nun inzwischen der Sultan auf ihn wartete, und aus der langen Verzögerung wohl abnahm, daß der Herr Gesandte nicht willens sei, den Degen abzulegen, so ließ er denselben wissen, wann er ohne Degen hineingehen wollte, so sei er ihm lieb, wo nicht, könne er nur umkehren. Worauf der Herr Gesandte seinen Caftan von sich gegeben und seinen Leuten dergleichen zu tun befohlen, und ohne Audienz zu seinem Losament gekehret ist. Bald hernach sind ihm die Präsente, so er im Namen des Königs überliefert, auch wieder zurückgesendet worden, welches alles Herr de Feriol durch einen Kurier nach Paris berichtet. Wie solches da-

selbst werde aufgenommen werden, lehret die Zeit, doch verlautet, daß sein Verfahren vom König gut geheißen worden . . .
Noch eine andere Ungelegenheit hätte derselbe fast gehabt, wegen einer großen übergüldeten Lilie, welche er zu Pera, jenseits Constantinopel über sein Lusthaus im Garten setzen lassen, die, als die Sonne darauf geschienen, einen großen Glanz von sich gegeben. Dieses hatte der Sultan vom Scutari Serail gesehen, und, nicht wissend, was das glänzend Ding sei, fragt seine Bedienten, welche zur Antwort gaben, es sehe einem Kreuz (welches als ein Christen-Zeichen bei den Türken sehr verhaßt ist) gleich. Darauf der Sultan zum Vezier, und dieser zum Ambassador schickte, ihm anzudeuten, er solle das güldene Kreuz abnehmen, wo nicht, so würde man es mit Gewalt herunter reißen lassen. Der Gesandte demonstrierte durch seinen Dolmetscher dem Vezier, daß es kein Kreuz, sondern eine Lilie und Zeichen seines Königs sei, welches er nicht wieder abnehmen könnte. Wollte man aber Gewalt brauchen, könne er es nicht verhindern. Als solches der Sultan vernahm, war er damit zufrieden. Gleichwohl hielt der Gesandte seinen Palast selbigen Tages zu, damit keine Insolentien mögen verübt werden.

Hammer-Purgstalls eigene Audienz bei Sultan 1799

Am 1. November fand die Antrittsaudienz beim Sultan statt, ihre Besprechung für den amtlichen Bericht nach Hof oblag mir. Obwohl solche Audienzen vielfach beschrieben worden sind, muß ich doch einige Umstände, die meine besondere Aufmerksamkeit erweckten, hier erwähnen. Die erste Station war unter dem ersten Tore des Serai, wo der Gesandte sich auf die Bank vor dem Gemach des Henkers niedersetzen mußte. Für Veziere, Statthalter, Minister und Generäle ein gefährlicher Eintritt, sie konnten die Schwelle des hohen, kaiserlichen Tores nur mit der Ungewißheit überschreiten, unter demselben vom Henker in Empfang genommen zu werden. Der Zweck des Zeremoniells, demnach sich der Gesandte auf diese Bank zu setzen hatte und vor dem Gemach des Henkers die Erlaubnis weiteren Einlasses erwarten mußte, war der, auch dem Gesandten die Furcht der Großen des Reiches einzuflößen. Hier mußte der Gesandte warten, bis der Großvezier durch das Tor in das Serai einritt, dann erst durfte er sein Pferd wieder besteigen und dem Großvezier folgen. Vor dem Gesandten ritt der Gesandtschaftssekretär, der das Beglaubigungsschreiben in einem Überwurf aus Goldstoff hoch auf den Händen trug, sein Pferd führten zwei Sattelknechte.

Dem Großvezier gingen der Hofmarschall (Tschenschbaschi) und der Oberstkämmerer (Kapidschilar Kiajasi) mit silberbeschlagenen Stöcken voraus, die sie abwechselnd auf das Pflaster aufstießen. Im Diwansaal saß der Großvezier allein in der Mitte, ihm zur Rechten und Linken auf den Seitenbänken die beiden Heeresrichter von Rumuli und Anatoli, die drei Defterdare und der Staatssekretär des Mamersch. Die Minister des Äußern und Innern (der Reis-Efendi und Kiaja-Bey) hatten keinen Sitz im Diwan.

Obwohl der Reis-Efendi keinen Sitz hatte, war er doch als Staatssekretär des Großveziers anwesend und hockte auf dem Boden. Der Kiaja-Bey konnte nie anwesend sein, weil er als Stellvertreter des Großveziers, wenn dieser von der Hohen Pforte, seinem Palast, abwesend war, dort als sein Stellvertreter bleiben mußte. Während des Diwans waren meine Augen auf das mit goldenen Stäben vergitterte Fenster ober dem Vezier gerichtet, hinter welchem der Sultan ungesehen den Diwanverhandlungen beiwohnen konnte. Seine Gegenwart verriet sich manchmal durch das Gefunkel eines diamantenen Reihers hinter den Stäben. Nach aufgehobenem Diwan wurden vor dem Großvezier und den anderen Mitgliedern des Diwans kleine runde Tische gedeckt, der Internuntius speiste mit dem Großvezier allein, die Gesandtschaftsbeamten an den Tafeln der Mitglieder des Diwans. Mehr als hundert Speisen wurden von einer Reihe hart aneinanderstehender Diener hereingehändigt, dann jede für einige Sekunden auf die Tafel gesetzt, abgehoben und auf der anderen Seite durch eine Reihe von Aufwärtern hinausbefördert; sie durchflogen den Saal in weniger als einer halben Stunde und dienten nur als Schaugerichte in den verschiedensten Farben. Ein gesticktes Tuch, um damit den Mund abzuwischen, wurde jedem der Gäste in den Busen geschoben, und die zur Audienz Geladenen wurden nach ihrem Range mit Zobel- oder Hermelinpelzen oder mit Oberkleidern bekleidet. Nachdem der Gesandte und sein Gefolge auf diese Weise nach dem türkischen Zeremoniell gefüttert und bekleidet vor dem Throne des Padischah zu erscheinen würdig erachtet waren, wurden wir aus dem zweiten Hofe des Serai zu ebener Erde durch einen dunkeln Gang in den durch ein einziges Fenster erleuchteten Audienzsaal geführt, jeder von uns von zwei Kämmerern begleitet. Beim Erscheinen vor dem Thron hielten die beiden Kämmerer den Eingeführten mit einer Hand unter dem Arm, die andere hielten sie auf sein Hinterhaupt und beugten ihm den Kopf. Am unanständigsten fand ich die Habgier, mit welcher sich das Gefolge des Gesandten, welches nicht in den Thronsaal zugelassen, Kapitäne, Kaufleute, Gäste und Dienerschaft, auf die auszuteilenden Kaftane warfen. Dazu kamen Mengen von Juden, welche nach der Beteiligung mit dem Beteilten um den Kaftan schacherten, um ihn sofort mit ein paar Piastern Gewinn wieder ans Zeremonienmeisteramt zu verkaufen. Diese Kaftane, deren Wahl nicht nach der Zahl des Gefolges, sondern nach dem Ansehen des Botschafters oder Gesandten bemessen wurde, waren aus dem gröbsten Camelot, weiß und gelb gestreift, was Gold und Silber vorstellen sollte, mit zwei langen Ärmeln, die bis auf den Boden nachschleppten.

Gesandte im Staatsgefängnis

Gurlitt 1908

Der Sultan hat die Gleichwertigkeit fremder Fürsten nie anerkannt. Das türkische Volk hält ihn – trotz allen Mißgeschickes – noch heute für den Herrn der Erde, dem es zusteht, die Kronen zu verteilen. Er hat sich daher auch nie für gebunden an das Völkerrecht angesehen: Gesandte als unbotmäßige Vasallen einzusperren, die unerwünschte Botschaft brachten, schien ihm erlaubt. In dem siebentürmigen Staatsgefängnis am Südende der landseitigen Mauer liest man heute noch in Stein gegraben Inschriften, in denen venetianische Gesandte von ihrer jahrelangen Haft erzählen. Europa sah dem unchristlichen Wesen da unten mit einer zwischen Scheu, Haß und neugieriger Bewunderung gemischten Stimmung zu.

Eine Audienz im Jildis-Palast

Grosser-Rilke 1937

In der halbstündigen Zwischenzeit kam mit Herrn Testa ein Adjutant zu mir und brachte mir in wohlgesetzter Rede eine Einladung des Sultans um sechs Uhr abends zum Diner. Daran anschließend sollte ich ein Konzert bei ihm geben. Ich war starr, ich konnte gar nicht reden, unterstützt von Herrn Testa stammelte ich ein paar Worte des Dankes für die hohe Ehre und Auszeichnung. Unterdessen war es ein Uhr geworden, und ich hatte also nur fünf Stunden Zeit. Testa informierte mich auf das genaueste über die Toilettenangelegenheiten: nicht dekolletiert und lange Ärmel, ein gutes Nachmittagsteekleid genüge. Peinlich war mir die Vorschrift, daß ich bei Beginn meines Vortrages den Hamidiemarsch, die türkische Nationalhymne, zu spielen hätte, ich hatte sie noch nie gehört und besaß auch nicht die Noten.

Mein Mann teilte meine Aufregung, und am liebsten wäre ich sofort weggefahren, ich hatte für das weitere Schauspiel kein Interesse mehr. Aber ich mußte bleiben, es hätte für unhöflich gegolten, vorher zu verschwinden.
In den militärischen Massen kam wieder Bewegung. Eine kleine, sehr elegante Equipage zum Selbstkutschieren fuhr diesmal vor das Tor der Moschee. Der Sultan bestieg den Wagen, nahm die Zügel, rief seinen Lieblingssohn Burhan Eddin Effendi an seine Seite und fuhr los. Und nun kam das Komischste, was ich je erlebt habe! Hinter dem Wagen des Sultans setzten sich sämtliche Würdenträger und hohen Offiziere, alle die Hände über den Bauch gefaltet, in Trab und rannten den ziemlich steilen Weg bis zum Tore des Paradieses mit. Es war wirklich zum Lachen, es gab dabei so viel ältere, dicke Türken, die vor Anstrengung keuchten, ein unwürdiges Zeremoniell. Ich habe dann später noch öfters dem Selamlik beigewohnt und freute mich jedesmal über das glanzvolle Bild, aber der Abschluß hat mich stets verdrossen.
Als dieser ereignisvolle Vormittag zu Ende war, ging's so schnell wie möglich nach Hause, unterwegs kaufte ich mir in der Musikalienhandlung den Hamidiemarsch und bemühte mich, ihn auswendig zu lernen. Gegen fünf Uhr kam ein Adjutant aus dem Jildis angesprengt und überbrachte eine Einladung auch für meinen Mann. Das empfand ich als sehr taktvoll, und es war beruhigend, denn ich hatte schon eine Höllenangst vor der Hinfahrt. Also wir stürzten uns schnell in Toilette. Der Wagen aus Jildis war vorgefahren, ich klemmte die Noten des Hamidiemarsches unter den Arm. Nun ging es denselben Weg, den wir am Morgen schon gemacht hatten, wieder zurück nach Jildis, aber diesmal fuhren wir durch die sonst verschlossene Pforte direkt in Tausendundeine Nacht.
Drei verschlossene und bewachte Portale wurden uns geöffnet, bevor wir in das Allerheiligste kamen. Jildis war wäh-

rend der 33jährigen Regierungszeit Abd ul Hamids sein ständiger Wohnsitz, den er nur verließ, um an den Freitagen in die Moschee zu fahren. Er hatte aus einem einfachen Landhaus ein ganzes Stadtviertel geschaffen; Haremspaläste, Kasernen und Kioske für die Prinzen befanden sich hinter den hohen Mauern, die kein Sterblicher unbewacht betreten durfte. So groß die Furcht vor ihm war, die er sehr geschickt aufrechtzuerhalten verstand, so sehr fürchtete er sich wiederum vor der Rache seiner Opfer. Kein Wunder, daß ich ein leichtes Gruseln empfand, als sich die Pforten hinter uns schlossen.

Im Palast war es gar nicht besonders prachtvoll. Treppen und Korridore waren mit roten Teppichen belegt, an den Wänden hingen schöne Gemälde. In einem großen Empfangsraum warteten die anderen Dinergäste, nur Herren, ich war die einzige Dame. Münir Pascha erwartete uns und stellte uns vor, fast alle waren Türken. Dann ging es zum Essen in den sehr schönen Eßraum. Münir Pascha gab mir den Arm und setzte sich neben mich. Ich sah mich erstaunt um, weil ich nirgends den Sultan sah. Der Zeremonienmeister sprach etwas deutsch. Die Tafel war prachtvoll gedeckt, und es gab ein langes Menu, Champagner war das einzige Getränk. Wein dürfen die Türken nicht trinken, jedoch Champagner gilt als »Sodawasser«. Das Essen war ausnahmslos kalt, aber das »Sodawasser« dafür ganz warm! Der kulinarische Genuß war daher recht gering, ganz zum Schluß nach Eis und Obst wurde der Landessitte gemäß Pilaf, das türkische Nationalgericht, bestehend aus Hammelfleisch, Reis und viel Zwiebeln, gereicht. Gott sei Dank war es heiß und ganz köstlich zubereitet.

Nun ging es wieder durch lange Korridore, und währenddessen klärte mich Münir Pascha über verschiedene Fragen auf, die er wohl aus meinen neugierigen Augen herauslas. Der Sultan esse stets allein, das Diner wäre kalt, weil es von einem Traiteur aus Pera käme. Jetzt waren wir im Theatersaal angekommen, einem verhältnismäßig kleinen Raum, ringsherum eine Galerie mit Logen; auf der einen Seite der Harem hinter Vergitterung, in der Mitte die Sultansloge, gegenüber dem Harem die Plätze für die eingeladenen Gäste.

Plötzlich stand ich ganz allein nur mit dem Zeremonienmeister unter der Mittelloge. Es wurde mir angst und bange. In der Mitte des Saales stand ein großer Flügel, schon geöffnet, davor ein Stuhl und daran angelehnt ein kleiner Mann in goldstrotzender Uniform: Aranda Pascha, der Hofkapellmeister, ein Spanier. Er kam auf mich zu, und ich fragte gleich, wie ich mich zu benehmen habe. »Sie müssen warten, bis S. M. das Zeichen zum Beginn gibt, dann kommen Sie vor bis ans Klavier und machen Ihre Verbeugung vor der Mittelloge, dort sitzen S. M. und alle Prinzen. Dann spielen Sie ein paar Akkorde, gern gehört wird der Hamidie, und dann tragen Sie Ihr Programm vor. Aufhören dürfen Sie aber erst dann, wenn der Sultan mir das Zeichen gibt. Ich bleibe an Ihrer Seite und werde es Ihnen rechtzeitig melden.« Ich fragte ganz beklommen, was denn zu hören gewünscht würde. »Ganz gleichgültig«, war seine Antwort, »jetzt kommen Sie.«

Ich stümperte den Hadiemarsch recht und schlecht herunter und legte mich dann ins Zeug mit möglichst leichter Musik: der Faustwalzer von Liszt gab mir Gelegenheit, mich nach jeder Hinsicht auszuleben, und ich hörte mit Vergnügen, daß meine spanische Statue leise flüsterte: »bravissimo«. Das machte mir Mut, und ich orgelte seelenvergnügt weiter. Plötzlich, in einer besonders schönen lyrischen Stelle der »Berceuse« von Chopin mußte ich aufhören. Abd ul Hamid hatte genug von den musikalischen Genüssen, wieder tiefer Hofknicks, und ich verschwand hinter den Säulen.

Weder Tabak in der Wasserpfeife noch Kaffee in den Tassen.
Woolf 1928

Er fragte sich, ob nicht zur Zeit der Kreuzzüge einer seiner Vorfahren sich etwa mit einer zirkassischen Bäuerin eingelassen habe; hielt es für möglich; bildete sich eine gewisse dunkle Tönung seiner Hautfarbe ein; trat ins Zimmer zurück und begab sich in sein Bad.
Eine Stunde später, geziemend parfümiert, gekräuselt und pomadisiert, empfing er die Besuche von Sekretären und hohen Beamten, welche einer nach dem andern diese roten Schatullen brachten, die sich nur seinem eigenen goldenen Schlüssel öffneten. In ihnen lagen Schriftstücke von höchster Wichtigkeit, derer aber nun nur noch Restchen, hier ein Schnörkel, da ein fest an einem Stück versengter Seide haftendes Siegel, übrig sind. Von ihrem Inhalt können wir also nicht sprechen, sondern nur bezeugen, daß Orlando mit seinem Siegelwachs, seinen verschiedenfarbenen Bändern, welche auf verschiedene Weise angehängt werden mußten, dem Einsetzen von Namen und dem Verschnörkeln von Initialen beschäftigt blieb, bis es Zeit zum Mittagessen war – einem köstlichen Mahl von vielleicht dreißig Gängen.
Nach dem Mittagessen meldeten Lakaien, daß seine sechsspännige Karosse vor dem Haus warte, und er fuhr, mit den in Purpur gekleideten, vor ihm herlaufenden und große Straußfedernfächer über dem Kopf schwingenden Janitscharen, Besuche bei den anderen Gesandten und den Staatswürdenträgern machen. Die Zeremonie bei diesen Besuchen war immer dieselbe. Sobald der Vorhof erreicht war, schlugen die Janitscharen mit ihren Fächern an das Haupttor, das sich sogleich öffnete und einen großen, prächtig eingerichteten Raum sehen ließ. Hier saßen zwei Gestalten, gewöhnlich von jedem der beiden Geschlechter. Tiefe Verneigungen und Knickse wurden getauscht. In diesem ersten Raum war es nur erlaubt, des Wetters Erwähnung zu

tun. Nachdem der Gesandte gesagt hatte, es sei schön oder regnerisch, heiß oder kalt, begab er sich in das nächste Zimmer, wo abermals zwei Gestalten sich erhoben, um ihn zu begrüßen. Hier war es nur erlaubt, Konstantinopel als Wohnort mit London zu vergleichen; und der Gesandte sagte selbstverständlich, er gebe Konstantinopel den Vorzug, und seine Gastgeber sagten ebenso selbstverständlich, obgleich sie es nie gesehen hatten, daß sie London vorzögen. Im nächsten Zimmer mußte König Charles' und des Sultans Gesundheitszustand des langen besprochen werden; im übernächsten, jedoch des kürzeren, das Befinden des Gesandten und das der Gemahlin seines Gastgebers. Im nächstfolgenden machte der Gesandte seinem Gastgeber Komplimente über dessen Mobiliar, und der Gastgeber sagte dem Gesandten Artigkeiten über dessen Kleidung. Im nächsten wurden Süßigkeiten gereicht, wobei der Gastgeber deren Schlechtigkeit beklagte, der Gesandte deren Güte belobte. Die Zeremonie endete schließlich mit dem Rauchen einer Huka und dem Trinken einer Tasse Kaffee; aber wurden die Bewegungen des Rauchens und des Trinkens auch mit peinlicher Genauigkeit ausgeführt, war doch weder Tabak in der Wasserpfeife noch Kaffee in den Tassen, denn wären diese wirklich darin gewesen, wäre die menschliche Konstitution unter dem Übermaß zusammengebrochen; mußte doch der Gesandte, kaum daß er einen solchen Besuch beendet hatte, schon den nächsten unternehmen. Dieselben Zeremonien wurden in genau derselben Reihenfolge noch sechs- oder siebenmal in den Häusern der anderen Großen abgewickelt, so daß es oft schon Nacht war, bis der Gesandte endlich keimkam.

16
WEISHEIT, WISSENSCHAFT UND FORTSCHRITT

Wenn Du vernünftig bist, trau' nicht der falschen Welt,
Die stets den Mond als Becher in die Runde hält.
Baki

Die Zeitrechnung nach dem Mond

Horn 1903

Der Türke ist bekanntlich vorsichtig, er will den Neumond wirklich gesehen haben, ehe er den Beginn eines neuen Monats zugibt, und da es doch immerhin denkbar wäre, daß unserm treuen Erdbegleiter tagsüber, wo er nicht sichtbar, etwas zugestoßen, so wartet der mistrauische Moslem ab, bis durch glaubhafter Zeugen Mund dargetan wurde, daß der alte Mond, wenn auch zunächst nur in Form einer mageren Sichel, tatsächlich wiedergeboren sei.
Der türkische Kalender ist überdies etwas kompliziert. Da die Flucht Muhameds von Mekka nach Medina – die Hedschra – am 15. Juli 622 der Ausgangspunkt muhamedanischer Zeitrechnung ist, so würden die Moslems, wenn sie nach Sonnenjahren, wie wir, rechneten, statt 1902 = 1280 schreiben müssen, tatsächlich begannen sie aber am 30. März 1903 bereits ihr 1321. Jahr. Sie rechnen nämlich nach Mondjahren von 354 Tagen, also mit einem um zirka elf Tage kleineren Jahre, als wir. Dieses Mondjahr teilen sie in zwölf Monate, von denen die sechs geraden neunundzwanzig, die sechs ungeraden dreißig Tage enthalten. Bis dahin ginge die Sache noch, nun aber wird innerhalb einer dreißigjährigen Periode elfmal am Schlusse gewisser Jahre (2, 5, 7, 10, 13, 16, 18, 21, 24, 26 und 29) je ein Tag eingeschaltet,

so daß die zuverlässige Angabe des Datums eines bevorstehenden Tages stets Geheimnis der Kalendergelehrten bleibt. – Aus dem Umstande, daß das Mondjahr elf Tage kürzer ist, als das Sonnenjahr, ergibt sich, daß ersteres sich auch den Jahreszeiten gegenüber andauernd verschiebt und daß beispielsweise jemand seinen Geburtstag sowohl in Sommerssonnenglut, als auch in Wintersschnee zu feiern vermag. Öfter als dreimal wird allerdings ein Sterblicher wohl kaum den ganzen Jahresturnus mit seinem Wiegenfeste durchmachen, denn alsdann sind zirka 100 Jahre verflossen. –

Das Papier beim Jüngsten Gericht

Busbecq 1596

Als ich in den Gasthäusern, welche die Türken Imaret nennen, herbergte, sah ich zufällig eine Menge Schnitzel in den Mauerspalten stecken. Indem ich sie neugierig herausnahm in der Meinung, das könne kein Zufall sein, erkundigte ich mich bei meinen Türken, was sie bedeuteten, erfuhr aber, es stünde nichts darauf, weshalb sie des Aufhebens wert seien. Um so begieriger wurde ich zu erfahren, weshalb man sie dennoch dort verwahre, denn ich hatte das schon vorher vieler Orten bemerkt. Die Türken gaben mir keinen Bescheid und wollten den Grund nicht nennen; vielleicht schämten sie sich zu erzählen, was ich doch nicht glauben würde, vielleicht wollten sie ein so heiliges Geheimnis mir Unheiligem nicht eröffnen. Später erfuhr ich von denen, die mir vertrauter geworden waren, die Türken erwiesen dem Papier große Ehre, weil der Name Gottes darauf geschrieben werde. Daher lassen sie Papier niemals auf der Erde liegen, und stoßen sie auf welches, so heben sie es gleich auf und stecken es in eine Spalte oder Ritze, damit es nicht mit Füßen getreten wird.

Zur Zeit des jüngsten Gerichtes, wenn Mahomet seine Folger aus den Orten, wo sie für ihre Sünden Buße tun, zum Himmel berufen und ihnen an der ewigen Seligkeit teilgeben wird, wird kein anderer Weg zu ihm da sein als über einen ungeheuren eisernen Rost, der von Feuer brennt und glüht: darüber wird man mit nackten Füßen zu schreiten haben. Unter welchen Schmerzen, magst du dir denken: stell dir nur einen Hahn vor, den man über glühende Kohlen hüpfen läßt. Hier aber wird nun – wunderbar zu sagen – das ganze Papier, das sie auf die genannte Art vor schmählichen Fußtritten gerettet haben, unversehens zur Stelle sein und sich unter ihre Sohlen legen als bedeutende Hilfe, daß sie von dem heißen Eisen nichts verspüren: so groß wird der Lohn für das vor Unrecht geschützte Papier sein. Meine türkischen Führer waren einmal sehr erbost über meine Diener, die Papier zur Reinigung ihres Hinterteils gebrauchten – sie brachten das dann als ein großes Verbrechen zu mir. Ich antwortete, das sei bei meinen Dienern nicht zu verwundern, da sie ja sogar Schweinefleisch zu essen pflegten.

Die Einrichtung einer Druckerei

Frankfurter Messerelation 1728-1730

1728

Sonsten ist sehr merkwürdig, daß endlich auch eine Druckerei zu Constantinopel, und zwar vom Groß-Vezier im Serail aufgerichtet worden, da bis hieher keine im türkischen Reich geduldet wurde, weil sich viele tausend Menschen vom Schreiben ernähreten. Diese Druckerei soll bereits zur Perfektion gelangt sein. Es arbeiten wirklich 36 Lehrjungen darin, unter Direktion von 8 Meistern, welche mehrenteils geborene Griechen sind, die aber die Landessprache vollkommen verstehen . . . Wie man denn auch bereits zu Wien im April wirklich einen Bogen von dieser neuangelegten

Druckerei erhalten hatte, welcher wegen der Reinigkeit des Papiers und der Buchstaben ungemein bewundert wird. Es hatte zwar der Muffti gegen die Neuerung sehr losgezogen, indem er solche Aufrichtung einer Druckerei für eine Geissel Gottes hielt, welche den Untertanen des Groß-Sultans eben so nachteilig als die Pest sei. Ja, es wäre diese Neuerung nicht allein gefährlich wegen der Lehre ihres Propheten, sondern könne auch hieraus dem Staat kein Vorteil zuwachsen, wann eine Million Schreiber, die sich vom Abschreiben bisher ernährt, nun auf einmal an den Bettelstab geraten, und dem Sultan zur Last fallen sollten. Allein der Groß-Vezier hat durch sein Ansehen, Macht, gute Einsicht und Erkenntnis durchgedrungen, und ist denen Muffti'schen Vorstellungen sattsam begegnet. Denn erstlich könnte durch Aufsicht geschickter und verständiger Männer verhütet werden, daß nichts dem Alcoran Nachteiliges zum Vorschein käme. Und Arbeit sollte sich für die Müßiggänger immer finden, weil so viel unbebautes Erdreich vorhanden wäre, welches einen fleißigen Arbeiter genugsam ernähren könnte.

1729
Sonsten sind die Türken, nachdem sich auch der Muffti der Druckerei nunmehr annimmt, mit dieser löblichen Kunst schon so weit gekommen, daß sie unter andern auch ein Wörter-Buch und eine Grammatique in türkischer Sprach gedruckt. So suchten auch die Ministri des Ottomanischen Hofs eine Akademie der Wissenschaften nach Exempel der zu Paris und anderer Europäischen Christlichen Örter, unter Direktion und Anführung verschiedener Französischen und anderer Gelehrten aus dem Christlichen Welt-Teil aufzurichten.

1730
Was nun die neue angelegte Buchdruckerei der Türken

anlangt, wovon gemeldet wurde, daß in dieselbe auch Französische Buchstaben und Schriften sollten gebracht werden, so kamen im Mai von Marsilien viele Franzosen mit einem Schiffe zu Constantinopel wirklich an, um in dieser neuen Buchdruckerei gebraucht zu werden. Wie dann zu Ende des verwichenen Jahres, drei zu Constantinopel gedruckte Werke zum Vorschein kamen, welche wegen Nettigkeit des Druckes und Schönheit des Papiers und anderer Accuratesse bei denen Kennern ungemein Beifall fanden, nachdem drei Exemplaria . . . davon nach Paris geschickt und in die Königliche Bibliothek gebracht worden.

Der Sultan ist gegen Rationalisierung

Jahn 1828

Da nämlich die Handelsschiffe wegen des Nordwindes, die hier zwei Dritteile des Jahres hindurch herrschen, oft drei Wochen in den Dardanellen zubringen, welche doch nur neun Stunden lang aber zum lavieren zu schmal sind: so hat sich eine fränkische Gesellschaft von 86 Personen aus Konstantinopel und Smyrna entschlossen, einige Dampfschiffe zu errichten, mittelst welcher man nicht allein obige Schiffe durch die Dardanellen buchsieren, sondern auch die Reise zwischen beiden Städten, 130 Stunden, auf die vorteilhafteste Weise in zwei Tagen zurücklegen könnte, und haben daher der Pforte dieses Projekt zur Genehmigung eingereicht. Allein der Sultan verlangte erst beiläufig zu wissen, wie viele Menschen dadurch auf einmal verdienstlos würden, worauf man die Zahl von 14 000 in ein Blumengewand hüllte, und es ihm überreichte. Seine Resolution beschränkte sich auf Folgendes: Obgleich solche Erfindungen der Menschen Wesen höher stellten, und daher lobenswürdig wären, so dürfte doch die Vernunft in vorliegendem Falle keinen Gebrauch davon machen, indem diese Neuerung auf einmal zu viele brave Gemüter erbittern müßte, ohne einen wünschenswerten Einfluß auf das Allgemeine hoffen zu lassen, weil nicht allein ein so kurzer Vorteil sich sehr bald verliere oder ausgleiche, sondern auch dergleichen Maschinen sowohl dem Wohlstande des Untertanen, als wie auch der Kunst selbst hinderlich würden, ohne zu erwägen, wie sehr diese Erfindung der Natur trotze, die sich noch stets dafür gerächt hätte, wovon z. B. die Erfindung des Schießpulvers die traurigste Belege liefere, indem es die schönsten Altertümer zertrümmert und Millionen Brüder getötet hätte. Zu diesem sei es um so mehr die erste Pflicht eines Regenten, seine Untertanen, besonders bei der heutigen Welt, durch Beschäftigung von Vergehungen abzuhalten.

Man machte mit den geschminktesten Bewegungsgründen Gegenvorstellungen, die aber, wie gewöhnlich, unbeantwortet geblieben sein sollen.

Daß nun aus erwähnten Sentenzen Unvernunft und Mangel an Liebe gegen Untertanen hervorleuchtet, wird wohl kein Unbeteiligter von gesunden Sinnen sagen, denn was würde nicht alles entstehen, wenn z. B. noch erfunden werden sollte, daß wir fliegen könnten, welches doch gerade nicht ganz unmöglich scheint. Es sollen zu Konstantinopel allein bei 11 000 Pantoffelmacher, 9000 Weber und 7000 Seiler sein, was sollen nun diese 27 000 Arbeiter, die nicht so wie die Engländer auf Kosten ihres Nebenmenschen raffinieren können, anfangen, wenn Maschinen erfunden würden, mittelst deren man mit 500 Menschen, wo nicht gar mit so viel Tieren, alle ihre Arbeit verrichten könnte?

1763 wird eine Bibliothek gestiftet

Hammer-Purgstall 1832

Nach achtzehn Monaten war der Bau der Bibliothek und der an derselben gestifteten hohen Schule vollendet; die

Bücher wurden aus dem Palaste des Großwesirs in die Bibliothek übertragen, der Custos und Scriptor der Bibliothek, der Professor und Gehülfe der Schule wurden angestellt, und für vierzig Jünglinge täglicher Unterhalt gestiftet. Die Bibliothek wurde mit einer Fontäne verschönert, um die Durstigen der Wissenschaft auch leiblich zu tränken, und die beliebte Fontäne Inschrift: *Von reinem Quell wird alles Leben hell,* fand ihre Anwendung in höherem Sinne auf den reinen Quell der Wissenschaft, welcher geistiges Leben erhellet. Keine der Bibliotheken Constantinopel's ist so sinnreich verziert, als die Raghib's. Es hängen von der Decke derselben eine Art eherner Hängeleuchter herunter, welche aber nicht wirkliche, sondern nur symbolische, indem deren Stabgewinde verschiedene Inschriften bildet, welche das innere Auge erleuchten. Diese Hängeleuchter sprechen als Inschriftsgewinde den Spruch der Überlieferung: *Die Handlungen werden nach ihren Absichten beurteilt:* die mittlere größte: *Meine Leitung ist nur Gott,* die äußere ober dem Eingange: *Im Namen Gottes;* rund um an der Wand läuft das herrliche Lobgedicht auf den Propheten, die Borda Bussiri's, als die schönste Verbrämung moslimischen Büchersaales. Die Bücher sind in einer Art von Drahtkäfig aufgeschichtet. Während des Baues war die Kuppel der Bibliothek eingestürzt, was manche als üble Vorbedeutung für den Erbauer selbst erklärten, eine Vorhersagung, die vierzig Tage später durch den Tod des Erbauers in Erfüllung ging. Er starb an der süßen Harnruhr, fünf und sechzig Jahre alt; er ruht außer dem im Hofe der Bibliothek erbauten Grabdome; zwischen demselben und der Fontäne ist das Grab seines Harems, welches die Asche zweier seiner Frauen umschließt. Dieses und ein Paar daneben stehende Gräber mit vergoldeten Inschriften und Gittern voll wohlriechender Kräuter, die aus der Mitte der Marmorkiste emporwuchern, erscheinen Moslimen als Käfige des Paradieses, aus denen himmlische Düfte hauchen. Raghib ruht, wie so viele andere Stifter von Bibliotheken zu Constantinopel an der Bibliothek selbst, damit der Geist, der aus den Büchern spricht, mit dem der Leser vermählt, in ihrem Munde als Segen für den Stifter durch die Zypressen über das Grab hinwehe, und dem Staube die Unsterblichkeit der Wissenschaft künden möge.

Der neue Geist im 18. Jahrhundert

Jorga 1908

Um diese neue Richtung zu verstehen, muß man die große, seit kaum einem halben Jahrhundert in der ganzen osmanischen Gesellschaft eingetretene Veränderung berücksichtigen, die notwendigerweise auch auf das politische Leben, die oberste Leitung des Reiches und seine Beziehungen zu europäischen und asiatischen Nachbarn eine starke, ja gewissermaßen revolutionäre Wirkung ausübte. Sie beeinflußte nicht nur Türken oder Moslems im allgemeinen, die zu Tausenden über Geschichte und Theologie schrieben und weiter abschrieben und außerdem Logik, Moral, Medizin, Geometrie, Geographie, Astronomie usw. studierten, sondern auch die Christen jeder Nationalität und sogar die sich längere Zeit in der Türkei aufhaltenden Abendländer, bis zu den Gesandten. Diese täglich erstarkende Zeitströmung offenbarte sich siegreich, wenn Achmed Köprili Theologie und Rechte studierte, und späterhin Gelehrte bevorzugte; wenn Nischandschis und Reis-Efendis, statt siegreicher Generale, schlauer und ränkesüchtiger Eunuchen oder geliebter Frauen des Serails das Reich lenkten; wenn sich der einfache Schreiber Rami als Vertreter der emporstrebenden neuen Klasse der Gelehrten weit über die Kriegsleute seiner Zeit erhob. Der französische Gesandte Fériol bot seinen Gästen Symphonien.

Cantemir, der türkisch, arabisch, persisch, griechisch, neugriechisch, rumänisch, lateinisch, italienisch, französisch und später noch russisch sprach und schrieb, der gleichzeitig Geschichte, Musik, Philosophie, Geographie, Archälogie und Politik trieb und die Denkweise des Orients mit der Gelehrsamkeit des Westens verband, ist der geeignetste Vertreter dieses neuen Kulturideals, in dem sich so viele verschiedenartige Einflüsse vereinigten, nicht etwa um etwas Neues hervorzubringen, sondern um eine bisher nur in der Sorge um Kriege und Eroberungen oder in der einschläfernden Atmosphäre des Luxus und brutaler Vergnügungen hinlebende Gesellschaft moralisch zu heben und mit den äußeren Errungenschaften einer Zivilisation im westlichen Sinne zu schmücken.

Der einst so rohe, manchmal fabelhafte Luxus des Zeitalters Sultan Ibrahims war verschwunden, aber schöne Bauten mit künstlerischen Plafonds voller Arabesken und zierlich gearbeiteten Fenstern, hübsche Kioske, blühende Gärten begannen die türkischen Städte zu schmücken. In den Kaffeehäusern wurden außer dem gewöhnlichen hauptstädtischen Klatsch nun auch Staatsinteressen täglich lebhafter erörtert.

Aus der friedlichen Welt der Gelehrten, die das theologische Wissen der Araber und die dichterische Kunst der Perser innehatten, erhoben sich als neue leitende Klasse des Kalems die Kalemdschis, die in ihren Bureaus von der Feder lebten und durch die Feder herrschten; sie wurden auch gewöhnlich die Efendis genannt.

Sprachen, die man in Pera spricht

Lady Montagu 1717

Ich wohne an einem Ort, der vom Turm zu Babel eine rechte Vorstellung gibt: in Pera spricht man türkisch, griechisch, hebräisch, armenisch, arabisch, persisch, russisch, slowenisch, walachisch, deutsch, holländisch, französisch, englisch, italienisch, ungarisch, und, was das schlimmste ist, es werden zehn dieser Sprachen in meinem eigenen Hause gesprochen. Meine Stallknechte sind Araber, meine Bedienten Franzosen, Engländer und Deutsche, meine Amme eine Armenierin, meine Hausmädchen Russinnen, ein halbes Dutzend andere Bediente Griechen, mein Haushofmeister ein Italiener, meine Janitscharen Türken, so daß ich diese Vermischung von Lauten in einem fort höre. Bei den Eingeborenen bringt das hier eine seltsame Wirkung hervor, denn sie lernen diese Sprachen alle zur gleichen Zeit, ohne eine einzige genug innezuhaben, um darin zu lesen oder zu schreiben. Man findet hier wenig Männer, Weiber oder selbst Kinder, die nicht in fünf oder sechs Sprachen eine ganze Reihe Wörter wissen. Ich kenne selbst Kinder von drei oder vier Jahren, die italienisch, französisch, griechisch, türkisch und russisch reden. Letzteres lernen sie von ihren Ammen, die größtenteils aus diesem Lande sind. Dies scheint Ihnen unglaublich? Das ist es auch nach meiner Meinung, eines der seltsamsten Dinge dieses Landes.

Wie man Briefe schreibt

Castellan 1815

Die Türken beobachten bei ihren Briefen, die sie einander zusenden, eine Menge kleiner Artigkeiten, worauf sie vielen Wert legen. Das Papier, das die meiste Ehrfurcht verrät, ist weiß mit goldenen Blumen; den Namen der Person und ihre Titel schreiben sie mit goldenen Buchstaben; der Rand muß sehr breit sein u. s. w.; die größte Artigkeit aber besteht in dem Futterale, das ein gestickter Sack ist, welcher mit einem Faden von Gold und Seide zugebunden und mit spanischem Wachse zugesiegelt wird. Nie schreiben sie mehr als eine Seite voll, denn man würde es für die größte Unartigkeit halten, wenn derjenige, an welchen das Sendschreiben gerichtet ist, das Blatt umwenden müßte. Sie schneiden jederzeit den rechten Winkel des Blattes mit der Schere ab, um, wie sie bemerken, anzuzeigen, daß alle unsere Werke, so wie alle unsere Handlungen, voll Unvollkommenheiten und Fehler sind. Endlich schreiben sie am Siegel dreimal das Wort Kithmyr; dies ist der Name des Hundes der Siebenschläfer, welcher die Aufsicht über die Briefe führt. »Als sie der Ewige, sagen sie, ins Paradies nahm, hängte sich dieser Hund an den Rock Eines der Siebenschläfer und kam also mit in den Himmel. Als ihn Gott ansichtig wurde, sagte er: Kithmyr, wie bist du hierher gekommen? Ich habe dich nicht herkommen heißen, und ich will dich auch nicht fortjagen; damit du aber hier nicht ohne ein Geschäft bist, eben so wenig als deine Herren: so sollst du die Aufsicht über die Sendschreiben haben, und dafür sorgen, daß man den Boten, während sie schlafen, nicht das Felleisen stiehlt.«

Bittschrift oder Trauerpost.

Moltke 1836

Unter einem Bogen sitzt ein türkischer Briefschreiber, ein Stück Pergament auf dem Knie und eine Rohrfeder in der Hand. Frauen in weiten Mänteln und gelben Pantoffeln, das Gesicht bis auf die Augen verbunden, erzählen ihm mit lebhaften Gebärden ihr Anliegen, und mit regungslosen Zügen schreibt der Türke das Geheimniß des Harems, eine Prozeßangelegenheit, eine Bittschrift an den Sultan oder eine Trauerpost, faltet das Blatt künstlich zusammen, wickelt es in ein Stück Musselin, drückt ein Siegel von rotem Wachs darauf und empfängt seine 20 Para für eine Freudenpost wie für eine Todesnachricht.

Atatürks Reformen

Kral 1937

Einen mächtigen Antrieb erhielten das türkische Schulwesen und die türkische Volksbildung durch den Übergang zum lateinischen Alphabet an Stelle des bisher gewohnten arabischen, der auf persönliches Verlangen des Präsidenten der Republik im November 1928 verfügt wurde.

Die Einführung dieser neuen großen Reform geschah, wie es bei den meisten anderen Entschließungen von so unermeßlicher Tragweite in der Türkei der Fall war, in mehr oder weniger langen Etappen. Zuerst wurde im Frühjahr desselben Jahres aus Nützlichkeitsgründen der Gebrauch der internationalen Ziffern an Stelle der türkischen angeordnet. Nach mehreren Monaten erging der Befehl zum Lehren und Erlernen des lateinischen Alphabets in sämtlichen Zivil- und Militärlehranstalten sowie in den Ämtern; dann folgte die obligatorische Anordnung des Gebrauches der lateinischen Lettern, hauptsächlich im offiziellen Verkehr, bei gleichzeitiger Belassung der arabischen, so daß z. B. die Zeitungen eine Zeitlang in beiden Schriftzeichen erschienen, und zum Schluß erging die Verordnung zum zwangsweisen und ausschließlichen Gebrauch der neuen Schreibweise, bei absolutem Verbot der alten und unter Androhung strenger Strafen. Eingaben in den arabischen Buchstaben wandern seither unbarmherzig in den Papierkorb und dürfen überhaupt nicht gelesen werden.

Zur Erlernung des neuen Alphabets wurden im ganzen Lande Schreib- und Lesekurse, die sogenannten Nationalschulen, eröffnet, die, obligatorisch für alle Personen beiderlei Geschlechtes bis zu 45 Jahren, welche die neue Schrift noch nicht beherrschen, alljährlich in den größeren Ortschaften abgehalten werden und schon Hunderttausenden die Kenntnis der neuen Schreibweise vermittelt haben. An die Spitze der ganzen Aktion stellte sich Kamâl Atatürk in eigener Person und leitete Wochen hindurch, teils in seinem Palais Dolmabağçe in Istanbul, teils in Ankara, vor einem großen Kreise auserwählter Persönlichkeiten an der Schultafel stehend, einen derartigen Kurs. Diese Tatsache und sein Verdienst wurden im Artikel 1 des Gesetzes über die Nationalschulen in den markigen Satz geprägt: »Der erste Lehrer der Nationalschulen ist der Präsident der Republik, Seine Exzellenz Gazi Mustafa Kemal Pascha.«

Machmud Beys Zeitung

Akbal 1963

Vorwegnehmen möchte ich, daß jene Straße, jenes Haus und vielleicht auch der Mensch, von dem ich erzählen will, vom Erdboden verschwunden sind. Die Straße ist nicht mehr da, das Haus ist abgerissen, und wer weiß, was aus der Hauptperson der Geschichte geworden ist . . . Neulich kam ich wieder einmal in die ehemals vertraute Gegend; ich fand sie bis zur Unkenntlichkeit verändert, völlig fremd geworden. Hier mußte irgendwo jene enge Straße gewesen sein, die dort begonnen hatte, wo das Pflaster des Bürgersteiges aufhörte, vor einem Brunnen. Sie bestand nur aus ein paar Häusern, dann mündete sie in die große Verkehrsstraße mit ihren Straßenbahnschienen ein. Jetzt stieg eine Staubwolke in die Luft. Als der Wind sie vertrieben hatte, erhellte sich auch mein Gedächtnis wieder, und ich fand mich plötzlich um Jahre zurückversetzt.

Damals war ich an einem Frühlingstag unter einem sanften Regen an einer Kinoreklame vorübergegangen. Es war einer meiner vielen nutzlosen Tage, an denen ich nichts Rechtes mit mir anzufangen wußte.

Plötzlich war ich in jene kleine Straße geraten. Ich war in dem Stadtviertel geboren und aufgewachsen, aber seltsamerweise hatte ich sie nie zuvor bemerkt. Als ich stehengeblieben war, um mir eine Zigarette anzuzünden, war mein Blick auf das winzige Holzhaus gefallen. Und dieser Anblick hatte mich so in Erstaunen versetzt, daß ich zunächst fassungslos und wie erstarrt stehengeblieben war.

An den Fenstern der Häuser war kein menschliches Wesen zu erblicken, und außer mir war niemand auf der Straße. Ich blickte mich um, tat einen Zug an meiner Zigarette und trat zwei Schritte zurück, um mich zu vergewissern, daß ich richtig gesehen hatte: Die Hauswand vor mir glich einer Zeitungsseite! Und zwar der Titelseite eines der von blutrünstigen und skandalösen Geschichten überquellenden Boulevardblätter, wie sie um Mitternacht für fünf *Kurusch* ausgerufen werden. Eine Spalte neben der anderen, Leitartikel, Glossen, Nachrichten, Feuilleton und Anzeigen, alles mit großen Kreidebuchstaben aneinandergereiht.

Zuerst las ich den Leitartikel, dann die Meldungen und den Roman bis zum »Fortsetzung folgt«. Hätte es mir nicht ins Gesicht geregnet und wäre nicht ganz nahe Donner zu hören gewesen, ich hätte geglaubt, im Stehen zu träumen. Ich las die Artikel immer wieder, prüfte Inhalt, Aufmachung und Schrift. Wirklich, ich hatte eine vollkommene Zeitungsseite vor mir, eine Zeitung in Hausgestalt. Sie strotzte von angeprangerten Ungerechtigkeiten, empörender Korruption und allerhand Schurkereien. Unter jedem Artikel stand das gleiche Verfasserzeichen. Wie war es nur möglich, soviel in diese eine Seite hineinzuzwängen?! Über und unter den Fenstern, auf der Tür sogar war jeder Platz gefüllt, keine noch so kleine freie Stelle war übriggeblieben.

Nach der ersten Verblüffung versuchte ich, die Zusammenhänge zu begreifen. In einem »Offenen Brief« an irgendeinen Minister war von »Verleumdung«, »dreißigjährigem Dienst« und »himmelschreiendem Unrecht« die Rede. Der Redakteur und Besitzer dieser einzigartigen Zeitung mußte ein entlassener Beamter sein. Um aller Welt die ihm widerfahrene Ungerechtigkeit mitzuteilen, hatte er zu diesem

Mittel gegriffen. Er malte seinen Ingrimm an die Hausfassade, und jeder Vorübergehende mußte es lesen. (Aber wie viele Menschen kamen schon durch dieses verlorene Gäßchen!)

Ich ging bis zur Ecke und blieb bei dem Kastanienhändler, an der Einmündung der Hauptstraße stehen. Ich muß den guten Mann wohl etwas seltsam angesehen haben. Er fuchtelte mit seiner Feuerzange. »Sie wundern sich, Bey?« Er mußte gewiß mehrmals am Tage die Erklärung geben, die er mir nun ungefragt bot. Der Name des seltsamen Zeitungsmannes war Machmud Bey. Wie ich vermutet hatte, war er aus einem Staatsamt entlassen und dann wunderlich geworden. Man hatte ihn in einer Nervenklinik behandelt. Nach Monaten holten Frau und Tochter ihn nach Hause, aber er kam nicht wieder richtig zu sich. Zuerst versuchte er, vom Fenster aus »Reden an das Volk« zu halten. Dann stand er eines Morgens ganz früh auf, stellte eine Leiter ans Haus und schrieb Artikel, Geschichten, Offene Briefe an die Wand. Nachdem es hell geworden war, wischten die Frauen alles ab, aber am nächsten Morgen stand das gleiche wieder da. Und dann stellte Machmud Bey immer am Montag früh die Leiter auf und schrieb seine Zeitung an. Nachbarn und Passanten lasen sie regelmäßig . . .

»Machmud Bey ist ein sehr gebildeter Mann«, fügte der Kastanienhändler hinzu. »Seit er jener Geschichte zum Opfer gefallen ist, geht es so mit ihm . . . Ein herzensguter Mensch, und was er alles weiß . . . Aber da ist er ja, an seinem Fenster . . . Jetzt hat er Sie gesehen – was glauben Sie, wie der arme Kerl sich jetzt freut!«

17

TÜRKENKINDER – CHRISTENKINDER

Dieses zusammengeraubte Häuflein Christenkinder

Gerlach 1674

Zu gewisser Zeit werden Türken ausgeschickt, in diese und jene Landschaft, daß sie den Christen ihre Kinder hinweg nehmen. In einem jeden Städtlein und Flecken ist ein Kadi oder Richter, welcher sein Register aller Bürger und Untertanen hält, die beruft er alsdann zusammen, und fraget einen jeglichen, wieviel er Söhne habe? Die müssen sie ihm anzeigen, bisweilen verraten die Christen einander selber: bisweilen werden sie mit listigen Fragen, auch wohl gar mit Marter und Zwang, die Zahl ihrer Söhne anzuzeigen genötigt. Solche Zahl nun wird aufgezeichnet, und alle Söhn' auf einen Haufen zusammen gebracht, aus welchen die Türken nehmen, welche und wieviel sie wollen, daß oft ein Vater zwei, drei Söhne verliert. (Und ein anderer auch wohl keinen.) Und also werden die Kinder von ihren Eltern gerissen, daß sie solche ihr lebenlang nimmer sehen, oder doch sie nicht mehr kennen. Die werden dann nach Constantinopel gebracht, und daselbsten in der türkischen Sprach und Religion unterrichtet: denn sie haben viele Schulen, darinnen sie schreiben und lesen lernen, und die heißen Samoglani. Die reichen Christen kaufen ihre Kinder davon los, doch sind die zu Constantinopel und Galata von solcher grausamen Dienstbarkeit ohne das befreit, leiden dagegen andere große Beschwerungen, dieweil die Türken von allem, was vom Land oder Meer gen Constantinopel feil gebracht wird, Kirschen, Birnen, Äpfel, Holz etc. einen großen Zoll nehmen.

Im Jänner des 1574. Jahres hat man 8000 gebracht. Sie

tragen gelbe, spitzige Hütlein, und ihre jährliche Kleidung ist von starkem, blauem Tuch, und ihre tägliche Besoldung ist anfangs zwei Asper, damit man ihnen jährlich aufsteiget. Teils werden zu Handwerkern getan, teils das Vieh zu hüten gebrauchet, teils vornehmen Bürgern zu Aufwärtern gegeben, daß sie Höflichkeit lernen, bis sie der Kaiser in seine Dienste nimmt. Sie sind ärger, denn die Türken selbsten, denn es ist ein loses und unnützes Gesindlein, die den Christen und Juden alle Plag antun, und machens in deren Häusern, wo sie hinkommen, als unsere Kriegs-Gurgeln im Krieg: Sie dürfen um eines Talers willen, der ihnen gegeben wird, einen, den sie nicht kennen, erbärmlich abprügeln, auch wohl gar zu Tode schlagen. Aus ihnen wird die Zahl der erschlagenen oder gestorbenen Janitscharen ersetzt.

»Ich weiß nicht, was das Los mir auf die Stirn geschrieben,
Ach, daß im Rosenhain kein Lächeln mir geblieben.«

Hammer-Purgstall 1829

Von hundert und zwei Kindern Murad's hatten den Vater sieben und zwanzig Töchter und zwanzig Söhne überlebt, neunzehn nach dem Reichsgesetze des Brudermordes nur bis zu des Vaters Beerdigung, auf welche vier und zwanzig Stunden später die ihrige folgte. Vier derselben waren herangewachsen, und durch ihren Lehrer Newi mit aller Sorgfalt, als ob ihnen das Los den Thron statt der Henkerschnur bestimmt hätte, erzogen worden. Damit der Greuel des Kampfes um Tod oder Leben, und der Flüche, welche die unglücklichen Schlachtopfer wider den Brudermörder und seine Henker ausstießen, ein Staatsgeheimniss bleibe, wurde die Hinrichtung Stummen übertragen. Der hoffnungsvollste dieser neunzehn Prinzen war Sultan Mustafa, in schönen Redekünsten nicht ungebildet, welcher bei der Nachricht von des Vaters Tode das Vorgefühl des seinigen in elegischem Doppelverse aushauchte.

Wie es bei der Türken Beschneidung daher gehe

Francisci 1664

Die Türken geben ganz lächerlich vor, die Beschneidung sei daher entstanden: Als einstmals der erste Mensch, Adam, im Paradies herumspazierte, und keinen Weber bekommen konnte, der ihm einen Rock machen täte, beschaute er sich an dem nackten Leibe überall mit Fleiß, mit höchster Verwunderung über die göttliche Weisheit, wie der ganze Leib so schön und ordentlich begliedert, und jedem Gliede seine besondere Wirkung und Geschäft wäre zugeeignet. Wie er aber das Glied der Geilheit betrachtet, und seine Art recht bedacht, sei er darüber in eine so große Furcht geraten, daß er besorgte, es möchte ihn dieses Glied einmal in große Not und Schande stürzen, daß er also bald beschlossen, solches Glied vom Leibe wegzuschneiden, um künftige Schmach also zu verhüten. Indem er nun das Messer angesetzt, sei der Engel Gabriel gekommen, hab ihm die Hand ergriffen und verhindert, den Schnitt zu vollbringen, ihn ermahnend, er solle von seinem Vorhaben abstehen. Da er aber Gott dem Herrn wollte einen Gefallen erzeigen, durch Ertötung der fleischlichen Lust, so sollte er das heimliche Glied ein wenig beschneiden, das würde Gott also annehmen, als wenn ers hätte gar hinweg geschnitten.
Was aber die Weise ihrer Beschneidung an ihr selbst betrifft: beschneiden sie die Knaben im vierten, fünften oder siebenten Jahr ihres Alters, und nicht wie die Juden, so solches am achten Tage tun. Gemeiniglich warten die Nachbarn, daß ihrer viel zu einer Zeit mögen beschnitten werden, und verrichtet solches ein Barbier. Alsdann kleidet man die Knaben gar schön in gülden Stück, setzt sie auf wohlge-

schmückte Pferde, und läßt sie auf den Gassen herum zu ihren Freunden reiten, um von ihnen Gaben und Geschenke zu empfangen, als etwa Geld, Kleinodien, Geschmeide, Gewand und Tuch zum Kleide, nachdem ein jeder vermöglich ist. Hiernächst verfügen sie sich in den Tempel, damit der Knabe seines Glaubens Bekenntnis daselbst tue: Nämlich, daß nur ein einiger Gott, und Mahomet sein Apostel sei. Alsdann ist er gewiß ein Kind und Erbe des ewigen Lebens, es sei denn, daß Gott ihn nicht haben wolle. Nachmals kehren die Nachbarn und Freunde bei des Kindes Eltern ein, und halten allda eine Mahlzeit. Ihre Namen bekommen die Kinder nicht bei der Beschneidung, sondern gleich nach der Geburt . . . Die Töchter müssen an statt der Beschneidung mit ausgestreckten Daumen, womit bei ihnen der Eid abgelegt wird, ihr Glaubensbekenntnis tun.

Kinder-Schulen

Büttner 1664

Die minderen Schulen anlangend, darin die Knaben unterwiesen werden im Schreiben und Lesen. Deren sind in der Stadt Constantinopel sehr viel.

Die reichen Leute halten ihren Kindern besondere Praeceptores in ihren Häusern. Wenn sie die Kinder schlagen, so schmeißen sie dieselbigen auf die bloßen Fußsohlen, mit einem Stäblein, und brauchen die Ruten nicht wie bei uns Christen.

Sie haben die feindselige Gewohnheit, daß die Knaben ihr Lesen durch einander laut verrichten, davon sie sollten toll werden und einander irr machen. Darnach sitzen sie nicht stille, sondern wanken von einer Seite stets auf die ander, wie ein Schlafender oder Trunkener. Den Alcoran lernen sie beinahe allzumal auswendig, wiewohl sie denselben, weil er Arabisch, nicht verstehen. So ist es doch bei ihnen genug, daß sie die Worte fassen, bis sie hernach die Sprache lernen verstehen, und der Verstand zugleich kömmt.

Die Koranschule

Schrader 1917

Wie lustiges Gezwitscher tönten stets die Stimmen der kleinen Knaben und Mädchen, die hier unter der Aufsicht eines braven Hodscha in die Geheimnisse des »Elif Be« eingeweiht wurden. Es war ein kleiner, enger, alter Bau aus der großen Zeit der türkischen Baukunst. Das sah man schon an dem Unterstock mit seiner feinen »Loggia«, in dessen Dämmer der Blick nur mit Mühe die wimmelnden Gestalten unterschied. Das Haus stammte noch aus der Zeit, wo Licht nicht das erste war, wonach man verlangte, sondern eher das Zwielicht. Auch waren die Fenszer des Oberstocks so dicht von wildem Wein umschlungen, daß die Sonnenstrahlen eine grüne Nacht verbreiteten.

So hatten lange Generationen von Stambuler Kindern in diesem gesessen, sich über die Geheimnisse des arabischen Alphabets die Köpfe zerbrochen und noch viel, viel mehr geträumt. Denn damals war die Zeit, als die kleinen Effendis und Hanums daheim noch Märchen erzählt bekamen. Und es gab so wundervolle Märchen in Stambul. Aus allen Teilen des osmanischen Reiches hatten sie sich hier ein Stelldichein gegeben. Da gab es heimatliche Märchen, die auf dem Boden Stambuls gewachsen waren. Niemand konnte das verkennen. In ihnen war die Rede von dem unterirdischen Palast von Bin Bir Direk, von den Töchtern des Fischers und dem Meergreis an der alten Brücke von Un Kapan. Wenn man sie alle aufzeichnen wollte, würde ein dickes Buch herauskommen ... An jedem Ort in Stambul rankt sich eine Sage wie der wilde Wein um alte Trümmer ...

Und dann gab es andere, die hatten die schwarzen Dienerinnen oft von weither mitgebracht, bis von den Ufern des Nils; so eine schwarze »Badschi«, wie sie Tewfik Fikret darstellt:

»Schwarz ist meine Muhme –,
Ihr Name ist Leila, –
Ihr Auge schielt. –
An Armen und Händen, an ihren krausen Haaren –
Glänzt alles von Kupferplättchen und Perlen, –
Die süße Muhme, die nach Ambra duftet, –
Am Abend schlummere ich in ihrem Schoße ein . . .«

Der türkische Dichter kannte gut die Phantasie des türkischen Kindes, die sich wie überall am Seltsamen, Fremden und Geheimnisvollen nährt . . . Am Tage sieht sie die schwarze Muhme nicht. Dann beginnt es in den Köpfchen zu arbeiten: »Ich weiß nicht, wo sie am Tage weilt, – auf welchen Bergen, in welchen Tälern – sie heimlich zu wandern pflegt . . .« Das waren die afrikanischen Märchenerzählerinnen.

Und nun hatte der Hodscha alle diese Phantasiegebilde aus den braungezöpften Köpfchen herauszutreiben. Leicht war es nicht. Aber er fand sich mit seiner Aufgabe gut und gewissenhaft ab und pflanzte die Worte des heiligen Buches in die Herzen statt der bunten Märchenphantasien. Denn er war ein gottesfürchtiger Mann und hatte ein Herz für die Kinder. Wenn sie aber um die Zeit des Nachmittagsgebets nach Hause gingen, aus dem Dunkel und dem Zwange befreit, dann freute er sich mit ihnen. Nun ist aber die Koranschule geschlossen . . . Ihre Insassen sitzen jetzt in größeren, geräumigen Schulgebäuden. Zwar träumen können sie dort nicht so viel wie einst hinter den Fenstern mit den wilden Weinranken. Aber dafür kommt Licht und Wissen in die Köpfe der künftigen Mütter späterer Geschlechter. Darum bedauere ich nicht, daß jetzt die Stimmen der kleinen Elifbe-Schützen hier zum Schweigen gekommen sind, und daß nur noch die Vögel zwitschern und schwirren in dem Grasgarten mit dem großen Feigenbaum über den alten Gräbern. Die Märchengestalten verflattern in der neuen Helligkeit, und die klaren Köpfe, die früher so viel träumten, lernen jetzt denken ...

Kinder, die ich kannte

Edib Adivar 1949

Das eine von ihnen lernte ich in den ersten Jahren des Krieges kennen. Es war Winter. Um halb fünf begann es schon dunkel zu werden. Als ich am Mausoleum von Sultan Ahmet aus der Elektrischen ausstieg, überlegte ich, wie ich einige Konservendosen, die ich in der Hand trug, heimschaffen sollte. Zwischen den Füßen der aus der Elektrischen Aussteigenden gewahrte ich zwei nackte, handgroße Füße, die, ohne daß man ihre Tritte hörte, hin- und herflogen. Eine zarte Stimme rief: »Terdschüman«. Was da zwischen dem elektrischen Licht und der Dunkelheit hin und her lief, war ein bleiches, schwaches Geschöpf. Als ich meine Hand auf seine Schultern gelegt hatte, um es aufzufordern, erweckte seine Kleinheit eine seltsame Rührung in mir.
»Willst du mir die Pakete tragen, mein Junge?«
»Ich verkaufe Zeitungen, Tante.«
Ich überredete ihn. Seine Zeitungen steckte er unter einen Arm und packte mit seinen dünnen Armen die Büchsen. Als ich bemerkte, wie riesengroß die beiden Konservenbüchsen in seinen Armen waren, fühlte ich mich verpflichtet, ihm zu helfen. Nun trugen wir die Büchsen zusammen. Meine Arme hinter ihm ausgestreckt und niedergebeugt, hielt ich mit ihm zusammen die Blechbüchsen. Nachdem wir die Stadtpräfektur passiert hatten und uns zu der dunklen Anhöhe,

wo der Wind heulte, gewandt hatten, fühlte ich, daß diese Lage noch viel schwerer war, als allein zu tragen. Aber während wir weitermarschierten, riefen jener unbedeckte, bedauernswerte Kinderkopf, der mir bis an die Brust ging, und die nackten Füße, die beim Gehen die kalten Steine berührten, bei mir ein plötzliches Muttergefühl hervor.

»Wie heißt du?«

»Rüstem.«

»Wo wohnst du?«

»In Schehzadebaschi«.

»Hast du eine Mutter?«

»Ja, freilich.«

»Hast du Geschwister?«

Er blieb stehen: »Drei.«

»Einen älteren Bruder?«

Er schüttelte den Kopf: »Alle sind klein, ich bin der älteste; alle drei sind Mädchen; eins davon ist noch ein Säugling.«

»Hast du einen Vater?«

»Seit einem Jahr ist er fort; er ist in den Krieg gezogen. Wir haben keine Nachricht mehr erhalten.«

»Hat deine Mutter eine Beschäftigung?«

»Wie sollte sie eine haben, da sie krank daniederliegt.«

»Wer sorgt denn für sie und für euch?«

Diesmal aber blieb er empört und erstaunt stehen, indem seine Füße auf die kalten Steine traten. Und um den heulenden, über die Anhöhe fegenden Nordwind zu übertönen, schrie er mit einer etwas abgerissenen, etwas erregbaren, aber Stolz und Kraft verratenden Feinheit in seiner Stimme:

»Bin ich denn nichts? Kann ich denn nicht für meine Mutter sorgen?«

Seine Stimme zerriß etwas in meinem Innern; meine Augen waren naß. Indem ich mich bemühte, den Anschein zu geben, heiter zu sein und die Lage Rüstems als natürlich anzusehen, sprach ich:

»Was schaust du denn so? Erzähle doch mal!«

Da erzählte er:
Morgens verkaufe er die Zeitungen »Tasvir« und »Ikdam«. Manchmal verdiene er fünf, ja – er wandte seinen Kopf, um zu sehen, wie es auf mich wirke – sieben Piaster, nachmittags trage er Pakete. Am Abend verkaufe er den »Terdschüman«. Jeden Tag verdiene er dreizehn, fünfzehn, sogar zwanzig Piaster. Zu jener Zeit war das Brot noch nicht teurer als drei Piaster. Während er all das erzählte, fühlte er sich jedenfalls mir weit überlegen. Er hatte ein so seltsames Vertrauen und solche Kraft, daß man diesem Knaben unmöglich etwas geben konnte, ohne ihn eine Arbeit verrichten zu lassen. In Wirklichkeit aber dachte ich immer an seine armen kleinen Füße.
»Rüstem, hast du Schuhe?«
Er lachte sonderbar. In seinem kleinen Kopf hatte er das Benehmen eines Menschen, der über das Leben zu lachen gelernt hat. Die Schuhe waren keine so notwendige Sache.
»Unser Nachbar hat mir ein Paar geliehen. Ich kann darin nicht laufen, sie sind abgetragen. Darum habe ich sie in meinen Lendengürtel gesteckt. Heute abend werde ich sie zurückbringen.«
Bei dem Worte »geliehen« stockte er ziemlich lang. Ich beugte mich nieder, um die geliehenen Schuhe zu sehen: zwei riesige Pantinen hatte er wie eine Waffe in seinen Lendengürtel gesteckt. Als er merkte, daß ich hinschaute, lachte er mir mit einem sein feines Gesicht sympathisch machenden Lächeln in die Augen.
Wir waren vor der Tür angekommen. Ich plauderte mit ihm über die in seinem Alter stehenden Kinder. Ich lud ihn ein. Ziemlich lange dachte er nach. Er hatte nicht viel Zeit; es gehörte nicht zu seiner Gewohnheit, auf Besuch zu gehen. Aber er versprach mir, auf jeden Fall mal zu mir zu kommen. Nun maß er die dunkle Straße mit seinen Augen und bemühte sich, sie sich zu merken. Dann streichelte ich seinen Kopf, und er nahm Abschied:

»Auf Wiedersehen, Tante.«
Während seine schwache Stimme »Terdschüman« rief, verschwand er in der Dunkelheit.
Später wartete ich in einemfort auf Rüstem. Wo immer ich einen kleinen Zeitungsverkäufer sah, der den »Terdschüman« feilbot, blickte ich ihm ins Gesicht.
Die Tage vergingen, aber Rüstem erschien nicht. Als das Brot im Preise stieg, dachte ich mit einem stechenden Schmerz in meinem Herzen an Rüstem.
Was mochte er wohl tun?

18 RELIGION

Die Türken nennen sich Islamos, das heißt die Einmütigen, und bitten Gott, daß er die Gauros, das ist, die Christen in steter Uneinigkeit erhalten wolle. Also wissen die Barbaren besser, was ihnen dienet, als die Christen, welche sich untereinander stets beißen und fressen.

Mohammeds Geburt. Der Mond wird gar fleißig geehret. Anstatt einer Bibel haben sie den Alcoran.

Büttner 1664

Dazumal, als Mahomed geboren wurde, haben sich alle Vögel, alle Wolken, alle Winde und letztlich alle Chöre der Engel versammelt, und beratschlagt, wie man dieses Kind auferziehen sollte. Sie haben sich untereinander gezanket, denn jede Partei habe es gerne für sich behalten wollen. Die Vögel sollen gesagt haben: sie könnten das Kind am füglichsten auferziehen, denn sie gar leichtlich von unterschiedenen Orten allerlei Frücht zu Wegen bringen könnten, solches zu ernähren. Die Winde hergegen: sie wollten aus allen Teilen der Welt das Kind mit herrlichem Geruch begaben. Die Wolken haben diesen widersprochen, vorgebend, daß ihnen solche Auferziehung billiger zukäme, denn sie könnten ganz geschwinde dem Kinde viel liebliches Wasser verschaffen. Die Engel aber haben sich darüber erzürnet und gesprochen: was soll denn uns fehlen? Können wir denn nicht alles dieses tun? In dem da sei eine Stimme vom Himmel gehört worden, welche diesen Zank gestillet und hingeleget, die gesaget: Man würde das Kind nicht von den Menschen nehmen, aber selig sollen sein die Brüste, daran es saugen

werde, und die Hände, die es tragen werden: selig sollen sein die Bette (worümb nicht auch das Ungeziefer, so darinnen?) und sein Haus. Durch bemeldete Stimme sei auch der Halima Duzib Azadi Tochter anbefohlen worden, daß sie des Abdallah jungen Sohn säugen und auferziehen solle. Welches sie auch gerne und willig getan, denn Gott habe sie dazumal an der Milch gesegnet, daß sie deren einen großen Überfluß, in einem schönen wohlgestalten Leibe, bei großem Hunger und Mangel, bekommen, daß sie solches gar leichtlich vollbringen hab können. Zuvor aber sei sie ganz mager, häßlich und ungestalt gewesen.
Es leiden aber die Türken durchaus keine Bilder in ihren Kirchen, sondern zieren dieselben mit güldenen Buchstaben, absonderlich mit halben und ganzen Monden, ohne Zweifel zum heiligen Andenken ihrer Großväter, der Ismaeliten, welche vorzeiten, gleich den heutigen Türken, nicht nur allein den Mond gar fleißig geehrt, sondern ihm auch göttlichen Dienst erwiesen haben, dannenhero auch ihre Könige allezeit mit kleinen Mondscheinen auf ihren Häuptern gezieret waren ... Nicht nur alleine schmücken die Türken ihre Tempel mit gemalten Monden, sondern es soll noch heutigen Tages in ihrer Kaiser Wappen ein silberner Mond im blauen Felde, und dies Zeichen auch in ihren Fahnen, wie zugleich die Form ihrer Schlachtordnung sein ... Wenn auch die Türken den Mond sehen aufgehen, wünschen sie einander Glück. Und im Neu-Monde machen sie im Kriege ein Feldgeschrei, lösen das Geschütz und haben ein großes Trommeten und Pauken im Heerlager. Die Weiber und Kinder tragen das Monden Zeichen am Halse und an den Ohren, gleich wie etliche bei uns ein Crucifix oder Bildnis Christi am Halse tragen. Sie nennen des Mondes Bildnis Nalcha, dieweil es die Gestalt eines Hufeisens, so die Rosse tragen, anzeigen soll.
Es hangen auch viel Lampen an eisernen Stangen und Reifen von Gewölben herab. Mannshoch ob dem Boden,

also daß zwischen zwei Lampen, ein Straußen-Ei, oder auch eine große mächtige gläserne Kugel, die anstatt eines Spiegels dienet. Denn der Spiegel ist auch ein Stück ihres Gottesdienstes, daß sich einer beschaue, für seine schöne Gestalt, auch Leib und Leben, dem Höchsten billigen Dank sage. Nicht nur allein brauchen sie der Spiegel in der Kirchen, sondern es besagen auch die Annales Turcici, daß etliche religiöse Türken Spiegel auf der Gassen bei sich tragen, und den Vorübergehenden zeigen, mit dieser Vermahnung: Inspice et vide quis sis. Siehe her, und bedenke wohl, wer du bist.

Anstatt einer Bibel brauchen die Türken den Alcoran. Dieses Wörtlein Alcoran wird von Unterschiedenen unterschiedlich erkläret. Herr Salomon Schweigger saget: Des Mahomeds Lehre wird von den Türken genannt Curan, das Gesetz, oder Alcuran, das ist Gottes Gesetze, oder eigentlich dem Worte nach: Der Anfang und das Ende, ja darinnen weder Anfang, Trum noch Ende ist. Der Autor des censurierten Alcorans, in seinem Anhange aus Herrn Ulrich Wallichs Itinerario saget: Den Alcoran nennet er die Türkische Legenda, vom All oder Allah Gott, und Curan, oder Zunan Gesetz genannt. Dieser Meinung ist auch Herr M. Caspar Schmidt und viele andere mehr. Aber gedachter Autor des Alcorans selbsten, stehet in den Gedanken, daß das Wörtlein Al sei der Articulus praepositivus, gleich wie bei uns Deutschen das Wörtlein der, die, das. Gleich wie auch Al der Articulus ist in den Wörtern Algeber, Alchemie, Almanach und dergleichen mehr.

Von der Türken sonderbarer Kirchendisciplin

Büttner 1664

Anno Christi 1606 hat der Türkische Kaiser Sultan Achmet, zu Constantinopel einen Befehl lassen ausgehen, daß diesel-

ben, welche an ihrem Sabbath oder Feiertagen nicht in die Kirchen kämen, oder zum Gottesdienst sich einstelleten, sondern in den Badstuben und anderswo gefunden würden, sollten durch die hiezu bestellten Häscher, hinunter nach der Kirchen zu Sankt Sophien geführet, an eine Säule oder Wand daselbst mit einem Ohr angenagelt, und mit blutigen, garstigen Schafs-Geschlinken ums Maul geschlagen werden. Denen Vorübergehenden zum Exempel und Warnung, sich vor dergleichen Verachtung des Gottesdienstes zu hüten. Wenn diese Strafe auch bei uns Deutschen im Schwange gehen sollt, zweifle ich gar sehr, ob man das Jahr über so viel Schafe schlachten, und Geschlinke zur Genüge haben würde, die Übertreter und Verächter des Gottesdienstes um die Mäuler zu schlagen.

Die Beschneidung geschieht in dem Winkel eines Schlachthauses

Francisci 1664

Geschieht es, daß ein Christ oder Jud von seinem Glauben abfällt, und zu ihnen tritt, präsentieren sie ihm anfänglich einen Türkischen Bund. Hernach wird der Mameluck des andern Tags durch die Stadt geführt, und etliche grüne Fähnlein des Mahomets, daran anstatt der Spitze gemeiniglich etliche Schwänze von Meerpferden herabhängen, vorangetragen. Rings um ihn her gehen ein Haufen Janitscharen als Trabanten, schießen, trommeln, pfeifen, daß einem schier alles Gehör vergeht. Der Abtrünnige oder Renegat sitzt auf einem Pferde, welches ihm zween Janitscharen leiten, ist etwa mit einem ... grünen damastenen oder samtenen Türken-Rock bekleidet, trägt einen umgekehrten Pfeil in der rechten Hand, und reitet also, wie in einem Triumph durch die Stadt. Die Beschneidung geschieht gemeinlich in dem Winkel oder Kerker eines Schlachthauses. Denn die Türken halten ihre Beschneidung nicht mit solcher Herrlichkeit, wie die Juden, sondern verrichten diese Ceremonien gemeinlich unter den Fleischscharren, damit Ochsen- und Türkenblut miteinander fein vermischt werde.

Nach verrichteten Ceremonien ziehet man dem neuen Muselmann oder Türken die köstlichen Kleider wieder aus, und es schießen ihrer etliche zusammen, daß er ein Stück Geld von ungefähr vierzig Ducaten bekomme, welches er doch gutenteils wiederum zur Bezahlung der Janitscharen und Musikanten spendieren muß, und kaum die Hälfte für sich behält.

Endlich wird ihm ein Soldat beigegeben, der ihn in ihrer Manier zu fechten unterrichte, und zugleich seiner hüte, und auf sein Tun Achtung gebe, weil ein Bösewicht dem anderen nicht trauet.

An H.
Als der Prophet nicht geriet, da ward er ein Türke zu Stambul,
Freund, sei vernünftig wie er, werde du jetzt Philosoph.
Xenien von Goethe und Schiller 1797

Und reinigt die Zähne mit einer Bürste
Tournefort 1700

Unter allen Religionen ist die türkische die gefährlichste; sie schmeichelt den Sinnen zu sehr. Dabei hat sie jedoch viel von der christlichen. Glaubens-Artikel sind folgende: Es ist ein einziger Gott und Mahomet sein Gesandter. Ihre Gebote heißen: Man soll des Tags fünfmal beten. Man soll die Fasten halten. Man soll Allmosen geben und die Werke der Liebe üben. Man soll, wenn es möglich ist, Mecca besuchen. Man soll nichts Unreines an seinem Körper dulden. Man soll den Freitag feiern. Man soll sich beschneiden lassen.

Man soll keinen Wein trinken. Man soll weder Schweine-Fleisch, noch das von erstickten Tieren essen. –
Ihr Frommen, sagt der Alcoran, wenn ihr euer Gebet verrichten wollt, so müßt ihr Angesicht, Hände, Arme und Füße waschen. Die Eheleute welche beisammen gelegen sind, müssen sich baden. Kranke und Reisende, die kein Wasser haben, müssen sich Angesicht und Hände mit Sand reiben. – Die große Reinigung muß an dem ganzen Leibe geschehen, was schon notwendig wird, wenn nur ein Tropfen Harn auf das Fleisch fällt. Dieses ist eine große Befleckung der guten Muselmänner. Ich habe im strengsten Winter Türken gesehen, die sich ganz nackt in Bäche geworfen, ohne sich vor Bauchweh zu fürchten.
Um die kleine Reinigung zu machen, wendet man sich mit dem Kopfe nach Mecca, wäscht Hände und Arme, spühlt sich dreimal den Mund aus und reiniget die Zähne mit einer Bürste. Dann müssen sie die Nase dreimal waschen, und das Angesicht dreimal mit Wasser bespritzen. Auch die Ohren werden nicht verschont.

Der Auszug der heiligen Fahne

Hammer-Purgstall 1832

Sechs Tage hierauf war der Auszug der heiligen Fahne des Propheten, das Hauptschauspiel zur Begeisterung moslimischen Fanatismus. Tags vorher nachmittags begab sich der kaiserliche Internuntius Brognard mit drei Dolmetschern, drei Sprachknaben, Stallmeister, Sekretär und Läufer, seiner Frau und der des Dolmetschers Testa, vier Töchtern und zwei Zofen, nach dem am Quartiere des Klosterviertels vor dem Kanonentore zur Schau des Aufzuges bestellten Hause. Kaum waren sie angelangt, als der Imam des Viertels erschien, sie fortzuschaffen, weil die Einwohner des Viertels nicht gesonnen, Ungläubige in ihrem Bezirke zu leiden.

Indessen ward ihr Dasein bekannt; ein Rudel von Weibern und Gassenbuben schimpfte und schrie laut wider der Ungläubigen Gegenwart, indessen der Zug schon ging; als aber nun die eigentlichen Zeloten kamen, die fanatischen Emire, das niedrigste Gesindel von Stallknechten und Lastträgern, welche grüner Kopfbund zu Verwandten des Propheten und zur Wache seiner Fahne stempelt, stieg der Lärm immer höher und höher. »Schlagt sie tot, die Giaurn, sonst werden euere Gesichter schwarz sein am Tage des Gerichtes!« brüllte das Ungetüm des Christenhasses aus zehntausend Kehlen. Die Glaubenswut gilt nicht dem Hause allein, wo der Gesandte, sondern allen christlichen Häusern und Buden der Straße; die Buden werden geplündert, über hundert Personen getötet, mehrere Hundert verwundet. Ruchloses Gesindel stürmt das Haus, schlägt die Fenster ein, zerbricht die Gitter, und so groß ist die Wut, daß, die nicht bewaffnet, die Zähne fletschen, und die Stäbe des Gitters wie wütige Hunde zerbeißen. Die Türen sind eingesprengt, das Gesindel bricht ein, und jagt Männer und Frauen mit Faustschlägen und Prügeln hinaus. Auf der Gasse werden den Frauen Schleier und Schmuck vom Leibe gerissen, sie werden niedergeworfen, bei den Haaren gerissen, mit Füßen getreten. Das Ärgerniß solcher öffentlicher Mißhandlung war bisher das einzige Beispiel in den Jahrbüchern diplomatischen Verkehres der Pforte mit europäischen Ministern. Wir haben zwar in dem Laufe dieser Geschichte Dolmetscher geprügelt und gehenkt, Gesandte eingesperrt und geohrfeigt gesehen, aber nie hatte bisher Soldat oder Pöbel den bekannten Grundsatz türkischen Gesandtschaftsrechtes, daß *den Gesandten kein Unfall treffen könne*, so empörend verletzt. Es war das Werk des Fanatismus des Islams unter dem Schatten seiner heiligen Fahne, aber leider nicht das letzte Mahl, daß europäische Gesandtschaftsbeamte und ihre Frauen vom Pöbel beschimpft und geschlagen worden.

Ihre Religion verträgt keine Aufklärung
Jahn 1828

Zu diesem Allen kommt noch, daß ihre Religion und ihr Charakter, wie gesagt, durchaus gegen die Aufklärung streitet. Ihre Eroberungen hatten sie ihrem Fanatismus zu danken; allein dieser wandert nun zu Grabe. Hofrat Murhard sagt: »Eine Religion wie die mahomedanische, die so ganz für den Orient berechnet ist, wie kann sie ohne Fanatismus ausgeübt werden? Wären die Araber und Osmanen nicht von ihm so beseelt gewesen, nie würden sie die Eroberer geworden sein. Der erhitzte Morgenländer, dem ein Himmel versprochen wird, in dem er die schönsten Weiber, deren Reize unvergänglich sind, antreffen wird, und wo der Moment des Beischlafes 50 Jahr dauern soll, wie soll der nicht auf seine Religion stolz sein, und gerne für sie in den Tod gehen?« Nun tritt aber die Aufklärung ein und sagt: Mahomed hat euch hierin belogen. Auch Eton sagt: »Was die Türken erhält, ist ihre Einigkeit in Religions- und Staatssachen; ihre allgemeine Ehrfurcht gegen ihren Regenten, welche ohne Beispiel ist, ihre kriegerische Erziehung und frühe Bekanntschaft mit den Waffen; ihre große Mäßigkeit und die daher rührende ununterbrochene Gesundheit und Körperstärke; die strenge Bestrafung des Ungehorsams, der Verräterei, Unordnung oder Feigheit, und der Weg zur Ehre und Macht, der jedem gemeinen Soldaten offen steht.« Von diesem Allen war aber ihre Religion die Grundsäule, die nun zerfallen muß, wenn die Aufklärung sie berührt, indem sie nicht durchaus die Kritik aushält. Aus diesen Gründen verbietet auch ihr 14. Glaubensartikel, öffentlich über ihre Religion zu streiten.

Warum die Derwische kreiseln

Jahn 1828

... daß das Wort Derwisch ein Wortspiel von zwei Bedeutungen ist, nämlich: Armer, oder einer, der sein Alles den Armen widmet.

Jedem ist erlaubt ihren Religionsübungen beizuwohnen, welche Dienstags und Freitags sind. Ihr Teki (Kloster) liegt in der Hauptstraße von Pera. Der Vorhof bildet einen kleinen Totenacker, auf dem das schöne Grabmal des berühmten Grafen von Bonneval ist. Dieser war österreichischer Generalmajor, dann Hofkriegsrat, und zuletzt als Renegat bei den Türken Chef der Bombardierer, unter dem Namen Ahmed Pascha.

Drei Schritte davon ist die Moschee der Derwische, welche in einem runden ungeschmückten Saale besteht, der ungefähr 20 Schritte im Durchmesser, und 30 Fuß Höhe hat. Er hat eine Galerie, die für Standespersonen, Ordensbrüder, und einige Musiker bestimmt ist. Unter dieser Galerie ist der Ort wo die Zuschauer stehen, welche mittelst eines Stakets von dem Tanzplatze geschieden sind. Dem Eingange gegenüber ist oben, in der Richtung nach Mekka des Ordensstifters Namenszug in großen vergoldeten Buchstaben. Unter diesem liegt auf dem Boden ein Schaffell, das die Stelle des Emirs bezeichnet. Um Mittag fängt der Gottesdienst an, nachdem einer vorher auf dem Minaret die förmliche Einladung gemacht hat. Es treten nun 13 Derwische, die Arme auf der Brust gekreuzt, langsam und feierlich, 4 Schritte weit hintereinander ein, verbeugen sich tief vor dem Namenszug, knieen sich in gleicher Entfernung voneinander um den Saal herum hin, berühren mit der Stirne den Boden, und hocken sich alsdann auf ihre Fersen nieder. Nun kommt der Emir, der sich auch vor dem Namenszuge verbeugt, und alsdann seine Stelle einnimmt. Nach einer Pause verrichtet dieser mit gedämpfter Stimme ein Gebet aus dem Koran, worauf

die Derwische auf der Galerie obiges Lied in feierlichen Tönen singen, welches von der sogenannten Musik, die in 2 kleinen Pauken und einigen Pfeifen besteht, begleitet wird. Ist das Lied, das ein herrlicher Kontrast mit dem römischen Kapaunengesange ist, zu Ende, so tritt eine Pause ein, nach welcher die Derwische sich erheben, und mit dem Emir an der Spitze dreimal um den Saal herumgehen; dann bleibt dieser an seiner Stelle stehen, aber von den andern tritt jeder mit einer tiefen Verbeugung zu ihm, ergreift dessen Hand, berührt sich damit Mund und Stirn, und fängt sogleich, unter Begleitung der Instrumente, langsam zu walzen an. Man sollte glauben, dieses wäre nicht ohne Lachen anzusehen, allein dem ist nicht so. Erst diese Menschen so bewegungslos und symmetrisch da hocken, dann eben so walzen zu sehen, sind zwei Gruppen, die einzig schön und dabei sehr rührend sind. Wenn sie walzen, so glaubt man, es wären Marionetten, die abgezirkelt unter dem Boden mittelst einer Maschine gedreht würden. Das Gesicht ist andächtig, die Augen geschlossen, die Arme der Achsel gleich ausgestreckt, ihr Rock dehnt sich unten trichterförmig weit auseinander, die Schritte sind langsam und so kurz, daß es wohl 3 Minuten dauert, bis sie einmal um den Saal herum sind. Dieser Tanz währt ungefähr 10 Minuten, dann tritt eine kleine Pause ein, nach welcher das Walzen wieder beginnt, und so dreimal. Alsdann verrichtet der Emir ein Gebet für Vaterland und Monarchen, worauf die Derwische sich eben so entfernen, wie sie gekommen sind, der Emir zuletzt.
Der Stifter dieses Ordens soll diesen Kreiseltanz deshalb eingeführt haben, um dadurch nicht allein Gott zu suchen, den man auf allen Seiten fände, da er allenthalben sei, sondern weil auch die stete Veränderung der Stellung die Losreißung von den irdischen Gütern bedeute, bei deren keinem man stehen bliebe.

Ihre Ekstase heilt Kranke

Grosser-Rilke 1937

Dieses gänzlich farblose und eintönige Tanzbild wirkte trotzdem das erstemal stets aufregend und faszinierend auf den Zuschauer. Ich war ermattet und ganz in Schweiß gebadet; ich stürzte an die frische Luft auf eine Bank im Klosterhof, um mich von dieser Art von Gottesdienst zu erholen. Ich bin noch öfter dort gewesen, meist mit durchreisenden Bekannten, und da wurde es mir immer klarer, daß die Tanzerei nichts weiter war als ein auf Erwerb ausgehendes Schauspiel. Das Eintrittsgeld steigerte sich mit dem Fremdenzuwachs.

Die »heulenden Derwische« bekam man ebenfalls immer am Freitag zu sehen. Dazu mußte man nach Skutari pilgern, das auf der asiatischen Seite liegt. Das Kloster dieser vom Volk sehr verehrten Derwische war noch kümmerlicher als das der tanzenden Derwische in Pera. Sie waren deshalb besonders verehrt, weil sie, in Ekstase, die Kraft haben sollten, durch ihre Berührung Kranke zu heilen.

Die Vorbereitungen zu diesem Schauspiel nahmen viel Zeit in Anspruch. Die Musik war die gleiche: Flöte, Kasserol und dumpfe Trommel, die ununterbrochen ein kurzes, aus Halbtönen bestehendes Thema wiederholten. Die Derwische standen ringsum im Kreis und begannen erst langsam, dann immer schneller den Kopf von rechts nach links zu werfen, jedesmal dazu einen dumpfen Ruf ausstoßend, von dem man eigentlich nur immer das Wort Allah wirklich heraushören konnte, alle im gleichen Tempo und Takt. Bald begannen sie mit dem Oberkörper zu schwanken und stießen mit den Schultern zusammen, die Augen rollten wild. Das Schwanken machte den Eindruck, als ob ein starker Sturm über sie wegwehte. Ihre Oberkleider rissen sie sich herunter – es war schauerlich anzusehen! Endlich machte der Oberderwisch ein Zeichen zu einer Ruhepause. Die

meisten großen Männer standen wie zitternde Hengste, von Schweiß bedeckt. Die Musik hatte aufgehört.
Nun wurden die Kranken hereingebracht, die geheilt sein wollten. Es waren zwei lahme Männer und etliche kleine Kinder. Die Musik begann noch einmal; wieder schrien und heulten sie wild und fanatisch. Die beiden Gelähmten lagen lang auf der Erde, und plötzlich schritt einer der Derwische mit bloßen Füßen über die liegenden kranken Männer und Kinder zwei oder dreimal hin. Alle heulten noch toller, und nun kam es vor, daß ein Derwisch in der Ekstase durch die Backen sich einen Dolch stieß, ihn in einen Holzpfosten hineintrieb, um so aufgespießt ungeweglich an diesem Pfosten bis zum Ende zu verharren. Mehr konnte ich nicht mitansehen. Ich mußte schleunigst weggeführt werden, da ich einer Ohnmacht nahe war.
Nie wieder habe ich mir das grausame Schauspiel angesehen.

Warum die Bektaschi keine Hasen essen
Frischmuth 1973

Es war wenig, was ich über die Bektaschi wußte. Daß an ihren geheim gehaltenen Zeremonien auch Frauen teilgenommen hatten, daß sie Alkohol tranken, daß sie sich über das Bilderverbot hinweggesetzt hatten. Es wurden ihnen Sakrilege, Umsturzbestrebungen, aber auch Mißbrauch der Macht, die sie während der Patronanz über das Janitscharenkorps zweifellos ausübten, vorgeworfen und sie selbst hatten wie die Schiiten einen eigenen Ausdruck dafür, daß man jene, die Muhammed und seine Nachkommen lieben, liebt und der Freund derer ist, der ihr Freund ist.
Der Orden ist angeblich im dreizehnten Jahrhundert entstanden, die Sekte der Alevis wahrscheinlich schon wesentlich früher. Im Gegensatz zu den anderen Derwischorden

hatten sich die Bektaschi und die Alevis in ihrer Dichtung ein reines Türkisch erhalten. Auch haben sich in der Lehre eine Reihe von Vorstellungen aus der alten, schamanistischen Religion behaupten können. Bei seiner Gründung waren dem Orden Mitglieder aus den männerbündisch organisierten Handwerkergilden und den sozialrevolutionären Gruppen der Babais zugegangen, was sich auf seine Gestalt ausgewirkt hat. Im Jahr neunzehnhundertachtundzwanzig sind sämtliche Orden aufgelöst und ihre Mitglieder der Loyalität gegenüber dem Scheich entbunden worden. Seither gab es eine Reihe von Publikationen, manchmal auch von ehemaligen Bektaschi, die das Wesen des Ordens zu erläutern und seine Geheimlehre zu analysieren versprachen. (...)
In einem Buch über islamische Mystik behauptete ein schwedischer Bischof, Lutheraner, daß der mystische Sektenführer, der Scheich, der die lebendige Inkarnation der Gottheit ist und seine Gläubigen oft mit brutalem Machtwillen, öfter noch mit raffinierter seelischer Tyrannei und manchmal auch mit Kniffen und Taschenspielertricks lenkt, eine der unsympathischsten Typen sei, die die Religionsgeschichte hervorgebracht hat. Die Frage ist, inwieweit das Vorrecht der Bektaschi, sich im Umgang mit Gott Dreistigkeiten zu erlauben, nicht eine Kompensation des absoluten Gehorsams seiner Inkarnation gegenüber war, und ob nicht die Vorwegnahme gesellschaftlicher Entwicklungen innerhalb der Sekte oder des Ordens eine Kompensation der Verachtung für die Außenstehenden war.
Als ich das erstemal von den Bektaschi gehört hatte, war es im Zusammenhang damit, daß man ihnen nachsagte, sie hätten mit Rollen, auf denen Koranverse geschrieben standen, ihre Weinfässer zugestöpselt. Der Name der Alevis oder Kızılbaşs, was soviel wie Rotköpfe heißt, hat unter den Sunniten einen anrüchigen Klang, dabei haben sie nichts mit den Yesiden, den »Teufelsanbetern« zu tun, im Gegen-

teil, denn diese leiten sich unter anderem von Yesid, dem »Mörder« des Prophetenenkels Hüseyn, her.
In manchen Fällen ist die Terminologie eindeutig. Die Wertschätzung des Gastes findet ihren Ausdruck darin, daß das Wort Gast gleichzeitig ein Synonym für Ali, die Inkarnation Allahs und Muhammeds, ist, daß der Gast auch ein Haus betreten kann, in dem nur Frauen sind. Doch darf er mit den Händen, den Lenden und der Zunge keinen Schaden anrichten.
(...)
Ich wußte nun, warum die Bektaschi keine Hasen essen. Diese ähneln nämlich einer Reihe von Tieren, im Kopf der Katze, in den Ohren dem Esel, in den Beinen dem Hund, in der Nase der Maus, im Schwanz dem Schwein, und es gibt Merkmale, in denen sein Weibchen der Frau gleicht, in der Menstruation zum Beispiel. Und keines von diesen Tieren wird gegessen.
Außerdem sind da Sonderbarkeiten in der Art dieses Tieres, sich zu paaren oder zu gebären. Auch findet sich an diesem Tier kein Gramm reinen Fleisches ... Klumpen von geronnenem Blut, das ist alles. Gewisse Leute haben es nicht geglaubt und es ausprobiert, indem sie das Tier unter fließendes Wasser hielten und es mit einem Stein beschwerten. Nach einer geraumen Zeit, als sie wieder danach sahen, mußten sie feststellen, daß sich das ganze Fleisch aufgelöst hatte und außer dem Skelett nichts übrig geblieben war.
Die zur Zubereitung dieses Tieres nötigen Zutaten, Körbe voller Zwiebeln, Knoblauch, in der Größe von Kinderköpfen, und reines Fett, ohne die das unreine Zeug nicht genießbar ist, kosten in der Anschaffung eine Menge Geld. Mit all diesen Zutaten aber schmeckt auch ein alter Schuh recht gut. Wäre es da nicht gleich vernünftiger, ein Lamm oder einen Truthahn zu kaufen und ihn mit Appetit zu verzehren?
Es hat über die Bektaşis viel unnützes Gerede gegeben, zum

Beispiel, daß sie den Hasen für die Katze Alis und deswegen für heilig hielten und daß das der Grund wäre, warum sie ihn nicht essen wollten. Aber das stimmt nicht. Sie essen keine Hasen, weil sie erkannt haben, daß es der Gesundheit schadet.
Mit einigem Aufwand ließ sich alles erklären. Einer der Gründe, warum sie den Hasen nicht essen, war, daß er einen Kopf wie die Katze hätte. Warum sie ihn andererseits auch nicht aßen, hing wieder mit der Katze zusammen, also eine doppelte Beweisführung.

Das Übel dieser Welt ist geringer als das Übel des Jenseits
Türkisches Sprichwort

19
MOSCHEEN

Das Mosaik in der Kuppelmitte der Hagia Sophia, eine Rundscheibe von 11,65 m Durchmesser, wurde 1849 mit Stoff überklebt, auf dem der berühmte Lichtvers des Korans (Sure 24, 35) angebracht ist:
Allah ist das Licht der Himmel und der Erde. Sein Licht ist gleich einer Nische, in der sich eine Lampe befindet; die Lampe ist in einem Glase, und das Glas gleich einem flimmernden Stern. Es wird angezündet von einem gesegneten Baum, einem Ölbaum, weder vom Osten noch vom Westen, dessen Öl fast leuchtete, auch wenn es kein Feuer berührte – Licht über Licht! Allah leitet zu seinem Licht, wen er will, und Allah macht Gleichnisse für die Menschen, und Allah kennt alle Dinge.

Die Heilige Sophia war nicht zur Moschee bestimmt
Gautier 1853

Über diesem Wirrwarr erhebt sich zwischen vier schweren Minaretts die große Kuppel, die auf – aus alternierend rosa und weißen Steinschichten bestehenden – Mauern ruht, und die von einem vergitterten Fensterumgang, der einer Tiara gleicht, umgeben ist. Die Minaretts besitzen nicht jene elegante Leichtigkeit ihrer arabischen Gegenstücke, die Kuppel liegt schwer auf diesem Haufen ungeordneten Gemäuers, und der Reisende, dessen Einbildungskraft unwillkürlich diesem magischen Namen der Hagia Sophia nachsann, der an den Tempel von Ephesus und an den des Salomon erinnert, verspürt Enttäuschung – ein Gefühl, das jedoch, ist er einmal ins Innere der Kirche vorgedrungen,

weicht. Man muß zur Entschuldigung der Türken sagen, daß die christlichen Momente fürchterlich überladen sind, und daß die Wände dieser berühmten und wunderbaren Kathedrale durch Auswüchse aus Gips und Brettern ganz uneben geworden sind, und daß ihre Turmspitzen meist aus einem Wirrwarr von Baracken herausragen. (...)
Die heutige Sophienkathedrale wurde auf der Achse des von Konstantin dem Großen der göttlichen Weisheit geweihten Tempels errichtet, der durch einen Brand infolge der Auseinandersetzungen zwischen den Parteien der Blauen und Grünen zerstört wurde. Er selbst fundierte auf den Resten eines noch älteren Tempels. Anthemios von Tralles und Isidor von Milet entwarfen die Pläne und leiteten die Errichtung des Baus. Um die neue Kirche zu bereichern, plünderte man die heidnischen Tempel und ließ die Kuppel Christi von den Säulen des Tempels der Diane aus Ephesus – noch schwarz von der Pechfackel des Herostratus – und von den Pilastern des Sonnenheiligtums von Palmyra tragen, die von den Strahlen ihres Gestirns vergoldet sind. Man entnahm den Ruinen Pergamons zwei gewaltige Urnen aus Porphyrstein – das Wasser, mit dem man sie reinigte, wurde zu Taufwasser und schließlich zu dem der muselmanischen Reinigung. Die Wände wurden mit Mosaiken aus Gold und Edelsteinen verkleidet, und als der Bau fertiggestellt war, konnte Justinian in seiner Begeisterung ausrufen: »Ehre sei Gott, der mich für würdig befand, ein solch großes Werk zu vollenden; oh Salomon! ich habe dich besiegt.« (...)
Den Boden aus Marmorplatten – deren kunstvolle Äderung drei Flüssen gleich erscheint, die mit gerinnenden Wellen das Gebäude durchfließen – bedecken im Sommer Binsenmatten, im Winter Teppiche. Diese Matten stellen eine Besonderheit dar: sie liegen schräg und den vorgegebenen architektonischen Linien entgegen, wie ein Fußboden, der quer ausgelegt wird und nicht mit den ihn begrenzenden Wänden übereinstimmt. Diese Bizarrerie läßt sich erklären:

die Sophienkathedrale war nicht dazu bestimmt, eine Moschee zu werden, folglich ist sie nicht nach Mekka hin ausgerichtet. (...)
Ein sehr geschickter Tessiner Architekt, Herr Fossati, übernahm die schwierige Arbeit, das antike und vom Verfall bedrohte Monument wieder herzurichten. Mit Umsicht und unerschöpflicher Hingabe besserte er den unteren Teil des Gebäudes Stück für Stück aus. Bronzereifen umfassen nun die gebrochenen Säulen, Eisenvorrichtungen stützen die Arkaden, die zusammenzustürzen drohten, Substruktionen festigen die brüchig gewordenen Mauerstücke; die Ritzen, durch welche das Regenwasser eindrang, wurden gedichtet und alle zerbröckelnden Steine wurden durch neue ersetzt. Geschickt verborgene Mauerverbandmassen entlasten die Pilaster, die das Gewicht der Kuppel zu tragen nicht mehr in der Lage waren. Dank dieser geglückten und vollständigen Restaurierung wird die Sophienkathedrale noch einige weitere Jahrhunderte bestehen können. Während dieser Arbeiten war Fossati wißbegierig genug, die frühen Mosaiken von dem sie bedeckenden Kalkschlamm freiwaschen zu lassen und, bevor er sie wieder verdeckte, mit großer Sorgfalt abzuzeichnen: er täte gut daran, diese Zeichnungen, die von so hohem Interesse für die Kunst sind und die zu betrachten ihm eine einzigartige Gelegenheit Möglichkeit bot, stechen und veröffentlichen zu lassen. (...)
Manchmal, so sagt man, hört man aus dem alten Gemäuer undeutliche Psalmen. Es ist der immer noch lebendige Priester, der, wie Barbarossa in seiner Grotte, schlafend unausgesetzt Liturgien murmelt. Wenn die Sophienkathedrale einst dem christlichen Kirchenwesen zurückgegeben wird, wird sich das Mauerwerk von alleine öffnen und der Priester, aus seiner Zurückgezogenheit heraustretend, wird am Altar die vor vierhundert Jahren begonnene Messe zu Ende zelebrieren. Hinsichtlich der aktuellen Orientfrage könnte diese Legende, so unwahrscheinlich sie auch klingen mag,

durchaus Wirklichkeit werden. Wird im Jahre 1853 der Priester von 1453 das Schiff der Sophienkathedrale durchschreiten und mit gespenstischem Schritt die Stufen zum Altar des Justinian betreten?

Sonst brennen sie zur Zeit ihres Gottesdienstes viele Lampen

Lucas 1714

Die meisten Moscheen, besonders die von Sultanen erbauten, sind mit Marmor bekleidet, und ruhen auf herrlichen Säulen; die anderen sind bloß mit weißer Farbe überstrichen, ohne die geringste Verzierung, weil sie den Gebrauch der Bilder für Abgötterei halten, und glauben, daß die menschlichen Abbildungen am jüngsten Gerichte ihre Seelen von den Künstlern fordern werden. An den Wänden der Moscheen sind bloß Sprüche in arabischer Sprache, z. B. Es ist nur ein Gott, und Mahomet sein Prophet etc. geschrieben. Sonst brennen zur Zeit ihres Gottesdienstes viele Lampen; fast über eine jede ist ein Straußen-Ei zur Zierde angebracht; der Boden derselben ist mit Teppichen belegt. An dem Ende der Moschee gegen Süd befindet sich in der Wand ein Stuhl als Sitz für den Iman (Priester). Links steht ein Pult, an welchem alle Freitage das Gebet vorgelesen wird; demselben gegenüber stehen Derwische, welche dem Iman antworten, oder dem Volke den Alkoran vorlesen. Jede Moschee hat eine oder mehrere Minarets, d. i. zugespitzte mit mehreren Stockwerken versehene Türme, auf welchen ein Marabon die Zeit zum Gebete so verkündigt, daß er allemal sich gegen die vier Himmels-Gegenden wendet, und auf der Mittags-Seite, weil in dieser Mekka liegt, anfängt. Dieß geschieht, weil den Türken der Gebrauch der Glocken und der Uhren unbekannt ist, des Tages fünf Mal. Bevor die Türken ihre Moscheen betreten, waschen sie den ganzen Körper, legen ihre Kopfbedeckung vor der Türe ab, und gehen mit entblößten Füßen in dieselben. Bei ihrem Eintritte verbeugen sie sich mit empor gerichteten Augen, und mit Berührung des Turbans, tief gegen den Iman, fallen dann auf die Knie, und küssen dreimal die Erde. Das angefangene Gebet wiederholen sie mit stiller Andacht. Nach geendigtem Gesange legen sie die Hände an den Gürtel, beugen sich gegen die Erde, und rufen mit lauter Stimme: Saban alla, d. i. Gott erbarme dich über meine Sünden. Darauf beugen sie sich abermals, und sprechen geschwind die Worte: illah, illa, Allach, d. i. der Namen Gottes, diese wiederholen sie oft, sprechen noch viele Gebete, und schließen mit den Worten: Amen, Amen. In den Moscheen herrscht eine große Stille. Niemand wagt zu husten, oder auszuspucken. Niemals sah ich ein Frauenzimmer in die Moschee gehen.

Die Fatihmoschee

Hammer-Purgstall 1828

Nach der Eroberung Constantinopels wurden sogleich acht der vorzüglichsten Kirchen in Moscheen verwandelt, und in der Folge erbaute Mohammed vier andere. Unter diesen zwölf Moscheen Mohammeds II. ragte die nach seinem Namen oder die des *Eroberers* genannte auf dem vierten der sieben Hügel der Stadt weit allen übrigen Domen, den von Aja Sofia ausgenommen, vor, und die andern elf Moscheen neigten sich vor ihr verehrend, wie im Traume des ägyptischen Joseph die elf Garben vor der seinigen, und die elf Sterne vor Mond und Sonne. Die Moschee des Eroberers erhebt sich auf einer vier Ellen hohen Terrasse; von vorn der Vorhof, ein Viereck, dessen drei Seiten von Säulenhallen umgeben, deren bleigedeckte Kuppeln von Granit- und Marmorsäulen getragen werden, dessen vierte Seite die Stirnseite des Heiligtums; das Haupttor schaut gerade nach

der demselben entgegengesetzten Nische *(Mihrab)*, welche die Stelle des Hochaltars vertritt. Längs den drei Seiten des Säulenganges des Vorhofes läuft ein marmornes spiegelgeglättetes Sofa herum, nur durch die Tore des Eingangs unterbrochen; in der Mitte eine mit bleierner Kuppel gedeckte Fontäne, von hochstämmigen Zypressen umpflanzt. Ober den stark vergitterten Fenstern des Vorhofes von außen auf vielfarbigen Marmortafeln die erste Sura des Korans, welche die *Eröffnerinn* oder *Erobrerinn* heißt, in den schönsten Schriftzügen erhaben ausgehauen, am Haupttore in lasurnem Felde die Constantinopel betreffende Überlieferung des Propheten: *Sie werden Constantinopel erobern, und wohl dem Fürsten und wohl dem Heere, die es erobern!*
Auf dem großen Platze der Moschee, welcher *Ssahn*, d. i. das Feld, genannt wird, erheben sich acht Kollegien oder hohe Schulen (Medrese), und hinter jedem derselben ein Ergänzungsgebäude (Tetimme) mit vielen Zellen zur Wohnung der Studierenden bestimmt. An dieselben stößt die *Armenküche* (Imaret), wo die armen Studenten und andere Stiftlinge zweimal des Tages gespeiset werden; das *Spital*, welches Dareschschifa, d. i. das Haus der Heilung, heißt; das Narrenhaus *(Timarchane)*; das Haus für die Unterkunft der Reisenden und Fremden (*Karawanserai* oder *Chan*) und die niedere Schule für Knaben, welche das A B C lernen *(Mekteb)*; die Bibliothek *(Kitabchanc)* ist in dem Inneren des Heiligtums in einem besonderen Gemache angebracht, sie ist die erste zu Constantinopel nach der Eroberung durch die Osmanen gestiftete.

Raum für betende Herrscher und ihre Heerscharen

Gurlitt 1908

Sinan, der Baumeister Suleimans, der sich an der Fülle der ihm im ganzen Reiche seines Großherrn zufallenden Bauaufträgen, nur mit den meistbeschäftigten Architekten der Welt, etwa mit dem Engländer Wren, vergleichen läßt, war ein Mann, der auf dem Instrument des Kuppelbaues mit unvergleichlicher Leichtigkeit spielte. Über quatratischer, sechs- oder achteckiger Grundform, entwickelt er seine Raumgestalten, immer hinstrebend auf eine feierlich große Saalwirkung, auf eine, die betenden Herrscher und ihre Heerscharen umschließende, einheitliche Architektur. Es ist vorwiegend Raumkunst, die ihn beschäftigt, und über die er leicht das Äußere vernachlässigt. Aber überall tritt die Eigenart türkischen Wesens hervor, überall schafft er Musterleistungen, die so wenig byzantinisch wie persisch, so wenig syrisch wie seldschukisch, die vielmehr rein türkisch sind; die ein besonderes, national von den Werken anderer islamitischer wie gar jenen christlicher Völker scharf getrenntes Wesen äußern.

Die Suleymanje, Sinans prächtigster Bau

Hammer-Purgstall 1828

Im folgenden Sommer (1556) ward der vor sechs Jahren angefangene Bau der Suleimanije, der herrlichste, welcher die Hauptstadt des Reiches unter osmanischer Herrschaft geschmückt, glücklich beendigt. In der Hälfte August erhob sich der Dom, von außen und innen vollendet, stolz in den Himmel; über siebenmahl hunderttausend Dukaten hatte der Bau gekostet, welcher fortan der größte Schmuck der Residenz; von der Aja Sofia, welche zum Muster gedient, wohl durch die Kühnheit des Kuppelgewölbes, durch die Pracht der Säulen, durch die Ehrwürdigkeit geschichtlicher Erinnerungen, aber keineswegs durch die Vollständigkeit der Nebengebäude, durch den Schmuck architektischer Verzierung übertroffen. Das Heiligtum des Tempels besteht aus drei, in einer Linie auf einander folgenden Vierecken, deren erstes der Vorhof, deren drittes der Kirchhof, das mittlere das Heiligtum selbst ist. Der Vorhof heißt in der hieratischen Sprache des Islams das Harem, d. i. heilige Hürde, welche nichts Unheiliges entweihen soll; der Kirchhof wird der Garten genannt, nach dem Beispiel der Grabstätte des Propheten zu Medina, welche so genannt wird, der Garten, wo die Menschenpflanzen ruhen bis zum jüngsten Tage, wo alles Fleisch wieder als frisches Kraut in dem großen Garten der Schöpfung auferstehen wird. In der Mitte zwischen dem Harem und dem Garten ist die eigentliche Mesdschid, d. i. der Ort der Anbetung, welcher durch das spanische Mezquita als Moschee in deutscher Sprache eingebürgert worden. Der Vorhof, welcher zur Vorbereitung des Eintrittes in die Moschee dient, ist mit marmornem Sofa zur Ruhe der Gläubigen, mit herrlichem Brunnen zu ihrer Reinigung versehen; im Kirchhofe erhebt sich das Grabmahl des Stifters. Das Kuppelsystem ist dem der Aja Sofia nachgebildet. Auf der Vorder- und Hinterseite steigen vom großen Mitteldome zwei Halbkuppeln herunter, und auf der rechten und linken Seite erheben sich in einer Reihe fünf kleinere, ganze Kuppeln, in allem zwölf, wie die Jünger um den großen Dom versammelt, den sie in ihrer Mitte triumphierend emportragen; von unten stützen diesen vier Säulen aus rotem Granit, die größten und dicksten Constantinopels.

Eine Kirche wird eine Moschee wird ein Museum

Kästner 1973

Die Welt gewöhnt sich an alles. Durch den Meister-Trick, den Geschichte sich ausgedacht hat, durch den Kniff, das Gedächtnis bei jeder Geburt neu beginnen zu lassen, erreicht sie: Die Welt gewöhnt sich an alles. Hätten die Türken, woran doch nur eines Haares Breite gefehlt hat, auch den Sankt Stephans Dom in eine Moschee umgewandelt: die Welt hätte es auch hingenommen. Nach Zeit und Weile würden die Reisenden mit denselben ungenauen Gefühlen, mit denen sie jetzt die Kirche der Hagia Sophia begehen, die Moschee Sankt Stephan betrachten.

Als in der Mitte der dreißiger Jahre unseres Jahrhunderts die Nachricht eintraf, Ata-Türk, der Türkenvater, habe sich dazu entschlossen, die Moschee, welche merkwürdiger Weise immer noch mit dem griechischen Namen der Heiligen Weisheit, also Aja Sofja benannt war, als Moschee aufzugeben, sodaß sie von nun an Museum sei, hielt man das für einen Fortschritt. Man wird anderer Meinung, wenn man das Glück hat, einen seltenen Band größten Formats in die Hand zu bekommen, der im Jahr 1852 in London erschien und der fünfundzwanzig farbige Lithografien des Gotteshauses enthält, Ansichten, die Gaspare Fossati gemacht hat. (...)
Leicht könnte es so gekommen sein, daß dieser Fossati, ein architektonischer Fachmann, Statiker, den heiligen Raum objektiv, wie wir zu sagen pflegen, also wissenschaftlich, historisch, als Kunsthistoriker aufnahm. Das aber, das eben das tat der junge Mann nicht. Vielmehr, der Ruhm dieser Lithografien liegt darin, daß Fossati den Hauch, der durch die mächtige Höhle wie Schwaden zog, wahrnahm, und daß er ihn wiederzugeben vermochte: Die Andacht, das Numen. (...)
Dieser Mann muß gefühlt haben, daß die Aja Sofja auch als Moschee noch dem Gott diente, dem sie vom Jahr 537 bis auf seine Zeit und dann noch bis zum Jahr 1935, also vierzehn Jahrhunderte lang, ohne die Unterbrechung eines einzigen Tages gedient hat: demselben. Diese Steindrucke zeigen, was man auch jetzt noch in jeder anderen Moschee sehen kann: hingerissene Beter, Gottversunkene, und es ist nicht zu vergessen, daß der Gott, den sie anbeten, derselbe Gott ist wie der, den wir, falls wir beten, anbeten: wenn auch

nicht der Gott des Paulos, so doch der Gott Abrahams, Isaaks und Jakobs.
Sodaß es verkehrt wäre, die katastrofale Zäsur in der Geschichte dieser Kirche ins Türken-Jahr 1453, gewiß ein Jahr des Unheils, zu setzen. Wohl ist damals der Dom aus Christenglauben in den Glauben der Moslim übergegangen; wohl geschah damals ein weltgeschichtliches Unglück. Doch was die Kirche der Hagia Sophia anlangt: das Skalpell, das viel heftiger eindrang als jeder Einschnitt vorher, setzte an, als die Kirche sich leerte. Leer wurde. Die Kirche der Hagia Sophia, im Jahr 1935 verstarb sie. Museum. Nun war wichtiger als alles: die Forschung. Nun war diese Kirche ein Gegenstand. Nun war sie Kunstgeschichte. Nun war sie für den Weltverbrauch der Reisenden da, die, während sie Welt verbrauchen, sich mitverbrauchen, ohne es wahrzunehmen. Denn die unheimlichsten Verluste sind die, die nicht mehr gefühlt werden.

Eine Hauptattraktion

Twain 1867

Die Moschee der heiligen Sophia (Hagia Sophia) ist die Hauptattraktion Konstantinopels. Man muß sich eine Erlaubnis besorgen und zuallererst dorthin rennen. Wir taten das. Wir besorgten uns keine Erlaubnis, aber jeder von uns nahm vier oder fünf Franc mit, was so ziemlich dasselbe ist. Ich halte nicht viel von der Hagia Sophia. Ich nehme an, mir fehlt das Verständnis. Lassen wir es dabei bewenden. Sie ist der verrottetste alte Schuppen in der ganzen Heidenwelt. Ich glaube, das ganze Interesse, das sie erweckt, rührt von der Tatsache her, daß sie als christliche Kirche gebaut und dann von den mohammedanischen Eroberern des Landes ohne viele Änderungen zu einer Moschee gemacht wurde. Man veranlaßte mich, die Stiefel auszuziehen und auf

Strümpfen in das Bauwerk zu gehen. Ich erkältete mich und geriet in eine so fest haftende Verbindung zwischen Gummischuhen, Schleim und allgemeiner Fäulnis hinein, daß ich an diesem Abend mehr als zweitausend Paar Stiefelknechte verbrauchte, um meine Stiefel auszuziehen.

Im Schatten von Mahmud Pascha

Schrader 1917

Wenn wir die Straße, die gegenüber dem großen Portal der »Dujuni Umumieh« nach dem Basar zu führt, entlang gehen, erreichen wir einen geräumigen, von uralten Bäumen beschatteten Moscheenhof. Und unter dem grünen Halbdunkel erhob sich ein gar seltsames Heiligtum. Die mächtigen Säulen, die die Vorhalle tragen, verjüngen sich nach oben, so daß sie dem Gebäude das Ansehen eines aus uralter, orientalischer Vorzeit stammenden Tempels geben. Solche Säulen findet man in ganz Stambul nicht wieder ... An einem Frühlingsmorgen, wenn der laue Wind in dem jungen Laube fächelte, war dieser kühle hochgelegene Ort geradezu ein Paradies. Alle Welt suchte ihn auf. Hier erholte man sich in langen Gesprächen, oder schloß Geschäfte ab oder konsultierte die weißen Ärzte, die in der Nähe ihre Buden hatten, die »Üfürekdschis«, die den Kranken durch Anblasen zu heilen suchen, oder die Verkäufer von Amuleten und die Besprecher ... Allerlei Gestalten schritten hier über die Szene, wie der alte Orient sie erzeugt.

»Ambubajarum collegia, pharmocopolae« – sagt Horaz – und auch die Bettler fehlten nicht, jene mit allerlei ebenso schrecklichen, wie malerischen Gebrechen ausgestatteten, zunftmäßigen »Dilendschi« der Vergangenheit ... Hier in den kühlen Schatten der Bäume flüchtete sich das Leben in der Sommerzeit. – Dann kamen die Kaufleute des Basars und die Beamten aus Kalem nach den Bureaustunden, um hier Luft zu schöpfen . . . Und die alte Moschee nahm all dieses Leben in den Schutz ihrer Kolonnaden . . .

Von Mahmud Pascha, ihrem Erbauer, spricht das Volk heute noch mit größter Ehrfurcht . . . Es war im Jahre 1453, gleich nach der Eroberung. Der Großwesir Halil Pascha hatte eben im Gefängnis von Jedi Kule unter dem Henkerbeil geendet. Da übernahm im Rebi ul Evvel des Jahres der Eroberung der Kroat Mahmud Pascha Abogovic das große Siegel des Reiches.

Mahmud Pascha war nicht nur ein Kriegsheld, sondern auch ein weiser Mann gewesen, ein Freund der Studien und der Philosophie. Das Volk von Stambul erzählte von ihm später, er habe die Sprache der Tiere verstanden und alle Geheimnisse gewußt.

Als Mahmud Pascha einige Jahre vor seinem Tode daran ging, seine so eigenartige Moschee zu erbauen, stand nach dem Zeugnis der Quellen hier eine wahrscheinlich schon in Trümmern liegende christliche Kirche, deren Namen wir leider nicht kennen. In der Nähe finden sich heute steinerne Zeugen der türkischen Vergangenheit genug. Da steht draußen vor dem Moscheenhof eine alte steinerne Quelle, die kein lebenspendendes Naß mehr fließen läßt. Auch lag hier eine Koranschule, und ein Imaret . . . Als das alles noch neu war, und der Wind der Eroberung über die Lande wehte, stellte es eine gewaltige Kraftäußerung dar. Der türkische Islam hatte neues Leben aus den Ruinen der byzantinischen Zeit geweckt, die den schlichten Muhammedanern nur noch als geheimnisvolle Talismane erschienen.

So entstand die Welt, die uns noch heute in ihrem Bann hält, wenn wir Mahmud Pascha besuchen . . .

20
VOM WASSER IST ALLES DING LEBENDIG

Das Märchen der Märchen
Hikmet 1971

Am Wasser stehen wir:
die Platane und ich.
Unser Spiegelbild im Wasser:
das der Platane und meines.
Das Licht des Wassers fällt auf uns:
auf die Platane und mich.

Am Wasser stehen wir:
die Platane und ich und die Katze dazu.
Unser Spiegelbild im Wasser:
der Platane und meines und der Katze.
Das Licht des Wassers fällt auf uns:
die Platane und mich und die Katze.

Am Wasser stehen wir:
die Platane, ich, die Katze und die Sonne dazu.
Unser Spiegelbild im Wasser:
der Platane, meines, der Katze und der Sonne.
Das Licht des Wassers fällt auf uns:
die Platane, mich, die Katze und die Sonne.

Am Wasser stehen wir:
die Platane, ich, die Katze, die Sonne und unser
Leben dazu.
Im Wasser unser Spiegelbild
der Platane, meines, der Katze, der Sonne und
unseres Lebens.

Das Licht des Wassers fällt auf uns:
die Platane, mich, die Katze, die Sonne und unser Leben.

Am Wasser stehen wir.
Zuerst wird die Katze vergehen:
im Wasser wird ihr Spiegelbild verschwinden.
Dann werde ich vergehen:
im Wasser wird mein Spiegelbild verschwinden.
Dann wird die Platane vergehen:
im Wasser wird ihr Spiegelbild verschwinden.
Dann wird das Wasser vergehen
die Sonne wird bleiben,
dann wird auch sie vergehen.

Am Wasser stehen wir:
die Platane, ich, die Katze, die Sonne und unser Leben.
Das Wasser ist kühl
die Platane ist groß
ich schreibe Gedichte
die Katze schlummert
die Sonne ist warm
Gott sei Dank leben wir.
Das Licht des Wassers fällt auf uns:
die Platane, mich, die Katze, die Sonne und unser Leben.

Von den schönen Wassergebäuen

Schweigger 1608

Unter den fürnehmen Gebäuen der Stadt ist nicht das Geringste die Cisterna, das Wasserhaus, und der Aquaeductus. Das Haus ist tief unter der Erden, durchaus gewölbt, hoch und weit, wie ein große, weite Kirch. Dies Wassergewölb hat 224 schöner steinerner Säulen, darin man im Fall der Not und zur Zeit der Belagerung, die Stadt nach Notdurft mit

Wasser kann versehen. Danach find' man außerhalb der Stadt ein Meile Wegs im freien Feld viel herrliche Wassergebäu, nämlich hohe Schwibbögen, auf welchen das Wasser aus der Tonaw in die Stadt wird geleitet in bleiernen Röhren, die oben auf den gemauerten Schwibbögen nacheinander liegen. Die sind also gerichtet, daß das Wasser dadurch gleich schnureben durch Berg und Tal in die Stadt kommt. Es soll zwo Tagreisen bis an die Tonaw sein. Da der erst Schwibbogen ist, da sollen etliche Soldaten liegen, die Quellen zu verwahren, damit das Wasser nicht vergift' werd. Sie stehen aber allein in den Tälern, und sind so hoch aufgeführt, daß der Schwibbog' in gleiche Höhe kommt mit dem nächstgelegenen Berg, der die Röhren vom Schwibbogen empfanget, und also der Berg durch andere Röhren das Wasser weiter bringt bis wieder zum andern Tal und Schwibbogen desselbigen Tals. Das Gebäu kost' unsäglich groß Gut, und ist wohl ein kaiserlicher Bau, welches die griechischen Kaiser haben erbaut. Doch haben die türkischen Kaiser auch etliche derselben lassen bauen. Das Gemäuer solcher Schwibbögen ist 14 Schuh dick.

Die byzantinischen Wasserbehälter

Forchheimer und Strzygowsky 1893

Die Wasserversorgung des alten Byzanz wird nach römischer Weise geregelt gewesen sein. Hadrian baute einen Aquädukt, welcher das Wasser der Waldzone am Schwarzen Meere nach der Stadt führte, Septimius Severus die Zisterne in den Substructionen des Hippodroms. Im Übrigen werden Piscinen zur Klärung des Wassers der Leitungen vorhanden gewesen sein.
Als die Stadtmauern durch Konstantin den Großen um fünfzehn Stadien hinausgeschoben und das kleine Byzanz zur neuen Roma, zur Residenz erhoben wurde, da verwer-

tete man auch die Quellen des Hochplateaus zwischen dem goldenen Horn und dem Marmarameere. Der Patricier Eubulos erbaute die dahin führenden Leitungen. Das Wasser wurde aus Brunnenhäusern und aus den Canälen selbst geschöpft und durch Mutterröhren nach den Thermen und Nymphaeen geleitet. Zugleich erbaute einer der vier römischen Magistri Philoxenos in der Nähe des Forums, nahe an der alten Stadtmauer eine Zisterne.

Valens vermehrt die Mittel der Wasserversorgung, indem er im Jahre 368 eine neue, bis heute bestehende Leitung erbaut. Zur gleichen Zeit legen syrische Baumeister die ersten offenen Teiche, den des Modestus (Sarrâdschchané A) und den des Aëtius (bei Tekfur Serai) an, die beide heute verfallen sind.

Theodosius der Große schafft einen Teich in der 5. Region, früher schon mag auch jener im kaiserlichen Palaste, an welchem später der Justinianos errichtet wurde, erbaut worden sein. Jedenfalls hört um diese Zeit etwa der Teichbau in der Altstadt des Septimius Severus auf. Der Raum war bis auf das letzte Plätzchen ausgenützt, man mußte bei Neuanlagen damit rechnen. Da die Bevölkerungszahl immer mehr zunahm und die Wassermasse immer knapper ausreichte, kam man daher wieder auf die unterirdischen Zisternen zurück. Es entstand das Problem, wie ein verhältnismäßig kleiner Flächenraum für eine möglichst große Wasseraufspeicherung verwertet werden könnte. Wahrscheinlich war es ein alexandrinischer Baumeister, der hier Rat schaffte. Nach dem Muster der Behälter seiner Vaterstadt führte er mehrere Stockwerke übereinander auf. Dabei ging er in jener kühnen Art vor, die wir an der Sophienkirche bewundern. Er verzichtete auf die in Alexandria üblichen von Säule zu Säule in jedem Stockwerk errichteten Gurtbogen, setzte aus freier Hand Säule auf Säule und legte darüber das in Konstantinopel übliche byzantinische Kappengewölbe.

In der letzten, nachjustinianischen Periode der altbyzantinischen Kunst tritt der allseitige Verfall auch im Zisternenbau deutlich hervor. Teiche scheinen nicht mehr erbaut worden zu sein. Ja Heraklius schüttet die in den kaiserlichen Palästen befindlichen sogar zu und verwandelt sie in das, was die bis heute erhaltenen Teiche sind, in üppige Fruchtgärten.

Gesundbrunnen. So lang die Fische sind, so lang wird auch das Türkische Reich währen

Büttner 1664, Gerlach 1674, Murhard 1800

Auf den vornehmsten Straßen der Stadt Constantinopel findet man an unterschiedenen Orten Häuser, aus Marmorstein, und rings herum voller Näpflein, darinnen süßes Wasser, stehen. Die werden von den vornehmen Türken zum Gedächtnis der Verstorbenen erbaut. Ein jedweder, der vorüber gehet oder reitet, trinket den Verstorbenen zu Ehren ein Näpflein aus. Es ist auch einer dazu bestellt, der wiederum einschenkt. Soll auch ein sonderlich Werk der Liebe sein.

Und dieser Brunnen gibt es allhier viel, dabei stetig ein Türk sitzet, und nichts anderes tut, als Wasser schöpfen, und den Leuten zu trinken geben, und auch seine Besoldung von den Stiftungen zu den Kirchen, oder ansehenlichen Begräbnissen hat. Andere tragen in Kürbissen oder messingen Geschirren Wasser umher, und geben den Leuten um Gottes Willen zu trinken.

Zu dem Brunnen steiget man 32 Staffeln hinunter. Denn er ist unter der Erden, sehr weit, und mit Mauern aufgeführet, und scheinet, als wenn einmal ein Capell dabei gewesen wär. Ist innen und davor heraus mit weißem Marmelstein belegt.

Vor dem Brunnen ist ein erhabener weißer Marmelstein belegt. Vor dem Brunnen ist ein erhabener weißer Marmelstein, worauf ein irden Geschirr stehet. Wer hinzu kommt, nimmt es, füllet's mit Wasser, waschet daraus die Händ' und das Angesicht, und trinkt. Und das tun nicht allein die Griechen und Armenier, sondern auch die Türken, welche gänzlich beredet sind, wer sich in diesem Wasser wasche und davon trinke, so er das Fieber hat, so verlaß es ihn ... Ob dem Loch hängen viel seidene Fäden etc., anstatt einer Dankbarkeit, so die Leute hingehänget, die des Fiebers da los geworden. Oben wacht ein Türk, da der Eingang mit Latten verschlagen, und hat daneben sein Losament, wie eine Werkstatt, dem wir zwei Asper geben müssen.
Es sagen auch die Türken, daß in diesem Brunnen Fische seien ... und so lange sie da (sind), so lang wird auch das Türkische Reich währen. Und diese Fische, sprechen sie, kommen daher: Auf eine Zeit sei Kaiser Constantin zum Brunnen kommen, und habe sich dabei erlustigen wollen, da habe man ihm einen gebratenen Fisch gebracht, welcher, als er ihn in den Brunnen geworfen, wieder lebendig geworden, und noch da sei. Das glauben die Türken für gewiß.

Der Platz von Konstantinopel, vor dem Pavillon des Bostandschi-Baschi, bildet teils einen Kai, teils ist er hin und wieder mit Zypressen bepflanzt, welche den Anfang der Serails-Gebäude noch mehr verstecken. Auf demselben befindet sich ein großer Springbrunnen, bei dem das Wasser aus 8 Löchern eines Felsen in ein breites Becken fällt, und große Bogen bei seinem Sturze macht. Diesen Fontänen schreiben die Griechen zu Konstantinopel eine große Heilkraft zu. Jährlich am Tage der Verklärung versammeln sie sich da in außerordentlicher Menge, und begehen die lächerlichsten Zeremonien.
Sie lagern sich um den heiligen Brunnen und trinken das

Wasser desselben unter vielen Gebeten und Kreuzigungen. Der Genuß dieses Wassers soll die Gesunden vor ansteckenden Seuchen bewahren. An Fieberkranken, erzählt man, wirke dieses Wasser wahre Wunder. Hier herrscht ein sonderbarer Gebrauch. Man macht tiefe Löcher, jedes von der Höhe eines Mannes, und stellt in dieselben die Kranken so, daß der obere Rand des Loches ihnen bis an den Hals reicht. Sorgfältig werden dann alle Öffnungen auf dem Boden mit Sand so verstopft, daß man von dem Körper nichts als den Kopf erblickt. Die Griechen laufen herum mit Gefäßen voll heiligen Wassers, schlagen Kreuze, stammeln Gebete, und glauben den Kranken nicht genug Wasser eingießen zu können. Zuweilen wäscht man ihnen auch das Gesicht und den Scheitel.

Taxim und Suterasi, Wassertürme und Wasserwaagen und die Systeme der Wasserverteilung

Moltke 1836

Bujukdere, den 20. Oktober 1836.

Gerade so wie bei uns ein Weinschmecker das Gewächs und den Jahrgang herauskostet, so schmeckt Dir ein Türke, ob ein Trunk Wasser von dieser oder jener besonders geschätzten Quelle kommt, ob er in Tschamlidja, der Fichtenquelle, auf Bulgurln in Asien oder aus Kestenes-suj (Kestane suju), dem Kastanienborn bei Bujukdere, oder aus der Sultanquelle in Beykos geschöpft ist.

Konstantinopel ist auf einer felsigen, vom Meer umspülten Höhe erbaut; die Brunnen, welche man dort gegraben, geben sämtlich nur wenig und bitteren Zufluß. Das Trinkwasser für mehr als eine halbe Million Menschen, die nichts als Wasser trinken, der ungeheure Bedarf für die vielen Bäder, für die Moscheen und für die fünf täglichen Waschungen, welche die Religion jedem Muselman vorschreibt, mußte daher von außerhalb herbeigeführt werden.

Man benutzte für diesen Zweck das drei Meilen nördlich gelegene Waldgebirge von Belgrad, an welches die Wolken im Winter und Frühjahr eine ungeheuere Wassermenge in Gestalt von Schnee und Regen absetzen. Dies Wasser wird in große künstliche Behälter gesammelt, indem man eine starke Mauer quer durch ein Tal führt und so hinter derselben eine Anstauung bewirkt. Ein solches Reservoir heißt »Bend«, ein persisches Wort, das sich eigentlich auf die Mauer oder das Wehr bezieht und gleichbedeutend ist mit dem deutschen »Band«.

Die Bedingungen, um einen Bend anlegen zu können, sind, daß die Talwände hoch genug seien, damit man viel Wassertiefe und wenig Verdampfungsfläche erlange, daß sie einigermaßen steil und nahe aneinander treten, damit die Mauer nicht zu lang und kostbar werde, daß dicht hinter derselben die Talsohle wenig Gefälle habe, damit die Anstauung weit hinauf reiche, daß endlich das obere Tal viele und weite Verzweigungen besitze, folglich starken Zufluß gewähre, und im Allgemeinen hoch genug liege, damit das Wasser mit starkem Gefälle abfließen könne.

Wenn im Frühjahr der Bend gefüllt ist, so findet das noch ferner zuströmende Wasser seinen Abfluß durch eine Öffnung im oberen Teil des Wehrs und wird mittelst gemauerter Rinnen in den natürlichen Talweg geleitet. Unten in der Mitte der Mauer hingegen befindet sich ein Portal oder Gewölbe, der »Taksim« oder die Verteilung genannt. Aus dem Taksim fließt dann das Wasser in gemauerte überwölbte Rinnen, welche mit einem Mörtel aus gestoßenen Ziegelsteinen und Kalk bekleidet sind, längs den Talwänden hin.

Wenn nun eine Leitung auf ihrem Zuge an ein ihre Richtung durchschneidendes Tal gelangte, so kannten die Alten kein anderes Mittel, als den Wasserfaden auf einer Brücke über dies Tal weg nach dem jenseitigen Ufer hinüber zu führen, und dies gab Veranlassung zu den oft riesenhaften Aquädukten. Die Araber aber wußten, daß Wasser in kom-

munizierenden Röhren sich gleich stellt, und gründeten darauf das einfachere, weniger kostspielige Verfahren, den Wasserfaden in einer Bleiröhre den diesseitigen Talhang hinab und den jenseitigen wieder hinauf zu führen. Wirklich kam das Wasser drüben an, aber es floß vermöge der Reibung äußerst langsam und lieferte daher in demselben Zeitraum eine viel geringere Masse. Nun lehrte die Erfahrung, daß die Reibung sich ungemein vermindere, wenn man von Entfernung zu Entfernung Öffnungen in der Röhre anbringen konnte. Da wo das Wasser an den Bergwänden im Niveau hinfließt, war das leicht, wo es unter niedrigen Terrainwellen durchsetzt, wurden diese Luftlöcher brunnenähnliche Trichter, wo aber die Leitung in geschlossenen Röhren oft tief unter dem Niveau und auf Tausende von Schritten durch ein Tal zog, da konnte man natürlich keine Öffnung anbringen, weil sonst das Wasser an dieser Stelle ausgeflossen wäre. Man machte also das Umgekehrte des Brunnens, man baute steinerne Pyramiden, so hoch, daß ihre Spitzen in das allgemeine Niveau reichten; sie hießen »Suterasi«, Wasserwaagen. An diese Pyramide führte man die Röhre hinauf; das Wasser setzte sich in Gleichgewicht, indem es auf der Spitze der Pyramide in ein kleines Bassin trat, und stieg an der entgegengesetzten Seite der Pyramide aufs Neue in eine Röhre hinab.
Die Türken fanden die Aquädukte der Römer wie der Suterasi der Araber vor; aber sie wendeten bei den von ihnen erbauten Leitungen die eine wie die andere an, und zwar die erstere wohl nur aus Prunksucht.

Wir besuchten eine Zisterne

Twain 1867

Wir besuchten die Tausendundeinen Säulen. Ich weiß nicht, wofür das Bauwerk ursprünglich gedacht war, aber es heißt, es sei als Zisterne geschaffen worden. Es liegt im Zentrum Konstantinopels. Man steigt mitten auf einem kahlen Platz eine Flucht Steinstufen hinunter und ist da. Man befindet sich zwölf Meter unter der Erde und inmitten einer Wildnis hoher, schlanker Granitsäulen byzantinischen Stils. Man kann sich hinstellen, wo man will, oder den Standpunkt ändern, sooft man will, stets ist man ein Mittelpunkt, von dem strahlenförmig ein Dutzend langer Bogengänge und Kolonnaden ausgeht, die sich in der Entfernung und im düsteren Dämmerlicht des Raumes verlieren. Diese alte, trockengelegte Zisterne wird jetzt von einigen geisterhaften Seidenspinnern benutzt, und einer von ihnen zeigte mir ein Kreuz, das hoch oben in einen der Pfeiler eingemeißelt war. Ich nehme an, er wollte mir zu verstehen geben, daß diese Einrichtung schon vor der türkischen Besetzung dagewesen sei.

21

DAS HAMAM ODER DAS TÜRKISCHE BAD

Von den schönen Badestuben

Schweigger 1608

Unter die fürnehmsten Gebäu werden auch die öffentlichen Badhäuser gerechnet, Smuns genannt, die werden auf das köstlichest und prächtigest gebaut. Dieselben haben auch ihre Einkommen . . . gleich wie ein Kirch oder dergleichen Stift eins, davon der Bau in seinem Wesen erhalten wird. Diese Badhäuser sind hochgewölbt in die Rundierung, wie ein Chor in einer Kirchen. Zu höchst am Gewölb', da zugleich das Dach, welches mit Blei gedeckt ist, hat es viel einfallende Lichter, dieselben sind mit runden, hohlen Gläsern, wie mit einem gläsernen Hut, bedeckt, daß der Regen nit durchdring'. An Wänden herum ist sonst kein Fenster, der Boden ist von schönen Marmorsteinenen Tafeln, und mit eingelegter Arbeit geziert von feinem Laubwerk, gleich wie man bei uns das Holz und Schreinwerk einlegt, doch nicht so künstlich und so artlich, weil sich das Steinwerk nicht also läßt arbeiten wie das Holz . . . Die Badstub ist in der Mitte nit verbaut, sondern steht gar ledig und bloß, ohn' Gestühl und dergleichen Hindernis, aber an der Wand ringsweis' herum, hat es unterschiedliche Gewölblein, 14 oder 20 Schuh weit, gleich wie die Kapellen oder Gewölb in unseren Kirchen. Die Tür wird mit einem blauen Tuch behängt. Diese Gewölb sind auch der Hitze nach unterschieden, so daß eines gar heiß, das ander mittelmäßig, das dritt lau ist. In diesen Gewölben siehet man an der Wand messingene Zapfen, die man auf und zu kann reiben, da man aus dem einen heiß und aus dem anderen kalt Wasser laufen läßt. Sie brauchen keine Stühl' oder Bänk', sondern sitzen

und hocken alle auf dem Boden herum. In Mitte der weiten Badstuben steht ein niederer Herd, eines Schuhs hoch, von Marmorstein, zum Schwitzen verordnet, denn daselbst ist die Hitze am größten. Sobald einer hinein kommt, setzt er sich auf diesen Herd, da kommt ein Badknecht, der umfängt ihn, renkt ihm den Leib hin und her, als wollt er ihm den Leib ineinander richten. Desgleichen dehnet er ihm auch die Glieder, Arm', Händ' und die Schenkel, als wollt er mit ihm ringen. Danach legt er ihn nach der Länge auf den Herd, steht ihm auf den Leib, doch sänftiglich. Daher unter unserem Gesind' diese Schimpfred entstanden ist: »Ich will gehn und mich für die lange Weil lassen mit Füßen treten«, das ist, »ich will ins Bad gehn«. Solch Renken und Dehnen des Leibes bekommt einem fast wohl, davon er sich etwas geringer und leichter befindet. Nachdem solch Ringen und Gymnastien bei einer halben Stunde gewähret, alsdann setzt er sich in der unterschiedlichen Gewölb eines, in welches er will, gar allein, oder mit etlichen anderen, welches ihm der Hitz' halb am füglichsten sein mag. Alsdann fängt sich das Schröpfen an. Das ist ein solch Metzgen, davor einer sich nicht unbillig möcht entsetzen, als wenn der Diebhenker hinter ihm her wär. Der Bader nimmt ein abgebrochen Schermesser, daß fasset er so, daß er einen Zoll vor die Finger geht. Diesen stumpfen Spitz (der auch ein Stumpfspitzig heißt) reibt er ihm in die Haut hinein, danach zündet er ein Werg an, tut's in die Ventosen oder Schröpfköpflein, das setzt er ihm mit dem brennenden Werg auf die Wunden. Läßt ihn eine gute Weil also sitzen und die Zähn' blecken.
Ein Türk gibt etwa ein Asper oder zween. Wir aber haben ein jeder fünf oder sechs Asper geben müssen. Das Haar pflegen sie beide, Weib und Mann, an heimlichen Orten und sonsten am Leib, glatt hinweg zu ätzen mit einer schwarzen Erden, mit Kalk vermischt, und mit Wasser zu einem Brei gemacht. Das nennen sie mit dem griechischen

Namen Chrisma, das ist eine Salb'. Doch wächst das Haar bald wieder. Diese Schmier ist so herb, daß sie auch die Haut auffrißt, und große Schmerzen macht, wenn man's zu lang drauf läßt bleiben.
Die Weiber pflegen nach dem Bad, sonderlich, so sie ein Brautbad halten, die Händ und Füß, doch nicht über und über, sondern nur zum Teil, wie nämlich über Eck, mit roter, türkischer Roßfarb zu färben ... wie heutigen Tags die Amerikaner auch pflegen an etlichen Orten.
Die Männer haben besondere Bäder und die Weiber auch besondere. Sie bedecken sich im Baden fein züchtig und ehrbarlich, und nicht so schimpflich wie die Deutschen, wo es das Ansehen hat, als wollt einer die Scham mit Fleiß zeigen, oder wie ich zu Venedig gesehen hab, daß die Männer allerdings bloß und unbedeckt ins Bad gehen. Sie knüpfen aber ein blau leinen Tuch um die Hüft', das geht zweimal herum, und geht bis auf den Boden hinab, also daß wir Christen in diesem Fall sollten Zucht und Ehrbarkeit von diesen Barbaris lernen.

Nichts Romantisches, nichts von orientalischer Pracht

Twain 1867

Wenn ich daran denke, wie ich von den Büchern über Reisen im Orient angeschwindelt worden bin, wünsche ich mir einen ihrer Verfasser zum Frühstück. Jahr um Jahr habe ich von den Wundern des türkischen Bades geträumt; Jahr um Jahr habe ich mir selbst versprochen, ich würde noch einmal eins nehmen. Oft habe ich in meiner Phantasie in dem marmornen Bad gelegen und den einschläfernden Duft orientalischer Spezereien geatmet, die die Luft erfüllten.
Es war ein armseliger, elender Betrug. Die Wirklichkeit ähnelt ihm nicht mehr, als die Five Points dem Garten Eden. Man empfing mich in einem großen, mit Marmorplatten

ausgelegten Hof; ihn umgaben breite Galerien, eine über der anderen, mit schäbigen Matten ausgelegt, von ungestrichenen Geländern gesäumt und mit hohen, wackligen Liegen ausgestattet, und diese waren mit verblichenen, alten Matratzen gepolstert, auf denen neun aufeinanderfolgende Generationen, die darauf geruht hatten, ihre Abdrücke hinterlassen haben. Die Stätte war weiträumig, kahl, öde; der Hof war ein Schuppen, die Galerien waren Ställe für menschliche Pferde. In der Erscheinung der leichenhaften, halbnackten Schurken, die in dem Etablissement bedienten, lag nichts Poetisches, nichts Romantisches, nichts von orientalischer Pracht. Sie verbreiteten keine berauschenden Wohlgerüche – ganz im Gegenteil. Ihre hungrigen Augen und ihre dürren Körper drängten einem ständig eine schreiende, unsentimentale Tatsache auf – sie brauchten, was man in Kalifornien ›eine handfeste Mahlzeit‹ nennt.

Ich betrat eine der Pferdeboxen und entkleidete mich. Ein unsauberer Hungerleider schlang sich ein grelles Tischtuch um die Lenden und hängte mir einen weißen Fetzen über die Schultern. Man gab mir nun ein Paar Holzschuhe – Miniaturbänke mit Lederriemen darüber, um meine Füße einzusperren (was sie auch getan hätten, nur trage ich nicht Schuhnummer 58). Diese Dinger baumelten ungemütlich an den Riemen herum, wenn ich die Füße hob, und landeten ungeschickt an unerwarteten Stellen, wenn ich sie wieder auf den Boden setzte, und manchmal verrutschten sie nach der Seite und renkten mir die Knöchel aus. Es war jedoch alles orientalischer Luxus, und ich genoß ihn, so gut ich konnte.

Man steckte mich in einen anderen Teil des Schuppens und legte mich auf einen muffigen Strohsack, der nicht aus Goldgewebe oder persischen Schals bestand, sondern lediglich von der anspruchslosen Sorte war, die ich in den Negervierteln von Arkansas gesehen habe. In diesem marmornen Gefängnis stand absolut nichts weiter als noch fünf solcher

Bahren. Es war ein sehr ernster Ort. Ich erwartete, daß nun die würzigen Wohlgerüche Arabiens sich meiner Sinne bemächtigen würden, aber das taten sie nicht. Ein kupferfarbenes Skelett, das einen Fetzen um den Leib geschlungen hatte, brachte mir eine Glaskaraffe voll Wasser mit einer angezündeten Tabakspfeife oben darauf, an der ein ellenlanger, biegsamer Schlauch mit einem Mundstück aus Messing hing.

Es war die berühmte ›Nargileh‹ des Ostens – jenes Ding, das der Großtürke auf den Bildern immer raucht. Dies fing nun an, nach Luxus auszusehen. Ich nahm einen Zug, und das genügte: der Rauch drang in einer einzigen großen Masse in den Magen, in die Lungen, selbst in die abgelegensten Teile des Leibes vor. Ich platzte mit einem gewaltigen Hustenstoß heraus, der so klang, als hätte der Vesuv losgelegt. Die nächsten fünf Minuten lang rauchte ich aus allen Poren wie ein Holzhaus, das im Innern brennt. Nie wieder eine Nargileh! Der Rauch hatte einen scheußlichen Geschmack, und der Geschmack der tausend ungläubigen Zungen, der an jenem Messingmundstück haftete, war noch scheußlicher. Ich verlor langsam den Mut. Wenn ich auf einer Packung Tabak aus Connecticut den Großtürken mit gekreuzten Beinen in vorgetäuschter Seligkeit seine Nargileh rauchen sehe, werde ich ihn fortan als den schamlosen Betrüger erkennen, der er ist.

Dieses Gefängnis war mit heißer Luft gefüllt. Als ich zur Vorbereitung auf eine noch wärmere Temperatur genügend aufgewärmt worden war, brachte man mich dorthin, wo diese herrschte – in einen marmornen Raum, naß, schlüpfrig und dampfig, und legte mich auf eine erhöhte Plattform in der Mitte. Mir war sehr warm. Alsbald setzte mich mein Mann neben einen Behälter mit heißem Wasser, machte mich gründlich naß, zog einen groben Fäustling über die Hand und fing an, mich damit von oben bis unten abzupolieren. Ich fing an, unangenehm zu riechen.

Je mehr er polierte, desto schlechter roch ich. Es war erschreckend.
Nach einer Weile brachte er ein Becken, Seife und etwas, das wie ein Roßschweif aussah. Er schlug eine ungeheure Menge Seifenschaum, überschwemmte mich damit von Kopf bis Fuß, ohne mir Bescheid zu geben, daß ich die Augen schließen solle, und wischte in niederträchtiger Weise mit dem Roßschweif an mir herum. Dann ließ er mich stehen, eine schneeige Statue aus Seifenschaum, und verschwand. Als ich das Warten satt hatte, ging ich los und stöberte ihn auf. Er stand in einem anderen Raum gegen die Wand gelehnt und schlief. Ich weckte ihn. Er geriet durchaus nicht aus der Fassung. Er brachte mich zurück und überschwemmte mich mit heißem Wasser, dann schlang er mir einen Turban um den Kopf, hüllte mich in trockene Tischtücher, führte mich zu einem vergitterten Hühnerstall auf einer der Galerien und wies auf ein solches Arkansas-Bett. Ich bestieg es, und irgendwie erwartete ich wieder die Wohlgerüche Arabiens. Sie kamen nicht.
Der kahle, schmucklose Stall hatte nichts von jener orientalischen Üppigkeit an sich, von der man so viel liest. Er erinnerte mehr an ein Bezirkshospital als an irgend etwas anderes. Der dürre Diener brachte eine Nargileh, und ich ließ ihn sie ohne Zeitverschwendung wieder mitnehmen. Dann brachte er den weltberühmten türkischen Kaffee, den die Dichter viele Generationen lang so leidenschaftlich besungen haben, und ich stürzte mich darauf, als die letzte Hoffnung, die mir von meinen alten Träumen über orientalischen Luxus geblieben war. Es war wieder ein Betrug. Von allen unchristlichen Getränken, die jemals über meine Lippen gekommen sind, ist türkischer Kaffee das schlimmste. Die Tasse ist klein, mit Kaffeesatz verschmiert; der Kaffee ist schwarz, dick, von widerwärtigem Geruch und abscheulichem Geschmack. Auf dem Boden der Tasse befindet sich ein halbzolltiefer schlammiger Satz. Dieser rutscht einem

die Kehle hinunter, und Teile davon lassen sich unterwegs nieder und verursachen ein ärgerliches Kitzeln, so daß man eine Stunde lang husten und bellen muß.
Hier endet meine Erfahrung mit dem berühmten türkischen Bade, und hier endet auch mein Traum von der Seligkeit, in der ein Sterblicher schwelgt, der sich ihm unterzieht.

22

DIE MAUER, TÜRME, TORE

Das Castell zu den sieben Türmen

Schweigger 1608

Am Ende der Stadt, gegen Niedergang, liegt das Castell zu den sieben Türmen, das man türkisch nennt Tedicola. Dasselb ist mit Mauern und Türmen aufs beste verwahrt, aber ohne Besatzung. Es liegt ein alter, erlebter und wohlverdienter Hauptmann darin, mit etlichen wenigen Janitscharen. Es liegt auch in Verstrickung darin der König von Timis, der geht ledig, doch nicht weiter, als bis zum Tor. Wie er daher ist kommen, hab ich nicht erfahren können.
In diesem Castell soll der Türk seinen besten Schatz von Gold und Geld verwahrt haben. Dies Gebäu sowie Sankt Sophia und das Palatium Constantini und das Münzhaus sind noch allein übrig von den alten Gebäuden, an welchen Scherben man abnehmen kann, wie der Hafen muß gewesen sein, desgleichen viel alte Kirchen und Capellen. Das Palladium Constantini ist ein hoher viereckiger Bau von Werkstücken, hat inwendig keine Gemächer, als allein hölzerne Hürden an den Wänden herum klebend, darauf die gefangenen Christen ihr Lager haben. Also ist auch das Münzhaus, darin man Apser und Sultaniner oder Ducaten schlägt, ein hübsch groß hoch und weit Haus, von Werkstücken bis unter das Dach gemauert, hat inwendig auch keine Gemach, denn allein die Werkstätten der Münzer. Der Münzmeister und sein Gesind' sind alle zumal Griechen.

Die Tore der Stadt um 1570

Gerlach 1647

Unfern vom Salzturm ist ein anderer Turm, darinnen Gefangene sind, und hat, wie fast alle anderen Türme in selbigem Stadt-Revier herum, diese Aufschrift: Theophili Turm, der in Christo fest stehet. Der Stadt Pforten gegen Galata, oder Norden und Mitternacht, sind zwölf. Die erste, die Königliche Pforte der Stadt Byzanz oder Constantinopel. 2. die Prächtige, jetzund die Judenpforte. 3. das Fischer oder Fischmarkttor, dabei ein Galgen an dem Ufer stehet. 4. das Wacht- oder Kerkertor, allwo Gefangene sind. 5. das Richt-Tor. Ober der Oberschwelle, innen und außen, daß es Aus- und Eingehende lesen können, stehet: Die Todes-Gedanken sind nutz zum Leben. 6. die Kleine, welche die Türken neu erbauet an einem bequemen Ort, als da die alte etwas weiter unten gestanden, und nun mit Steinen beschlossen ist. Ihre Oberschwell ist von Marmelstein. 7. ξγπαλη auf Griechisch 8. zur Heiligen Theodosia, ist eine hohe und prächtige Pforte mit marmelsteinernen Pfosten und Oberschwellen. Sie wird aber also genennet, weil nicht weit davon eine große Kirche dieses Namens stehet, die nun die Türken inne haben. Durch welche Pforten, als eben Kirchweih in dieser Kirchen gehalten worden, ein großer Teil des Türkischen Kriegsheers, bei Eroberung der Stadt, hereingedrungen, und also sie eingenommen. Außerhalb dieser Pforten ist ein sehr großes Haus, daraus die Früchte den Bürgern verkauft werden. 9. zur gedoppelten Mauer. 10. das Laternentor. 11. das Jäger-Tor, wo der Jäger Zeug aufgehalten wird. Dieweil unter dem Patriarchat, gegen das Meer zu, ein lustiger Strauch- oder Buschwald, Hirsch und Hasen darin zu jagen, gewesen. Nicht weit von diesem Tor, auf der Stadtmauer ist des Kaisers Constantin Palast. 12. ηβλαχεςιωλ vor dieser Pforten werden die Gläser gebrannt.

Die Stadtmauern

Moltke 1837

Konstantinopel bildet bekanntlich ein Dreieck, dessen Spitze (das Seraj) gegen Osten gekehrt ist und dessen Grundlinie von den Siebentürmen, südlich an der Propontis, bis zum Stadtviertel von Blachernä, nördlich am Goldenen Horn, reicht. Diese Strecke, die Landfront, beträgt 8600 Schritt, die beiden Seiten nach dem Hafen und dem Marmarameere haben eine Ausdehnung von 17 500 Schritt. Der ganze, reichlich drittehalb geographische Meilen weite Umkreis ist durch eine starke Mauer mit mehr als 3000 großen Türmen geschlossen. Die Stadtmauer, welche Theodosius (413) errichtet, wurde 447 von einem großen Erdbeben niedergeworfen. Der Präfekt Cyrus leitete den Wiederaufbau mit solcher Tätigkeit, daß in drei Monaten das Werk vollendet war. Das Viertel Blachernä wurde erst unter Kaiser Heraklius der Stadt einverleibt, und daher schreibt sich wohl die Verschiedenheit der Bauart des südlichen und nördlichen Teils der Mauer an der Landfront. Von den Siebentürmen bis Tekfur-Seraj ist die Umwallung doppelt; die Hauptmauer ist 30 bis 40 Fuß hoch und hat eine obere Stärke von 5 bis 8 Fuß; alle sechzig Schritt treten Türme aus der Mauer hervor, deren Bauart verschieden, rund, achteckig und oft sehr zierlich ist; sie sind hoch und eng, mehr oder weniger beschädigt; von einigen liegen große Stücke unzertrümmert an der Erde, und dichter Epheu überrankt das alte Gemäuer. Aber eine eigentliche Bresche habe ich nirgends gefunden, selbst nicht in der Talsenkung des kleinen von Ramid-Tschiftlik kommenden Baches, wo der Angriff der Türken stattfand und die Mauern am stärksten beschädigt sind. Die Länge der Zeit hat Mörtel und Steine zu einer einzigen festen Masse vereint, in welche eine Bresche zu legen sehr schwer sein würde. Die Mauer ist aus weiter Ferne sichtbar.

Der nördliche Teil der Befestigung hingegen, welcher vorspringend sich dem Hafen anschließt, zeigt nur eine einzige Mauer ohne Graben. Die Türme sind groß und geräumig, die Mauer äußerst schön gebaut und vollkommen wohl erhalten. In der Landmauer selbst erheben sich zwei alte kaiserliche Paläste, aber beide von sehr geringer Ausdehnung. Der erste bildet einen Teil des Kastells der Siebentürme (Jedi-Kuleler, das alte Kyklobion); er ist aus Marmor ohne Mörtel erbaut, bildet zwei 80 Fuß hohe Türme mit wenigen engen Fenstern und einem zierlichen, jetzt vermauerten Portal nach außen, welches früher das Goldene Tor hieß; der zweite, das alte Hebdomon, jetzt Tekfur-seraj, liegt in dem eingehenden Winkel, wo die ältere und neuere Stadtmauer zusammenstoßen.

Hier war es, wo bei Gelegenheit eines feierlichen Aufzuges zu Justinians Zeit einer der größten Edelsteine aus der griechischen Kaiserkrone verloren ging, tausend Jahre im Schutt begraben lag und von einem spielenden Kind zu Mohammeds II. Zeit wieder gefunden wurde.

Von dem berühmten Palast Blachernä endlich, dessen Pracht und Herrlichkeit die fränkischen Kreuzfahrer so in Erstaunen setzte und dessen Lage an der Landmauer und dem Hafen mit großer Bestimmtheit anzunehmen ist, fand ich nicht die geringste Spur.

Die Mauer an der Propontis ist oft von den gewaltigen Wogen, welche der Südwind auftürmt, beschädigt worden; Hunderte von Säulenschaften sind eingemauert, um ihr Fundament zu stützen, und eine Menge von Inschriften tritt dort ans Licht.

Die Mauer des Theodosius erfuhr die erste Belagerung 626 durch die Perser und Avaren; aber damals waren die Byzantiner noch Herren des Meeres, und die Schaaren Chosroes blieben vom asiatischen Ufer müßige Zuschauer der Niederlage ihrer Verbündeten. Fünfzig Jahre später erschien eine arabische Flotte vor Konstantinopel; die Anhänger der damals neu entstandenen Lehre Mohammeds vermochten indeß während sechs aufeinander folgender Sommer nichts gegen diese Mauern, denen der Osten Europas damals seine Rettung vor den Sarazenen verdankte. Die Flut ihrer Eroberung brach sich an diesem Bollwerk.

Die Landmauern wirken groß und tragisch

Lidell 1959

Direkt südlich der Serailspitze lag Topkapi (das Kanonen-Tor), das auch Tor der heiligen Barbara genannt wurde nach der einst direkt neben ihm stehenden Kirche; dieses Tor existierte noch bis zum Jahre 1871, obwohl 1816 Sultan Mahmud II. seine beiden Flankentürme zerstört hatte, um aus ihnen seinen Marmorkiosk zu bauen. Vom folgenden Tor, Degirmenkapi, kennen wir den griechischen Namen nicht. In seiner Nähe befindet sich an der Mauer folgende Inschrift:

Durch dich, o Christus, reich, du unbezwungner Wall,
Hat König Theophil, der Kaiser fromm und gut,
Die Mauer aufgebaut, den Grund aus neuem Stein.
O König aller Welt, nimm sie in deine Hut
Und laß sie alle Zeit unüberwindlich sein
Und unzerstörbar . . .

Durch eine kleine Öffnung dieses Tores wurden schuldige Haremsfrauen in Säcke eingenäht ins Meer geworfen.

Die Landmauern wirken großartig und tragisch; vom Marmarameer ziehen sie sich hinauf nach Topkapi, hinunter in das Lykostal, wieder hinauf zum höchsten Punkt beim Adrianopel-Tor und hinunter zum Goldenen Horn, und ihre ungeheure Ausdehnung macht sie zur eindrücklichsten Befestigungsanlage Europas – Turm folgt auf Turm von einem Meer zum andern. Diese Mauern, deren Anblick so erhaben ist wie ihre Geschichte, bewegen einen tief; am besten würdigt man sie in ihrer ganzen Länge, weil kein kurzes, besonders gutes Stück sich herausgreifen läßt. Über all diese Meilen hin ragen düstere, rote und graue Türme auf, von Erdbeben zerrissen und von Belagerungsmaschinen zerschlagen; da und dort sind grüne Gemüsegärten an ihnen angepflanzt, Mais wächst in einem Teil des Grabens, baufällige Holzhäuser hängen manchmal an der einstürzenden Mauer. Auf der andern Seite der ihr folgenden großen Straße liegen grüne Felder und Friedhöfe voller dunkler Zypressen. Das ist der schönste Spaziergang in der Umgebung Konstantinopels.

Ich konnte mich nur schwer von dem Versenken in die Vergangenheit frei machen

von Förster 1893

Der Zug fuhr schon an den Grenzmauern entlang. Zum Teil sind sie verfallen (und dadurch um so reizvoller) und dicht mit Efeu umrankt. Am Meer entlang sind verhältnismäßig wenig Wachttürme erbaut bis zu dem Schloß der sieben Türme: Jedikulle, wo ich ausstieg. Von da ab ist die Mauer, weil sie gegen die weite Ebene zu schützen hatte, dreifach gewesen, wie man noch heut zu Tage deutlich sieht, und mit zahllosen Türmen gekrönt. Ich ging auf der inneren breiten Mauer aus Quadersteinen erbaut, die noch gut erhalten sind, ein Stück entlang und konnte mich nur schwer von dem Versenken in die Vergangenheit frei machen.

Das sogenannte Schloß der sieben Türme ist furchtbar, ein Staatsgefängnis der schrecklichsten Art, vor 400 Jahren von Mahomed II. auf den Trümmern eines griechischen Schlosses erbaut. Die Türme haben einen kolossalen Umfang und sehen grausig aus, welche Flüche und Verwünschungen mögen aus diesen Kerkern zum Himmel gesandt worden sein: die entthronten Sultane, die in Ungnade gefallenen Vezire, die fremden Gesandten wurden hier festgesetzt. Die Köpfe der Hingerichteten wurden in einen Brunnen geworfen, den man noch zeigt. Das »goldene Tor«, ein Rest des ursprünglichen griechischen Schlosses, durch welches die siegreichen byzantinischen Kaiser zogen, trägt in Stein gehauen das Monogramm Christi, hat aber nichts goldiges mehr.

23
DRAUSSEN VOR DEN TOREN

Die Vorstädte von Constantinopel

Jahn 1828

Zu Konstantinopel werden 6 Vorstädte gezählt, nämlich Ejub, Kasim-Pascha, Galata, Pera, St. Demetrie und Skutari. Die erste hat eine sehr schöne amphitheatralische Lage am Hintergrunde des Hafens. Hier werden fast nichts anderes als Töpferarbeit und Grabmäler verfertigt. Auf der Landseite ist Ejub mit einem Totenacker umgeben, ja das Städtchen selbst scheint ein Totenacker zu sein. Dieses Vorstädtchen soll in großem Ansehen stehen, weil seine Moschee das Monument von Ejub (Hiob) enthält, welches der Günstling des Propheten war.

Die Vorstadt Kasim-Pascha, welche auf der andern Seite des Hafens liegt, enthält mehrere Quartiere, und ist die eigentliche Residenz des Capudan-Pascha (Großadmirals). Hier befindet sich das Arsenal und die Schiffswerfte, wo man durchgängig auf eine ganz andere Weise arbeiten sieht, als in den europäischen Seehäfen. Gleich dabei ist auch das Bagno oder das Gefängnis der Serailbedienung.

Die Vorstadt Galata schließt sich an Kasim-Pascha an, und bildet ebenfalls amphitheaterförmig fast dem Serail gegenüber die andere Spitze des Hafens und des Kanals. In dieser Vorstadt, die allein mit einer Mauer umgeben, und ziemlich massiv gebaut ist, wohnen fast sämmtliche Griechen und Armenier. Hier ist auch das Fanal oder Quartier, wo die fürstlichen Familien der griechischen Nation wohnen. Neben Galata liegt Tophana, das eigentlich auch als eine Vorstadt angesehen wird. Hier ist das Zeughaus, eine Stückgießerei, das Hauptzollamt, eine große Moschee, viele schöne Kaffeehäuser und ein großer Trödelmarkt, auf dem der erwähnte schöne antike Brunnen steht.

Galata und Tophana bilden den untern Teil des Berges, und Pera den obern. Hier wohnen die Franken, wie auch viele Griechen, Armenier und Türken. Diese Häuser nähern sich etwas mehr dem europäischen Stile, und haben auch Fenster mit Glas. In der Hauptstraße liegen die Paläste, wenn ich sie so nennen darf, der europäischen Gesandten. Diese Straße ist schmal, schmutzig, schlecht gepflastert, und die Häuser meistens mit Krämereien, Trödeleien und Lebensmitteln besetzt. Der östreichische Palast aber liegt unten nahe bei Tophana. Ein enges steiles Gäßchen führt von der Hauptstraße dahin; allein von Galata aus kann man auf einem etwas bessern Wege dahin kommen. Auch der englische Palast liegt in einem Winkelgäßchen. Bei jedem fremden Gesandten herrschen hier die Sitten und Gebräuche seines Landes, und eben so ist es auch mit dessen Ameublement, das von da hieher kommt. Es sind hier auch zwei sehr löbliche Spitäler für kranke oder unglückliche Franken, die nach Verhältnis von den Gesandtschaften unterhalten werden. Die Häuser der Franken sind nach europäischem Fuß eingerichtet, aber keiner derselben darf hier, wie überhaupt in der Türkei, ein Haus oder sonstiges Grundstück kaufen, sondern nur mieten, jedoch so lange er will.

Die Vorstadt St. Demetrie ist ein Dorf, das eine Viertelstunde von Pera entfernt liegt, und wo meistens Griechen wohnen. Bemerkenswert ist hier nur ein großer Marktplatz mit einem Brunnen, eine geschmückte Kirche, und das schon erwähnte Derwischkloster.

Was nun die Vorstadt Skutari betrifft, so liegt diese über dem Kanal drüben in Asien, daher sie eigentlich keine Vorstadt ist. Man fährt gewöhnlich von Galata aus mittelst einer Barquette in einer halben Stunde dahin.

Bevor man nach Skutari kommt, etwas über der Hälfte des Kanals, steht auf einem Felsen der Leanderturm (Kiz-

Kullessi), der ehemals einer griechischen Prinzessin zum Gefängnisse bestimmt gewesen sein soll. Allein es ist wahrscheinlicher, daß dieses ein Kastell mit einem Leuchtturm war, denn dieses verrät eine alte Kaserne für ungefähr 200 Mann, und der alte Turm. Auch ist ringsumher eine starke Verschanzung, in welcher noch heute Kanonen stehen, um den Sultan bei seiner Ausfahrt zu begrüßen.
Skutari hat von außen ebenfalls ein sehr schönes Ansehen, indem es auch amphitheaterförmig liegt, und viele schöne Lust- und Landhäuser hat; kommt man aber hinein, so ist halt immer wieder das schmutzige türkische Nest zu sehen. Die Beschäftigung der Menschen mit den ankommenden und abgehenden Karawanen ist hier außerordentlich.

Abend in Pera

Loti 1906

Zu dieser nämlichen Stunde beginnt in Pera, der auf der anderen Seite des Goldenen Horns liegenden, sogenannten »Europäischen Stadt«, das eigentliche Leben der Nacht. Dort begeben sich Levantiner aller Rassen, die sich rühmen, sehr gebildet zu sein und eine aufgeklärte, feine Lebensweise zu besitzen (wegen ihrer Pariser Kleidung) ... an ihre allabendliche Beschäftigung. Sie lassen sich in den Wein- und Bierhäusern nieder oder in Kneipen schlimmster Gattung, wo es sehr heiter, aber auch sehr lärmend zugeht. Überall wird viel getrunken, gesungen, gespielt und getanzt. Die vornehmeren jungen Leute, oder die sich dafür ausgeben, sitzen an den Spieltischen und verlieren dort ihr Geld; oder sie besuchen die Cercles de la haute élégance Pérote! – Bedauernswerte, alberne oder verächtliche Menschen, die nur an Zerstreuung und Vergnügen denken, unfähig zu ernster oder gar geistiger Beschäftigung; von ihrer Moralität gar nicht zu sprechen! –

Die Grande Rue de Pera, ein Blick auf Scutari und bei den »Süßen Wassern«.

Grosser-Rilke 1937

Nachdem ich schon vier Tage im Märchenland verbracht hatte, bat ich meinen Mann, er möchte mir doch mal die Grande Rue de Pera, die Hauptstraße von Pera, zeigen. »Ja, das können wir gleich machen, ich muß in die Deutsche Botschaft gehen, da kannst du mich begleiten.« Unterwegs trafen wir viele Bekannte meines Mannes, es gab gleich große Vorstellerei, und schließlich wanderten wir zu dreien weiter, Herr v. Eckardt, ein Dragoman der Deutschen Botschaft, ging an meiner Seite; er war sehr amüsant und machte viele witzige Bemerkungen über die Vorübergehenden. Da bleibe ich stehen und frage: »Wann kommen wir denn eigentlich in die Grande Rue de Pera?« Ein schallendes Gelächter der beiden Herren und die Antwort: »Wir spazieren ja schon die ganze Zeit darin.« Meine Enttäuschung spiegelte sich bestimmt deutlich auf meinem Gesicht wider. Die Straße war schmal, schlecht gepflastert, der Bürgersteig ebenfalls voller Löcher, überall lagerten Hunde, Unrat vor allen Haustüren – so sah im Jahre 1888 in der türkischen Hauptstadt die größte Straße vom europäischen Viertel Pera aus.

Am Ende der Grande Rue lag ein großer Friedhof, mächtige uralte Zypressen ragten gegen den azurblauen Himmel im dunkelsten Grün, Zeugen längst vergangener Jahrhunderte. Gegenüber diesem Friedhof war die Deutsche Botschaft, ein modernes Palais im Kasernenstil, an jeder Ecke des flachen Daches flankiert von einem mächtigen Adler. Von der Botschaft aus hatte man einen weiten Rundblick: Vor uns lag das Marmarameer mit den Prinzeninseln, das alte Serail und der sagenumwobene Leanderturm, der herrliche blaue Bosporus und auf der anderen Seite der Meerenge auf dem asiatischen Kontinent Skutari mit seinem riesig großen Zypressenfriedhof, das ganze Bild belebt von Schiffen aller Art. Die Herrlichkeit des Orients, gehoben noch durch die Macht der strahlenden Sonne, die alles, auch Unschönes, durch ihren Glanz verzauberte, ging mir hier zum ersten Male auf und griff mir ans Herz. Von diesem Augenblick an liebte ich dieses Land und hatte den festen Vorsatz, glücklich zu werden und meine Sehnsucht nach der Heimat, die mich bei den Vergleichen oft befiel, zu meistern.

Seit einiger Zeit führte ein bequemer Landweg nach den »Süßen Wassern«, der am Freitag, dem türkischen Sonntag, äußerst belebt war. Man konnte die »Süßen Wasser« auch im Kaik von Galata aus erreichen; hunderte der langgestreckten Boote zogen an Freitagen in fürchterlichem Gedränge das immer schmaler werdende »Goldene Horn« entlang, bis dieses endlich in ein kleines Flüßchen überging, das sich lieblich durch saftige Wiesen in einem langgestreckten Tal dahinschlängelte. Und dieses kleine Gewässer hatte die größte Anziehungskraft für die türkischen Familien, die im Frühling, Sommer und Herbst schon am frühen Morgen mit dem ganzen Haushalt, mit Kindern, Frauen und Eunuchen, die Wasserstraße oder zu Lande über die Hügel hinauspilgerten. An dem Flüßchen wurde auf Teppichen gelagert, und im harmlosesten Vergnügtsein verlebten sie ihren Freitag bis zum Sonnenuntergang, bis des Imams Stimme von den verschiedenen Moscheen zum Gebet und zu den vom Koran vorgeschriebenen Waschungen rief. Jede Familie führte Musik mit sich, bei der Flöte und Trommel die Hauptrolle spielten. Es war ein buntes malerisches Bild, wirklich sehenswert und eindrucksvoll; man gewann einen Einblick in das Leben und Treiben des bescheidenen türkischen Volkes. Mit Frau v. H., meiner steten Gefährtin bei solchen Unternehmungen, verbrachte auch ich ganze Tage in diesem idyllischen Tal; wir legten uns gleichfalls ins Gras, aßen türkische Gerichte, tranken eine Menge kleiner Tassen Kaffee, rauchten Zigaretten und verträumten unter blauem

Himmel bei angenehmer Wärme ganz im türkischen Verdämmern (Kef!) viele solcher schönen Stunden.

Eyüp und Pierre Loti

Lidell 1959

Der einzige Lärm stammt von dem nicht irreligiösen Gezwitscher der Vögel. Wirklich steht ein Taubenschlag im äußeren Hof, und Tauben gurren und fliegen und flattern überall in ihm herum; wie vor der Bayazid-Moschee ist es ein Vergnügen und eine fromme Tat, sie zu füttern, und Hausierer verkaufen mit Korn und Hirse gefüllte Schälchen und kleine Büchsendeckel. Die Vögel trippeln einem um die Füße und erwarten eine Spende. Von den großen Bäumen im Hintergrund mischt sich das Klappern von Störchen unter das Taubengurren.

Die Westwand des inneren Hofes birgt das Grab des Eyüp Ensari; es ist mit einer ziemlich wirren Mischung von Kacheln, Fayencen des Tekfur Saray aus dem achtzehnten Jahrhundert, ausgekleidet, aber ungewöhnlich hübsch. Man kann die sehr schöne, geheimnisvolle, blau ausgekachelte Grabkammer betreten. Vor der Tür hängen Lampen, und fast immer beten Leute hier. Wie an den meisten heiligen Stätten des Islam, zu denen Christen zugelassen werden, ist keine Unhöflichkeit oder fanatische Feindseligkeit den Angehörigen einer andern Religion gegenüber zu spüren.

Hinter der Moschee des Eyüp führt ein Pfad durch die Friedhöfe bergan; auf dem Hügel liegt ein kleines, nach Pierre Loti benanntes Café. Es ist einer der hübschesten Orte, die man in der Nachbarschaft kurz vor Sonnenuntergang leicht besuchen kann, und zudem ein herrlicher Aussichtspunkt.

Zur Linken liegen das obere Ende des Goldenen Horns und die Mündung der Süßen Wasser Europas; sie sind heute ihres einstigen Glanzes noch vollständiger beraubt als die Süßen Wasser Asiens. Hier stand ein Sultanspalast, der schon zur Zeit des französischen Reisenden Pertusier (1815) baufällig war; vor ihm lag ein Marmorbrunnen, reizende Kioske waren in den Gärten verstreut, und kleine Holzbrücken führten über die Süßen Wasser.

Es regnet in Schisch-Hane

Taner 1963

Als sich das Auto Schisch-Hane näherte, fielen die ersten Regentropfen auf die Windschutzscheibe.
»Das fehlte noch!« brummte Artin Margusyan vor sich hin und drückte auf einen Knopf am Armaturenbrett. Aber an der Scheibe rührte sich nichts, dafür waren die Rücklichter eingeschaltet worden.
Schließlich kann man ja auch von jemandem, der erst in einigen Wochen seinen Führerschein bekommen soll, nicht verlangen, daß er sich auf dem Schaltbrett eines Autos wie ein Chauffeur auskennt. Artin Margusyan drückte also versuchsweise auf einen anderen Knopf. Unglücklicherweise löste dieser das Zeichen zum Einbiegen aus. Aber Artin Margusyan war hartnäckig. Seine Stellung im Geschäftsleben verdankte er in erster Linie dieser Eigenschaft. Er drücke auf einen dritten Knopf. Und – Gott sei Dank – endlich klappte es. Die bis dahin reglosen Eisenhebelchen begannen in dem regelmäßigen Rhythmus von Metronomen hin und her zu fahren und die nun schon regentriefende Scheibe klar zu wischen. Margusyan, erfreut über den Erfolg seiner Hartnäckigkeit, fuhr voll Schwung und mit am hellichten Tage brennenden Rücklichtern in die letzte Kurve bei Schisch-Hane.

»Als ich das Pferd wie einen Pfeil auf die Kreuzung zuschießen sah, habe ich natürlich sofort gebremst«, sagte der Straßenbahnführer. »Wie aber konnte ich sehen, wer hinter mir kam? Was brauchte der Ochse von einem Chauffeur auch so dicht aufzufahren?«

Die Fahrgäste waren der gleichen Meinung. Der Müllkarrengaul war wirklich wie von Sinnen auf die Straßenbahn zugestürzt. Sie gaben dem Fahrer recht, obwohl sie durch sein scharfes Bremsen wie eine Handvoll Spielkarten durcheinandergeworfen worden waren.

Der Polizist mußte also dem Straßenbahnfahrer vorläufig glauben und dafür den ungeschickten Chauffeur zur Rede stellen.

Die nachfolgenden Straßenbahnen stauten sich und bildeten eine lange Kette. Der siebzehnte Wagen stand gerade vor dem Standesamt von Beyoglu. Der Regen war inzwischen stärker geworden. Ein Rabenschwarm kam aus der Richtung von Kassimpascha und verschwand laut krächzend hinter dem Gebäude des Bezirkssteueramtes.

Süheyl Erbil konnte Regen, Raben, das Quietschen der Straßenbahnbremsen bei Regenwetter, das Herabrollen der Regentropfen an den beschlagenen Scheiben nicht leiden. Vor allem konnte er den sich bei einem solchen Wetter in den Straßenbahnen einnistenden Geruch von feuchter Kleidung nicht ausstehen. Er trat darum auf die Plattform des Wagens hinaus und zündete sich eine Pfeife an, das Streichholz auf die Straße schnipsend.

Vor dem Standesamt standen sechs wartende Taxis. Auf der Treppe erschien jetzt eine Hochzeitsgesellschaft. Der Bräutigam, ein Mann in mittleren Jahren, trug einen dunkelblauen Mantel mit Samtkragen. Die Braut war jung und zierlich. Ihr Gesicht war von einem Schleier bedeckt. (Warum wohl tragen fast alle Mädchen zur Trauung einen Hut mit Schleier?) Sie hielt einen schönen Blumenstrauß im

Arm. Ab und zu hob sie den Kopf und blickte zum Himmel empor. (Wahrscheinlich glaubt sie, daß Regen Glück für die Ehe bedeutet, wagt es aber ihrem samtkragigen Ehemann nicht zu sagen.) Braut und Bräutigam bestiegen das erste Taxi, in dem auch noch Blumenkörbe verstaut wurden. (Die ältere Frau, die andauernd ihr Taschentuch an die Nase hält und Freudentränen vergießt, muß wohl die Mutter der Braut sein.) Die Hochzeitsgäste verteilten sich in die anderen Autos. Der letzte Wagen stand genau neben der Straßenbahnplattform. Drei junge Frauen und ein weißhaariger Mann gingen darauf zu. Der Weißhaarige schien einen Witz erzählt zu haben, denn eine der Frauen sagte beim Einsteigen kichernd: »Nein, weißt du, Onkel, du bist wirklich gut.« (Warum muß wohl bei fast jeder Hochzeit solch ein witziger Onkel dabeisein?)

Als sich die Taxis entfernt hatten, seufzte Süheyl Erbil tief auf. An solchen Regentagen kam ihm die Öde des Junggesellendaseins immer besonders stark zum Bewußtsein.

»Jetzt«, dachte er, »jetzt müßte man ein eigenes Häuschen haben, heimelig und angenehm warm ... Und dazu ein junges, zierliches, leicht errötendes Frauchen, wie das soeben ... Groß brauchte das Haus wirklich nicht zu sein. Drei Zimmerchen und eine kleine Küche ... Wie ein Vogelbauer, nur für uns zwei ... Ich würde, um den Regen nicht sehen zu müssen, alle Vorhänge zuziehen. Mein Frauchen in der Küche singt ein Lied vor sich hin, und in mir und in allen Dingen ist eine unendliche Lebenslust ...«

Süheyl Erbil seufzte noch einmal. Dann blickte er auf seine Uhr. Die Straßenbahnen schienen noch immer nicht weiterfahren zu können. Wenn die Verkehrsstockung nur noch fünf Minuten andauert, werde ich mein Schiff verpassen, dachte er. Schnell entschlossen sprang er von der Plattform, schlug seinen Mantelkragen hoch, vergrub die Hände in den Taschen und ging eilig davon.

24
DER BOSPORUS UND DER HAFEN

Gestade für einen Götter-Aufenthalt

Gylles 1632

Ohne den Bosporus wäre niemals ein Byzanz von einem gewissen Byzas, nie ein Konstantinopel von einem Konstantin gegründet worden. Denn diese Meeresenge, über welche schon Phineus, der König des Bosporus, einst dem Phryxos den Weg zeigte, über welche später Jason schiffte, – ist ganz dazu geeignet, Städte groß und berühmt zu machen. Sie ist nur vier Stadien weit, und erleichtert so den Verkehr zwischen zwei Festlanden ungemein. Sie verbindet und schließt zwei Meere, die ohne sie nicht verbunden wären. Eben aber, weil sie zwei Meere verbindet, und außerdem viel Zufluß an süßem Wasser hat, ist sie auch fischreicher als die Gewässer um Marseille, Tarent und Venedig. Aus dem Bosporus werden täglich alle byzantinischen Märkte zum Überflusse gefüllt, besonders auch mit Austern, und noch gibt derselbe eine reichliche Ausfuhr in fremde Länder. Deßwegen heißt der Bosporus mit Recht wohl ein Goldgewässer. Auf beiden Seiten des Bosporus erheben sich mäßige Anhöhen mit waldreichen Tälern. Rebenstöcke, Südfruchtbäume, Blumen und Kräuter stehen da in herrlicher Vermischung. Und von diesen Hügeln herab rinnen diesseits und jenseits an dreißig klare Quellenbäche. Dieß und die vielen Busen, welche der Bosporus bildet, machen die Gegend um denselben nicht bloß zu einer der wohnlichsten, sondern auch zu einer der schönsten. Sonach aber darf man eben sich nicht wundern, daß Jason schon diese Gestade für einen Götter-Aufenthalt erklärte, und zu den schon vorhandenen Tempeln und Altären noch andere gründete. Mit Recht opferte er damals dem Apollo, der Here, der Aphrodite, der Pallas, dem Zeus, dem Poseidon, dem Bacchus, der Demeter und der Artemis hier; denn alle diese Götter haben ihrer Gaben Fülle über die Gestade des Bosporus ausgeschüttet.

»So sanft fließt er dahin, daß es scheint, daß er sich weder hinauf noch hinab bewegt«

Schrader 1917

Es war in den vierziger Jahren des 16. Jahrhunderts, als den Bosporus entlang ein Mann zog, der in seinem Herzen die ungestillte Sehnsucht nach der Antike trug. Petrus Gyllius hatte für die christliche Vergangenheit der Meerenge nicht viel Interesse, desto mehr aber für die heidnische. Und der Zufall ließ ihm gerade eine Handschrift des »Anaplus des Bosporus« in die Hände geraten, die ein Mann aus Byzanz Dionysios wahrscheinlich im dritten Jahrhundert vor Christus geschrieben hatte. Der Humanist jauchzte auf. Mit den Noten des Dionysios in der Tasche macht er sich auf den Weg. Und aus dem Gesehenen wurde eine Abhandlung, »De Bosporo Thracio libri tres«. Sie ist in dem Ton einer klugen und gelehrten archäologischen Untersuchung geschrieben. Bisweilen aber nimmt sie den Ton eines Hymnus an, so wenn er den Preis des Bosporus singt und ihn hoch hebt über alle lieblichen Orte des Altertums, den Nil, das thessalische und das medische Tempe mit aller ihrer Lieblichkeit. An allen hat er etwas auszusetzen. Aber der Bosporus! »Nichts Lieblicheres«, so schreibt er, »habe ich geschaut als das Tal, das vom Bosporus durchflossen ist, von beiden Seiten eingefaßt durch mild ansteigende Hügel, durch sanft abschüssige Täler, die beide zum Teil bewaldet sind, zum Teil Weinstöcke tragen und zum Teil mit lieblichem Gebüsch, mit Blumen, Kräutern und Fruchtbäumen geschmückt sind. Und am allerschönsten sind die Gärten des

Sultans. Jeden einzelnen unter ihnen kann man nur vergleichen mit dem lieblichsten thessalischen Tempe. Aber viel lieblicher sind diese Gärten als jenes Tempe, wenn sie nicht gehütet würden durch Lapithen und Kentauren, die sie eifersüchtig bewachen wie die Drachen die Gärten der Hesperiden – und alle Beschauer fern halten. Ich will gar nicht sprechen von den klaren, stets fließenden Bächen, gegen dreißig hüben und drüben, die in den Bosporus fließen, und dazu die kühlen Quellen. Wozu soll ich besonders das Nymphenheiligtum der Chalkedonier hervorheben, das neben dem Bosporus liegt und von sehr vielen alten Schriftstellern erwähnt wird, da die mehr als fünfzig betragenden Täler des Bosporus nichts anderes sind als ebenso viele Heiligtümer der Wald- und Wiesennymphen?«
Gyllius ist ein guter Begleiter bei Bosporuswanderungen.

1621 ist der Bosporus zugefroren und 1698 der Hafen vereist

Hammer-Purgstall 1829

Ein paar Wochen darauf ereignete sich Ende Jänners, durch des Winters Strenge eine außerordentliche Naturerscheinung, wovon die Geschichte bis dahin nur zweimal im Zwischenraume von neunhundert Jahren meldet, der Bosporos fror zusammen, so daß man zwischen Europa und Asien zu Fuß überging. Durch das verhinderte Einlaufen der Schiffe entstand höchste Teuerung; die Drachme Brot kostete Einen Asper, das Okka Fleisch fünfzehn. Die Teurung war um so bedenklicher, als die Sipahi noch vor kurzem im Diwan tumultuirt, und der Großwesir vergebens auf die Janitscharen, jene im Zaume zu halten, gerechnet hatte. Der Großwesir war gezwungen, ihnen mit Gold auf Abschlag ihrer ausständigen Besoldung das weite Maul zu stopfen.
1698. In diesem Winter fror zwar nicht der Bosporos, aber der Hafen von Constantinopel am Ende der süßen Wasser

zu, und bei dieser Gelegenheit ward ein ungeheurer Fisch, dessen Breite sechs Ellen, und von verhältnismäßiger Länge, ans Land geworfen. In seinem Bauche fanden sich neun Schwertfische, seine Leber füllte allein einen Fischernachen aus.

Ein Fisch im Bosporus

Schultz 1753

Als wir uns Scutari näherten, sahen wir auf der Stambuler Seite des Kanals einen großen Balken, ohngefähr hundert Schuh lang, schwimmen. Unsere Schiffer hielten sich stracks nach dem Ufer von der asiatischen Seite. Da wir nach der Ursache fragten, sagten sie: Nur stille, er wird bald den Kopf aufheben. Indem wir so redeten, wird das Ende des Balkens ein großer Fischkopf, der brustete oder sprudelte und das andere war ein Fischschwanz, der sich in die Höhe schwang, und hiermit ging der von mir vermeinte Balken zu Grunde, und ich sah nun, daß es ein Fisch gewesen. Die Leute nennen ihn Hauer, das heißt so viel als ein Schlucker oder Verschlinger. Mit dem Schwanz kippt er die Boote um und dann verschlingt er die Menschen. Er soll nach der Aussage unserer und auch anderer auf dem Kanal fahrenden Schiffleute aus dem Mittelländischen Meere kommen und nach dem Schwarzen Meer zurückkehren. Wie wenn dieser der Fisch wäre, dessen Vorfahre den Propheten Jonam eingeschluckt hätte? An der Möglichkeit zweifle ich nicht ...

Fischgucker

Walsh 1841

Balük-khane bedeutet eigentlich einen Ort, wo Fische aufbewahrt werden. Es ist eines jener Gerüste, die häufig an verschiedenen Stellen des Bosporus, vom Euxinus bis zur Propontis, errichtet sind, um die zahlreichen Scharen von Fischen, die durch diesen Kanal von einem Meere zum andern ziehen, zu fangen. Diese Gerüste sind auf folgende Weise gebaut. In geringer Entfernung von der Küste, mit der sie bisweilen in Verbindung stehen, sind Balken in das Wasser gerammt, die durch Querhölzer, welche eine Leiter bilden, auf der man zu der Brücke hinansteigen kann, zusammengehalten werden. Auf diesem Gerüste steht eine ohngefähr 10 bis 12 Fuß hohe Hütte, über der wie ein Schirm Matten ausgespannt sind. Unten ist ein von Pfählen eingeschlossener Raum, aus dem die Fische, die hineingeraten, keinen Ausweg finden können. Ein Mann, der sich in der Hütte beständig auf der Wacht befindet, gibt den Fischern an der Küste ein Zeichen, worauf diese die Netze ziehen und so den ganzen Schwarm auf einmal fangen.

Der Zug dieser Scharen wird gewöhnlich durch den Flug der Möven und anderer Wasservögel angezeigt, die, sobald das Netz gezogen ist, sich unter die Fischer hinabstürzen und ohne Scheu mit gewaltigem Geschrei ihren Anteil fordern, der ihnen auch nie vorenthalten wird. Diese wilden Vögel sind, weil man sie gewohnt ist und ungestört läßt, so dreist geworden, daß man sie nicht selten mit einem Türken um den Besitz eines Fisches kämpfen sieht, und fast immer muß der Mann dem Vogel das Feld räumen.

Das Balük-khane ist noch durch einen anderen Umstand merkwürdig. Es liegt am Marmorameere dicht unter den Mauern des Serail. Wenn das Todesurteil über einen Bewohner des Serail gesprochen ist, wird er zuerst in das Kapi-arasi, d. h. das Zwischentor, gebracht, so heißt der Raum zwischen dem zweiten und dritten Tore des Serail, und hier gefangen gesetzt. Hier wohnen die Scharfrichter, die ihn hinrichten und sodann den erdrosselten oder enthaupteten Leichnam in einen Kios an der Seemauer bringen, von wo aus sich ein Fenster auf das Wasser öffnet. Von hier aus wird der Leichnam im Dunkel der Nacht in eine hier wartende Kaike gebracht, die ein Stück vom Lande abfährt und ihn hier den Wellen übergibt. Dieses Werk der Finsternis ist bisweilen noch von einem Kanonenschusse begleitet, der als Totengeläut des Dahingeschiedenen über das Wasser durch die Nacht dröhnt. Diese Hinrichtungen waren so häufig, daß man fast in jeder Nacht an dieser Stelle den Schein der Fackel bemerken konnte. Dieser Ort hat wirklich etwas das menschliche Gefühl Empörendes. Die Fische werden durch diesen Köder angezogen und mästen sich vom Menschenfleische in diesem unterseeischen Leichenhause.

Vom Hafen und von seiner Sicherheit

Olivier 1795

Die Länge des Hafens, von der Spitze des Serails bis an das Dorf Ejub, beträgt an 3000 Klafter; seine geringste Breite ist 300; vor dem Arsenal aber und vor Topana ist sie über 500 Klafter. Die Kriegsschiffe liegen dicht an einander längs dem Arsenal. Die Kauffahrteischiffe aber ankern gewöhnlich längs der Vorstadt Galata.

Obgleich dieser Hafen eigentlich keine Reede hat, so besitzt er doch alle Vorteile die damit verbunden sind, indem das allerzahlreichste Geschwader, in völliger Sicherheit im Bosphorus ankern, und den Augenblick der Abfahrt erwarten kann. Auch könnten die Schiffe bequem zwischen der Küste von Asien und den Prinzeninseln liegen, oder auch längs der Stadt bis St. Stephano, wenn nur der Wind aus Norden weht.

Die Lage dieses Hafens ist so beschaffen, daß er nichts von einer feindlichen Flotte zu besorgen hat, indem es sehr leicht sein würde, den Eingang in den Bosphorus und in den

Hellespont zu versperren, wenn man diese wichtigen Pässe befestigte. Der Propontis könnte zu den militärischen Evolutionen dienen und eine praktische Schule der Schiffahrt werden. Dieser Meerbusen hat außerdem den großen Vorteil eine sehr beträchtliche Seemacht fassen zu können, sowohl wegen seines Umfanges, und der Leichtigkeit sich alle Bedürfnisse, zum Bau, zur Reparatur und zur Ausrüstung einer großen Flotte zu verschaffen, als auch weil man in kurzer Zeit aus der großen Anzahl der Häfen und Seestädte in der Nähe, die erforderlichen Matrosen leicht zusammenbringen kann.

Endlich besteht einer von den unschätzbaren Vorzügen des Hafens von Constantinopel darin, daß er nie verschüttet werden kann, weil ein Teil der Gewässer, die aus dem schwarzen Meere kamen, bei der vorspringenden Landspitze des Serails zurückfließen, den ganzen Hafen durchstreichen, und alle Unreinigkeiten, welche die Türken unaufhörlich hinein werfen wegschwemmen.

Die Kette

Petermann 1860

Auf dem Hin- und Rückwege kamen wir nahe bei dem oben schon erwähnten sogenannten Leanderturm vorbei, welchen die Türken Kis kullesi d. i. »Mädchenturm« nennen. Dies ist eine kleine Insel mit einzelstehendem Turm auf einem Felsen im Meer erbaut, welche merkwürdigerweise einen Brunnen süßen Quellwassers hat. Sie ist nur 100 Schritt von dem asiatischen Ufer entfernt, und war früher, weil die Strömung in dieser Meerenge die Überfahrt nach Konstantinopel sehr erschwert, durch einen Molo, Damm, mit dem festen Lande verbunden. Der Turm soll nach Niketas von dem byzantinischen Kaiser Manuel Komnenus, also im 12. Jahrhundert erbaut worden sein, und derselbe

Kaiser soll auch an der äußersten Spitze des europäischen Ufers, da, wo jetzt die Spitze des Serai's ist, »Serai burnu« genannt, einen gleichen Turm errichtet haben, um durch Ketten, welche von dem einen zu dem andern reichten, feindlichen Schiffen den Eingang zu wehren.

Eine Fahrt nach Büjükdere und ein Spaziergang am Bosporus

Moltke 1835

Konstantinopel, den 3. Dezember 1835.

Nachdem wir eine Nacht in Pera geruht, setzten wir uns in einen der äußerst zierlichen leichten Nachen (Kaik), welche zu Hunderten im Hafen, dem Goldenen Horn, herumfahren.

Aber, wie soll ich Dir den Zauber schildern, welcher uns jetzt umfing. Aus dem rauhen Winter waren wir in den mildesten Sommer, aus einer Einöde in das regste Leben versetzt. Die Sonne funkelte hell und warm am Himmel, und nur ein dünner Nebel umhüllte durchsichtig den feenhaften Anblick. Zur Rechten hatten wir Konstantinopel mit seiner bunten Häusermasse, über welche zahllose Kuppeln, die kühnen Bogen einer Wasserleitung, große steinerne Hanns (Chans) mit Bleidächern, vor allen aber die himmelhohen Minarets emporsteigen, welche die sieben riesengroßen Moscheen Selims, Mehmets, Suleimans, Bajasids, Valideh, Achmets und Sophia umstehen. Das alte Seraj streckt sich weit hinaus ins Meer mit seinen phantastischen Kiosken und Kuppeln, mit schwarzen Zypressen und mächtigen Platanen. Der Bosporus wälzt gerade auf diese Spitze zu seine Fluten, welche sich schäumend am Fuß der alten Mauer brechen. Dahinter breitet sich die Propontis mit ihren Inselgruppen und felsigen Küsten aus. Der Blick kehrt aus dieser duftigen Ferne zurück und heftet sich auf die schönen Moscheen von Skutari (Üsküdar, früher Chrysopolis), der asiatischen Vorstadt; auf den Mädchenturm (Kista-

lessi), welcher zwischen Europa und Asien aus der tiefen Flut auftaucht; auf die Höhen, welche noch mit frischem Grün prangen, und auf die weiten Begräbnisplätze im Dunkel der Zypressenwälder.
Wir eilten zwischen großen Kauffahrern mit den Wimpeln aller Nationen und riesenhaften Linienschiffen hindurch aus dem Goldenen Horn in den Bosporus. Zahllose Kaiks glitten in allen Richtungen über das unbeschreibliche klare, tiefe Wasser; jetzt wendeten wir uns links um das Vorgebirge, welches Pera, die Frankenstadt, und Galata mit seinen alten Mauern und dem gewaltigen runden Turm trägt, von welchem einst die Genueser der Eroberung Konstantinopels teilnahmslos zuschauten.
Wegen der heftigen Strömung halten sich die Nachen beim Hinausfahren ganz dicht an das europäische Ufer, und wir betrachteten mit Vergnügen die Einzelheiten der Sommerwohnungen (Jalys), welche von den Wellen bespült werden. Die Fenster sind mit dichten Rohrgittern geschlossen, und die Gärten von Lorbeer- und Granatbäumen beschattet und mit zahllosen Blumentöpfen besetzt. Eine Menge blühender Rosen lachte den Vorüberfahrenden aus den Gitterfenstern der Gartenmauern entgegen, und Delphine sprangen schnaubend dicht neben dem Kahn über die glatte Fläche empor. Auf beiden Ufern des Bosporus reiht sich eine Wohnung an die andere, eine Ortschaft folgt der anderen, und die ganze, drei Meilen weite Strecke von Konstantinopel bis Bujukdere bildet eine fortgesetzte Stadt aus zierlichen Landhäusern und großherrlichen Palästen, aus Fischerhütten, Moscheen, Cafés, alten Schlössern und reizenden Kiosken.
Besonders schön liegt Therapia, wo die Botschafter Englands undFrankreichs wohnen. Der Ort schaut aus den von jetzt an felsigen und unbebauten Bergwänden des Bosporus hinaus ins Schwarze Meer. Links um eine weite Bucht reihen sich die Häuser von Bujukdere mit den Hotels der österrei-

chischen, russischen, preußischen und anderen Gesandtschaften.
Wir stiegen in Bujukdere ans Land und stellten uns unserem Gesandten vor, welcher uns mit der ausgezeichnetsten Güte und Freundlichkeit empfing und uns sogar eine Wohnung in seinem reizend gelegenen Hotel einräumte.
Ein köstlicher Spaziergang führt von hier längs des Ufers um die freundliche Bucht von Bebek. Unter mächtigen Platanen erhebt sich dort eine zierliche Moschee und ein Kiosk (türkisch Köschk) des Großherrn. Hier wohnt eine Menge vornehmer Türken.
Rumeli-Hissari – das europäische Schloß – wurde noch vor der Eroberung von Konstantinopel durch die Türken erbaut. Die hohen weißen Mauern mit Zinnen und Türmen ziehen sich so seltsam den steilen Abhang hinauf und hinab, daß man die Erzählung begreift, der Erbauer habe seine Tugra oder Namensunterschrift zum Bauplan gegeben. Zahllose Säulenschafte sind mit Grabsteinen, Ziegeln und Felsblöcken in drei ungeheuere runde Türme eingemauert, und drei Jahrhunderte haben fast nichts an diesem Fußstapfen verwischt, den der Islam bei seinem Herüberschreiten von Asien dem europäischen Boden eingedrückt hat.
Gegenüber erhebt sich Anadoli-Hissar, das asiatische Schloß. Ganz ähnlich liegen zwei Meilen weiter oberhalb am Bosporus zwei alte genuesische Kastelle. Es waren die Schlingen, welche man dem alten byzantinischen Reiche um die Kehle gelegt.
Die plätschernden Wellen des Bosporus erfreuen das Auge mit ihrem tiefen Blau, und die warme Sonne funkelt am wolkenlosen Himmel.
Niemand nimmt hier Anstand, sich mitten auf der Straße, oder wo es ihm gerade am besten gefällt, hinzusetzen, eine Pfeife zu rauchen oder Kaffee zu trinken. Für diesen Zweck gibt es aber auch am Bosporus reizende Plätzchen. Der Fuß der riesenhaften Platanen ist gewöhnlich mit einer niedrigen

Terrasse umgeben. Daneben findet sich auch allemal eine Fontäne und ein kleines Kaffeehaus, aus dessen Dache oft mächtige Baumstämme hervorwachsen. Man breitet Dir sogleich eine Bastmatte (Hassir) und einen Teppich (Kilim) aus, wenn Du Dich legen, oder stellt einen niedrigen Rohrschemel, wenn Du sitzen willst. Das Rohr oder die Wasserpfeife ist schon bereit, und der Kaffee versteht sich von selbst. Das jenseitige asiatische Ufer ist so nahe, daß man die Leute erkennt, welche dort herumwandeln. Scharen von Delphinen tanzen um die großen Schiffe, welche auf- und abgleiten, und dicht vorüber ziehen in ununterbrochener Folge die Kaiks mit Frauen, mit vornehmen Effendis, mit Mollah oder mit Fremden.

Gestern saß ich an einem solchen Ort, als das große Kaik des Padischah schnell herangeschossen kam. Die lange, reich vergoldete Spitze, mit der Seemöwe als Wahrzeichen, schnitt wie ein Pfeil durch die Flut, und vierzehn Paar Ruder bezeichneten durch einen schneeweißen Streif auf der dunkelblauen Fläche die Bahn des kaiserlichen Nachens. Auf dem Hinterteil desselben erhebt sich ein Baldachin, unter welchem der Beherrscher der Gläubigen auf roten Sammetpolstern sitzt. Vor ihm knieen seine Pagen, hinter ihm steht der Reis oder Steuermann am Ruder. In einiger Entfernung folgt allezeit ein eben solches Kaik leer; denn das Herkommen will, daß der Großherr die Rückfahrt nie in demselben Fahrzeuge macht, in welchem er gekommen.

Auf der asiatischen Seite leuchtet neben der reizenden Moschee von Beglerbey der Sommerpalast von Stavros auf, der europäischen Beschiktasch, welches der Sultan des Winters bewohnt, und Tschiragan, welches noch im Bau und alle übrigen an Ausdehnung übertrifft; dort ziehen die mächtigen Schiffe hinauf, die weißen baumwollenen Segel werden eins über das andere getürmt, um jeden Hauch des Südwinds aufzufangen, welchen ganze Flotten auf einmal benutzen, um die starke Strömung zu überwinden. Unabhängig vom Winde brausen die Dampfschiffe einher; die langen Rauchstreifen erheben sich am wolkenlosen Himmel, und die Bergufer ertönen von den schnellen Schlägen ihrer Räder; unbeweglich, in langen Reihen, ruhen hier die gewaltigen Kriegsschiffe, aus drei Reihen von Feuerschlünden drohend. Ihre stolzen Masten tragen die rote Flagge mit dem Halbmond hoch in die blaue Luft. Aber Tausende, ja viele Tausende von leichten Nachen durchkreuzen schnell und geschäftig in allen Richtungen diese majestätische Hauptstraße.

Mein tägliches Lied

Taranci 1971

In der Stadt diese Schwermut,
Im Wind diese Einladung,
In der Weite die Freiheit;
Solang du noch jung bist:
Warum wohl warum,
Mit einem plötzlichen Entschluß
Von der Stadt Abschied nehmend,
Bist du nicht
Gast eines Schiffes,
Obwohl täglich
In diesen blauen Wassern
Tausendundein Segel gesetzt werden?
In der Stadt diese Schwermut,
Im Wind diese Einladung,
In der Weite die Freiheit,
Solang du noch jung bist.

Schnapsglas

Oktay Rifat 1971

Hier im Café zum Fischernetz
Die Umgebung milchblau
Apostol was für eine Kneipe ist das
In meinem Teller eine Wolke
In meinem Glas der Himmel

25
VON MÄRKTEN UND BAZAREN

Es werden an diesem Ort täglich allerlei kurzweilige Gaukelspiel geübt.

Lewenklaw 1590

Demselben Platz, welcher allhie Tachtal Cala wird genannt, gibt Laonicus im achten Buch seiner Histori den Namen eines Markts, und setzt hinzu, man heiße solchen Markt Tachtal. Der Leser möge statt dessen Tachtal Cala setzen, welches zwei türkische Worte sind, und bedeuten einen Platz, auf welchem hölzerne Gaden oder Hütten sind. Denn Cala heißt ein kleiner Gaden oder Hüttlein, und Tachtal ist so viel als Bretter oder Dielen, also daß hiedurch Hüttlein zu verstehen sind, von Brettern gemacht und aufgeschlagen. Dieser Platz ist fast mitten in der Stadt gelegen, nicht weit vom Esski Sarai.

Es werden an diesem Ort täglich allerlei kurzweilige Gaukelspiel geübt und getrieben, die einem Menschen in Sinn kommen mögen. Und es werden dazu gebraucht Knaben, Roß, Esel, Hund, Katzen, Hirsch, Löwen, Bären, Leopard, Füchs und sonst alle anderen Tier, vorab die fremden. Man findet daselbst Leut, welche der Chiromanzei erfahren, und aus den Händen wahrsagen können. Man findet allerlei Gaukler, Seiltreter oder Seilgänger, Ringer, Springer und andere, schier unzählbar . . .

An einer Seite des Platzes fahren die Leut Gaden oder Kramboden an, welche sehr schön persisch, auch türkisch gemaltes und geglättetes schneeweißes griechisches Papier verkaufen. Darum von Griechen dieser Ort Chartopratia genannt wird, das ist, die Papierläden. Zu nächst hinter denselben, ist der Kupferschmid Gassen, die allerlei Geschirr aus Kupfer machen, und wird auf griechisch genannt Chalcopratia, nämlich daß man daselbst allerlei Kupfergeschirr verkauft. Auch wird allhie gedacht der Glasergassen, so zunächt bei den Chalcopratiis gelegen. Daselbst sieht man noch heutigen tags der Glaser Läden, wie sie auch vorzeiten an den Ort verordnet waren, als die Stadt vom Kaiser Constantino nach dem Modell und der Form der alten Stadt Rom gebaut wurde. Jedoch ist diese Gassen weit abgelegen vom Glasertor.

Ein fürtrefflich Kaufhaus

Schweigger 1608

Es hat auch ein fürtrefflich Kaufhaus zu Constantinopel, darin man allerlei köstliche War' findt, die aus fernen Landen dahin gebracht werden, die gülden Stück, die doch mehrteils zu Constantinopel gewirkt werden, aber nicht auf die Weise, wie man's in der Christenheit macht, sondern mit gefärbtem, schönem Blumenwerk. Desgleichen allerlei seidene Zeuge, wie Atlas, Damast, Camelot, Sammet etc. Item Waffen, Säbel, Bogen, Köcher, etc. Item edle Gestein, dazu auch Rauchwaren und köstlich Futter, Zobel, Marder etc., was das Lederwerk anbelangt, als da sind die Roßzeug, Sattel und Zaum, auch Stiefel und Schuh, da sind zwei sondere Ort, da solches verkauft wird, da dann solche Waren für viel tausend Gulden daselbst gefunden werden, von schönem, gutem Corduban von allerlei Farben, denn mit dem Leder zu arbeiten und zu bereiten sind die Türken gar fleißig, und übertreffen in diesem einen Ding alle anderen Nationen.
Summa in diesem Besasten oder Kaufhaus findt' man so viel Güter, die wohl etliche Fürstentume möchten wert sein. Und ist auch zugleich ein Behälter, darin große Herren ihre Schätz und bar Geld hinterlegen und verwahren. Dies Haus

ist groß und weit, in vier Gängen unten am Boden gebaut, wie ein Kreuzgang, zu beiden Seiten sind in allen vier Gängen die Kaufläden. Oberhalb ist es sehr hoch gewölbt.

Handeln, um den Wert der Ware herauszufinden

Kinglake 1844

Die Osmanen sind gute Redner. In Ländern, die nach europäischem Muster zivilisiert sind, wird die Kunst, ein Tribunal zu überzeugen, fast immer von einer Gruppe von Männern vorgeführt, deren größter Teil selten etwas anderes tut. Aber in der Türkei hat diese Arbeitsteilung nie stattgefunden, und hier ist jeder Mann sein eigener Advokat. Die Wichtigkeit der Rednerkunst ist unermeßlich, weil eine schlechte Rede den Wohlstand des Redners gefährden könnte, sowie die Sohlen seiner Füße und den freien Genuß seiner Kehle. Daher rührt es, daß die meisten Türken, die man sieht, eine Anwalts-artige Gewohnheit haben, ohne Unterbrechung und lange zu sprechen. Sogar die Abkommen, die auf dem Bazar laufend für Käufe und Verkäufe, auch der nichtigsten Kleinigkeiten getroffen werden, sind mehr von Vielrednerei begleitet, als von bloßen Unterhandlungen, und die ewige Unsicherheit den Marktpreis von Dingen betreffend, die dauernd verkauft werden, läßt genug Raum für Diskussionen offen. Der Verkäufer verlangt immerzu einen Preis, der unendlich weit über dem liegt, zu dem nachher verkauft wird, und daher rührt die unaussprechliche Verachtung vieler Engländer, die nicht einsehen können, warum ein ehrlicher Händler mehr für eine Ware verlangen sollte, als er wirklich nehmen würde. Die Wahrheit ist jedoch, daß ein gewöhnlicher Kaufmann in Constantinopel kein anderes Mittel hat, den wirklichen Marktpreis seiner Ware herauszufinden. Die Schwierigkeit unter der er arbeiten muß, läßt sich leicht darlegen, wenn man die Wirkungsweise des Geschäftssystems in der Türkei mit dem unseres Landes vergleicht. In England, oder in jeder anderen großen Handelsnation, geht der Haufen Dinge, die gekauft und verkauft werden, durch die Hände eines Großhandelskaufmannes. Aber in der Türkei sind durch die einfachen Gewohnheiten der Leute, und teilweise durch das Fehlen von großem Geld und großem Kredit, der Importeur, der Warenhausbesitzer, der Großhandelskaufmann, der Einzelhändler und Ladenbesitzer ein und dieselbe Person. Der alte Mustapha oder Abdallah wackelt von der Uferkante herauf mit einem kleinen Bündel Ware, die er auf einem griechischen Briggshooner gekauft hat, und wenn er endlich seine Ecke im Bazar erreicht hat, so legt er seine Güter VOR die Theke und setzt sich selbst OBENDRAUF – nachdem er sich seine Pfeife angezündet hat, sitzt er dann »für den Rest seiner Tage« und wartet geduldig »den besten Preis, den er auf dem offenen Markt bekommen kann« auch zu bekommen. Dies ist sein gutes Recht als Verkäufer, aber er hat kein Mittel, den besten Preis herauszufinden, es sei denn, er probiert es aus.

Der Verkäufer hält seine Eröffnungsrede, wenn er wahrgenommen hat, daß die ausgebreiteten Waren das Auge eines möglichen Kunden auf sich gezogen haben. Er bedeckt seine kratzenden Wolltücher und seine klägliche Seide mit der Goldstickerei orientalischer Lobeshymnen, und während er redet, bewegen sich seine Arme langsam und würdevoll mit den Sätzen, die er wallen läßt, die er unterbricht und geschickt balanciert, bis sie ihr Gewicht und ihre Stärke gewonnen haben, um sie dann mit einer ernsthaften, gesetzten Schwingung des ganzen Körpers zu unterstützen. Der potentielle Käufer hört sich die ganze Rede mit großer Aufmerksamkeit an, aber wenn sie vorbei ist, ist er sofort an der Reihe. Er versucht ausführlich darzulegen, warum er die Dinge nicht zu einem zwanzigfach zu hohen Preis kaufen sollte. Umherstehende, die durch das Debakel angezogen sind, nehmen als Unabhängige teil – der Verkäufer wird mit seiner Antwort gehört, und indem er mit dem Preis herunterkommt, bringt er Material für eine neue Debatte an. Manchmal jedoch, besonders wenn er ein sehr gläubiger Muselmane ist und auch reich genug seine Ware zurückzuhalten, spielt der Händler eine erhabene Rolle, indem er eine Art richterliche Würde an den Tag legt und die Interessenten, die an den Stand kommen, eher als Bittsteller, denn als Kunden behandelt. Er hört eine lange Rede, die mit einem Angebot schließt, ruhig an, beantwortet sie in ihrer ganzen Länge mit einem einsilbigen Wort »Yok«, was klar und deutlich »nein« heißt.

Das einzige, was man im großen Bazar nicht riecht, sind Wohlgerüche

Twain 1867

Die Läden hier sind bloße Boxen, Badezimmer, Kämmerchen – man nenne sie, wie man will – im Erdgeschoß. Die Türken sitzen mit übereinandergeschlagenen Beinen darin, arbeiten und handeln und rauchen lange Pfeifen und riechen wie – wie Türken. Das sagt alles. Auf der engen Straße vor ihnen drängen sich Bettler, die immerzu betteln, aber nie etwas bekommen; und wunderliche Krüppel, entstellt, bis sie beinahe keinem Menschen mehr ähnlich sind; Vagabunden, die beladene Esel treiben; Träger, die Schachteln im Format eines Landhäuschens auf dem Rücken schleppen; Straßenhändler mit Weintrauben, heißem Mais, Kürbiskernen und hundert anderen Dingen, und jeder schreit wie am Spieß; und zwischen den hastenden Füßen schlafen glücklich, gemütlich und seelenruhig die berühmten Hunde von Konstantinopel; Trüppchen türkischer Frauen gleiten geräuschlos umher, vom Kinn bis zu den Füßen in fließende Gewänder gekleidet, mit schneeweißen Schleiern um den

Kopf, die nur die Augen und einen vagen, schattenhaften Umriß ihrer Züge zeigen. Sieht man sie weit entfernt in den dämmerigen, überwölbten Gängen des großen Basars umhergehen, sehen sie aus, wie die verhüllten Toten ausgesehen haben müssen, als sie inmitten der Donner und Blitze und des Erdbebens, die in jener furchtbaren Nacht der Kreuzigung über Golgatha kamen, von ihren Gräbern aufstanden. Eine Straße in Konstantinopel ist ein Bild, das man einmal gesehen haben muß – nicht öfter.

Wir besuchten natürlich den großen Basar in Stambul, aber ich werde ihn nicht näher beschreiben und nur sagen, daß es ein ungeheurer Bienenstock kleiner Läden ist – Tausender, möchte ich sagen –, die sich alle unter einem einzigen Dach befinden und durch enge, überwölbte Straßen in unzählige kleine Blocks aufgeteilt sind. Die eine Straße ist für eine besondere Warenart bestimmt, die nächste Straße für eine andere Ware und so weiter. Wenn man ein Paar Schuhe kaufen möchte, hat man eine ganze Straße Spielraum. Man braucht sich nicht damit müde zu laufen, die Geschäfte an auseinandergelegenen Stellen abzujagen. Das gleiche gilt für Seidenstoffe, Antiquitäten, Schals und so weiter. Der Ort wimmelt ständig von Menschen, und da vor jedem Laden die buntfarbigen Erzeugnisse des Ostens verschwenderisch ausgebreitet sind, ist der große Basar von Stambul eine der Sehenswürdigkeiten, die zu sehen sich lohnt. Er ist voller Leben und Treiben und Geschäftigkeit, Schmutz, Bettler, Esel, schreiender Händler, Träger, Derwische, hochgeborener türkischer Käuferinnen, Griechen und wunderlich aussehender und wunderlich gekleideter Mohammedaner aus den Bergen und den entfernten Provinzen – und das einzige, was man nicht riecht, wenn man sich im großen Basar befindet, sind Wohlgerüche.

»Durch den Gewürzbasar, wo alle Wohlgerüche Arabiens mir entgegenströmten«

Grosser-Rilke 1937

Der Weg führte mich zunächst durch den Gewürzbasar, wo alle Wohlgerüche Arabiens mir entgegenströmten. Schon der Eintritt in diesen Basar war mystisch, und die Lichteffekte von malerischer Wirkung. Es gab nur Oberlicht, und bei der größten Hitze war es dort kühl. Die Türken in ihrer vornehmen Ruhe kauerten in ihren Ständen mit Würde und Überlegenheit, kein Geschrei, kein Hasten, kein Lärm. In diesen heiligen Hallen war ich unendlich gern, dies war der richtige Orient. Von den Verkäufern, fast nur Türken, trugen die älteren Leute um ihren Fes ein weißes, weiches Tuch geschlungen. Was für schöne Typen von Menschen sah ich dort, und wie ehrwürdig wirkten sie mit ihren langen weißen Bärten! Man bekam bei ihnen alle »Gewürze« der Welt, das kostbarste war das Rosenöl.

»Ich nahm den Bazar schon wahr, bevor ich ihn sehen konnte«

Frischmuth 1973

Am liebsten ging ich auf den Fischmarkt. Wie aufgebahrt lagen die größeren Fische auf Eis, während man den mittleren Drahtschlingen durch die Kiemen zog und sie aufhängte, wie einen Schlüsselbund. Die kleinen lagen in Kisten, aus denen dann eine Handvoll herausgenommen wurde. Ich verglich die Farbe der Scampis, der Krabben und der Hummern miteinander und gab acht, welche Leute welche Fische kauften und ob sie zu ihren Gesichtern paßten, ob sie sie anfaßten, wenn der Verkäufer sie ihnen hinhielt, um zu zeigen, was für festes Fleisch sie hatten, ob sie die Probe machten und sich davon überzeugten, daß die Druckstelle der Finger sofort wieder verschwand, und ob sie ganz

nahe mit der Nase herangingen, um ihren Geruch zu prüfen. Es gab Leute, die verließen sich nur auf den Verkäufer, seine Gesten, sein Mienenspiel. Sie kamen geradewegs auf einen Stand zu, kauften was sie kaufen wollten und sahen sich erst beim Weggehen die Ware der anderen Verkäufer an, verglichen sie mit dem, was sie selbst gekauft hatten, so lange, bis sie davon überzeugt waren, daß sie gut gekauft hatten. (. . .)
In den Bazar ging ich meistens allein und ohne etwas zu kaufen. Es fiel mir noch immer schwer, mich zu orientieren. Ich erkannte die Hauptstraße wieder und einige Geschäfte, aber es fehlte mir jegliche Einsicht in das System von überdachten Straßen, Gassen und kleinen Plätzen. Ich hatte Angst vor Bränden und das Wort Lauffeuer löste eine Panik in mir aus.
Man nahm den Bazar schon wahr, bevor man ihn sehen konnte. Ich weiß nicht, woran es lag, am Zunehmen der Lastträger, denen man ausweichen mußte, am Hämmern der Kupferschmiede, an den vielen Wasser- und Sorbetverkäufern oder an den Blicken der Leute, die so etwas wie eine Zielrichtung erkennen ließen. Aber da war noch etwas, das sich schwer formulieren läßt, so als wäre etwas gesagt, wenn ich vom Magen dieser Stadt spreche, deren Vergleich mit etwas Leiblichem unangemessen ist. Eine Stadt ist eine Stadt, sage ich mir, und es wäre falsch, sie mit etwas gleichzusetzen, das sie um einer angenommenen, allgemeinen Verständlichkeit willen mißverständlich werden läßt. (. . .)
Jedesmal, wenn ich im Bazar war und Ersever, einen Dichter der dritten Periode, besuchen wollte, erwartete ich, nachdem ich in die Gasse, in der sich sein Laden befand, eingebogen war, ein bestimmtes Bild, das von dem, das sich mir bot, abwich. Nicht so stark, daß ich den Laden nicht wiedererkannt hätte, aber stark genug, um einen Moment lang die Augen zu schließen und es in der Vorstellung noch einmal zu reproduzieren. Und auch Ersever und sein arme-

nischer Kompagnon sahen immer anders aus, als ich sie vom erstenmal her in Erinnerung hatte.
Meist war nur der Armenier da und Ersever war gar nicht gekommen oder er saß im Dachgeschoß über seinem Laden und schrieb, ohne sich um den Handel mit Antiquitäten zu kümmern. Wenn Ersever aber da war, ließ er Kaffee bringen und wir unterhielten uns eine Weile. Er machte mich auf die Neologismen aufmerksam, die in seinen Gedichten vorkamen und die mir kaum jemand anderer hätte erklären können. Ich versprach, etwas von ihm zu übersetzen oder es zumindest zu versuchen. »Die der Schwerkraft gehorchende Nelke« hieß sein erster Band und ich wünschte, ich könnte einige seiner Formulierungen in meine Sprache bringen, obwohl mir viele gleich wieder banal vorkamen, sobald er mir die Bedeutung der Wörter erklärt hatte.
Als ich das letztemal bei ihm gewesen war, hatte Ersever mir ein Blatt geschenkt, auf dem ein Vogel aus Schriftzeichen ohne Punktion dargestellt war. In der rechten oberen Ecke des Bildes, über dem Schwanz des Vogels, befand sich ein Blumenstrauß, der auf realistische Weise gemalt war und wie ein Zusatz aus späterer Zeit wirkte. Der Vogel ähnelte einer Ringeltaube, aber es war nicht sicher, ob ein Zusammenhang zwischen ihm und dem dritten Buch von »Calila und Dimna« bestand, das diesen Namen trägt.
Von den Vögeln haben sie die meisten Darstellungen gemacht und diese Darstellungen sind bis in die Moscheen vorgedrungen. Manchmal haben sie Menschenköpfe oder Blumenaugen. Man sagt, daß auch die Vögel einen Orden haben, den König Salomon gegründet haben soll. Einmal im Jahr treffen sich die Derwische unter den Vögeln in ihrer Tekke, wo sie eine Woche lang essen, trinken und sich unterhalten.
Man liebt die Vögel, sie stellen die Seele dar. Wen der Schatten des Huma-Vogels berührte, der wurde Padischah. Der Haci unter den Vögeln aber ist der Storch, er kommt

aus Mekka und hat manchmal einen Turban auf dem Kopf. Der Kranich soll seine Stimme von Ali haben und Haci Bektaş Veli ist in Gestalt einer Taube nach Anatolien gekommen. Der Hahn vertreibt den Löwen und den Blitz, und die Nachtigall ist auf der Suche nach der unio mystica.

In einem von Ersevers Gedichten kommt der Ausdruck »Straße der Wacholdervögellieder« vor. Als er mir das Blatt schenkte, fragte ich ihn, ob er eine besondere Beziehung zu Vögeln hätte. Er meinte, für die Vögel wäre es leicht, sie kämen nur selten in Verlegenheit, die Leiber der Toten, aus denen die Erdoberfläche besteht, mit Füßen zu treten.

Ich blieb selten länger als eine halbe Stunde in Ersevers Laden. Es kamen immer wieder Leute, die etwas kaufen wollten. Da der Laden, wie alle im Bazar, klein ist, war es oft eine Platzfrage, daß ich ging, selbst wenn Ersever mich aufforderte, doch noch zu bleiben.

26
GEZIEFER UND UNGEZIEFER

Wie ein Kamel mit dem Koran aus Mecca kommt.

Büttner 1664

Ein gelehrter Mann mit Namen Dousa, schreibt, als er vorzeiten zu Constantinopel, und zwar nicht weit von des türkischen Kaisers Kirchen gewesen, hab' er ein Kamel, mit einem gar langweiligen Schritt daherkommen gesehen, von einer großen Menge Volkes umringt und begleitet. Da er nun gefragt, was für Bedeutung es habe, daß sich so viel Volk um dies Tier herdränge, war die Antwort: Dies Kamel komme aus der Stadt Mecca, bringe den Alcoran auf dem Rücken getragen, derentwegen ihm von so großer Menge Volks Ehre angetan werde. Etliche unter den Leuten haben ihm die Haare ausgerissen und als ein groß Heiligtum gehalten. Etliche haben es geherzet und geküsset, etliche dem Tier den Schweiß abgetrocknet und ihre Augen, auch das ganze Gesicht damit bestrichen. Nachdem endlich das Kamel geschlachtet, und in kleine Stücklein zerhauen war, ist's allein denen, die unter den Türken für die frömmsten gehalten wurden, ausgeteilet worden.

Der Ort, wo der Fuchs nach allem Hin und Her landet, ist doch der Laden des Pelzhändlers.
Der Tod ist ein Kamel, das vor jeder Tür kniet.

Zwei türkische Sprichwörter

Vor etlichen Jahren ist ein Nashorn da gewesen
Schweigger 1608

Nicht weit von dem Atmeidan oder Hippodromo, ist das Löwenhaus, welches Gebäu ein Stück ist, zum Tempel Sankt Sophia gehörig, da werden jederzeit bei vierzehn Löwen erhalten, die sind an Stricke angelegt. Auch Leoparden, item Zibetkatzen in einem hölzernen Gitter. Die sind etwas größer, denn eine gemeine Katze, von Farbe grau, ein bös, untreu und bissig Tier. Item zween wilde Esel, dem Ansehen nach wie die gemeinen Mülleresel, so scheu, daß man's mit keiner Kunst kann zähmen, da doch die Löwen gezähmt werden, wie man denn solche zahmen Löwen in der Stadt oft herumführt, an einem schwachen Band, die doch niemand schädigen. Sonst findt' man nichts Seltsams, als etwa Elefanten. Vor etlichen Jahren ist ein Nashorn da gewesen, das hat Sultan Selim Kaiser Maximiliano secundo wollen verehren, aber das Tier starb. Über wenig Jahr hernach bracht man auch dahin ein Camelopardalin, das nennen die Türken Giraffa. Ist so hoch wie ein Hirsch, und hat ein Hals, schier zwoo Klafter lang. Andere fremde Tier, wie Fabian, Meerkatzen, Affen, Papageien etc. sind gar gemein.

Die Menagerien in der Kaiserlichen Botschaft
Busbecq 1596

Ich habe in Konstantinopel allerlei wilde Tiere gesehen: Luchse, Wildkatzen, Panther, Leoparden und Löwen, und zwar ganz gebändigte und zahme; ich habe selber gesehen, wie sich ein Löwe ein ihm vorgeworfenes Schaf von dem Bändiger aus dem Maul reißen und, da sein Rachen schon Blut gekostet hatte, besänftigen ließ. Ich habe auch einen ganz jungen Elefanten von seltener Drolligkeit gesehen: er

tanzte und spielte Ball. Es war auch ein Kamelopardel – eine Giraffe – unter den wilden Tieren, kurz bevor ich nach Konstantinopel kam, doch leider grade eingegangen. Ich ließ aber die Knochen wieder ausgraben, weil ich sie sehen wollte. Das Tier ist auf der Vorderhand weit höher gewachsen als auf der Hinterhand, daher es sich zum Lasttragen oder Reiten nicht eignet. Weil Kopf und Nacken dem Kamel gleichen, das Fell aber wie beim Pardel gefleckt ist, nennen sie es Kamelopardel.

Auch jene Ziegen haben wir da gesehen, aus deren Vlies oder Haar ein Tuch gewebt wird, genannt das Kymatile oder Welltuch. Ihr Haar ist äußerst fein und wunderbar glänzend, es hängt bis zur Erde.

Zahlreich ist auch in dieser Gegend eine Art von Schafen –, die einen fetten, schweren Schwanz trägt: er wiegt bald drei oder vier, bald auch acht bis zehn Pfund, ja zuweilen wächst er bei älteren Schafen zu solcher Größe an, daß man zwei Räder mit einem Brettchen in der Mitte als seine Unterlage anbinden muß: dann ziehen die Schafe was sie nicht tragen können.

Ich glaube, in dieser Gegend einige bei uns noch ungesehenen und unbekannten Vögel entdeckt zu haben: unter anderem eine Entenart, die man billig unter die Hornbläser rechnen darf: so ahmen sie mit der Stimme den Klang der Hörner nach, wie ihn die Postillone zu blasen pflegen. Der Vogel ist zwar waffenlos, aber frech und tapfer.

Es gibt im Hause Herden von Wieseln, zahlreiche Schlangen, Eidechsen und Skorpionen. Es kommt wohl vor, daß man morgens den Mantel von der Stelle aufnehmen will, wo man ihn tagszuvor hingelegt hat, und unter großem Schreck eine Schlange darumgewickelt sieht.

Dennoch bringen auch diese Tiere einiges Vergnügen, und hier sollst du nun von den herrlichen Tröstungen in unserer Einsamkeit etwas vernehmen. So zum Beispiel wenn ein Wiesel mit einer Schlange in heftigen Kampf gerät und sie

trotz alles Sträubens und Sichwehrens vor den Augen des ganzen Hauses als unverzagter Sieger in sein Loch schleift; oder wenn dasselbe Wiesel die Wohnung verändert und seine Jungen wo anders hinbringt.
Aber ich war mit den eingeborenen Tieren nicht zufrieden und half mit auswärtigen nach, deren Pflege meiner Dienerschaft Beschäftigung und Zerstreuung bringt; und damit bin ich sehr einverstanden, weil sie die lange Sehnsucht nach der Heimat dann leichter erträgt. Denn was bleibt uns übrig, da wir menschlichem Verkehr ferngehalten werden, als daß wir in Gemeinschaft mit Tieren unsere Trübsal zu vergessen suchen? Was würden uns sonst die Einsamkeit, die Steine und Wände für Vergnügen bieten? An erster Stelle stehen hier die Affen, die köstliche Spiele aufführen und großes Gelächter hervorrufen. Selten sieht man sie daher ohne einen Haufen von Zuschauern, die ihre Bosheiten und lächerlichen Streiche mit lauter Lust beobachten. Ich habe außerdem Wölfe, Bären, Hirsche mit Schaufelgeweih (die das Volk zu Unrecht Dammhirsche nennt) und gewöhnliche Hirsche, ferner Gazellen, Luchse, Ichneumons, Wieseln von der Art, die man Marder und Zobel nennt; und wenn du's wissen willst, auch ein Schwein, von dem meine Pferdepfleger mir einreden, seine Berührung sei für meine Pferde gesund.
Ferner habe ich allerlei Vogelarten, Adler, Raben, Dohlen, exotische Enten, Kraniche von den Balearen und Rebhühner. Mit all diesen Tieren erfüllt, sieht das Haus der Arche Noahs wahrlich nicht unähnlich.

Katzen-Almosen, Hundealmosen, Vogelkauf.

Büttner 1664

Es ist sonst auch gebräuchlich, daß die Türken den Katzen und Hunden Almosen geben. Denn bei einem gewissen Stift in Constantinopel, pflegen sich allwege um die Vesperzeit dreißig oder vierzig elende Katzen zu versammeln, denen werfen etliche Türken, die auf demselben Platz vorhanden sind, etliche Brocken Fleisch oder gebratene Leber vor, die man an kleinen Spießlein herumträget. Dies wird für ein köstliches Almosen gehalten. Ingleichen geht alle Morgen auf den Gassen ein Mann herum mit einem Karren, worinnen er viel Brot hat, und gibt den Gassenhunden, die ihn denn eigentlich kennen, und ihm wie eine Herde Schafe nachfolgen, wohl an hundert Ecken der Stadt zu fressen. Diejenigen Hunde, welche gar zu alt werden, und nicht mehr leben können, schlagen sie nicht tot, sondern laden selbe auf eine wüste Insel im schwarzen Meer, damit die Stadt also von dem greulichen Geheule und Gestanke, der Äser halber, befreit werde.

An Ecken und Straßen sitzen Leute mit großen Vogelbauern voller Lerchen. Wenn nun ein Türke vorüber gehet oder reitet, und ihnen etliche Asper zahlet, lassen sie denselbigen hinein greifen, und so viel Vögel herausnehmen, als er mit einer Hand erhaschen kann, die er doch straks wieder in die freie Luft über dem Kopf hinfliegen lässet, und für gut hält, daß er sie aus ihrem Gefängnis erlöset, und in ihre vorige Freiheit gebracht. Sonsten essen die Türken keine Lerchen.

Delphine werden nicht gegessen.

Gerlach 1674

Ein Delphin in seiner rechten Größe ist vier Ellen lang, hat einen dünnen Schwanz, der Kopf mit dem Rüssel dick, wie ein rechter Säurüssel. Wir sehen zu unserer Kammer hinaus oft ihrer zwei-dreihundert beisammen, die sich aufwerfen und umwälzen, wie ein Rad. Sie werden nicht gegessen, allein im schwarzen Meer bei Trapezunt, und an anderen Orten dort umher, werden sie gefangen und Öl oder Fett, anstatt der Lichter, in den Lampen zu brennen, daraus gemacht. Sie sind gleichsam Propheten der Schiffsleute, denn wenn sie also unruhig sind, mutmaßen die Schiffer daher ein Ungewitter und Sturm. Oder wenn sie sich sonsten so häufig sehen lassen, merken sie, das Land sei nahe.

Hundekot braucht man zum Färben des Saffians

Olivier 1795

Die Türken sehen die Hunde als unreine Tiere an, und vermeiden sie zu berühren, und lassen sie nicht in die Häuser kommen; demungeachtet aber leiden sie daß sie sich beträchtlich vermehren, weil man ihren Kot bei der Bereitung und dem Färben des Saffians braucht: nach ihrer Meinung kann man sogar den Abgang dieses Materials durch nichts anders ersetzen. Außerdem hat man noch den Vorteil von den Hunden, daß sie die Straßen von den Äsern und dem Unrat säubern, die man unaufhörlich dorthin wirft.

Die Hunde von Konstantinopel

Twain 1867

Die Hunde schlafen in der ganzen Stadt auf der Straße. Ich schätze, daß von einem Straßenende zum anderen durchschnittlich acht oder zehn Hunde auf jeden Block entfallen. Manchmal kommen natürlich fünfzehn oder zwanzig auf einen Block. Sie gehören niemandem, und sie scheinen untereinander keine engen persönlichen Freundschaften zu pflegen. Aber sie teilen von sich aus die Stadt in Bezirke auf, und die Hunde eines jeden Bezirkes, ob er einen halben Block oder zehn Blocks umfaßt, müssen innerhalb seiner Grenzen bleiben. Wehe dem Hund, der die Grenze überschreitet! Seine Nachbarn würden ihm in einer Sekunde den

Rest seines Fells herunterreißen. So sagte man. Sie sehen aber nicht danach aus.
Sie schlafen auch in diesen Tagen auf den Straßen. Sie sind mein Kompaß – mein Wegweiser. Wenn ich die Hunde friedlich weiterschlafen sehe, während Menschen, Schafe, Gänse und alles, was sich bewegt, ihnen ausweichen und sie umgehen, dann weiß ich, daß ich nicht in der großen Straße bin, wo das Hotel liegt, und daß ich weitergehen muß. In der Grande Rue zeigen die Hunde gewissermaßen eine Miene, als ob sie wachsam wären – eine Miene, die dadurch hervorgerufen wird, daß sie jeden Tag vielen Wagen aus dem Weg gehen müssen – und diesen Ausdruck erkennt man sogleich. Auf dem Gesicht irgendeines Hundes außerhalb des Gebietes dieser Straße ist er nicht wahrzunehmen. Alle anderen schlafen friedlich und passen nicht auf. Sie würden sich selbst dann nicht rühren, wenn der Sultan persönlich vorbeikäme.

Aus allen Zweigen der großen Platanen im Moscheehof stürzen die Tauben

Moltke 1837

Der Wohltätigkeitssinn der Türken dehnt sich bis auf die Tiere aus. In Skutari findest Du ein Katzenhospital, und in dem Vorhof der Moschee Bajasids giebt es eine Versorgungsanstalt für Tauben. Allerdings sind sie die Enkel einer gewissen Taube, die dem Propheten bei einer Gelegenheit, ich weiß nicht mehr welche Nachricht ins Ohr flüsterte, aber vielen dieser schwarzblauen Tierchen möchte es doch schwer sein, ihre Genealogie zu beweisen. Man nimmt es damit nicht genauer als mit den zahlreichen Vettern des Propheten selbst und es ist gar hübsch zu sehen, wenn das Futter für die geflügelten Gäste auf den Marmorboden des schönen Hofes gestreut wird. Dann stürzen Tausende von den Dächern der Moschee, von den Säulen und Kuppeln des Portikus und der Fontänen und aus allen Zweigen der großen Zypressen und Platanen des Hofraums hervor. Das Klappen ihrer Schwingen, das muntere Gurren und das bunte Gewimmel läßt sich gar nicht beschreiben, und im Gefühle ihrer persönlichen Sicherheit gehen die kleinen Sinekuristen kaum den Menschen selbst aus dem Wege. So sind auch die Seemöwen im Hafen so unbesorgt und dreist, daß man sie mit den Rudern totschlagen könnte.

Noch muß ich bemerken, daß es hier weder Pudel, Möpse, Spitze, Dachse, Pinscher noch Windspiele, sondern nur eine einzige garstige Rasse gibt, und diese scheint mit den Wölfen und Schakalen der Umgegend in naher Vetterschaft zu stehen. In psychologischer Hinsicht ist anzuführen, daß sie seit der Vernichtung der Janitscharen gegen die Franken etwas minder feindselig geworden sind.

Im Ganzen sind die Tiere hier überhaupt sehr guter Art: die Hunde bellen zwar, aber beißen sehr selten und werden niemals von der Wut befallen; die Schlangen und Skorpione sind nicht giftig und die Pferde unbeschreiblich gehorsam. Man kann sich auf den mutigsten arabischen Hengst setzen; er wird lebhaft sein und Sprünge machen, aber die Bosheit unserer Pferde kennt er nicht; er wird vielleicht durchgehen, aber weder bocken, beißen noch schlagen.

Schlangenbeschwörer und Bärenführer
Frischmuth 1973

Ich war, von der Universität kommend, über den Bayezit-Platz gegangen und wollte durch den Hof der Moschee in den dahinter gelegenen Teegarten, wo ich Turgut zu treffen hoffte.

Vor den Stufen, die zur Moschee emporführten, hatte ein Schlangenbeschwörer seine Körbe aufgestellt und ein paar

Schaulustige bildeten einen Halbkreis um ihn. Ich hatte noch nie einen Schlangenbeschwörer in der Stadt gesehen und die meisten Leute, die über den Platz gingen, schienen sich nicht um ihn zu kümmern. Selbst die Kinder verkauften weiter ihr Taubenfutter und ihre Sesamkringel, nur der Wasserverkäufer, der vielleicht mit dem Schlangenbeschwörer zusammenarbeitete, versuchte die Aufmerksamkeit auf sich und dadurch auch auf ihn zu lenken, indem er laut vor sich hinredete und dabei behauptete, daß er es mit dieser Art von Schlangen auch könnte.

Ich erinnerte mich an einen Zyklus von Miniaturen, auf denen Schlangenbeschwörer abgebildet waren, die während der Feierlichkeiten zur Beschneidung eines oder mehrerer osmanischer Prinzen, zur Belustigung des Volkes im Hippodrom ihre Kunststücke zeigten. Hier, vor der Bayezit-Moschee, wirkte der Mann in seinem langen Gewand und dem Turban auf dem Kopf, unter all den europäisch gekleideten Leuten so ungewöhnlich, als wäre er wirklich zu Fuß aus Indien gekommen.

Zwischen der Hagia Sophia und dem Topkapi Saray war ich einmal einem Bärenführer – offensichtlich ein Zigeuner – nachgegangen, bis ich ihn in einer der vielen, in ein Gewirr von Häusern versickernden Gassen aus den Augen verloren hatte. Ich glaube noch lange den Ton des Tamburins zu hören, ohne sagen zu können, in welche Richtung er sich entfernte.

Ich hätte zu nahe an dem Schlangenbeschwörer vorbeigehen müssen, wenn ich die Abkürzung durch den Hof der Moschee genommen hätte, was ich zu vermeiden suchte, aus Angst vor den ziemlich frei sich bewegenden Schlangen, die sich auf dem von der prallen Sonne durchglühten Pflaster räkelten, anstatt sich – wie ich erwartet hatte – gehorsam aufzurichten, wie die Musik es von ihnen verlangte.

27
SCHLIMME ZEITEN: KATASTROPHEN UND HIMMELSERSCHEINUNGEN

Von einem Comet, der bis an 40 Tage am Himmel ober des Türken Palast gestanden ist, von Heuschreckenplage, Erdbeben und der Errettung der 12 Weisen

Weller 1542

Um Constantinopoli auf zwanzig welsche Meilen, die Locusten oder Caueletti, die auf deutsch Heuschrecken heißen, haben abgefressen und verzehrt in zwei Tagen alles das Getreide und verdorben, daß sie nicht ein Körnlein, das nutzbar gewesen wäre über gelassen haben, und jedermann ist übel zufrieden. Und darnach auf den 5. Tag des Monats Junio, ist ungefähr die 4. Stunde vor Nacht ein grausamer Komet gesehen worden, der fast eine Farbe wie die Sonne gehabt, und sich eine lange Zeit Tag und Nacht hat sehen lassen, dermaßen, daß viel Volk von fremden Orten dahin kommen ist, die Wunderzeichen zu sehen. Und am Freitag, den ersten Tag da ich herkommen bin gegen Constantinopoli, das war des 9. Tag des vorgemeldeten Monats, ist öffentlich von menniglich gesehen worden, ober dem neuen Schloß des Türken zu Constantinopoli, ein merklicher, großer, grausamer Drache, von demselben sind große Feuer Flammen gefallen, und der gemeldete Drache ist in den Lüften aufrecht gestanden, grausam zu sehen. Und darnach hat er sich gemach in den Lüften niedergelassen, in das vorgemeldet Neue Schloß, darin denn der Türkische Kaiser seinen meisten Schatz gehabt hat, und hat denselben angezündt. Da dann die Kleinod und Silber gelegen sind, ist verbrannt, und nichts mehr gefunden worden, denn Aschen. Und da das Gold gelegen, ist mehr nicht gefunden worden

als ein großer Haufen glühender Kohlen. Und die zwei Dritteil vom Castel nuovo, das Neu Schloß genannt, ist verbrannt, dermaßen, daß niemand das Feuer erlöschen hat können, von wegen der grausamen Hitz, so davon ausgegangen ist. Am 10. Tag dito um Mittag, hat sich in den Lüften eine trübe Wolke erhoben, mit grausamem Wind und Donnern. Dermaßen an vielen Orten eingeschlagen, darunter in des Türken Palast geschlagen, und eine seiner schönsten Frauen erschlagen, mit Namen die schöne Brandonia genannt, welche gekommen war, dieselbe Nacht bei dem Türkischen Kaiser zu schlafen. Und die selben Kammern und Wohnungen alle verdorben und verwüstet, daß es nicht mehr taugt, also darin zu wohnen. Weiter so hat ein anderer Donner in des Türken Marstall geschlagen, und seiner besten Rosse bis in die 1200 erschlagen.
Auf den 11. Tag des gemeldeten Monats ist nichts geschehen, denn daß der Komet gesehen worden ist. Den 12. Tag gemeldeten Monats, ist ein großes Erdbeben kommen, dermaßen, daß viele schöne Häuser, dergleichen auch wohl der halbe Teil des Groß-Türken Palast eingefallen sind, und mehr denn 2000 Menschen umkommen und gestorben.
... Am 12. Tag gemeldeten Monats hat der Groß-Türk nach den zwölf Weisen geschickt, und sie an einen besonderen Ort verordnet, daselbst sie geheißen niederzusitzen, und der Groß-Türk ist selbst samt zwölf seiner liebsten Hofgesind gekommen. Da hat der Morbech angefangen zu reden ...: Weißt du, daß ich alle Zeit hab ersucht, dich von dem falschen Mahometischen Glauben, den du so hoch in Ehren hältst, zu dem christlichen Glauben zu bringen vermeint ... Weißt du nicht, das sind die Zeichen Pharaonis, die Locusti oder Caualetti, auf deutsch Heuschrecken genannt, da er sich wider sein, des großen Gottes Volk erhöbe. Dein Volk wird Hunger dulden und leiden müssen. Und das sind die Zeichen, daß du von deiner hartnäckigen Weise zum Teil wollest nachlassen. Der Komet bedeutet, daß du nicht län-

ger leben solltest, als so viel Tag als lang er ob dem Palast erschienen war, und wirst auch nicht länger leben, als der großmächtige Gott haben will. Und soviel zeigen uns die Donner an, daß du in deiner Hartnäckigkeit sterben müßtest, wo du anders nicht abstehst, und daß du von Christen sollst umkommen, oder durch das Wort Christi getauft werden. Aber der Drache bedeutet, der dir deinen Schatz hat umgebracht und konsumiert, daß dein Volks sich soll von dir abwenden, auch abfällig werden, und vor deinem Absterben soll das geschehen. Und weiter bedeuten Donner, Hagel, Wind, Regen, aller dergleichen Ungestümigkeit, das auf die Erden gefallen ist, und die schönen Kastell, Palast, Leut, Vieh und Land verderbt hat, dasselbe.

Also hat der Groß-Türk befohlen, die 12 Weisen in guter Verwahrung zu halten, und darauf alsbald seinen Rat zusammen lassen fordern, was mit diesen zwölf Weisen zu tun wäre. Darauf haben etliche geantwortet, man soll sie schinden, etliche, mit güldenen Zangen zerreißen. Etliche sagten, man solle sie in das Erdreich vergraben bis an den Kopf, und also sterben lassen. Und viel andere Pein und Marter haben sie ihnen wollen antun. Auf solches hat der Türk zu den Zwölfen gesagt: Meine allerliebsten Weisen, wiewohl in diesen Sachen ihr nicht große Weisheit erzeigt habt, aber aus großer Liebe, so ich zu euch trage, wollt ich gern, daß ihr euch von eurem Unglauben zu unserem bekehret, und stündet eurer bösen Opinion ab. Wo aber nicht, so habt ihr die große Marter vernommen ...

Auf den 23. Tag gemeldeten Monats ist auf dem großen Markt oder Platz vor dem großen Palast des Türken ein großer Haufen Holz gerichtet worden, und da die Urteile ergangen sind, hat man die zwölf Weisen an große Ketten gebunden dahergebracht, und in das Holz angeschmiedet, danach alles mit Pulver umstreut, und da ward gewartet, bis der Blutrichter dem Henker Befehl gebe, anzuzünden, wie dann geschehen. Also ist das Feuer in alle

Höhe aufgegangen. Indem hat sich eine große Finsternis erhoben, und den ganzen Markt samt dem Feuer auf eine ganze Stunde verdecket, daß man kein Feuer sehen konnt. Und wie die Finsternis vergangen, hat man die zwölf lebendig und unversehrt und der Ketten entbunden, kniend gefunden.

Das 40tägige Beben 1509 und die erschreckliche Brunst zu Constantinopoli 1539

Lewenklaw 1590

Im 915. Jahr, in einer Dienstagsnacht, zwei Stunden in der Nacht, hat sich zu Constantinopoli ein Erdbeben erhoben, also, daß etliche türkische Tempeltürm umgefallen, auch etlicher Tempel Gewölbe zerspalten, und viel gar eingefallen ist. Die Zinnen der Stadtmauer heruntergestürzt, an etlichen Orten die Stadtmauern und auch die Türm derselben umgefallen. Viel treffliche Häuser und Gebäude verderbt worden bis in den Grund. Auch viel Leute unter den zerfallenen Mauern umgekommen. Und hat niemand gewußt, wo hinaus oder wo hinein. Das Volk ist aus den Häusern gewichen, etliche auf die Gassen, etliche in ihre Höfe, etliche in ihre Gärten, alles darum, daß die Häuser nicht auf sie fallen sollten. Da das Erdbeben die ganze Nacht gewährt, hat das Volk die ganze Nacht gar nicht geschlafen. Sie haben Gott und Mahumed angerufen. Und es hat sich das Erdbeben hernachmals vierzig Tag aneinander stündlich gezeigt.

Wie das Erdbeben nun aufgehört, hat Sultan Baiasit in ganz Anatolien und Romania seine Mandaten ausgeschickt, daß man Sarchor, das sind Taglöhner, oder Arbeiter gen Constantinopoli schicken soll. Summa, es sind bis in die 80 000 Männer, Zimmerleut und sonst Arbeiter und Taglöhner in die Stadt Constantinopoli zusammen kommen, denen dann um den Lohn befohlen worden ist, die Stadt wieder aufzurichten und zu erbauen.

Nach diesem ist den 15. des Monats Sepher 1539 an einem Donnerstag gegen Abend zu Constantinopoli, unten, an der Übeltäter Gefängnis in den Laden oder Kramboden, darin man Pech, Harz, Schmeer und andere dergleichen Sachen feil hat, ein Feuer aufgegangen, welches von den Kramladen hinauf in gesagten Turm oder Gefängnis gekommen. Dieweil man nun das Gefängnis verschlossen gehabt, sind darin 700 Personen verbrannt. Von da hat sich das Feuer in die Stadt ausgebreitet, sich auf die rechte und linke Seite ausgeteilt. Wie nun das Feuer an der Mautner oder Zöllner Gefängnis gekommen, hat man die Tür geöffnet, und die gefangenen Mautner heraus gelassen. Ist also derselb Turm oder Gefängnis auch verbrannt. Darnach hat's fort gebrunnen und ist oberhalb des Holztors gekommen, da dann die Schmied sind. Es ist daselbst hinauf alles verbrannt. Und vom selben Ort hat sich das Feuer gewendet auf des Bali Aga Haus, der vorzeiten ein Oberster über die Janitscharen gewesen, und ist daselbst das ganze Quartier verbrannt. Von dannen hat sich's wieder gewendet und ist an das Carawansarai gekommen. Vom selben ist es unter die Drechsler gekommen, deren eine große Anzahl nach einander ihre Läden haben. Von den Drechslern ist es auf den Platz Tachtal Cala gekommen. Von dem ist es unter die Kupferschmied geraten. Von den Kupferschmieden unter die Glaser. Und ist das Quartier um die gemalten Badstuben gar ausgebrannt. Ferner ist es unter die Juden gekommen, und hat großen Schaden getan, denn ihre Häuser sind nahe aneinander. Von dannen hat's gebrannt bis ans Fischmarkttor. Was zwischen demselben und dem Judentor gewesen, ist alles ausgebrannt. In Summa der Juden Häuser sind schier alle vom Feuer verzehrt. Weil es zu Sommerszeiten geschehen, und ist sehr dürr gewesen. Die grünen Bäume haben wie Schwefel gebrannt. Man hat das Feuer auf keinen Weg löschen können. Es hat das Abhauen der Bäume, noch Wasser nicht helfen wollen. Hat also die Brunst die ganze Nacht gewährt. Alle Jenitscharen sind aufgewesen, haben sich in die Quartier ausgeteilt, ob sie löschen könnten. Es hat aber nichts helfen wollen.

Todesstrafe für Tabakrauchen um 1630

Hammer-Purgstall 1829

Dieser große Brand hatte mißvergnügte Stimmung unter dem Volke hervorgebracht, welche sich in den Kaffeehäusern laut aussprach. Aus Furcht, daß dieses Mißvergnügen der Anlaß neuer Feuersbrünste, und die Kaffeehäuser der Brennpunkt neuer Empörung, erging der Befehl, dieselben alle einzureißen, und der Befehl wurde schonungslos vollstreckt. Früher waren zwar schon unter Sultan Murad III. und Ahmed I. von den Großwesiren Derwisch und Nassuhpascha ähnliche Verbote ergangen, aber nur einige Tage lang beobachtet worden; jetzt aber blieben die Kaffeehäuser so in der Hauptstadt, als in den anderen Städten des Reiches durch die ganze Regierung S. Murad's und die seines Nachfolgers Ibrahim geschlossen. Auf die Einreißung der Kaffeehäuser folgte unmittelbar das Verbot des Tabakrauchens unter Todesstrafe. Den Vorwand gab die Feuersgefahr, welche aus dem Gebrauche der Pfeife der Hauptstadt drohe, in der Tat aber war es Maßregel höherer Polizei, um durch Verbot des Kaffees und Tabaks alle Zusammenkünfte müßiger Schwätzer zu zerstäuben, und die Vereine zu zerstreuen, in welchen bei Kaffee und Pfeife die Regierung bekrittelt ward; der Despote fürchtete nicht mit Unrecht, daß aus rauchenden Tassen und Pfeifen unruhiger Sinn und Widerstand aufdampfe. Allnächtlich machte der Sultan selbst die Runde; wer ohne Licht in den Straßen getroffen, wer bei Kaffee oder Pfeife gefunden ward, war ein Kind des Todes. Am Morgen bezeugten Leichname, auf den Straßen ausgeworfen, die nächtliche Tyrannei.

Die große Überschwemmung 1563

Hammer-Purgstall 1829

In der herbstlichen Tag- und Nachtgleiche desselben Jahres (1563) begab sich die größte Überschwemmung in der Nähe Constantinopels, deren die osmanische Geschichte Erwähnung tut, und die seit vierhundert Jahren, wo das Heer der Kreuzfahrer mit König Conrad durch die Überschwemmung desselben Wassers bald aufgerieben worden wäre, nicht ihres Gleichen gehabt. Suleiman hatte an diesem Tage Morgens sich nach dem Tale Chalkalidere auf die Jagd begeben, und war eben an dem Ufer des Meeres an den nicht ferne von San Stefano am Ufer der Propontis gelegenen Garten Iskendertschelebi's (des vor Bagdad hingerichteten Defterdars) gekommen, als ein fürchterliches Gewitter ausbrach, das vier und zwanzig Stunden ohne Unterlaß dauerte, und vier und siebzigmal einschlug. Der Melas und Athyras, d. i. die beiden Flüßchen von Tschekmedsche, die in den gleichnamigen tiefen Meerbusen ausströmen, schwollen zu ungeheurer Höhe an, und überfluteten die ganze Gegend umher. Aus dem Tale von Chalkalidere schoß das Wasser ein pfeilschneller Strom, verinselte den Palast Iskendertschelebi's, worin sich Suleiman befand, drang in denselben ein, und würde den Sultan selbst ertränkt haben, wenn er sich nicht auf dem Rücken eines stämmigen Mannes in den oberen Bretterverschlag des Zimmers, bis das Wasser sank, auf eine Höhe gerettet hätte. Die Talwasser überschwemmten und untergruben die jüngst erbauten Wasserleitungen Suleiman's, und die von Maglawa stürzte gänzlich zusammen. Auf der schönen Ebene der süßen Wasser zu

Kiaghadchane wurden die umgestürzten Platanen wie Reisig weggeschwemmt, und rund umher die Niederlage von Lusthäusern und Meierhöfen. Die süßen Wsser, d. i. die ehemals Cydaris und Barbyfes genannten Flüßchen, trugen den Ruin ihrer Ufer gegen die Vorstadt Ejub, wo sie sogar in die nahmhaft erhöhte Moschee drangen, und ellenhoch über dem Grabmahle des Fahnenträgers des Propheten standen. Der Hafen von Constantinopel und die Ufer des Bospors vermochten nicht die Gewalt der Fluten einzudämmen, welche das Gestade überall überstiegen, und den Einsturz der Ufergebäude bewirkten, von denen nur die festesten widerstanden. Die Brücken von Groß- und Klein-Tschekmedsche, von Haramidere und Silivri wurden weggerissen, eine ganze Woche lang war das Meer trüb und süß.

Die Polizei war höchst wachsam und erwürgte mehrere Astrologen

Hammer-Purgstall 1832

Zehn Tage vor der Absetzung des Großwesirs (23. XII. 1749) hatte eine vierstündige Mondfinsterniss Statt gehabt, deren unglücksvolle Vorbedeutung durch diese Absetzung für erfüllt angesehen ward, weil der Wesir, der Mond des Reiches, sein Licht von der Sonne desselben, dem Sultan, empfängt. Schon damahls war das Volksgerede sehr stark, noch weit stärker aber, als am fünften Tage nach der Absetzung eine Sonnenfinsternis eintrat, welche für den Sultan selbst als Unglück verkündend verrufen ward; der Lärm ward dadurch vermehrt, daß in dem Kalender eine Stelle aus den Werken des Schlußsteins arabischer Mystik, des Scheich Ibnol-Arabi, angeführt war, welche sich auf gleichzeitige Verfinsterung des Mondes und der Sonne bezog. Die Polizei war höchst wachsam und erwürgte mehrere der Astrologen, welche die Erde durch den Himmel beunruhigen wollten. Zugleich erging ein Verbot an den Hofastronomen, hinfüro bei Sonn- und Mondesfinsternissen solche Bemerkungen beizusetzen, welche Anlaß zu unnützem Gerede. Indessen fand der Volksaberglaube doch neue Bestätigung in der vier Wochen hernach ausgebrochenen großen Feuersbrunst, welche inner des Tores Ajasma entstanden, binnen dreißig Stunden sechstausend sechshundert siebzig Häuser fraß.

Der Sultan muß zugegen sein beim Löschen großer Brände

Olivier 1795

Weil die Häuser in Constantinopel größtenteils hölzern sind, so vergeht selten ein Monat, daß nicht einige und ein beträchtlicher Teil der Stadt in die Asche gelegt werden. So lief Constantinopel 1788 Gefahr beinahe ganz in Flammen aufzugehen. Ist das Feuer in einer Stunde nicht gelöscht, so muß der Sultan persönlich zugegen sein, um die Arbeiter durch Geschenke und Zureden zu ermuntern. Bei solchen Gelegenheiten drängen sich die Weiber an den Sultan, führen Beschwerden über seine Regierung, und schreien laut über den Geiz und die Erpressungen der Großen. Da sie dergleichen Reden ungestraft führen dürfen, so entsteht zuweilen eine Feuersbrunst um dem Türkischen Kaiser die Klagen des Volks hören zu lassen.
Sobald ein Feuer ausbricht, es sei bei Tage oder bei Nacht, werden alle Einwohner gewarnt, auf ihre Sicherheit zu denken, oder ihren Bekannten und Freunden zu Hilfe zu eilen. Die Wachen von allen Orten laufen durch die Straßen und stoßen ihre Stäbe mit Eisen beschlagen, auf das Steinpflaster, indem sie von Zeit zu Zeit mit tiefem, hohlem Ton rufen: es gibt Feuer. Zwei ungeheure Trommeln, von denen eine sich auf einem hohen Turm, mitten in Constantinopel, und die andere auf dem von Galata befindet, benachrichtigen ebenfalls die Einwohner von der Gefahr.

»Keine Angst, daß das mal aufbrennt?«

Kästner 1973

Der älteste Baedeker für Konstantinopel, er ist aus dem Jahr 1905, weist auf dem Stadtplan Brand-Felder aus: quadratmeilengroße Flächen. Baedeker spricht von einem Großbrand im Jahr 1865, der lange nicht überwunden wurde, aber auch 1911 verbrannten 2224 Häuser, dreihundert Geschäfte und sechzehn Moscheen, und im Mai 1918, zum Jahres-Fest der türkischen Eroberung der Stadt, einem Tag, den immer noch, nach fünfhundert Jahren Türken feiern und Griechen beweinen, brannte ein Stadt-Drittel. 1941 brannte das Fanar-Viertel, und merkwürdig, den ersten Abend, den ich in Istanbul war, mitten im alten Stambul wollte ich wohnen, nicht drüben am Taxim, in Pera, wo die Reisenden unter sich sind, sah ich zwei Häuser-Brände. Viel Menschen in engen Gassen und die Feuerwehr, die mir reichlich antik schien. Auch der Stolz Istanbuls in unseren Tagen, das neue Opernhaus droben am Taxim, machte es wenig mehr als ein Jahr, bis es ausbrannte. Nicht wenige Bau-Leute aus Westen, die den Neubau besichtigt hatten, es ist alte Architekten-Freundschaft zwischen Deutschen und Türken, Klemens Holzmeister, Bonatz, hatten über das Gewurstel der Leitungen die Köpfe geschüttelt und geäußert: Keine Angst, daß das mal aufbrennt?

So sieht man an den alten und schönen, ehemals vornehmen Holzhäusern, wie man sie an der Serail-Mauer oder unterwärts Sultan Achmed oder um die Pantokrator-Kirche oder am West-Hang der Süleimanje findet, Leitungen in Knäueln an die Hauswand genagelt und fragt sich, wie sie eine Nacht ruhig schlafen. Das uralte und ausgedörrte, niemals gepflegte, niemals getränkte Holz scheint zu warten: wann endlich darfs brennen? (...)

28
DIE PEST

Wir sangen bei dem Begräbnis deutsche Totenlieder

Lubenau um 1580

Es ist zu Konstantinopel unter anderen gefährlichen Sachen das allergrößte Übel, daß die schreckliche Seuche Pestilenz fast jährlich allda grassiert. Also sind wir nicht lange nach dieser Freude [einer stattlichen griechischen Hochzeitsfestlichkeit] in große Angst, Betrübnis und Traurigkeit geraten, nachdem der gerechte Gott das Deutsche Haus mit dieser Seuche angegriffen. Den 9. Dezember [1587], in der Nacht, wurden der Barbier Severin Krage, der Musicus Leopold Dorn aus Steiermark, des Kochs Gesell Jamisch, so auch des Herrn Leibroß wartete, alle zugleich infiziert.
Ich hatte zu Riga von den Moskowitern einen bibernen Schlafpelz gekauft, den lieh ich dem Barbier, ohne zu ahnen, daß er mit der Seuche behaftet war. Der Herr Orator sandte mich nach Galata, etliche Sachen zu besorgen; da fragte ich den Barbier, ob er auch etwas begehre. Der sagte, ich solle ihm frische Zitronen mitbringen, und wickelte sich in meinen Pelz. Ich fuhr nach Galata hinüber und kam erst gegen Abend wieder. Da war der Barbier schon gestorben, und auf die Nacht starben die anderen auch und wurden auf unseren Friedhof außerhalb Galata gebracht.
Die Toten werden in Leinwand ganz eingenäht, dazu dann zwei besondere Männer bestellt, die sie bis an den Balik pazar, den Fischmarkt, tragen. Von dort fährt man sie über das Wasser bis nach Tophane, einen Ort seitwärts bei Galata, und dann trägt man sie vollends zu unserem Begräbnisplatz. So gingen wir [auch diesmal] alle mit, sangen bei dem Begräbnis etliche deutsche Totenlieder und ver-

scharrten die Toten, fielen dann nieder und beteten zu Gott, daß er uns, die übrigen, ferner behüten und in seinen Schutz nehmen wolle. Wir bereiteten uns alle zu einem seligen Sterbestündlein, versöhnten uns auch alle untereinander und gelobten, forthin brüderlich zu leben, denn es war großes Gift vorhanden. Die Päpstischen hielten es für ein gar besonderes Omen, daß es eben die Lutherischen getroffen.

Der Rock bleibt in der Welt und sorgt dafür, daß die Toten Gesellschaft bekommen.

Kinglake 1844

Es ist der feste Glaube fast aller Europäer, die im Orient leben, daß Pest durch die Berührung von infizierten Substanzen übertragen wird, und daß die tötlichen Teilchen besonders in allen möglichen Kleidern und Fellen lauern. Man glaubt, es sei sicherer, dieselbe Luft wie ein Pestkranker zu atmen, und sogar seine Haut zu berühren, als mit den kleinsten Wollfetzchen oder Fäden in Berührung zu kommen, die möglicherweise in Reichweite eines potentiellen Infektionsherdes gewesen sein könnten. Wenn das die richtige Ansicht ist, muß die Ausbreitung der Seuche wesentlich durch das Einhalten eines bei den Bewohnern von Stambul üblichen Brauches erleichtert werden. Mit diesem Brauch hat es Folgendes auf sich: Wenn ein Osmane stirbt, wird eines seiner Kleidungsstücke zerschnitten, und ein kleines Stück wird jedem seiner Freunde geschickt als Erinnerung an den Verstorbenen – ein unheilvolles Geschenk nach Meinung der Franken, denn er zwingt die Lebenden zu oft, nicht nur an den Toten zu denken, sondern ihm zu folgen und ihm Gesellschaft zu leisten.

Wenn die Europäer während des Aufflackerns einer Pestepidemie gezwungen sind, sich auf die Straße zu wagen,

vermeiden sie vorsichtig jede Berührung mit einem Menschen, an dem sie vorbeigehen. Ihr Benehmen in dieser Beziehung zeigt sie in großem Gegensatz zu den »wahren Gläubigen«. Der Moslem schreitet stolz und ernst einher, als ob er unter dem wachsamen Auge seines Gottes und »jedem Schicksal gewachsen« wäre. Die Franken schlängeln sich, kriechen und stehlen sich vom Tod fort.
Was mich betrifft, so ging ich bald »Kompromisse« ein. Nach einem Tag der Ruhe, fingen die Bitten meiner Gastgeberin an ihre Kraft zu verlieren, mich von der verseuchten Seite des Goldenen Horns fernzuhalten. Glaubhaft versprechend, die Berührung von allen möglichen und vorstellbaren Dingen, wie verlockend sie auch sein könnten, zu vermeiden, machte ich mich vorsichtig auf den Weg, setzte auch nichts aufs Spiel, bis ich das Ufer erreichte. Aber bevor meine Kaike startbereit war, kamen ein paar traurig aussehende Burschen mit einem Pest-befallenen Leichnam schnell die Treppe heruntergewatschelt, den sie gerade auf der anderen Seite des Wassers unter den Gläubigen begraben wollten. Ich brachte es fertig, dieser flinken Beerdigung so arg im Weg zu sein, daß ich nicht nur von den Männern, die den Toten trugen, berührt wurde, sondern auch, wie ich glaube, von dem Fuß des toten Mannes, weil der gerade von der Bahre herunterhing ... Und von da an ging ich nach meiner mich selbst befriedigenden Ansicht der Sache handelnd, wohin ich nur wollte, ohne mich ernsthaft darum zu kümmern, einer Berührung aus dem Weg zu gehen. Es scheint mir jetzt sehr wahrscheinlich, daß die Europäer recht haben, und die Pest wirklich durch Ansteckung übertragen werden kann, aber während der ganzen Zeit meines weiteren Aufenthalts im Orient, glich sich meine Meinung, dieses Thema betreffend, der der Fatalisten an. Und so kam es, daß ich ohne diese Angst und Anspannung unter den Sterbenden leben konnte, die unvermeidlich auf mein Gemüt gedrückt hätte, wenn ich mir zu glauben gestattet hätte,

daß jede Berührung im Vorbeigehen in Wirklichkeit ein möglicher Todesstoß wäre.
Und vielleicht trifft man auf dem beschwerlichen Weg durch eine steile und enge Gasse, die zwischen nackten Wänden eingeschlossen ist und wenig von Fußgängern frequentiert wird, auf eines dieser sargförmigen Bündel aus weißem Leinen, das eine ottomanische Dame enthält. Sie arbeitet sich ungeschickt genug vorwärts, mühsam gegen die Behinderungen am Vorwärtskommen ankämpfend, die ihr durch die vielen Falten ihres plumpen Gewandes, ihre großen Schmutzstiefel und besonders durch ihre zwei Paar Hosen auferlegt werden, und doch gibt es da etwas von weiblichem Verhalten in dieser harten Arbeit und der Anstrengung, mit der sie die Bürde ihrer Toilette schleppt. Ihre weiblichen Sklaven folgen ihr auf dem Fuße. Von ihrer eigentlichen Person sieht man nichts außer den dunklen, leuchtenden Augen, die in dein Gesicht starren, und die Spitzen der bemalten Finger, die wie Rosenknospen aus dem Bollwerk der Festung hängen. Sie dreht sich und dreht sich wieder, und vorsichtig schaut sie sich nach allen Seiten um, um sicher zu gehen, daß die Augen der Muselmänner sie nicht sehen, und dann plötzlich zieht sie den Schleier vom Gesicht und sie läßt ihre ganze Pracht und die Macht ihrer Schönheit in dein Herz scheinen.
Du lächelst eine schöne Frau an – du erblassest vor der Schönheit, die groß genug ist, dich zu beherrschen. Sie schaut, und frohlockt über deine Benommenheit, sie schaut und lächelt. Dann auf einmal legt sie mit einer plötzlichen Bewegung ihre geröteten Finger auf deinen Arm und ruft »Yumourdjak!« (Pest! das bedeutet »da ist die Pest als Geschenk für dich«). Das ist ihre Vorstellung von Witzigem. Es ist ein sehr altes Späßchen, kein Zweifel – ein ziemlich orientalischer Joc Miller, aber die Türken hängen liebevoll nicht nur an ihren Einrichtungen, sondern auch an den Späßen ihrer Vorfahren. So klingt das silberne Lachen der

Dame fröhlich in dein Ohr und die Heiterkeit ihrer Mädchen ist ungezähmt und frisch, als ob die bloße Idee, einem Christen die Pest zu geben, die Welt aufs neue iluminierte.

Die Pest, das Rätsel der Sphinx
Moltke 1837

Ob die Pest aus Ägypten oder aus Trebisonde kommt, oder wie sie und wo sie sonst entsteht, darüber will ich Dir nichts sagen, weil ich und weil kein Mensch das weiß. Die Pest ist ein noch unerklärtes Geheimniß; sie ist das Rätsel der Sphinx, welches dem das Leben kostet, der sich an die Lösung wagt, ohne sie zu finden. So ging es mit den französischen Ärzten bei der Armee Napoleons in Ägypten, so ging es unlängst einem jungen deutschen Arzt, der sich hier dreißig Tage lang den erdenklichsten Proben aussetzte, endlich in ein türkisches Dampfbad ging, sich zu einem Pestkranken legte und binnen vierundzwanzig Stunden tot war. Es ist sehr wahrscheinlich, daß alle die großen enggebauten Städte des Orients innerhalb gewisser Breitengrade die wahren Herde der Pest sind. Die Krankheit verträgt sich aber weder mit einer sehr großen Hitze noch mit strenger Kälte. Sie ist fast nie in Persien gewesen, und wie sehr sie an der Mündung des Nil gewütet, so ist sie doch niemals bis über die Katarakten dieses Stromes hinaufgestiegen.
Ebenso kann die Pest in Europa wohl eingeschleppt werden, nicht aber, wie eine hundertjährige Erfahrung seit Errichtung der Quarantänen dies beweist, sich dort erzeugen. Es ist ferner wohl außer Zweifel, daß das Übel durch Berührung sich mitteilt, und Viele, welche dies bestreiten, würden sich gewiß sehr bedenken, einen Pestkranken anzurühren. Aber die Krankheit ist nur bis zu einem gewissen, sehr beschränkten Grade ansteckend. Im Pesthospital der Franken zu Pera lebt seit einer Reihe von Jahren ein katholischer

Priester, welcher den Erkrankten nicht nur den geistlichen Beistand leistet, sonder sie anfaßt, umkleidet, pflegt und begräbt. Dieser brave Mann ist dick und fett, und ich gestehe, daß seine mutige, wahrhaft religiöse Ergebung mir heldenmütiger erscheint als so manche gefeierte Waffentat. Der Priester glaubt, in früher Jugend die Pest gehabt zu haben, aber es ist erwiesen, daß das nicht gegen neue Erkrankung schützt. Gewiß bedarf es einigermaßen fortgesetzter Berührung auf der erwärmten Haut und dabei noch einer Prädisposition des ganzen Körpers, um von dem Übel erfaßt zu werden, und deshalb sind die Sachen gefährlicher als die Menschen.

Das große Arcanum ist Reinlichkeit; sobald ich nach Hause kam, wechselte ich von Kopf bis Fuß Wäsche und Kleider, und letztere blieben die Nacht durch am offenen Fenster aufgehängt. Wie sehr überhaupt die einfachste Vorsicht schützt, dies beweist die geringe Zahl von Opfern, welche die Pest unter der fränkischen Bevölkerung dahin rafft, indeß die Türken und die Rajahs zu Tausenden sterben.

Mohammed hatte gewiß nicht Unrecht, als er, indem er verzweifelte, seine Landsleute vor der fürchterlichen Seuche zu bewahren, ihnen eine solche Verachtung gegen dieselbe einflößte. Dem Moslem ist die Pest nicht eine Heimsuchung, sondern eine Gnade Gottes, und die daran sterben, sind ausdrücklich vom Koran als Märtyrer bezeichnet. Die Furcht vor der Pest und alle Maßregeln sind daher nicht nur überflüssig, sondern auch sündlich. »Weshalb«, sagte der Mollah letzt im Kaffeehaus zu Bujukdere seinem bärtigen Auditorium, »weshalb sind so viele Soldaten umgekommen? Weil man allerlei törichte Vorkehrungen getroffen; aber ihr, die ihr die Pest nicht fürchtet und keine, auch nicht die mindeste Vorsicht gebrauchet, seid ihr an der Pest gestorben?« Die Pest wird bestehen, solange es Ulemas gibt, und eine blutige Reaktion muß stattfinden, ehe man an Sanitätspolizei denken kann.

Bei diesem Fatalismus sind die Türken tolerant gegen uns, wie man es nur bei der geistigen Überlegenheit sein kann, die eine unerschütterliche Überzeugung gewährt. – »Komm ihm nicht nah, er fürchtet sich«, sagt der Türke mit aller Gutmütigkeit und ohne Spott, höchstens mit einem Bißchen Mitleid.

Die Pest hat in großer Stärke vier bis fünf Monate gedauert; rechnet man die Bevölkerung zu 500 000 Köpfen, so ist ein Zwanzigteil derselben unterlegen. Wenn die Seuche ein Jahr so fortgewütet, so würde dies allerdings zu 12 Prozent heranwachsen, und wenn es immer so fortginge, die mittlere Lebensdauer sich auf acht bis neun Jahre stellen, d. h. die Bevölkerung würde erlöschen. Das ist nun aber nicht zu befürchten, denn selten dauert eine starke Pest so lange wie diese, und dann pflegt nach so heftigen Ausbrüchen ein paar Jahre Ruhe zu sein.

Wenn Du übrigens heute einen Türken fragst, ob während der letzten drei Monate in Konstantinopel die Pest gewesen, so zieht er die breiten Augenbrauen in die Höhe und schnalzt mit der Zunge, was auf Deutsch heißt: »Gott bewahre.« Gewiß ist, daß die Türken an der Pest sterben, die Franken aber an derselben leiden.

29

TOLLHEITEN, LASTER UND ABERGLAUBE

Und trugen daselbst in die Haut hinein gestoßene Kranichsfedern

Lewenklaw 1590

Als er ... Heinrich, Herr von Liechtenstein ... mit seinen Leuten zu Sinan Bascha geführet ward, hat man ihn dies ungewöhnlich, barbarisch Spectaculum sehen lassen und gehalten.

Erstlich gingen vorher, durch eine große Menge Volks, so von allen Orten zusammen gelaufen, drei Zingani oder Zigeuner, welche von etlichen für Egyptier, von andern für Arabier gehalten werden, auf Türkisch bekleidet.

Auf diese drei Zigeuner folgten drei Unsinnige, tolle, starke Kerles, die nur ungarische Hosen oder Gattie trugen, sonst nackend am ganzen Leib, ausgenommen daß ihnen die Spitz des Kopfes mit einem runden kleinen roten Häublein bedeckt, und gleichfalls die bloßen Schultern mit einer umgehängten und vom Hals herab langenden Tigerhaut umgeben und gezieret waren. Gedachte drei Kerles tanzten nach dem Saitenspiel der Zigeuner, und hatten derselben ein jeglicher eine rote türkische Fahnen, deren Spieß oder Stang ihnen in der Haut, so mit einem Messer eröffnet und im Bauch steckte. Und man sah viel Bluts herausrinnen.

Darauf folgten zween junge Buben, welche die Haut an der Stirn und an den Schläfen eröffnet und durchlöchert hatten. Und trugen daselbst in die Haut hinein gestoßene Kranichsfedern.

Nach diesen Buben gingen vier Paar Mannspersonen mit durchschnittenen Seiten.

Die zween ersten ein jeder einen eisernen Streitkolben, Pustikan genannt, die nächsten zween ein jeder einen boßen

Säbel, und waren beides, die Pustikan und die Säbel durch die Haut her durchgestoßen.
Abermals folgten zween andere, deren einer trug ein ungarisch Hacken, so man dort zu Streit pflegt zu gebrauchen, und werden von ihnen Tschakan genannt, der andere ein langes Rohr oder Büchsen, wie die Genitscharen bei ihnen zu tragen pflegen, und waren gleichfalls, sowohl der Tschakan als die Büchsen ihnen durch die eröffnete Seiten am Leib gesteckt.
Zuyetzt war dieses Spectacul durch zween starke Mann beschlossen und geendet, welchen die Schläfen mit breiten und langen Klingen, bei den Ungarn Palast genannt, durchstochen waren. Das Heft des Schwerts hielt ein jeder in der Hand. Auf die Spitze war ein Apfel gesteckt, und im Apfel steckten Kranichsfedern. Es waren diesen allen die Haare auf den Köpfen, und gleicher Gestalt auch die Bärt, jedoch die Knebel ausgenommen, mit dem Schermesser abgeschoren. Sie trugen gleich wie unsere Schiffs- oder Bossleut, lange weite Hosen, wie denn die Türken im Sommer pflegen zu tragen, und gemeiniglich aus Leinwand gemacht. Über dem Gürtel waren sie ganz und gar nackend: Allein daß sie oben auf dem Kopf, wie auch zuvor gemeldet, ein rotes enges Häublein, bei ihnen halt Tackia genannt, und vom Hals über die Schulter herab hangende Tigertier Häut trugen. Sie taten auch anderst nichts, denn für und für hüpfen, tanzen und springen. Das Blut sah man aus den Wunden herab fließen und rinnen. Trugen darum in den Händen ihre Schwämm, dasselbe damit hinweg zu wischen. Diese Leut werden von Türken Delilar, das ist närrisch und tolle Leut genannt, weil sie in toller, unsinniger Weise sich unerschrocken allerlei gefährlicher Sachen dürfen unterwinden. Bei den Griechen heißen sie Ripsokindyni, als die mit Freuden und mutwillig sich in Gefahr stürzen, fast wie wir Deutschen pflegen Waghäls zu nennen.

Woher die »Schmisse« kommen

Montaigne 1588

Die Türken geben sich für ihre Damen große Schmarren übers Gesicht, und damit die Narben nicht ausgehen sollen, fahren sie alsobald mit Feuer über die Wunden her und halten es darüber eine unglaublich lange Zeit, um das Blut zu stillen und die Narbe zu bilden. Leute, die es mit ihren Augen gesehen, haben es geschrieben und haben mirs zugeschworen. Aber für zehn Asper (eine geringe türkische Münze) kann man alle Tage jemand haben, der sich dafür einen tüchtigen Schnitt in die Arme oder Lenden tut.

Opiumesser

Pouqueville 1805

Die Derwische, die Ulemas, die Müßigen überhaupt sind diejenigen, welche sich des Opiums am häufigsten bedienen.
Sie fangen an mit einem halben Gran, und vergrößern diese Dosis, wenn sie merken, daß sie nicht die gewünschte Wirkung äußert; sie hüten sich Wasser zu trinken, weil sie sonst von den heftigsten Koliken geplagt werden würden. Derjenige, der in einem Alter von zwanzig Jahren sich an das Opium gewöhnt, bringt sein Leben immer nicht über dreißig oder sechs und dreißig Jahre. Nach Verfluß einiger Jahre übersteigt die Dosis schon den achten Teil der Unze; dann verkündigen die Blässe des Gesichts, und die außerordentliche Magerkeit den Zustand der Cachexie.
Die Gewißheit des Todes, die diesem vorausgehende Schwäche sind nicht im Stande, einen Theriaki zu heilen. Kalt antwortet er dem, der ihn von der ihm drohenden Gefahr unterrichtet: Sein Glück sei unvergleichlich, wenn er seine Pille Opium verschluckt habe. Fragst du ihn nach einer

Beschreibung dieser Glückseligkeit, so verhüllt er sich in die Behauptung: sie dulde gar keine Beschreibung.
Man führte zu meiner Zeit ein merkwürdiges Beispiel von ungewöhnlich langer Lebensdauer eines Theriakis an, dessen Wahrheit ich jedoch nicht zu verbürgen wage. Ich meine nämlich den Theriaki, den ganz Constantinopel noch im Jahre 1800 unter dem Namen Suleyman Yeyen, oder Suleyman, den ätzenden Sublimatfresser kennt. Man gab diesem Alten, der die Sultane Achmet III., Osman, Mahmud, Mustapha III., Abdulhamid, und Selim III. gesehen hatte, ein Lebensalter von hundert Jahren. Er gewöhnte sich in seiner Jugend an das Opium, und trotz der immer vermehrten Dosis spürte er endlich doch nicht mehr die gewünschten Wirkungen davon, welche er endlich in dem Sublimat suchte, dessen Kräfte er hatte rühmen hören. Seit dreißig Jahren nahm er alle Tage welches, und 1797 überstieg die tägliche Dosis eine Drachme.

Von allen Seiten schwanken die Liebhaber des Opiums und des Bilsenkrautes herbei

Hammer-Purgstall 1832

An der Moschee S. Suleimanije ist der sogenannte Markt der Terijaki, d. i. der Opiumesser, welche sich dort alle Abende bei Sonnenuntergang versammeln. Von allen Seiten wanken und schwanken die Liebhaber des Opiums und des Bilsenkrautes herbei, blass, abgezehrt, mit gestrecktem Halse und gereckten Gliedern, erstorbenen Augen und stammelnder Zunge, entscharrten Leichnamen gleich. Sie setzen sich auf die Sofa längs einer langen hölzernen Gallerie, und verschlucken jeder die ihm zusagende Zahl von Pillen, die stärksten deren vier, größer als Oliven, mit einem Glase frischen Wassers; binnen einer Stunde sind sie dem beseligenden Rausche des Opiates hingegeben, der jedem die Wünsche seiner Einbildungskraft als erfüllt vorzaubert. Sie wandeln durch die Gluten, sie wallen auf Fluten, sie schwimmen in Wonne göttlicher Lust. Alle Himmel, alle Seligkeiten des vom Propheten verheissenen Paradieses sind ihnen offen; Köschke aus Perlen, perlende Quellen, sehnsuchtquellende Augen und wollustschwellende Busen, Huri, deren Augen schwarz, wie Moschus, und deren Glieder weiß wie Kampfer. Dies sind die Paradiese, in welche der Alte vom Berge seine todgeweihten Handlanger nach dem Genusse von Opium und Bilsenkraut verpflanzte, um ihren Mut bis zur tollkühnsten Verachtung des Lebens zu befeuern; dies ist Homer's Nepenthe.

»Meine Knallerbse ist verloren gegangen«

Tevfiq 1905

Seiner Zeit kaufte ein Knabe um 10 Para eine Knallerbse *(topraq fischeji)*, um sie Nachts zur Explosion zu bringen, brachte sie nach Hause und ließ sie auf dem Sofapolster *(minder)* liegen. Nun war aber sein Vater ein Opiumesser von der Sorte derer, die ein haselnußgroßes Stück Opium zu verschlingen pflegen. Gegen Abend kommen die Opiumesser in einen Zustand, daß sie ihre Augen nicht mehr öffnen können. Der Bursche nun zog die Opiumportion [aus der Tasche] und ließ sie auf dem *minder* liegen. Er lauerte auf den Moment der Fastenbeendigung *(iftar)*. Kaum ertönt der Kanonenschuß, da greift er im selben Moment schon gierig mit der Hand darnach. Aber wie es der Zufall haben will, kam ihm unglücklicherweise die Knallerbse in die Hand. Der Bursche verschlang den Feuerwerkskörper in der Meinung, es sei Opium. Er wartet und wartet, doch die angenehme Betäubung will sich nicht einstellen. Während der Opiumesser nun in schlechtester Laune darüber nachsinnt, was eigentlich die Ursache davon sein mag, kommt der

Knabe hinzu. Er sucht den Feuerwerkskörper und kann ihn nicht finden. Mit den Worten: »Meine Knallerbse ist verloren gegangen!« bricht er in Tränen aus. Der Opiumesser merkte nun den Zusammenhang und brummte eine Menge vor sich hin: »Statt des Opiums hat er mich also einen Feuerwerkskörper kauen lassen, nicht? Wenn der nun in meinem Magen explodiert!« Dann gibt's im Haus natürlich ein großes Unglück. Diese Unsitte, Feuerwerkskörper zur Explosion zu bringen, ist für die Opiumesser sozusagen eine schwere innerliche Beunruhigung. So oft ein Feuerwerkskörper explodiert, machen die armen Teufel ganze Sprünge vor Furcht. Sie erneuern das Opium [im Mund]. Wenn dieser Vorgang sich mehrmals wiederholt, so platzen sie vor Gier.
Um die Opiumesser in Furcht und Schrecken zu jagen, braucht man nur Feuerwerkskörper loszulassen.

Einbahnstraße Rauschgift

Kästner 1973

Einhundertfünfzig Meter von der Hagia Sophia und zweihundert von der Moschee Sultan Achmeds entfernt, in der Divan Yolu Dschaddesi, gibt es ein Gartenlokal, das auch einen Innenraum und einen ersten Stock hat und sich Lale, das heißt Zur Tulpe nennt, ein Gammlertreff, emsig beflogen von Mädchen, denen es geglückt ist, herunterzukommen, grauteintig, haarsträhnig, Buntfetzen, Prallschenkel, sodaß die jungen Türken, die nichts dergleichen gewohnt sind, der Profet sieht nicht gern Nacktes, sogar im Hamam, im berühmten türkischen Bad nicht, unter Männern, wo der Badeknecht durch die Zähne pfeift, wenn ein Hüfttuch verrutscht ist –: sodaß die jungen Türken, in dem Stau, in welchem sie leben müssen, gezwungen sind, ihnen nachzurufen oder ihnen den Reibedaumen zwischen zwei Fingern

unter die Nase zu halten, was Die mit den Trauerblicken erwidern, mit denen sie überhaupt in die Welt sehen. Ihnen scheint das nichts auszumachen, sie sind hinweggealtert mit siebzehn. Ihre Freunde sind haarig, wobei die vollkommen zugewilderte Spielart wie auch die gestrählte, sanftsamtene vorkommt. Alle englisch sprechend, auch unter einander, wenngleich man es unschwer heraushört, wenn ihnen die Zungen deutsch wuchsen.
Sie sind unterwegs auf der alten Opium- und Hasch-Straße, auf der alten Seiden- und Karawanen-Straße Istanbul, Ankara, Teheran, Kabul, Lahur, Nepal, denn das ist ihr Mekka. Das geht auch aus dem Schwarzen Brett in der Tulpe hervor; es ist vollgepinnt mit Gesuchen um Mitnahme, Luftreisen nicht ausgeschlossen, bei erotischen Winken, wobei man an jeden Bedarf denkt.
Es sind gute Gesichter darunter, mehr gute als andere. Einst wohlbehütete Mädchen, wie auch nicht, denn es sind Auswanderer, Protestanten, die das Drucklose der Wohlfahrt nicht aushielten, also weit mehr Sympathien verdienen als die Schwabinger oder Sylter Schwimmer auf süßer Suppe, die nach Revolution dürsten, doch nicht das Wenigste herzugeben gewillt sind, wenngleich ihnen oft gesagt wurde, daß die Erde nicht genug Stoffe hätte, wenn alle Milliarden, und die noch dazukommen werden, so leben wollten wie wir.
In Istanbul schwimmen sie durch die Menschen-Ströme der Straßen, nichts und niemanden zur Kenntnis nehmend, als ob sie eingeweiht wären; sprechen nicht mit Profanen. Es gibt für sie Herbergen, schlafen auf dem Fußboden, Schmutz, klägliche Wasser-Zapfstellen, üble Latrinen; wenn Jemand wagen würde, ihnen das daheim anzubieten.
Die Sandalen, die zwischen dem großen Zeh und dem zweiten eine Trense haben, keine Fersen-Kappe: werden sie die zehntausend Kilometer aushalten? Hier in Istanbul mags gehen. Aber weiter dahinten? wo das Volk so entsetzlich arm

ist, daß man ihnen nicht helfen könnte, selbst wenn man verstünde, was das soll, da dort mit der Armut kein Flirt, vielmehr entsetzlicher Ernst ist?

Türken sind aberglaubig

Gerlach 1674

Die Türken haben ihre Wahrsagerbüchlein, die schlagen sie des Morgens auf. Finden sie etwas Gutes darinnen, daß es ihnen selben Tag wohlergehen werde, so wagen sie es frisch, und was ihnen zu tun vorkommt, das tun sie denselben Tag und lassen sich nicht hindern. Kommt ihnen aber etwas Böses vor, so lassen sie alle Ding liegen, verrichten nichts, es sei so nötig als es wolle. Also ist dieses Jahr die Schiffsflotte aus dem Kanal zu den sieben Türmen verrückt, da sie noch drei oder vier Tage stille gelegen, bis sie sich gänzlich armiert, allein darum, weil sie vermeint, es sei eine glückhafte Stunde, einzuschiffen.

Schwarzer Kümmel gegen die Dämonen

Schrader 1917

Dem neuen Orient sind allerdings die meisten Dämonennamen jetzt unbekannt geworden. Er bekämpft die für ihn namenlosen, unerklärlichen dunkeln Gewalten zunächst durch alle die Mittel, die die Wirkungen des bösen Blickes fernhalten sollen. Die Mutter gibt ihrem Kinde, das sie vor dem bösen Blick bewahren will, einen »Nasar Takymi« – eine ganze Garnitur von Schutzmitteln gegen die Macht der Dämonen, die an der Kopfbedeckung, am Arm, am Halse des Kindes befestigt werden. Nicht nur Menschen, auch Tiere werden durch die »Bundschuk« genannten Amulette aus blauen Glasflußperlen gegen das Übel gefeit, das überall lauert, um heimtückisch zu schaden. Man muß sich vorsehen, über einen Kehrichthaufen zu schreiten. Denn dort lauern die Dämonen. Ebenso gefährlich sind wüste, öde Orte, die man sich nach türkischer Anschauung als Wohnplätze der »Dschine« vorstellt. Die Dschinen sprechen aus den Fieberdelirien der Kranken, wie aus den rauhen Tönen menschlichen Wahnsinns. Sie zeigen ihre Nähe oft durch Schellentöne an und haben überhaupt oft Verständnis für die Töne der Musik.

Auch in Lebensmittel können die Dämonen hineinschlüpfen. Um diese zu schützen, gebraucht man die Körner des schwarzen Kümmels (Tschörek Otu), den man hauptsächlich über Käse, Joghurt und Brot streut. Als Räucherkraut gegen den bösen Blick wird die gemeine Raute (Ruta graveolus) gebraucht, diese an sonnigen, steinigen Plätzen in Südeuropa überall wachsende Pflanze mit den grünlichgelben Blüten und ovallänglichen Blättern. Diese Pflanze spielt im Aberglauben des Orients eine große Rolle.

Die Zwerge sind wahre Affen

Tournefort 1700

Von den Stummen im Serail lernen auch die übrigen, die um den Sultan sind, die Zeichen-Sprache, mit welcher sie sich einander verständlich machen. Denn Niemand darf sich in dessen Gegenwart etwas in das Ohr sagen. Die Zwerge sind wahre Affen; ist einer dazu noch taub und stumm geboren, so bewundert man ihn mehr, als den schönsten Menschen: denn diese drei Mängel bilden bei den Türken das allervollkommenste Geschöpf.

Mißbildungen sind keine Raritäten
Twain 1867

Wenn Sie Zwerge wünschen – ich meine nur ein paar Zwerge als Rarität – gehen Sie nach Genua. Wenn Sie sie für das Detailgeschäft *en gros* kaufen wollen, gehen Sie nach Mailand. Aber wenn Sie die wahre Hochburg der Krüppel und der menschlichen Mißbildungen sehen wollen, dann gehen Sie geradewegs nach Konstantinopel. Kann in Neapel ein Bettler einen Fuß vorweisen, der in einen einzigen scheußlichen Zeh mit einem formlosen Nagel darauf ausläuft, so besitzt er ein Vermögen – aber eine solche Schaustellung würde in Konstantinopel keinerlei Beachtung finden. Der Mann würde verhungern. Wer würde derartige Attraktionen zwischen den einzigartigen Mißgestalten beachten, die sich auf den Brücken über das Goldene Horn drängen und ihre Mißbildungen in der Gosse von Stambul vorführen? O elender Betrüger! Wie könnte er gegen eine dreibeinige Frau aufkommen und den Mann, dessen Auge in der Wange sitzt? Wie würde er in Gegenwart des Mannes mit Fingern am Ellbogen erröten? Wo würde er sich verstecken, wenn der Zwerg mit sieben Fingern an jeder Hand, fehlender Oberlippe und ohne Unterkiefer in all seiner Majestät daherkäme? Bismillah! Die Krüppel Europas sind Täuschung und Betrug. Die wahrhaft begabten gedeihen nur in den Seitengassen von Pera und Stambul.
Jene dreibeinige Frau lag auf der Brücke und hatte ihren Warenbestand so angeordnet, daß er die eindrucksvollste Wirkung erzielen mußte – ein natürliches Bein und zwei lange, schlanke, verdrehte, mit Füßen daran wie die Unterarme eines anderen Menschen. Ein Stück weiter gab es da einen Mann ohne Augen, dessen Gesicht die Farbe eines von Fliegen beschmutzten Beefsteaks hatte und faltig und verzerrt war wie ein Lavafluß, und seine Züge waren tatsächlich so zerknittert und entstellt, daß niemand die Warze, die

ihm als Nase diente, von seinen Backenknochen unterscheiden konnte. In Stambul gab es einen Mann mit einem ungeheuren Kopf, einem ungewöhnlich langen Körper, mit acht Zoll langen Beinen mit Füßen wie Schneeschuhen. Er bewegte sich auf diesen Füßen und Händen fort, und hatte einen so hohlen Rücken, als habe ihn der Koloss von Rhodos geritten. Ja, ein Bettler muß schon überaus gute Sachen aufweisen können, um in Konstantinopel seinen Lebensunterhalt zu verdienen. Einen blaugesichtigen Mann, der nichts weiter zu bieten hätte, als daß er in einem Bergwerk in die Luft gesprengt worden wäre, sähe man als gemeinen Betrüger an, und ein bloßer Kriegsversehrter mit Krücken nähme keinen Cent ein. Es würde sich für ihn lohnen, ein Stück seines Kopfes abnehmen oder sich einen Grützbeutel von der Größe einer Reisetasche wachsen zu lassen.

30

EXOTIK UND PRUNK BEI FESTEN UND FASTEN

Beiram, der Türken fröhlichstes Fest

Gerlach 1674

Den 24. hat der Türkische Kaiser Beiram, das bei ihnen das allerfröhlichste Fest ist, angefangen. Da gehen sie auf das Schönste gekleidet, und solches währt drei ganze Tag. Sie richten auf allen Plätzen und weiten Gassen vier hohe Bäume auf, die sie mit Lorbeer-Öl und anderen grünen Zweigen umflechten, mit einer schönen Decken oben bedeckt, und unten an diese Pomeranzen, Granaten, Brezeln (Kringel) etc. hängen. Von Aufgang nach Niedergang machen sie von langen Seilen eine Schupfen, welche unten ein Brett hat, darauf einer sitzt, und zween schupfen ihn. Welcher nun stark geschupft wird, der fähret mit den Füßen oder Händen hinauf an die Decke und reißt eine Granaten, Pomeranzen, Brezel oder Kringel herunter. Unter dem Schupfen bläset man die Posaunen, und schläget die Heertrommel. Etliche von diesem Gesindlein haben Gläslein mit wohlriechendem Wasser, damit sie Vorübergehende unter das Angesicht spritzen. Die müssen ihnen ein Asperlein geben. Also auch der sich will einmal oder sechsmal schupfen lassen, muß auch für jedes ein Asperlein geben, daß mancher damit auf ein ... Taler und höher kommt. Andere sitzen auf ein großes Rad, gleich einem Mühlrad, das treiben etliche herum, daß einer bald der oberst, bald der unterst ist, und andere Narrenwerk treiben sie diese drei Tag über mehr. Da sitzen und gehen ständig alle Gassen voll Türken. Etliche lassen sich auf kleinen Wägelein in der Stadt von einer Gassen in die andere führen.

Hochzeitsverehrungen 1586

Lewenklaw 1590

Im Monat Mai des 1586. Jahrs zu Constantinopel ist des Türkischen Kaisers Gemahl samt ihrem fürnehmsten Frauen Zimmer aus dem Neuen in das Alte Schloß, darinnen sonst das Frauen Zimmer, von den ansehenlichen Bassen und Türkischen Hof-Offizieren, der Hochzeit einen Anfang zu machen, solenniter begleitet worden. Den 15. dito ist vom Bräutigam, der Sultanin, seiner Braut, ins Alte Schloß oder Frauen Zimmer folgend Gab und Verehrung, welche gleichfalls von den ansehenlichen Bassen und Hof Offizieren begleitet, zugeschickt worden.

Erstlich 5 geladene Maulesel oder Last mit Roßfarb, damit die Weiber Hände und Füß zu färben pflegen.

3 Maulesel oder Last schwer von Geld.

12 Maulesel oder Last Confect und Zucker.

Ihrer zehn, deren jeder ein ziemlich große silbervergüldete Schüssel getragen, darin von Edelgestein, Perlen und Gold versetzte Kronen, Hals, Arm und Fußbänder, Gehänge und dergleichen weiblicher Schmuck, mit roter Seiden-Facenetelin, golden und silbern ausgenäht und damit zugedeckt, gewesen. Nach diesem hat der Brautführer General Obrist über die Armata, Vlutzi Ali, folgende Sachen verehrt.

Ein Castell oder Schloß mit Geschütz, Bildern und Figuren aus lauterem Zucker zugerichtet, in solcher Schwere, daß es von 200 gleich dazu gekleideten Sklaven oder gefangenen Christen, kaum fortgeschleift hat werden mögen.

Mehr, gleichfalls von Zucker, allerlei Tier, als Löwen, Kamel, Roß, Giraffen oder Camelopardel, Rinotzer oder Nashörner, Tiger-Tier, mancherlei große Vögel, als Plawfuß, Habicht, Sperber, Storchen, auch andere Monstra: Sirenen und dergleichen an 525 Stück, welcher jedes außer den Vögeln in solcher Größe und Schwere, daß ihrer 2, 3 und 4 genug daran zu tragen gehabt.

Entgegen sind dem Bräutigam in sein Schloß die Morgengab 200tausend Ducaten in Gold bares Geld, und der Braut und ihres Frauen Zimmers Sachen, aus dem alten Schloß auf Mauleseln zugekommen.

Den 16. dito ist eine von 20 bis 30 Ellen hohe Kerze von allerlei schönen Farben, hohlgeblasenem Wachs, durchsichtig, mit gezogenem und anderem Gold, großen Türkisen und Perlen geziert, 40 bis 50 tausend Ducaten wert, von der Fackry Kadun, einer vornehmen Sultanin oder Frauen Haus, die es der Braut verehrt, mit großem Pomp, Pracht und Musik zum alten Schloß und des Türkischen Kaisers Frauen Zimmer, samt anderen 66 kleineren, mit allerlei farbigem Wachs gleichfalls hohlgeblasenen, auch mit Gold, schön und lustig gemachten Kerzen, von einer großen Menge Leuten, so sie alle getragen und begleitet haben, gebracht worden.

Und haben also den folgenden Tag, das ist den 18. Mai, das Frauen Zimmer im alten Schloß das hochzeitlich Fest angefangen. Eben denselben Abend auch hat der Bräutigam von seinem Schloß und Losament auf dem großen Rennplatz, Hippodromus vor Zeiten, jetzo aber Atmeidan genannt, angefangen, dem gemeinen Pöbel, wie in Zeiten des Türkischen Kaisers Sohns Beschneidungs Festen, etliche 100 irdene Schüsseln voll gekochten Reis, mit einem Laiblein Brot zugedeckt, aufstellen zu lassen, darum dann ein solch Laufen und Reißen war, daß in einem Augenblick nichts mehr davon vorhanden, und die Leut einander oft schier erdrückt haben.

Zu Nachts haben sowohl der Türkisch Kaiser, als der Bräutigam, neben großem Rumor mit musikalischen Instrumenten, schön künstlich fliegend Raketlein, von Türmen, Castellen, brennenden Zelten und andern dergleichen Feuerwerken gehalten.

Den 19. dito hat der Bräutigam dem Obristen über die Janitscharen, samt seinen fürnehmsten Leuten, ein stattlich

Bankett gehalten. Hernach seiner fürnehmen Leut über die 500 zur Braut ihre Güter aufzuladen abgefertigt, denen die Braut ein ansehnlich Bankett, und jedem ein Kleid von gülden Stück geben lassen, darauf dann nachfolgend der Braut Sachen ins Bräutigamsschloß und Losament in solcher Ordnung geführet und gebracht wurden.

Erstlich ein Alcoran und Betbuch in Gold mit Edelgestein versetzt, gebunden, so ihrer vier in einer großen Truhen auf den Schultern getragen.

Das Pultbrett dazu, darein und darauf man solche Bücher legt, gleichfalls mit Gold und Edelgestein verziert, ist auch von vier Personen obgemeldter Massen getragen worden.

10 Silbervergüldete Leuchter mit Türkis und Spinelln versetzt.

14 hohe Kerzen von allerlei farbig hohlgeblasenem Wachs gemacht, mit Edelsteinen versetzt.

4 güldene, mit Rubin versetzte Gießkrüge, zum Händ waschen.

Ein gülden Schreibtrühelein mit Edelgestein von Cristallen Spiegeln versetzt.

6 Vorhänge oder Zelte über Betten von gefärbtem Atlas mit güldenen Schlingen und Knöpfen und Perlen, und geschlagenen Goldblechen geziert, welche jedes ihrer sechs ausgebreitet getragen haben.

Ein Leitern mit Gold beschlagen, darauf die Braut auf den Wagen steigt.

8 schöner großer Laternen, künstlich durchbrochen, mit allerlei gefärbtem Taft, geschlagenen Gold- und Silberblechen bedeckt.

18 Rollwägen, der erste für die Braut, mit rot güldenem Stück, die anderen mit rotem Scharlach bedeckt, in welchen viel Sclaven und Weiber, so auf allerlei Sorten Instrumenten spielen, auch tanzen können, dazu auch viel der Braut fürnehme Sachen, und die man sonst nicht gern sehen läßt, gewesen.

30 Maulesel, jeder mit zwei Truhen beladen, so mit gülden Stück überzogen, mit messingvergüldeten Beschlägen.
15 Maulesel, darauf große Felleisen von rot und gülden Stück, darinnen Matratzen, Kissen, Polster und dergleichen Bettzeug.
78 Truhen mit gemeinem Leder überzogen, auch auf Maulesel geladen.
100 andere Felleisen von schmecketem Leder.
200 andere Truhen mit gemeinem Leder überzogen und weißen Beschlägen. Deren jeder Maulesel und Last, das ist zwei Truhen, mit einem halb seidenen Zeug von allerlei Farben bedeckt war.
58 Maulesel mit schönen ganz und halb seidenen Persianischen und Türkischen großen, mittleren und kleinen Teppichen, gefärbten und gemosierten Filzen und Valenzen beladen.
25 Maulesel mit Kesseln, Pfannen und anderem Küchengeschirr.
80 Verschnittene meistes teils Mohren.
100 Sclavinnen oder Dirnen.
14 alte Weiber, so der andern Hofmeisterin sind, und über die zu gebieten haben . . .
Den 20. Mai schicket der Bräutigam der Braut 10 Gläser, darinnen Büsche frischer Rosen und Stock Nägele, schön vergüldet und versilbert. Item 20 schön geflochtene Körb voll mit allerlei Sorten Obst, als Kirschen, Weixeln, Birnen, Äpfel, Melonen, Erdäpfel, Pommeranzen und dergleichen.
Den 21. Mai dito . . . gleichfalls eine andere Kerzen mit fünf Gliedern oder Böden übereinander, alles von schön gefärbtem hohlgeblasenem durchsichtigem Wachs, Kräutern, Blumen, Stauden, Bäumen, Blüten, Früchten, Figuren von Vögeln und Tieren, so eine fürnehme Frau oder Sultanin Schahan Kadun Kissi genannt, machen und verehren lassen. Sind alle beide gemeldete Kerzen so groß und breit gewesen, daß sie in das alte Schloß nicht zu bringen gewe-

sen, sondern herausen unterm freien Himmel stehen bleiben müssen . . .

Bald hernach ist die Sultanin und Braut mit großer Solennität, Pomp und Pracht, von allen Vezieren, dem Muffti, ihrem obersten Haupt in der Religion selbst, samt den Cadileschiern, Deffterdarn und andern ansehentlichen, fürnehmsten Hof Offizieren, über die 500 Roß stattlich geputzt, aus dem alten Schloß und Frauen Zimmer ins Bräutigamsschloß und Losament, herrlich und stattlich begleitet worden.

Vor welcher, erstlich mehr als zwanzigerlei Sorten und Gesellschaften mit allerlei musikalischen Instrumenten, Saitenspielen, Trompeten, Pfeifen, Schalmeien, Drummeln und Heerpauken mit solchem Getöne und Getümmel gingen, daß einer sein eigen Wort nicht hat hören mögen.

Darauf die Kerzen . . . Unter diesen Kerzen ist des Brautführers die höchste, schönste und wohlgezieretste unter allen, die andern aber mehr wert gewesen.

Darauf sind 2 seidene Vorhänge an Stangen getragen worden, vor welchen zween Gränitzer Türken bis auf den Gürtel enblößt, gingen, die durch ihre Haut und Fleisch an Armen, Schultern und Brust, Messer, spitzige Pfeil, große, lange Nägel und dergleichen Waffen, auch vorne an der Stirne und bei den Schläfen Kranichs und sonstige Federbüsche, durch gestochen haben . . .

Hernach, unter einem Himmel, dessen Stangen Eunuchen oder Verschnittene getragen, ist die Braut selbst, wohl verhängt und verdeckt, auf einem weißen Roß, dessen Mähne und Schwanz mit gezogenem und Fadengold behängt, auf schönem Sattel, so samt den Bügeln, Halsband, Stirnblatt, und dem ganzen Zeug, alles von Gold, mit Edelsteinen versetzt, geritten, und solches Roß von zwei Verschnittenen beim Zaum geführt worden.

Der Braut haben zu Roß gefolgt 50 Weiber und Sclavinnen auf ihre Art verschleiert und verdeckt, alle in gülden Stück gekleidet. Als nun die Braut zu des Bräutigams Palast gekommen, ist ihr der Bräutigam entgegen gegangen, hat über sie viel Blumen und hernach unter das Volk Münz und Asper ausgestreut, sie mit großer Reverenz empfangen, ihr den Bügel oder Steigreif geküßt, selbst vom Roß geholfen, und durch Verschnittene hinein führen, Curban machen (das ist ein groß Lämmerschlachten und unter das gemeine Pöbel austeilen) lassen.

Denselben Tag stieg ein Mohr auf eine alte, sehr hohe, von Quadersteinen gemauerte, aber nunmehr sehr baufällige und lückete Columnam und Säulen, so mitten auf dem Rennplatz, dem Bräutigams-Palast gegenüber, stehet, welcher dadurch 15 Asper täglich Besoldung erlangt hat.

Den 27. Mai hat des Türkischen Kaisers Oberster Stallmeister der Braut einen Rollwagen, so auf 15tausend Ducaten geschätzt worden, verehrt.

Den 2. Juni, weil es der achteste Tag nach der Hochzeit, hat der Bräutigam den Sultaninnen und Frauenzimmern ein prächtig Bankett in seinem Palast zugerichtet und gehalten, und mit solchem der Hochzeit ein End gemacht.

Vorbereitungen zum Beschneidungsfest 1583 und der feierliche Aufzug der Zünfte

Hammer-Purgstall 1829

Das Beschneidungsfest Murad's III. für seinen Sohn Mohammed steht in der osmanischen Geschichte unerreicht durch Glanz und Reichtum der Anstalten und Länge der Dauer; dasselbe macht daher auf längeres Verweilen dabei einen so gültigeren Anspruch, als sich zu dessen Verherrlichung alle Fülle der Pracht und alle Blüte mechanischer Kunst vereinte, wie sie sich damals in der Hauptstadt entfaltet hatte, als das Schauspiel, nicht nur aller Gaukler, Taschenspieler, Tänzer, Sänger, Ringer, Fechter und Possenreißer, sondern auch das erhebendere des Aufzuges aller Zünfte und Botschafter, des Geschenkezolles aller Statthalterschaften des osmanischen Reiches und der fremden Mächte aufgeführt ward. Der Hippodrom, vierhundert Schritte lang und hundert breit, wurde für die Erfordernisse des Festes und der Zuschauer folgender Maßen eingerichtet: Zuoberst (wo heute das Narrenspital) war ein Viereck von hundert Schritten mit Brettern für die Küchen eingeplankt. Im Palaste Ibrahimpascha's (hernach das Staatsarchiv der Kammer) waren offene Köschke und verdeckte Logen für den Sultan, den Kronprinzen und die Sultaninnen; unmittelbar unter dem Palaste und auf gleicher Linie mit demselben erhob sich fünf und neunzig Ellen lang und sechs Schuh hoch ein von Grund aufgemauertes, dann aber drei Stock hohes hölzernes, hiezu aufgeführtes Gebäude, dessen unterstes Stockwerk für die Gesandten der christlichen Mächte, das mittlere für die Aga des inneren und äußeren Hofstaates, das oberste für die Bege, Beglerbege und Wesire in Gemächer und Säle abgeteilt war; unter demselben eine sieben Fuß hoch aufgemauerte und zwölf Fuß lange Galerie für den Kapudanpascha und die Bege des Meeres. Dem Palaste Ibrahimpascha's gegenüber war der Standort der kaiserlichen Musik-Kapelle und der künstlichen Palmen oder sogenannten Hochzeitskerzen; weiter unterhalb auf derselben Seite die für die persische Botschaft errichtete Bühne, mit einem künstlichen, aus Stricken geflochtenen Hangleuchter, woran viele hundert Lampen; weiter unter die für den franzósischen Botschafter errichtete. Noch weiter unten die Galerie des Kapudanpascha, gegenüber ein großes Zelt, darin die Sorbete und andere Erfrischungen. In der Mitte des Platzes zwei Steigbäume, der eine rot angestrichen, der andere eingeölt, und ober denselben ein Lampenbaum von mehreren tausend Lampen, der Nachts angezündet herabgelassen wurde. Die Sorge für die Ordnung und Sicherheit des Festes übernahmen der Beglerbeg von Rumili, Ibrahimpascha. Zur unmittelbaren Aufrechthaltung der Ordnung und Reinigung des Platzes waren fünfhundert Spritzenmänner (Tulumbadschi) bestimmt, welche in mannigfarbes Leder komisch gekleidet, jeder einen schmutzigen aufgeblasenen Schlauch aus Geißfell trugen, womit sie die Unordnungsstifter schlugen. Ihr Hauptmann auf einem Esel, mit Schabrake von Stroh geziemiert, zugleich der Lustigmacher des Pöbels.

Am ersten Junius 1583 zog der Sultan, am zweiten der Kronprinz in feierlichem Aufzuge aus dem Serai in das auf dem Hippodrome zubereitete Serai Ibrahimpascha's. Voraus die Tschausche und Muteferrika in Goldstoff, dann die Aga des Hofstaates und der Truppen; die künstlichen Palmen oder Hochzeitskerzen, je zehn oder zwanzig zwischen den großen, deren vier, zwanzig und mehr Ellen hohe, von achtzig und mehr Janitscharen getragen wurden. Der Kronprinz in rot atlasnem Kleide mit handbreiter goldener Stickerei verbrämt, mit zwei schwarzen Reigern auf dem Bunde, einem Rubin am rechten Ohr, einem Smaragd an der rechten Hand, mit Edelsteinen besetztem Säbel und stahlener Streitkolbe, deren Kopf aus Einem vielseitig geschnittenen Kristall in Gold gefaßt. Sobald er angekommen, und dem Vater die Hand geküßt, wurden die Hochzeitspalmen gegenüber des Palastes aufgepflanzt, und der Musik lärmender Gruß durchwirbelte die Luft. Drei Tage hernach zogen die Sultaninnen im Geleite des Zuckerwerkes auf, wie der Sultan im Geleite der türmenden Palmen gekommen war; dieses männlicher Kraft, jenes weiblicher Süßigkeit sprechendes Sinnbild.

Am folgenden Tage, an welchem die Sipahi bewirtet wurden, begannen die feierlichen Aufzüge der Zünfte, welche nun durch ein und zwanzig Tage nach einander aufzogen, dem Sultan mit Gebeten und Segensformeln Heil und Glück erwünschten, ihm ein Stück ihrer Kunstarbeit zum Geschenke brachten, und dafür ein Paar Hände voll neuer

Aspern aus der seinen empfingen. Sie suchten sich gegenseitig durch schönen Anzug und phantastische Verzierungen, besonders aber durch die reizende Art zu überbieten, womit sie ihre Lehrjungen aufputzten und ausstaffierten.
Den Anfang machten die Arbeiter für weibliche Kopf- und Fußbedeckung, vermutlich als Kompliment für die Sultaninnen, die Haubenmacher und Frauenschuster mit Fahnen aus Gold- und Silberstoff, mit farbigen Traghimmeln oder Baldachinnen, deren Name ihren Ursprung von der Chalifenstadt (Bagdad im Mittelalter Baldach geheißen) beurkundet; in einem großen Schuh von goldgesticktem Saffian saß ein rosenwangiger Schusterbube, in Goldstoff gekleidet, den sie dem Sultan zum Austreten präsentierten. Daneben gingen Buden sinesischen Schatten- und Puppenspiels, Juden als deutsche und spanische Kriegsknechte verlarvt, andere mit Schilden als Schildkröten vermummt, vorüber; des Nachts wurde an einem Seile ein Lampenverein in einer neuen Figur, nämlich in der des pythagoräischen Fünfeckes, welche sie das Siegel Salomon's nennen, angezündet. Die Baumwollenschläger trugen Löwen und Meerungeheuer, Streitkolben und Morgensterne aus Baumwolle, das Wildeste und Härteste im Zartesten und Weichsten nachgebildet. Tages darauf wurde den Kanonieren und Zeugschmieden (Topdschi und Dschebedschi) Gasterei gegeben; die Männerschuster und Sattler zogen auf, die ersten, mit einem ungeheuren Stiefel aus Saffian und gelben Socken, trugen Stangen thyrsusartig mit grünem Laubwerke umwunden, und auf einer die obenerwähnte Figur des salomonischen Siegels. Die Sattler führten auf sechs Rädern eine wandelnde Werkstätte mit sich, auf welcher sie inmitten der Arbeit aller Arten von Sattel und Zeug begriffen waren; die Kaftanfalter und Brecher seidener Zeuge, welche dieselben in kleine Falten brechen, zogen unter einer Fahne von rotem und rotgelbem Damast auf, ein halbes Hundert in Seide gekleideter Knaben umgab einen Wagen,

auf welchem ein Knabe den Seidenzeug statt auf dem runden Marmorsteine, dessen sie sich sonst hiezu bedienen, auf dem glatt geschorenen Kopfe seines Meisters in Falten brach. In der Nacht übertraf das vom Kapudanpascha Ulutschali abgebrannte Feuerwerk die aller vorhergehenden Nächte durch die schöne Zeichnung der in Feuer vorgestellten Schiffe, Türme, Kastelle und Elefanten. Am nächsten Morgen zogen die Gold- und Silberdrahtzieher, die Zuckerbäcker auf, jene spannen Gold und Silber, und diese Fadenzucker und Halwa in goldenen und silbernen Fäden aus. Dabei rannten die Sipahi und Silihdare in förmlichen Quadrillen auf einander, schossen nach goldenem Knopfe auf hoher Stange, und zogen dann zwei und zwei ab, davon saßen ihrer zwei in alten griechischen vergoldeten Rüstungen auf Einem Pferde, wie zur Zeit der Kreuzzüge die Templer und ihre Turcopolen; erst stand einer aufrecht, der andere auf dem Kopfe, und alsbald saßen beide wieder gerecht im Sattel, und was dergleichen mamlukischer (früherer als englischer) Reitkünste mehr sind. Folgenden Tages suchten die Derwische Heuler, Dreher, Feuerfresser und Dolchzieher die Künste der Gaukler, Taschenspieler, Renner und Turnierer durch die ihrigen zu überbieten, indem sie unter beständigem Geschrei von *Allah!* und *Hu!* sich drehten, glühendes Eisen in den Mund nahmen, Messer verschlangen und dergleichen Gaukeleien mehr, so daß in den Gassen, wodurch ihr Zug ging, die Weiber (welchen auf den Platz zu kommen verboten war) aus Andacht und Rührung seufzten, weinten und aufschrien. Einer stürzte sich in ein Faß voll Schlangen und lag ruhig darin, ein Anderer ließ sich einen nur acht Männern aufhebbaren Stein auf die Brust legen, und auf derselben zerschlagen, ein Dritter sprang über weit auseinander gesteckte Messer und Säbelklingen auf Leben und Tod. Das Feuerwerk stellte einen Wald und einen Garten mit Zypressen vor, von einem griechischen Popen erfunden und ausgeführt. Als der Morgen tagte, zogen die Seidenspinner, Schnürmacher und Schlingenflechter auf, mit seltsamen Hüten, Kappen und Hauben mannigfaltig mit Seide ausgenäht, ausgezackt und ausgeschlungen. Die Pastetenbäcker und Sorbetmacher bucken im Vorüberfahren und schenkten Sorbete von allen Farben aus; die Leinweber boten dem Sultan die feinste Leinwand, die Lederpresser große runde Tischdecken, aus Leder mit Gold durchnäht, und lederne Wasserflaschen ohne Naht zum Geschenke dar. Die Öbstler trugen die von ihnen verkauften Früchte auf lange Stangen gebunden. Die Zwirnhändler und Schürzenmacher zogen vorbei, verdunkelt von dem Glanze und der Pracht der ihnen folgenden Goldschmiede und Juweliere, die über dreihundert Knaben, in Goldstoff gekleidet, als die lebendige Unterlage ihrer Auslage vorführten. Die Roßdeckenmacher und Wachskerzler zeichneten sich durch die Größe der zur Schau getragenen Decken und Wachskerzen aus. Dreimal sieben Tage dauerten die Aufzüge fort; an den folgenden siebzehn kamen: die Wollenstoff- und Leinwandfärber, die Speerschaftener und Dschiridmacher, die Studenten und die Kaufleute vom Trödelmarkte, die jüdischen Schneider, die Saumsattler, die Zigeuner-Schmiede, die Juden Pulvermacher; die Rotgießer, Mandolettenkrämer, Fischer; die Damastwirker hielten auf sieben und dreißig Stangen reiche Zeuge empor; die Buchhändler hatten keine Musikbande, wie die anderen Zünfte, sondern nur Derwische, die *Jallah!* und *Hu!* schrien, sie brachten dem Sultan zwei Korane dar; die Verfertiger der Daumringe aus Bein zum Anziehen der Bogensehnen; die Weber und Ackersleute; die Siebmacher und Verzinner; die Griechen aus dem Patriarchat und Fanar, die Kirschner, Pfeilmacher, Spezereien-, Kräuter- und Blumenhändler; die Futter- oder Heuverkäufer ohne Fahne mit einem aufgezäumten Ochsen; die Seiler, die Filzmacher, Stecknadelmacher, Lederer, die Messerschmiede, Scheidenmacher und Beutelmacher, die Papierschnitzer, Natron-, Teriack-

und Mithridatkrämer, die Wasserträger, Steigbügelversilberer, Zeltschneider, Ausnäher, Hufschmiede, die Zigeuner, Besenmacher und Rauchfangkehrer, die Krämer des kleinen Befestan, die Milch- und Bufa-Verkäufer, die Turbanmacher. Weiters die Biscottenbäcker, Roßhändler, Vogelsteller, ägyptische Kaufleute, die Taglöhner, die dem Oberstbaumeister unterworfenen Bauleute: als Maurer, Steinmetze, Zimmerleute, Brunnengräber, Gipsübertüncher, Wasserleiter, Kalkbrenner, Kahnmacher; Brillenverkäufer; dann die Maler, Kopfbundwinder, ägyptischen Schiffleute, Korbflechter, und endlich die Weinschenker.
Ein Pferdewettrennen vom Dorfe Tschataldsche bis an's Tor von Adrianopel, dessen Preis tausend Dukaten, und Auswerfen von Gold und Silbermünzen zeichneten von den vorhergehenden und folgenden Tagen den siebenten Julius aus, an welchem Sultan Mohammed im Serail am Hippodrome vom Wesir Dscherrah Mohammedpascha eigenhändig beschnitten ward; das Ergebnis der Beschneidung wurde in goldener Schale der Sultaninn Chasseki, Mutter Sultan Mohammed's, das blutige Messer der Sultaninn Walide, Mutter Sultan Murad's, zugesendet. Für die glückliche Beschneidung erhielt der Wesir-Beschneider an Geld und Geldeswert bis an achttausend Dukaten. Am folgenden Tage zeigten eine Giraffe und ein abgerichteter Elefant ihre Künste. Die Gastereien wurden eingestellt, und da die Schauspiele an den folgenden Tagen aufhörten, verlief sich das Volk.

»Kutteln sind die Königin der Mahlzeit«

Lidell 1959

Der türkische Reisende Evliya Chelebi schildert den Alay genannten Umzug der Gewerbe im Jahre 1638 in Konstantinopel, der uns manches vom damaligen Leben verrät. In ihm schritt der Oberste Scharfrichter, »ein Musterhenker«, der »mit einem feurigen Schwert gegürtet war und dessen Gürtel angefüllt war mit allen Instrumenten seines Handwerks, wie Nägel, Nagelbohrer, Lunten, Rasiermesser zum Versengen, Stahlplatten, verschiedene Pudersorten, um Leute zu blenden, Keulen zum Brechen der Hände und Füße, Beile und Löffel«. Nach ihm kam sein Gefolge, das den Rest der siebenundsiebzig Marterinstrumente trug.

Auch die Nachtwächter flößten heilsame Furcht ein: »Sie tragen Laternen, Wachslichter und Fackeln, die alle brennen, obwohl es Mittag ist, und Stöcke mit Eisenspitzen . . . Wenn sie vorübergehen, schlagen sie mit ihren Stöcken auf den Boden und schreien, wie wenn sie hinter einem Dieb her wären: ›He! Haltet ihn! Laßt ihn nicht entwischen! Dort rennt er!‹ und zum Spaß fassen sie die am nächsten stehenden Zuschauer . . .«

Die Märchenerzähler der Kaffeehäuser, achtzig an der Zahl, wurden in Sänften vorbeigetragen, sie hatten ihr Buch in den Gürtel gesteckt und rezitierten unterwegs.

Irrenhauswärter führten zwei bis dreihundert Wahnsinnige an Ketten mit sich, die weinend, lachend oder fluchend in Reihen vorüberzogen. Sie gaben ihnen Arzneien oder schlugen sie, um sie zum Schweigen zu bringen.

Taucher (meist Griechen von der Insel Symi) kamen splitternackt daher und riefen laut: »O du, Allesdurchschauender, Allesgewährender!«

Bärenführer schrien ihren Bären zu: »Vassil, zeig, was du kannst . . . Wie das Wasserrad sich dreht und den Garten bewässert, so dreh du dich und tanze.«

Die Kuttelnköche hatten einen eigenen Platz im Zug, weil der Prophet gesagt hatte: »Kutteln sind die Königin der Mahlzeiten.« Sie waren alle Griechen wie die Fischköche, Fischer und Fischverkäufer und auch die Süßwarenverkäufer, die von Chios kamen. Auch diese letztern wurden geehrt, weil der Prophet ein großes Leckermaul war und gesagt haben soll: »Die Liebe zum Zuckerwerk kommt aus dem Glauben.«

Hochzeitspalmen und Pelzpalast

Hammer-Purgstall 1822

Bei dieser Gelegenheit wurde durch den Sultan der Luxus der Hochzeitspalmen auf das höchste getrieben, zwei derselben, in der Höhe von Minaretten, von Gold und Silber strotzend, übertrafen an Größe und Pracht Alles, was Athenäus von der Pracht ägyptischer Phallusphorien meldet; hierin setzte Ibrahim die Größe und den Glanz seiner Regierung. Achtzehn Tage lang dauerten im kaiserlichen Palaste die Gastereien und Schaufeste. Für die achte, dem Sultan allein förmlich als Gemahlin angetraute Chasseki, Telli (d. i. die Drahtige), sollte jetzt der ihr vom Sultan geschenkte Palast Ibrahimpascha's auf dem Hippodrome ganz mit Pelzwerk ausgeschlagen werden, statt der Teppiche, statt der Tapeten nur Pelzwerk, der Verweichlichung weichster Ruhestuhl und Lotterpfuhl. Der Großwesir und der Defterdar Tschalidschifade erschöpften sich in gewaltsamen fiskalischen Maßregeln, so viel Pelzwerk aufzubringen, und da dies trotz aller Tyrannei, wodurch der Markt zu Grunde gerichtet ward, unmöglich, mußte man sich begnügen, ein einziges Köschk des Palastes auf diese Weise mit Zobel und Luchs auszuschlagen, als das bisher unüberbotene höchste Denkmal von Zobel- und Zofenluxus. Als der Sultan es besah, fand er, daß auf einem einzigen Flecke die Farbe der an einander gefügten Felle nicht so genau in einander verfließe, daß die Fuge unscheinbar, und bald deshalb mißfiel das Ganze dem pelzwählerischen Wüstlinge so sehr, daß er den Finanzminister absetzte und einkerkern ließ. Der Despotismus der Weiber über ihren Sklaven Ibrahim ging so weit, daß eine derselben ihn gar beredete, seinen Bart mit Edelsteinen zu schmücken und sich damit öffentlich zu zeigen, was für bösestes Wahrzeichen galt, weil nach morgenländischer Überlieferung Pharao allein auf diese Art seinen Bart geschmückt.

Die Tulpe hat ihren Namen von Turban

Hammer-Purgstall 1831

Durch Lampen- und Blumenfeste kam die Blumenliebhaberei zu dem höchsten Flore, und überbot Frankreich's und der Niederlande Tulpenflor, wohin Ferdinand's I. Gesandter, der Niederländer Auger Busbec, dieselbe mit dem vom Turban hergenommenen Namen verpflanzt hat. Es erschienen Bücher über die Tulpenzucht, und zu Constantinopel wurde ein eigener Blumenmeister bestellt, dessen Diplom mit goldenen Rosen und farbigen Blumen geschmückt, durch blumenreichen Stil dem Gegenstande angemessen, mit dem Befehle schloß: »daß alle Blumenerzeuger den Vorzeiger als ihr Oberhaupt anerkennen, für sein Wort, wie die Narzisse, ganz Aug, wie die Rose ganz Ohr, ihm gegenüber, nicht wie die Lilie, zehnzüngig sein, daß sie die scharfe Lanze der Zungen nicht mit dem Blute unschicklicher Rede in Granatapfellanzen verwandeln, sondern wie die Rosenknospe, geschlossenen Mundes, nicht wie die blaue, frühzeitig durch Düfte kosende Hyazinthe zur Unzeit sprechen, sondern wie das Veilchen bescheiden sich neigen, und nicht widerspenstig erzeigen sollen«.

Der Ramazan ist gekommen und hat sich fest eingenistet.

Tevfiq 1905

Während eben noch die Freunde für den Tag des Zweifels Most auspressten,
Überraschte sie jählings und faßte sie am Kragen der Aufsichtsbeamte des Monats *Ramazan*.
Der Becher entfiel dem verstockten, sündigen Weinsäufer.
Denk nicht, daß der Ewige, der die Planeten ausbreitet, armselige Lämpchen schweben läßt.
Die Moscheenillumination vergoldete die herrlich schöne *Berat*-Nacht.
Die Lampenanzünder stülpten Ärmel und Kleider auf und machten sich daran, die goldstrahlende Beleuchtung auszubreiten.
Jede Moschee, herrlich geschmückt, ward zu einem wahren Meer von Licht;
Mach zum Überlaufen voll den Ölbehälter der glänzenden krystallenen Lampen!
Wie das Herz des Gläubigen ist die Moschee blühend und getröstet;
Wie das Herz des sündigen, gottlosen Menschen ist die Weinschenke zerstört und verwüstet.
Geschmückt haben sich die Zuckerplatten [der Händler] mit rotem Zuckerwerk
Und haben jeden Winkel Konstantinopels zu einem Korallenmarkt gemacht.
Der Helva-Liebhaber giert sehnsüchtig nach Rahatluqum.
O daß doch in seine vom Fasten ganz erschöpfte Kehle Leben käme!
In der Hand die Laterne aus Tierblase und auf dem Rücken den Binsenkorb mit der *Ramazan*-Frühmahlzeit,
So spazieren zur Nachtzeit die Vielfraße herum.
Angenehmer als eine Räucherpfanne mit Ambra zur Zeit des Fastenbeginns

Ist für den leidenschaftlichen Liebhaber davon eine Pfeife Tabak beim Fastenendigen.
Wonne verleiht in dem gleichen Grade wie ein mächtiger bis zum Rand gefüllter Becher voll Wein
Dem Kaffeetrinker eine Tasse, gefüllt mit starkem Kaffee.
Zur *Iftar*-Zeit wird höher als jede Musikweise eingeschätzt
Das Konzert des Zermalmens durch die Zähne mit seiner weichen Melodie.
Auch das gehört zu den Glückseligkeiten dieser unserer gewaltigen Stadt,
Daß auch bei den Armen die buntfarbigen [reichbesetzten] Tische geschmückt sind.
Die Küche des Fastens öffnen vermittelst des Schlüssels des Zuckerwerkes
Die auf Beendigung des Fastens blickenden Freunde, deren Mund versiegelt war.
Die Kerzen der Kirche wären, wenn sie die Pracht des Islam sehen, hocherfreut
Wenn sie die Kerzen der Götzenidole ins Heiligtum der Moschee tragen und sich zum Islam bekehren dürften.
Wohlan, laßt uns das treffliche Gewirk der Worte zu einem Schmuck des Marktes machen!
Denn nie wird uns wieder eine so günstige Zeit, Worte zu verkaufen, in die Hand kommen.
Der *Ramazan* ist gekommen und hat sich fest eingenistet.
Die Moscheen färbten sich in Licht.
Kanonen wurden abgeschossen, Lampen brannten.
Wir insgesamt glaubten daran.
Der *Ramazan* ist ein grüner Balken.
Für die Gläubigen ist es gut zu Hause.
Auf dem Kopf ist meine schwere Last ein Turban,
Die Trommel ist beim Marschieren meine Last.
Mein *Bej*, ich bin nun zu Ihnen gekommen
Wohlan, Friede sei über Euch.
Der Strick meiner Trommel ist ein bloßer Bindfaden.

Ich hab die Jacke auf dem Marsch verloren.
Gib, mein *Efendi*, mir mein Trinkgeld,
Denn für den *Bajram* möchte ich mir eine Jacke kaufen.

Das Halwafest

Hammer-Purgstall 1799

Während der Wintermonate lernte ich die Halwagesellschaften kennen. Türkische große und reiche Leute laden sich auf solche gegenseitig ein. Sie haben ihren Namen von Halwa, einem Honigkuchen, von dem es einige zwanzig Arten gibt. Kaffee, Sorbet und Halwa wird herumgereicht; das eigentliche Fest besteht aus den Vorstellungen von Possenreißern, Taschenspielern, wollüstigen Tänzen und Zoten des Schattenspiels und der Marionetten. Die Tänzer waren griechische Knaben, die Sprecher Armenier; der Türke ist als Sieger und Herr zu stolz, sich zum Possenreißer zu erniedrigen. Die Knaben tanzten als Ganymede, auch als ägyptische Almen, und ließen der Einbildung nichts übrig. Die Vorstellungen des chinesischen Schattenspiels waren ernst und lustig. Die Harlekine rissen nur Zoten, deren Stoff aus den Erzählungen Deli Buraders, des türkischen Boccaccio, genommen waren.
Je schlüpferiger die Vorstellung, desto größer war der Beifall. Diesem Schauspiel und dieser Unterhaltung wohnten aber nicht nur verderbte Männer bei, sondern auch die Frauen in den Harems genossen sie.
Eines der größten Halwafeste machte ich im Arsenal mit. Die Versammlung bestand aus türkischen Kapitänen und griechischen Schiffsbaumeistern. Meine Einladung dazu dankte ich der besonderen Gunst Kapudan-Paschas, neben dem ich in der ersten Reihe saß. Am nächsten Tage wurde ein eben vollendeter Dreidecker in Gegenwart des Sultans von Stapel gelassen. Der günstigste Augenblick hiezu war

von den Hofastronomen schon lange vorher bestimmt worden. Der Kapudan-Pascha selbst zählte auf seiner Uhr Minute für Minute, und in der entscheidenden brachen die letzten Stützen des dreistöckigen Schiffes unter dem Beil, und es rollte unter dem Getöse türkischer Musik in die hochaufschäumende See. Alle Schiffe des Hafens flaggten und donnerten Kanonengrüße. Der Kapudan-Pascha verteilte Pelze und Medaillen an die Schiffbauer und ihre Leute, er selbst wurde durch den Beifall des Sultans belohnt.

Kaiser Wilhelm II. in Konstantinopel

von Förster 1893

Edler Bosporus, Du Perle aller Schöpfung!
Heute schmückt dich hoher Festesglanz:
Nationen strömen zu dir voll Begeisterung,
Deutschlands Kaiser zu begrüßen in Byzanz.
Heil'ger Stolz durchströmet alle Herzen
Seiner Landeskinder, die in treuer Schar,
Schiffen nach San Stefano mit Blumenkränzen,
Liebevoll gewidmet ihrem Kaiserpaar.

»Heil Dir, Kaiser Wilhelm, dein Erscheinen
In der viel besung'nen Halbmondstadt,
Bleib ein Weltereignis allen Nationen.
Wie die Chronik noch keins vor sich hat.«
»Heil Augusta Dir, auf türk'schem Boden
Erstes Vorbild deutscher Weiblichkeit,
Heil Victoria! Dein Siegesodem
Dringt durch die Herzen weit und breit!«

»Yyldiz, Du Sternenkiosk, aus leichten Höhen
Strahlst nieder auf die Türkenstadt.
Auf die goldig schimmernden Moscheen

Wenn vom Minarett ertönt das Nachtgebet!
Yyldiz, so wie heute wunderbares Leuchten,
Dich verjüngt in feenhafter Pracht,
Zeigst Du auf den hohen Stern der Deutschen,
Der als Gast verklärt dein freundschaftliches Dach.

»Heil Dir Padischah! Beherrscher aller Gläubigen!
Deutschlands Kinder wissen treu Dir Dank.
Daß Du paßfrei Völkern aller Zonen
Schutz und Schirm gewährst in Deinem Land!
»Heil Dir Dolma Baghshe, wo zwei Kaiserhände
Fest besiegelten der Freundschaft Bund,
Dieser Tag bleibt wichtig ohne Ende
Allen Völkern auf dem Erdenrund.«

(2. Nov. 1889. Levant Herald.)

So sang »eine Patriotin am Bosporus.«

Welches deutsche Herz hätte nicht mit gleicher Begeisterung ihm entgegen geschlagen, ohne einen so poetischen Ausdruck zu finden.
Wie rastlos war man, besonders auf dem Kirchwege, tätig gewesen, um denselben würdig zu gestalten. Man besserte seit Wochen das Pflaster aus, trug Erd- und Schmutzhaufen ab, strich die Fronten der kleinen Häuser mit lebhaften Farben, besorgte Fahnen und Flaggen. Und doch fragte man: wird es möglich sein, daß der Kaiser zur Kirche fährt durch diese engen Gassen, wenn er mit 180 Personen kommt? Kann das kleine Gotteshaus alle fassen, die voll Ungeduld ihren Landesfürsten hier erwarten? Gesangvereine wollen ihm huldigen und neben der Orgel ist nur für 20 Personen Raum und der Gottesdienst soll nicht über ¾ Stunden dauern! Solche und ähnliche Fragen gingen von Mund zu Mund.

Zu beiden Seiten der Straße, vom Strand bis hinauf zum Palais, war Militär aufgestellt; die Offiziere ritten hin und her, Hunde sonnten sich noch mitten auf dem Wege, wurden aber gald energisch verjagt.

Endlich ertönten die Signalschüsse: Er war da! Mein Herz schlug ihm entgegen! Im hellsten Sonnenschein (das Wetter ist hier wo die Natur alles ist, besonders wichtig bei solchen Gelegenheiten), war er gelandet und an den Marmorstufen von Dolma Bagtsche von Sr. Majestät dem Sultan empfangen worden. Viele treue Landeskinder der Kolonie und die deutsche Schule waren ihm entgegen gefahren bis San Stefano.

Von Minute zu Minute wuchs die Spannung, die Truppen standen wie angewurzelt, nicht ein Laut war hörbar – langsam im Schritt nahten die Kaiserlichen Wagen. Im ersten fuhr die Kaiserin mit dem Sultan, der ihr zugewandt war, im zweiten der Kaiser mit dem Prinzen Heinrich. Die Truppen präsentierten das Gewehr. Kein Hurrahrufen, keine Musik nur lautloses, ehrfurchtsvolles Schweigen.

Ich war vorgetreten und stand dicht am Wege, etwas mußte ich tun, rufen konnte und durfte ich nicht. Da bewegte ich grüßend das Tuch mit dem ich meine Tränen der Begeisterung getrocknet. Ein gütiges Lächeln glitt über die Züge des Kaisers; erkannte er in mir ein deutsches Landeskind inmitten der türkischen Soldateska? Ich glaube es fast.

31

VON DER KLEIDUNG, DER REINLICHKEIT UND DEM SITZEN DER TÜRKEN

Aufruf zum Faulenzen

Birsel 1971

Laßt uns meine Herren etwas haltmachen
Laßt uns nicht so hastig laufen
Unser Herz nicht ermüden
Unser Kinn sich verdoppeln
Laßt uns meine Herren etwas ausruhen

Jeder kann stehen solang er will
Doch laßt uns einmal sitzen
Zuerst unseren Mund aufmachen
Dann unsere Schultern recken
Und schließlich laßt uns meine Herren
Verliebte Augen machen und etwas gähnen

Laßt uns aus drei und fünf nichts machen
Laßt unseren Bauch schön gedeihen
Der Arbeit und der Vernunft unseren Rücken kehren
Sonst wird keiner mit uns Mitleid haben
Da es noch Zeit ist ihr Kinder ihr Männer
Laßt uns einnicken
Laßt uns meine Herren etwas schnarchen

Haben auch groß Acht auf ihren Leib und ihre Kleider

Egenolff 1530

Alle Leichtfertigkeit und Hoffahrt verachten sie, und fliehen's als das Feuer. Nit allein der Kleider, sondern aller

Weis' und Gebärd', und wenn sie Eitelkeit und Übermut der Christen sehen, heißen sie's Affen, denn die Türken haben so eine schlechte, einfältige Kleidung, die Herren und Untertan, Edelmann und Bauern, Frau und Mann, daß gar keine Üppigkeit kann gemerkt werden. Auch in ihrem Reiten brauchen sie kein Stolzieren, haben gewöhnlich verschnitten Pferd. An ihren Zäumen, Sätteln und anderem Gezeug wird kein Überfluß ersehen. Und ihre Waffen führen sie in den Waidsäcken auf den Kamelen und Maultieren. Die Oberen halten's schier gleich mit der Rüstung mit den Untertanen, daß sie nicht wohl mögen unterschieden werden. Der Türk gebraucht auch kein Gepränge in der Kirchen mit Stuhl oder Samt Umhang, sondern hat einen Teppich auf der Erden, darauf er steht oder liegt.

Alle Ding haben sie also sauber, daß keine Hund noch Hühner und Tauben werden gehalten in den Häusern, da sie essen. Und wann ungefähr ein Hund oder Huhn oder Taube eine Platten, Schüssel oder Hafen anrühren, essen sie nimmer daraus. Item, wenn sie eine Henn' etc. essen wollen, binden sie die zuvor sechs oder sieben Tag und geben ihr gut Getreid' zu essen. Und wenn ein Gevögel stirbt, daß ihm der Hals nicht abgestochen wird, mit einem Messer, daß das Blut ganz herauslauft, essen's auch nicht. Haben auch groß Acht auf ihren Leib und Kleider, daß kein Makel daran sei, und aus der Ursach trinken sie nicht Wein, essen auch kein Schweinen Fleisch, denn sie sprechen, das macht Menschen unrein. So einer auch eine Befleckung des Samens erlitten hat, läßt er niemand mit ihm reden, so viel ihm möglich ist, er hab' sich denn davor gebadet und gar gewaschen in einem Wasser. Daher kommen die vielen der Bäder hin und wider in den Städten, und wo sie nit Bäder haben, richten sie heimliche Stätten oder Ort zu, sich darin zu waschen.

Alles Volk, nit nur das gemein Volk, sondern auch die großen Herren, und der Kaiser selber, haben nit Stuhl noch Bänk', oder etwas anderes, darauf einer sitzen könnte, sitzen aber auf der Erde, mit aller Zucht, wie die Kinder. Ihre Tisch' sind gewöhnlich gemacht von Leder, rotund, vier oder fünf Spannen weit, haben eiserne Ringlein herum, und einen Riemen oder Schnur, damit wird er zugezogen wie ein Seckel.

Keiner geht in ein Haus oder Kirchen, da er bleiben will, das er nit seine Schuh ausziehe, da es für eine große Unehr wird gehalten bei ihnen, so einer geschuht sitzt. Darum brauchen sie Schuh, die man schnell aus und an zieht, und heißen's Bathmag. Haben auch gewöhnlich Leinen oder Wollteppich, Matten aus Binsen oder Brettern, von der Feuchte wegen.

Wenn sie ihren Bauch entladen wollen, als in den Lagern, haben sie weite Unterkleider, vorne offen, schlagen's unten um sich, daß der Leib nit gesehen werd, hucken also nieder, vollenden das Werk, daß man nit weiß, was er getan hat. Befleißen da sich hoch, daß sie das Antlitz nit gegen Mittag kehren, wohin sie sich kehren, wenn sie ihr Gebet sprechen. Wann einer das Wasser abschläge und dazu stünde, wie wir pflegen zu tun, würde er für einen Verbannten und Ketzer bei ihnen gehalten.

Und darüber einen weißen Bund, der auch über einen Hut gewunden ist, deren etliche so groß sind, als Kübel

Gerlach 1674

Sie haben der mehrere Teil zwei kleine Käpplein oder Hütlein, von schönem Tuch und allerlei Farben, übereinander auf dem bloßen Kopf, und darüber einen weißen Bund, der auch über einen Hut gewunden ist, deren etliche so groß sind, wie Kübel. Teils haben (sie) in der Mitten ein braunsamten und gefaltetes Türmlein herausgehen, wie die Zauschen und der Bassen Diener.

Die meisten und vornehmsten Bürger, auch andere (den

gemeinen Pöbel ausgenommen) tragen zwei lange Röcke, bis auf die Knöchel hinunter. Der Unter-Rock ist enge, wie ein Waffen-Rock, gemeiniglich von Damast, oder anderem, herrlichem schönem seidenen Zeug, aus allerlei gelber, blauer, weiß – rot – aschenfarb, braun, schwarz, Rosin, goldgelber etc. Farbe, welchen sie mit einer schönen, von Gold und allerhand Farben gewirkten Binde, in der Mitte des Leibs zusammenknüpfen. Der Ober-Rock ist weit, doch nur von drei Falten. Bei den Bürgern von schönem, aus allerhand Farben gefärbten Tuch, bei den Herren von güldenen Stücken, Damast, Seiden etc. Samt wird nicht bald getragen. Und diese zwei Röcke sind auf den Achseln ausgeschnitten, also, daß der ganze Hals ganz bloß ist. Beide Röcke haben vorn seidene Knöpfe mit Schleifen. Schleifen aber allgemein nur den Innenrock zu, den Äußern haben sie gemeiniglich offen. Der Unter-Rock hat lange, wie Wachtelpfeifen gefaltete Ärmel. Der Ober-Rock hat weite Ärmel, wie Pfaffen Ärmel, die aber nur bis auf den Ellbogen reichen. In etlichen gehen die Ärmel gar bis auf den Boden. . . . Sie haben weite, unflätige Hosen an, daran keine Gestalt, auch keine Nestel darinnen. Sondern an deren statt haben sie eine schöne seidene Schnur oder Binden von Gold durch das Oberteil der Hosen durchgezogen, mit der sie selbe in dem weichen Leib zusammenziehen und binden, daß einer also gar leicht und sanft darinnen gehet. Sonsten ist gar keine Zierde daran, als diese seidene Schnur . . .
Sie haben mancherlei Formen von Schuhen. Etliche sind hinten gar hoch mit Eisen beschlagen, also daß sie vorne auf den Zehen gehen müssen, und diese sind gelb. Unter diesen haben sie gelbe lederne Socken, die ihnen gar glatt anliegen, und bis an die Knöchel reichen. Welche sie auch unter anderen Schuhen tragen, zum Teil rot, blau, schwarz. Und mit diesen Socken oder auch gar barfuß gehen sie in die Kirchen und in ihre sauberen Gemache, welche mit schönen Teppichen . . . belegt sind.

Türkensitz und Türkensäbel

Schweigger 1608

Wenn der Sultan Mahlzeit hält, so setzt er sich auf den Boden, mit den Beinen übereinander geschränkt auf einem Polster. Auf dem Boden werden erstlich Geflechte von Binsen gebreitet über und über. Auf dieselben alsdann hübsche türkische Teppich. Vor ihm steht ein rundes Tischlein, eine Spanne hoch. Auf demselben ein rund gefüttert ledern steif Blatt, ringsherum am selben geht eine Schnur, damit man das Leder zusammen zieht, wie ein Beutel. Auf dies ledern Blatt setzt man die Schüsseln mit den Speisen. Neben dem Tischlein kniet der Zeschnihir Wascha, der Oberst über die Truchseß, der die Speisen credenzet, vorlegt und vorschneidet. Sie tragen alle Speisen zumal auf einen Gang auf, ungefähr acht oder neun . . .

Soviel aber Waffen und Munition anlangt, so kann man die Türken mit den Christen nicht vergleichen, denn die türkischen Reisigen führen nichts als einen Säbel. Das ist zwar eine schädliche Wehr, von ihrer Schwere wegen aber an der Hand gar übel verwahrt. Item ein dreieckigen Stecher, wie einen Bratspieß unter dem linken Bein, in der Länge eines Rapiers. Zum dritten ein Copien, das ist ein hohler Rennspieß, wie man's auf dem Ringelrennen bei den Deutschen braucht. Zum vierten ein Tartschen, wie eine große Fleischmulter, dahinter sich der Reiter mit dem Haupt und dem ganzen Leib verbergen kann.

Ibrahims Lotterkleid

Hammer-Purgstall 1830

Ibrahim (1640-48) erfand eine Art von Lotterkleid, in- und auswendig ganz mit Zobel gefüttert und ausgeschlagen, dann ein für ihn allein bestimmtes Staatskleid, mit edelsteinbesetzten Knöpfen, deren jeder auf achttausend Piaster zu stehen kam. Die Pracht der Frauenkleider im Harem übertraf alle damalige, alle vorhergehende und nachfolgende; die feinsten, englischen Tücher, die zartesten französischen seidenen Stoffe, die reichsten venezianischen Samte und Goldstoffe gingen in reißendem Absatze zum Flore des Handels. Wenn die Kunde eines mit Seidenwaren oder reichen Zeugen an den Dardanellen angekommenen, aber dort durch Nordwinde zurückgehaltenen Schiffes nach Constantinopel kam, sandten die Frauen des Harems sogleich Eilboten in Eilbooten nach den Dardanellen, wo aber oft die Waren, ohne zu handeln, mit Gewalt weggenommen wurden.

Ein Smaragd so groß, wie das Ei einer Truthenne

Lady Montagu 1717

Ihr Anzug war so außerordentlich reich, daß ich mich nicht enthalten kann, ihn zu beschreiben. Sie trug eine donalma, die sich von einem Kaftan durch längere Ärmel und durch das Übereinanderfalten am Saume unterscheidet; sie war aus Purpurstoff, lag ihr eng am Leibe und war auf beiden Seiten bis zu den Füßen und rund um die Ärmel mit Perlen vom durchsichtigsten Glanz und so groß wie gewöhnliche Knöpfe besetzt. Denken Sie nicht, ich meine so große Knöpfe wie die von Lord . . ., sondern ungefähr von der Größe einer Erbse, und an diesen Knöpfen große Schleifen von Diamanten nach Art der Goldschleifen an den Kleidern, die man am Geburtstagsfest des Königs trägt. Diese Robe war über den Hüften mit zwei großen Quasten von kleineren Perlen zusammengehalten und rund um die Arme mit Diamanten bestickt. Ihr Hemd war oben mit einem großen rautenförmigen Diamanten geschlossen, ihr Gürtel so breit wie das breiteste englische Band ganz mit Diamanten bedeckt. Um den Hals trug sie drei Ketten, die bis auf die Knie reichten, eine aus großen Perlen, an deren Ende ein schön gefärbter Smaragd hing, so groß wie das Ei einer Truthenne; die andere bestand aus zweihundert dicht aneinandergefügten Smaragden von dem feurigsten Grün, jeder so groß wie ein Halbkronenstück und so dick wie drei; die dritte war aus kleinen, vollkommen runden Smaragden. Doch verdunkelte ihr Ohrgehänge alles übrige: zwei Diamanten, genau wie Birnen gestaltet und von der Größe einer großen Haselnuß. Rund um ihren Kalpak hatte sie vier Schnüre Perlen, die weißesten und vollkommensten der Welt, genug, um wenigstens vier Halsbänder daraus zu machen, und jede Perle so groß wie die der Herzogin von Marlborough und von der gleichen Gestalt; sie waren mit zwei Rosen befestigt, die jede einen großen Rubin in der Mitte und rund herum zwanzig kleine, reine Diamanten hatten. Außerdem war ihr Kopfputz mit Nadeln aus Smaragden und Diamanten bedeckt. Sie trug große Diamantenarmbänder und hatte fünf Ringe mit Solitären an den Fingern, die (Herrn Pitts ausgenommen) die größten sind, die ich je in meinem Leben gesehen habe. Nur ein Juwelier weiß den Wert dieser Kleinodien genau zu schätzen, allein so, wie man bei uns die Juwelen gemeinhin veranschlagt, muß ihr ganzer Anzug hunderttausend Pfund Sterling wert sein. Ich bin sicher, daß keine europäische Königin halb so viele Edelsteine besitzt, und die Juwelen der Kaiserin, obschon sie sehr schön sind, würden neben diesen nur sehr mittelmäßig aussehen.

»Franke, in deinem Lande muß das Tuch sehr teuer sein.«
Moltke 1838

In Hinsicht des Kostüms könnten wir überhaupt Manches von den Orientalen lernen. Morier, welcher lange und scharf beobachtete und welcher in seinen Romanen von den Sitten dieses Landes eine richtigere Vorstellung gibt als so manches gelehrte Werk, läßt den Türken beim Anblick eines Fracks ausrufen: »Franke, in deinem Lande muß das Tuch sehr teuer sein!« Das Meisterwerk eines Staub zu Paris oder Gunkel zu Wien erscheint unseren Nachbarn im Osten als der Inbegriff aller Dürftigkeit. Sieht der Türke dazu noch ein enganschließendes Beinkleid, Stiefel, in die man sich nur durch eine Kraftanstrengung hineinzwingt, eine hohe enge Halsbinde und einen harten schwarzen Zylinder, der alle Augenblick auf den Kopf gestülpt und wieder abgenommen wird, so zieht er sinnend über solche Selbstquälerei die Brauen in die Höhe, als wollte er sagen: »Allah! je n'y comprends rien!«

Die Türken steigen in demselben Anzuge zu Pferde, in welchem sie schlafen, und brauchen weder Sprungriemen noch Sporen anzulegen. Niemand braucht ein anderes Kleid anzuziehen, weil er zu einem vornehmen Manne geht, ausgenommen die reichen Najahs, welche sich zu diesem Anlaß einen zerlumpten Rock borgen.

Hier sieht man überall noch das schöne alte Kostüm; der Turban ist ebenso kleidsam wie zweckmäßig. Je nachdem man sich gegen die Sonne oder den Regen von der einen oder der anderen Seite schützen will, wird der Shawl anders gewickelt, mit dem Hute hingegen liefe man beständig Gefahr, einen Sonnenstich zu bekommen. – Das Beinkleid ist ein oft neun Ellen weiter Sack, der um den Leib zusammengeschnürt wird und an dessen unteren Ecken zwei Löcher sind, aus denen die Füße mit buntgestrickten Socken hervorkommen; zwei, drei, sechs oder acht Jacken von leichtem Zeuge, oft reich gestickt, schützen den Körper nach Maßgabe des Bedürfnisses; ein breiter Gurt oder ein Shawl um den Leib nimmt Geldkatze, Tabaksbeutel, Handschar, Messer, Pistolen und Schreibzeug auf; eine Pelzjacke und darüber ein langer Pelz vervollständigen den Anzug, und ein Mantel von Ziegenhaar oder Filz schützt gegen Unwetter und dient als Lager.

Jede Bewegung des Mannes in diesem faltenreichen Anzug gibt ihm ein stattliches Ansehn, und alle Augenblick sieht man eine Figur, die man zeichnen möchte. Es ist erklärbar, daß man die Türken für die schönsten Leute der Welt gehalten hat, bis man ihnen fränkische Kleider anzog; hätten unsere wohl ausexerzierten Leute türkische Tracht, sie müßten prächtig aussehen.

Die Frauen waren noch dieselben Gespenster

Loti 1906

Das Kostüm der türkischen Frauen war nicht mehr das gleiche wie zur Zeit seines früheren Aufenthaltes; das fiel ihm sogleich auf. Anstatt des früher üblich gewesenen weißen Schleiers, der beide Augen sehen ließ, und der »Yachmak« genannt wurde, an Stelle eines langen Mantels von heller Farbe, »Feradje« genannt, trugen sie jetzt den Tcharchaf, eine Art von Domino, fast immer schwarz, mit einem ebenfalls schwarzen Schleier, der über das Gesicht herabfällt, alles verdeckend, sogar die Augen. Zwar erhoben einige Frauen zuweilen den schwarzen Schleier und zeigten für einen Augenblick ihr Gesicht; es schien dies aber wie eine eigenmächtige Neuerung. Abgesehen von diesen Einzelfällen, waren die Frauen noch immer dieselben Gespenster, denen man überall begegnet, mit denen jedoch jeder, auch der geringste Verkehr, verboten ist, die man nicht einmal ansehen darf; dieselben Eingesperrten, von denen man nichts weiß, die Unkenntlichen, . . . ja, man könnte sagen: die Wesenlosen . . .! Das ist aber eben der geheimnisvolle Reiz der Türkei.

Sie waren in die überspanntesten Donner- und Doria-Trachten gekleidet

Twain 1867

An Land war es – ja, es war ein ewiger Zirkus. Die Menschen schwärmten dichter als Bienen in diesen engen Straßen, und die Männer waren in die unerhörtesten, fremdartigsten, heidnischsten, überspanntesten Donner- und Doria-Trachten gekleidet, die sich nur jemals ein Schneider im Delirium tremens und mit sieben Teufeln im Leibe ausdenken kann. Da war keine modische Laune zu verrückt, um ihr nachzugehen; keine Albernheit zu albern, um geduldet zu werden; keine Raserei in zerlumpter Dämonie zu phantastisch, um unternommen zu werden. Keine zwei Menschen waren gleich gekleidet. Es war eine tolle Maskerade aller erdenklichen Garderoben – jede wimmelnde Menschenmenge in jeder Straße bot ein wechselndes Bild verblüffender Kontraste. Einige Patriarchen trugen ehrfurchtsgebietende Turbane, aber die große Mehrzahl der ungläubigen Horde trug das feurigrote Käppchen, das sie Fez nennen. Der Rest der Kleidung, in der sie sich gefielen, war ganz und gar unbeschreiblich.

Atatürk fuhr eines Tages aufs Land und hielt einen Panamahut in der Hand

Peters 1961

Als äußeres Symbol der Modernisierung wurde im Jahre 1925 der Fez abgeschafft und an dessen Stelle der Hut oder die Ballonmütze eingeführt. Man mag sagen, das sei nur eine Äußerlichkeit gewesen, aber man wird die Bedeutung und Tragweite dieser Neuerung verstehen, wenn man bedenkt, daß der rote Fez nur von rechtgläubigen Muselmanen getragen werden durfte. Mit seiner Abschaffung wurde

auch äußerlich der Unterschied zwischen den Religionen verwischt. Schon Sultan Mahmut der Reformer hatte zu Beginn des 19. Jahrhunderts den Turban abgeschafft und diesen durch den Fez ersetzt, – Atatürk ging noch einen großen Schritt weiter, wie denn alle seine Reformen viel radikaler, entscheidender und unwiderruflicher waren.
Er fuhr eines Tages aufs Land nach dem Städtchen Kastamonu und hielt einen Panamahut in der Hand, als die Volksmenge ihn ehrfürchtig begrüßte. Er hielt eine Rede an das Volk: »Glaubt ihr, daß der Fez etwas Nationales, daß er ein Ausdruck der modernen Gesellschaft ist? Es ist zwecklos, dem Strome der modernen Kultur und Zivilisation widerstehen zu wollen! Völker, die mit einer mittelalterlichen Mentalität und mit primitiven Legenden marschieren, sind gegenüber der modernen Zivilisation dazu verdammt, entweder zu verschwinden oder in die Sklaverei zu geraten! Das türkische Volk aber ist entschlossen, als zivilisierte Nation bis in alle Ewigkeit zu leben . . .« Das Volk aber, so heißt es in einem Bericht aus jenen Tagen, warf begeistert den Fez fort als Zeichen des Obskurantismus und der Reaktion und nahm als Symbol der westlichen Zivilisation den Hut an und folgte der Parole Atatürks: »Auf zum Okzident!« Von neuem wurde der Turban verboten und nur noch bei religiösen Zeremonien in den Moscheen zugelassen. Im gleichen Jahre wurden die Derwischorden verboten und aufgelöst, wurde der europäische gregorianische Kalender eingeführt.

32
ESSEN UND TRINKEN

Baki um 1550

Den Weg zur Schenke schnitt des Sultans Richtschwert ab,
Es schnitt den Weg von Galata und Stambul ab
Die Flasche und das Glas steh'n zwischen Glut und Wasser,
Es ordnete das Los das Fest das Welt uns gab.
Es füllt der Flöten und der Zinken Schall den Kreis,
Schau' Sofi wie die Welt im Tanz sich mattet ab.
Vom Wein sind Humpen leer, die Schenke ist verödet,
Des Gleißners Hoffnung ging gar seltsam hier zu Grab.
Wie soll in diesem Kreis, wo sich neun Tänzer dreh'n,
Sich Baki freu'n der Welt, die ihm nie Freude gab.

Das Weinverbot

Busbecq 1596

Warum aber Mahomet seinen Folgern den Wein so sehr verboten hat, danach habe ich mich oft erkundigt und bisweilen diese Fabel erzählt bekommen. Mahomet war auf der Reise zu einem Freunde und kehrte gegen Mittag bei einem Wirte ein, wo es ein Hochzeitsmahl gab. Er wurde dazu geladen und nahm unter den Übrigen Platz: da wunderte er sich über die außerordentliche Heiterkeit der Gäste, über die zahlreichen Zeichen ungeheuchelten Wohlwollens, über das Händeschütteln, die Umarmungen und Küsse; als er den Wirt nach der Ursache fragte, erfuhr er, der Wein bewirke das. Da segnete er im Abgehen diesen Trank, der die Menschen in solcher Liebe vereinigt. Als er aber tags darauf zurückkehrte und unter dasselbe Dach trat, zeigten ihm die Dinge ein weit anderes Gesicht: überall Spuren wüsten Kampfes, der Boden voll dunkler Blutflecke, umhergestreute Gliedmaßen, hier ein Arm, dort ein Fuß, dort ein anderer verstümmelter Körperteil. Als er sich erkundigte, woher dies furchtbare Übel, hörte er, die Gäste, die er tags zuvor gesehen habe, seien vom reichlicheren Weintrinken rasend geworden, hätten zu ihrem gegenseitigen Verderben gewütet und ein großes Blutbad angerichtet. Daraufhin änderte Mahomet sein Urteil, verfluchte den Gebrauch des Weines und verbot ihn den Seinigen für alle Zeit.

Baki um 1550

Goldne Krone hat der Himmel aufgesetzt,
Goldnen Mond von den Moscheen aufgesetzt;
Wie die Schönen prangen jetzt in neuen Kleidern,
Hat der Frühling sich das Kleid mit Schmuck besetzt.
In der Schenke hat der Wein den Trunknen jedem
Eine Krone eines Herrschers aufgesetzt.
Reiche Deine Hand her mit dem Becher Wein,
Weil, wo Rosen blüh'n, auch stets der Dorn verletzt.
Wie der Morgen rötet Baki sich vom Weine,
Von dem süßen, den die Zeit ihm aufgesetzt.

Mahlzeiten

Pouqueville 1805

Der Türke verteilt seine Nahrung des Tags auf zwei Mahle; der vornehme, in Weichlichkeit lebende, fügt dazu des Morgens noch ein leichtes Frühstück. Da man hier gewöhnlich mit der Morgenröte aufsteht, so schlägt dieser nachlässig auf seinem Sofa ausgestreckt, nach Verrichtung seines kurzen Namaz oder Gebetes, in die Hände, um einen Sklaven zu

rufen, der ihm seine Pfeife bringen muß. In langen Zügen schlürft er den Rauch dieses Nektars ein, den er mit kleinen Stückchen Alöholz anzündet, und nun bleibt er, ohne zu sprechen, in eine gänzliche Abspannung versunken; man entreißt ihn diesem Zustande, indem man ihm einen leichten Aufguß von Mocca-Kaffee bringt, in welchem das porphyrsierte Mark oben schwimmt, und er trinkt ihn, indem er sanft dabei über den Rand der Tasse haucht . . . Seine gekreuzten Füße, auf denen er sitzt, versagen ihm beinahe den Dienst, und er nimmt die Arme seiner Bedienten in Anspruch um sich zu erheben. Seine weite Kleidung, das Kissen, auf dem er immerfort lebt, die Wollust seines Harems, seine frühzeitigen Ausschweifungen aller Art haben ihn ganz entnervt . . . Er sagt, wie der Asiate, sein Nachbar: Nichts tun ist süß, aber sterben und auszuruhen, ist das höchste Glück.

Auf diese Art, oder indem er maschinenmäßig seinen Tchespi in den Händen rollt, verbringt der wohlhabende Mann seinen Morgen. Gegen Mittag wird das Diner aufgetragen. Die größte Einfachheit herrscht in dem Tafelgeräte, man erblickt auf dem Tische weder Tischtuch noch Gabeln, noch Teller, noch Messer; ein Salzfaß, ein hölzerner Löffel, oder dergleichen von Schildkröte, oder Kupfer, und eine große Serviette aus einem Stücke, welche man unter den Gästen herumgehen läßt, machen alles Geräte aus. Man gibt das Brot in Mundbissen zerschnitten herum, und besetzt das Plateau mit fünf bis sechs Schüsseln Salat von Oliven, kleinen Gurken, Sellerie, in Essig eingesetzten Vegetabilien und flüssigen Confitüren. Dann bringt man die Saucen und Ragouts, deren ich schon gedacht habe, und das Ende des Mahles ist der Pilaw. Unter keinen Umständen bedient man sich des Desserts, die Früchte der verschiedenen Jahreszeiten vertreten die Stelle der Nebenschüsseln, und jeder ißt davon während des Mahles so viel ihm beliebt. Fünfzehn Minuten sind hinreichend sich zu sättigen, und das Essen ist eine

Arbeit für den Empfindungslosen, der dies nur der Notwendigkeit, nicht des Vergnügens halber angestellt zu haben scheint.

Die Getränke, welche man nach dem Essen erst reicht, bestehen in Wasser und Scherbet, der allen Gästen in einem kristallenen Gefäße herumgeboten wird. Wein, der zum Schein verbannt ist, wird nur in öffentlichen Häusern getrunken.

Den Nachmittag bringt der reiche Türke seine Zeit in einem lustigen Keosk zu. Derjenige, der die Ufer des Bosphorus bewohnt, läßt seinen Blick gern auf die angenehmen Gegenden Asiens hinüberschweifen, wo seine Väter ruhen. Er berauscht sich mit Wohlgerüchen, mit den Dämpfen seiner Pfeife, und stärkt sich durch den mit Muscus parfümierten Scherbet, den ihm seine Sklaven einschenken. Von aller Gesellschaft entfernt, ruft er seine Frauen, und ohne etwas von seiner Gravität abzulegen, befiehlt er ihnen, in seiner Gegenwart zu tanzen. Das Abendessen, welches mit Untergang der Sonne aufgetragen wird, wird mit mehr Sorgfalt zubereitet, als das Mittagsmahl, allein es geht mit derselben Geschwindigkeit vorüber. Die Pfeife endigt das Tagewerk, dessen einförmiger Zirkel keine Veränderung zuläßt, noch etwas von jenen Nebendingen, welche durch ihre Neuheit die Würze des Lebens ausmachen.

Der Kaffee gehört nicht mit in das Verzeichnis der Entbehrungen, die das Volk erduldet. Dieses Getränk ist, gleich der Pfeife, allgemein im Gebrauche. Die Türken übertreiben das Rauchen, und dieser Gebrauch, der sich erst vom Jahre 1605. im Oriente herschreibt, ist sogar der Kindheit zum Bedürfnis geworden. Diejenigen unter den Frauen, welche nicht an die Pfeife gewöhnt sind, kauen dafür Mastix von Chios, der dem Atem einen Veilchengeruch gibt; allein die beträchtliche Absonderung des Speichels, welche der Mastix befördert, schadet der Verdauung.

Dieses ist kürzlich die Lebensweise eines Orientalers, dessen

Mäßigkeit einen auffallenden Kontrast bildet mit den kostbaren Mahlzeiten der energischen Völker des Nordens.

Die Türken sagen: Die Pfeife »trinken«

Moltke 1837

Wenn ein besonders geschätzter Gast eintritt, so gibt der Türke ihm sogleich seine eigene Pfeife zu rauchen.
Der Tabak (Tütün) ist vortrefflich und besonders der syrische von Ladik geschätzt; er wird sehr dünn geschnitten, brennt leicht und knistert wie Salpeter.
Ein eigener Diener hat nichts Anderes zu tun, als seinem Herrn, der selbst nichts zu tun hat, die Pfeife rein zu halten, sie zierlich zu stopfen, eine glühende Kohle genau mitten auf den Tabak zu legen, den Tschibuk anzurauchen und mit einer gewissen Zeremonie zu überreichen; er faßt dabei das Rohr oben mit der rechten Hand, die linke aus Ehrfurcht vorn über den Leib gelegt, so schreitet er schnell auf Dich zu und setzt den Kopf genau so an die Erde, daß, wenn er die Spitze herumschwenkt, sie Dir an die Lippen reicht; dann schiebt er eine kleine Messingschale unter den Kopf, um den kostbaren Teppich vor der Kohle zu bewahren, und zieht sich rückwärts an die Tür zurück, wo er stehen bleibt und wartet, bis er wieder stopfen kann.
Die Türken sagen: die Pfeife »trinken« *(tschibuk itschmek)*, und wirklich schlürfen sie sie, wie wir ein Glas Rheinwein; sie ziehen den Rauch ganz in die Lungen ein, lehnen den Kopf zurück, schließen die Augen und lassen den berauschenden Dampf langsam und mit Wohlbehagen durch Nase und Mund ausströmen.
Ich habe früher nie rauchen können, und als ich beim Seraskier die ersten Tschibuks zu genießen nicht vermeiden konnte, dachte ich mit Schrecken an eine wahrscheinlich bevorstehende Seekrankheit. Indeß habe ich mich an die

hiesige Art zu rauchen schnell gewöhnt und finde sogar ein Vergnügen daran, unter einer schattigen Platane den Blick über Meer und Berge schweifen zu lassen und halb träumend, halb wachend den expansiblen Trank aus der Pfeife zu leeren.

Um das Kapitel des Rauchens vollständig abzuhandeln, muß ich noch der Wasserpfeife (Nargileh) erwähnen. Der Rauch eines sehr schweren, etwas angefeuchteten Tabaks (Tümbeki) wird durch Wasser geleitet und gelangt kalt durch einen viele Ellen langen dünnen Schlauch in den Mund des Rauchers. Das Wasser befindet sich in einer gläsernen Urne (böhmischer Arbeit); der Türke tut eine Rose oder eine Kirsche hinein und hat seine harmlose Freude daran, wie diese bei jedem Zuge auf der bewegten Oberfläche tanzt. Ein solcher Nargileh, ein schattiger Baum, eine plätschernde Fontäne und eine Tasse Kaffee sind Alles, was der Türke bedarf, um sich 10 bis 12 Stunden des Tages köstlich zu unterhalten. Der »Kjef« oder die gute Laune des Orientalen besteht in einer gleichmütigen Seelenstimmung mit gänzlicher Vermeidung aller Emotionen.

Dann buk der Koch einen flachen breiten Weizenfladen

Twain 1867

Ich werde nie wieder ein türkisches Essen bestellen. Die Kochvorrichtung befand sich in der kleinen Frühstücksstube dicht beim Basar, und alles lag nach der Straße zu völlig offen. Der Koch war schlampig, und so war auch der Tisch, auf dem die Decke fehlte. Der Kerl nahm eine Masse Wurstfleisch, strich es um einen Draht und legte das Ganze zum Garwerden auf ein Holzkohlenfeuer. Als es soweit war, schob er es beiseite, und ein Hund kam traurig hereinspaziert und knabberte daran. Zuerst roch er daran und erkannte wahrscheinlich die Überreste eines Freundes. Der

Koch nahm es ihm weg und servierte es. Jack sagte: »Ich passe!« – er spielt manchmal Euchre –, und wir paßten alle der Reihe nach. Dann buk der Koch einen breiten, flachen Weizenfladen, schmierte reichlich Wurst darauf und kam damit auf uns zu. Der Fladen fiel in den Schmutz, und er hob ihn auf, wischte ihn an seiner Hose ab und servierte ihn. Jack sagte: »Ich passe.« Wir paßten alle. Er schlug einige Eier in eine Bratpfanne und stand nachdenklich dabei, während er mit einer Gabel Fleischfasern aus den Zähnen stocherte. Dann benutzte er die Gabel, um die Eier umzuwenden – und brachte sie uns. Jack sagte: »Passe wieder.« Alle taten das gleiche. Wir wußten nicht, was wir machen sollten, also bestellten wir eine neue Portion Wurst. Der Koch holte seinen Draht heraus, teilte eine angemessene Menge Wurstfleisch ab, spuckte in die Hände und ging an die Arbeit! Diesmal paßten wir alle. Wir zahlten und gingen. Das ist alles, was ich über türkische Mahlzeiten erfahren habe. Ein türkisches Mahl ist zweifellos gut, aber es hat seine Schattenseiten.

Jede Sorte heißt Kebab

Lidell 1959

Wenn auch die Nachtruhe in Konstantinopel oft zu kurz und gestört ist, ist doch das Essen recht gut. Nicht nur in bekannten Restaurants wie bei Abdullah in der Grande Rue de Péra, wo man tscherkessisches Lamm und andere vorzügliche orientalische Gerichte erhält; oder bei Pandeli auf dem Fischmarkt oder den Restaurants auf Prinkipo, wo die Langusten oder der grillierte Schwertfisch am Spieß (mit Lorbeerblättern zwischen den Stücken) über jedes Lob erhaben sind, sondern auch in ganz bescheidenen Speiselokalen kann man bei kluger Wahl wirklich ausgezeichnet essen. Oft genoß ich unter den schattigen Bäumen in der Nähe des gedeckten Bazars ein einfaches und wunderbares Mittagessen: einen kalten grünen Pepperone, gefüllt mit Pilaff, dem Dill, Korinthen und Pinienkerne beigemischt waren, danach einen gelben Yoghurt aus Kanlica, der so gut ist wie Cornwall-Crème. Dort saß ich und beobachtete, wie Särge aus der Bayazid-Moschee getragen wurden, oder wie die Tauben Körner und Mais auf dem Platze aufpickten. Angenehm und kühl ist es auch, wenn man sein Mittagessen, in einem der Restaurants einnimmt, von denen man in das Gewimmel des ägyptischen Bazars hinunterblicken kann, während man seinen *schisch kebab* verzehrt. Weil Fleischstücke jeder Sorte *kebab* heißen, und ein Irish Stew genau so genannt werden könnte, tut man gut daran, sich aus einem Wörterbuch die verschiedenen Namen zu merken und so Enttäuschungen zu vermeiden: *schisch kebab* wird am Spieß gebraten, und zwischen den Stücken liegen Zwiebeln und Tomaten. Überall erhält man guten Fisch und herrliches Obst.

Das Café mit Lied

Aksal 1971

Das Café mit Lied in dieser Stadt
Ist dem Meer nahe
Jede Nacht
Singt es
In seinem Haar eine weiße Nelke

33
TÜRKISCHE UNTERHALTUNGEN

Die Blumensprache

Lidell 1959

Einst waren die Süßen Wasser von Asien ein bevorzugter Picknickort der osmanischen Gesellschaft. Boote fuhren den Fluß hinauf zu schattigen Punkten unter ausladenden Platanen, oder Damen fuhren in Wagen zur Flußmündung, wo Sklaven Teppiche ins Gras legten und zahlreiche Gold- und Silberplatten ausbreiteten. »Die Frauen bleiben auf der einen Seite einer langen Allee, die sich dem Flußbett entlang windet«, schrieb Madame Kibrizli-Mehmed Pascha, »die Männer auf der andern, doch der Zwischenraum ist schmal und für Schäkereien sehr bequem zu benützen. Die Herren werfen Blumen oder kleine Bemerkungen den Damen zu; und diese begnügen sich, wenn sie ehrbar sind, mit der Anerkennung der aufmerksamen Blumenspende.«
Nicht daß die Sprache der Blumen immer so unschuldig war. Ein englischer Reisender gibt eine lange stumme Unterhaltung an den Süßen Wassern wieder.
»Blumen hat sie schon; er kauft auch einen Strauß und wirft sich mit dem unbeschwerten Gehaben eines Edelmanns und Laffen der Araberin gegenüber ins Gras. Er vergnügt sich damit, die Blumen herauszuzupfen, zu sortieren, ihren Duft einzuatmen und sie zu bewundern; so kommt es ihren schwarzen Wächtern vor. In Wahrheit unterhält er sich mit der Dame.
»Bin ich nicht hübsch?« und sie hebt eine weiße Lotosblüte auf.
Er nimmt eine Paradiesblume auf.
»Du bist schöner als die Huris in Korkham.« (Paradies).

»Schaust du mich gerne an?« wird mit einer roten Rose gefragt.
»Wie die Tigerlilie gerne ihren eigenen Schatten anschaut.«
»Kannst du mich lieben?« und sie zeigt eine Narzisse.
»Wie das Maßliebchen die Sonne liebt!« und er wendet ihr die genannte Blume zu.
»Würdest du für mich sterben?« und sie zerreißt eine Rosenknospe in zwei Stücke.
»Ich würde ohne einen Laut meinen Hals der Bogensehne ausliefern«; und er reißt einer gelben Geranie oder einem Veilchen den Kopf ab . . .
Sie nimmt eine Sonnenblume und hält sie an die Seite des Jasmin.
»Triff mich heute abend in der Dämmerung«; jetzt wird rasch eine Lilie zugefügt; »beim Brunnen«; eine Rebenranke oder eine Moosrose; »im Kiosk . . .« dann eine Lavendelknospe; »es ist nichts zu fürchten.« Doch eine weiße Rose heißt »sei so vorsichtig wie du kannst«.

Ein türkischer Liebesbrief
Lady Montagu 1717

An Lady Rich
Pera bei Konstantinopel, den 16. März 1718
Ich habe, Ihrem Wunsch gemäß, einen türkischen Liebesbrief für Sie erhalten und ihn in einer kleinen Schachtel dem Schiffer des Smyrnafahrers übergeben, mit dem Befehl, sie bei Ihnen selbst abzuliefern. Hier ist die wörtliche Übersetzung: das erste Stück, das Sie aus dem Beutel ziehen sollen, ist eine kleine Perle, die auf türkisch Ingi heißt, und so muß das Ganze verstanden werden:

Perle: Holdeste der Jungfrauen.
Nelke: Du bist schlank wie diese Nelke!

Du bist eine noch nicht aufgeblühte Rose!
Ich habe Dich lange geliebt, und Du hast es nicht gewußt!
Jonquille: Hab' Mitleid mit meiner Liebe!
Papier: Ich werde jede Stunde schwächer!
Birne: Gib mir Hoffnung!
Seife: Ich bin krank vor Liebe!
Kohle: Möge ich sterben und alle meine Jahre Dein sein!
Rose: Mögest Du vergnügt und Dein Kummer mein sein!
Strohhalm: Vergönne mir, Dein Sklave zu sein!
Tuch: Dein Wert ist nicht zu ermessen!
Zimt: Aber mein Reichtum ist Dein!
Schwefelfaden: Ich brenne, ich brenne! Meine Flamme verzehrt mich!
Goldfaden: Wende Dein Angesicht nicht weg!
Haar: Krone meines Hauptes!
Traube: Meine Augen!
Golddraht: Ich sterbe! Komm' geschwind!

Und als Nachschrift
Pfeffer: Sende mir eine Antwort!

Sie sehen, dieser Brief ist ganz in Versen abgefaßt, und ich kann Ihnen versichern, es ist soviel Sinnreiches in ihrer Auswahl angebracht wie in den studiertesten Ausdrücken unserer Briefe. Man hat, wie ich glaube, eine Million Verse zu diesem Zweck. Es gibt keine Farbe, keine Blume, kein Unkraut, keine Frucht, kein Kraut, keinen Stein, keine Feder, die nicht einen zu ihr gehörigen Vers haben. Man kann sich zanken, Vorwürfe machen oder Liebes-, Freundschafts- oder Höflichkeitsbriefe, ja gar Neuigkeiten herumschicken, ohne die Finger mit Tinte zu beflecken.

Karagös und Trinker

Pouqueville 1805

Ein Europäer, der Constantinopel nicht gesehen hat, wird sich wohl kaum einen Begriff machen können von einer Stadt, wo das Volk immer ernsthaft und gesetzt, nichts weiß von Spaziergängen, Schauspielen, Tänzen, mit einem Worte, allen jenen Vereinigungspunkten, welche das Leben durch Abwechselung verschönern. Nimmt man die Festtage des Bäram aus, wo die Muselmänner ihre Arbeiten unterbrechen, und sich das Vergnügen machen, auf einigen Anhöhen sich zusammenzusetzen, und sich an einer angenehmen Aussicht zu ergötzen, so findet man sie beständig beschäftigt. Genau genommen, kann man auch nicht sagen, daß sie ein Schauspiel haben, denn diesen Namen verdienen doch nicht die äußerst unanständigen Marionettenspiele, welche diese auf ihre Frauen so eifersüchtigen Männer in ihren Familien vorstellen lassen.

»Der Held des Stücks« sagt M. L. B. Sevin, dessen eigene Worte ich anführe, »ist ein abscheulicher Kerl, »Caragueuse mit Namen, welcher mit der ganzen Equipage des berüchtigten Gottes von Lampsakus auf der Bühne erscheint. Er vermählt sich im ersten Akte, vollzieht seine Vermählung im Angesichte der ganzen ehrbaren Versammlung. Im zweiten Akte kommt seine Frau nieder, und das Kind hält mit seinem Vater auf der Stelle einen äußerst schmutzigen Dialog. Im dritten Akte nimmt Caragueuse das Kleid eines Derwisches, und sogleich nach seiner Einkleidung erscheint ein fürchterlicher Drache, der sogleich ihn nebst der ganzen Brüderschaft verschlingt. Weil nun aber das Ungeheuer eine so schlechte Mahlzeit nicht verdauen kann, gibt es die Mönche einen nach dem andern wieder von sich, worauf denn alsbald das Theater abgekehrt wird, und die Gesellschaft sich entfernt.«

Caragueuse wird immer von einem Narren begleitet, Codja

Haïvat genannt, welches der Jacques Pouding der Engländer, oder etwas dem französischen Gilles Ähnliches ist. Er fängt alle seinem Herrn zugedachten Hiebe auf, und macht dessen Witz und Einfälle durch seine Dummheit bemerklich. Ich selbst habe mehrere solcher Farcen gesehen, wo Aristoteles und die guten Sitten gleich arg mißhandelt werden. Als Zwischenraum stellt man zuweilen eine jüdische Beerdigung vor, deren Zug von einem Pastetchenhändler beschlossen wird, der seine Ware auf portugiesisch ausruft.
So haben denn die Türken weder Schauspiel noch Feste. Blos die öffentlichen Plätze sind bedeckt mit Possenreißern, welche Schlangen nach dem Schalle einer Trommel tanzen lassen, oder mit Taschenspielern und Bärenführern. Man findet auch Banden von Zigeunern oder Tchingenets, welche nach dem Schalle einer sanften Musik die sittenlosesten, empörendsten Tänze aufführen. Diese Elenden, obgleich zum Ismailismus sich bekennend, werden von den Türken verworfen und exkommuniziert, diese lassen sich wie andere Vasallen des Reichs den Caratsch bezahlen, indem sie sie mit Recht gar nicht als Muselmänner betrachten wollen.

Die Welt der Leinwand

Pazarkaya 1974

Eine Besonderheit des Karagöz ist, daß seine Figuren von einem einzigen Spieler betätigt werden. Dieser spieltechnische Vorgang führte zu einer eigenen Philosophie des Karagöz. Nach islamisch-mataphysischer Deutung wurde die Leinwand des Karagöz der Welt gleichgesetzt. Die Menschen und alle anderen Wesen wurden durch die Schatten der Scheinfiguren abgebildet. Wie diese Figuren hinter der Leinwand von einem Schattenspieler, der für den Zuschauer unsichtbar bleibt, geführt werden, so werden auch die Menschen von einem für sie unsichtbaren Schöpfer geführt. Aus dieser gleichnishaften Interpretation seiner Technik geht auch der lehrstückhafte Charakter des Karagöz als »Leinwand der Lehre« hervor. Zu der durch die Spieltechnik bedingten mystischen Perspektive im Karagöz kommt eine zweite, die auf die Realität bezogen ist. Diese zweite Perspektive wird durch die satirische Reflexion des durch Sitten, Religion und Staatsverwaltung unterdrückten Menschen bestimmt.

Der Medâk oder Geschichtenerzähler

Walsh 1841

Der Ort, wo der Medâk auftritt, ist gewöhnlich ein Kaffeehaus. In der Regel hat er einen kleinen Tisch vor sich, hinter dem er entweder steht oder auf dem er sitzt. Seine Ärmel sind aufgestreift und er hält gewöhnlich ein kleines Stäbchen in der Hand. Wenn er ein Sprichwort erklärt, gibt er erst den Text an und beginnt sodann seine Erzählung. Er stellt Personen von allen Sekten und Nationen vor und ahmt mit wunderbarer Genauigkeit die Sprache aller nach. Vorzüglich geschickt aber ist er in der Nachahmung der Juden, deren unvollkommene Aussprache jeder Sprache, die sie zu sprechen versuchen, ihm einen glücklichen Gegenstand zur Karikatur gibt. So ahmt er die verschiedenen Akzente der mannigfachen Bevölkerung des türkischen Reiches mit einer glücklichen Wahl ihres charakteristischen Ausdruckes nach. Unter den Sprichwörtern, die hier erläutert und dramatisiert werden, sind folgende die häufigsten. »In einem Wagen, den ein Ochse zieht, kannst Du einen Hasen fangen.« »Wenn Du auch sagst, Honig, Honig, kommt er noch nicht in Deinen Mund.« »Niemand kann zwei Melonen unter einem Arme tragen.« »Wenn Dein Feind auch nicht größer ist als eine Ameise, so halte ihn doch für eben so groß als einen Elefanten.« »Mit einem Tropfen Honig fängt man mehr Fliegen als mit einem Eimer voll Essig.« »Wer nur auf einem geliehenen Pferde reitet, reitet nicht oft.« »Vertraue nicht auf die Weiße eines Turbans.« »Obgleich die Zunge keine Knochen hat, so zerbricht sie doch Manches.« In diesen und ähnlichen werden die Folgen des Fleißes, der Beharrlichkeit, der Trägheit, der Vorsicht, der List und anderer sittlichen Eigenschaften auf eine eben so schlagende als unterhaltende Weise dargestellt. Der Erzähler geht in diesen Vorstellungen mit einer auffallenden und glücklichen, für die Trägheit und Beschränktheit der Türken anscheinend unerreichbaren Leichtigkeit, von Ernst zu Scherz über.

Der Muqallid oder Nachahmer

Schrader 1917

Der »Muqallid« ist im Orient seit unvordenklichen Zeiten zu finden. Evlia Tschelebi, der im 17. Jahrhundert über die alte Türkei so wunderbare Dinge erzählte, will wissen, daß schon, als Kain den Abel erschlug, die Menschen sich in zwei Teile geteilt haben, die aus Hohn und Spott einander nachgeahmt haben. Der alte türkische Reisende muß ein großer Liebhaber der »Muqallids« gewesen sein. Denn er kann nicht genug Schnurren über sie erzählen. Er führt uns auf den Hof Sultans Bajasid Jildirims und stellt uns den berühmten Muqallid Kjör Hassan vor, der den strengen Sultan, der einige Ulemas gefangen hielt und nicht freilassen wollte, durch den Scherz zur Nachgiebigkeit bewegte, daß er sich als griechischer Bischof anzog und behauptete, nach dem damals noch nicht eroberten Konstantinopel gehen zu wollen, um christliche Geistliche zu holen, da der Sultan die Ulemas auszurotten beschlossen habe. Dann erzählt der Tschelebi vom Muqallid Sultan Murads, dem berühmten Schehbas der alle Künste verstand und besonders die Kunst der Schattenspiele zu Ansehen brachte. Er verband also die Darstellung des Muqallid mit der der Schattenspieler und führte sowohl den arabischen Bettler wie den Arnauten, den Verschwender, den jungen eleganten Herrn, die drei Gentlemen-Räuber und vieles andere vor, alles in allem 300 verschiedene Nachahmungen. In des Tschelebi eigenen Tagen und besonders unter dem kunst- und poesieliebenden Eroberer von Bagdad Sultan Murad IV. stand die Kunst der Muqallid sehr in Gunst bei Hofe sowohl wie bei der Bevölkerung. Einige der Muqallids gehörten Derwischorden an. Sie waren ungemein witzige Improvisatoren, so daß sie, wie Evlia Tschelebi sagt, bei dem unverwüstlichen Nasreddin Hodscha selbst Unterricht genommen zu haben schienen. Sie besaßen außerdem große Sprachkenntnisse, und einer von ihnen konnte auf dem Podium in siebzehn Sprachen sprechen. Noch unser Aschki Effendi beherrscht das Griechische und das Spaniolische erstaunlich gut. Einige Muqallids machen in ihrer Darstellung das Unwahrscheinlichste glaubhaft. So schneidet sich Ssorna Tschelebi, wenn er einen »Tirjaki«, einen ausschweifenden Raucher spielt, so stark in die Hand, daß das Blut fließt. Aber der Mann besaß das Geheimnis, das Blut auf wunderbare Weise plötzlich zum Stillstand zu bringen. Ein anderer Muqallid, der in Büjükdere wohnte, war groß in der Darstellung von Tierszenen. Er spielte den Hund und die Katze oder den uns alten Peroten noch erinnerlichen Streit zweier Straßenköter aus verschiedenen Stadtvierteln oder den Streit eines eifersüchtigen Kamels mit seinen Genossen. Er konnte alle die Rufe aller Vögel nachahmen und ihren melancholischen Gesang. »Es war ein seltsamer merkwürdiger Mann«, sagt Evlia Tschelebi. »Aber tief innerlich fromm und gottesfürchtig.« Was für Elemente einer künstlerischen höheren Auffassung der Natur und des Menschenlebens lagen nicht in dieser jetzt halbvergessenen alten türkischen Kunstausübung! Leider hat diese vor der europäischen Kultur weichen müssen, so daß sie jetzt nur noch von Leuten aus dem Volke geschätzt wird. Eine Erneuerung und Ausführung der Kunst des Meddahs hat man nie versucht . . . Darum gehört der stabbewehrte Meddah heute dem Volke. Stundenlang kann dieses unter Lachkrämpfen seinem unterhaltenden Vortrag lauschen, geradeso wie es alle Klassen der Bevölkerung zur Ramasanzeit taten, als noch Sultan Murad IV. auf dem Thron saß. So hielten es die Vorfahren, und so hält es heute noch der kleine und große Stambuli aus dem Volke. Das ist das heitere Lachen, das durch die so furchtbar ernste türkische Geschichte hindurchklingt.

Kostprobe 1: Karagös im Sängerwettstreit

Ritter 1953

Den, der von Stambul nach Isnik
Zu Fuß geht, soll man loben nur!
Bei einem räudgen Hund der Schlaf
Ist schön, brauchst's zu erproben nur!

Als Nachthaube empfehl ich dir
Den Hut aus Zuckerhutpapier.
Für unsern Esel sei der Trog
Voll Hafer und voll Gerste schier!

Laß, wenn du Fleischpastete ißt,
Den Knoblauch dran recht reichlich sein!
Ein Zuckerkürbis möchte dann
Als Nachtisch unvergleichlich sein!

Am Markte ging ich oft vorbei,
Wohl zehen Mal die gleiche Bahn,
Und jedesmal, so oft ich ging,
Stahl ich dem Händler Marzipan.

Mein Esel schreit den ganzen Tag
Aus einem gleichen Trieb wie du.
Ich bin es müde, Tag und Nacht
Den Bär zu striegeln ohne Ruh.

Laß, wenn du Fleischpastete ißt,
Den Knoblauch dran recht reichlich sein!
Ein Zuckerkürbis möchte dann
Als Nachtisch unvergleichlich sein.

Ging bei Samatia ich vorbei,
Ein Gläschen schnell ich runtergoß.
Die Angel warf ich neulich aus,
Zwei winzge Fischlein fing ich bloß.

Großmutter, als sie lebte noch,
Von früh bis spät die Spindel dreht'.
Vor kurzem grub der Junge mir
Ein großes Loch ins Tulpenbeet.

Laß, wenn du Fleischpastete ißt,
Den Knoblauch dran recht reichlich sein!
Ein Zuckerkürbis möchte dann
Als Nachtisch unvergleichlich sein.

Kostprobe 2: Nasr-eddin und der verstorbene Kessel
Horn 1903

Eines Tages hatte Nasr-eddin einige Freunde zu Tische geladen, besaß aber keinen Kessel, der groß genug gewesen wäre, um für so viele Personen den Reispilaw zu kochen. Er ging also zu einem Nachbarn und bat, ihm einen großen Kessel zu leihen. Der Nachbar willigte ein und gab den Kessel her. Einige Tage später brachte Nasr-eddin den geliehenen Kessel auch richtig zurück, in demselben aber lag eine kleine Kupferschale. »Was soll die Schale, die mir nicht gehört?« fragte der Nachbar. »Dein Kessel hat bei mir geboren und die Schale ist das Junge, das er zur Welt gebracht«, berichtete wie von einer ganz alltäglichen Sache Nasr-eddin, »meinst du nicht, daß derjenige, dem die Mutter gehört, auch Anspruch auf das Junge hat?« – Der Nachbar, der da glaubte, daß Nasr-eddin auf diese drollige Art sich für das Darleihen des Kessels erkenntlich zeigen wolle, bejahte die Frage lachend und nahm vergnügt Kessel und Schale in Empfang. – Nach einiger Zeit fand sich Nasr-eddin abermals bei seinem Nachbar mit derselben Forderung ein, ihm den Kessel zu leihen. In der stillen Hoffnung auf eine nochmalige Bereicherung seines Kücheninventars gab der Nachbar gern den Kessel wieder her, aber Tag um Tag, Woche um Woche verstrich, ohne daß Nasr-eddin sich gemüßigt gesehen hätte, den Kessel wieder zurückzubringen. Endlich riß dem Nachbar die Geduld, er begab sich zu dem säumigen Entleiher und forderte energisch Rückgabe seines Kessels. Aber mit betrübter Miene teilte ihm Nasr-eddin mit: »Dein Kessel ist leider gleich nach dem Gebrauch plötzlich gestorben.« – »Rede keinen Unsinn«, erwiderte der Nachbar entrüstet, »wie kann denn ein kupferner Kessel sterben?« – »Warum nicht?« fragte kühl Nasr-eddin. »Als ich dir vor einigen Wochen mitteilte, daß der Kessel bei mir geboren habe, hast du es ohne weiteres geglaubt und das Junge für dich beansprucht, warum willst du jetzt nichts davon wissen, daß derselbe Kessel gestorben?«

34
GRAUSAME LEIDENSCHAFTEN

Der Eroberer tötet die schöne Irene

Karabacek 1918

Die herrlichste Erscheinung am Hofe des Eroberers soll die von ihm heiß geliebte Sklavin Irene gewesen sein. In einer von der historischen Kritik scharf abgewiesenen Überlieferung wird nämlich erzählt, daß die Türken nach der Einnahme von Konstantinopel unter der reichen Menschenbeute ein sechzehn- bis siebzehnjähriges griechisches Mädchen von wunderbarer Schönheit, namens Irene, fanden und zu Muhammed brachten, der von Liebe zu ihr entbrannt, sich von wichtigen Unternehmungen abhalten ließ. Als eine Vertrauensperson endlich dem Großherrn darüber Vorstellungen machte, war derselbe weit davon entfernt, über diese Kühnheit zu zürnen; sondern antwortete nur, er werde sofort beweisen, daß er sich selbst zu besiegen verstehe. Hierauf beschied er die militärischen Häupter in einen Saal des Serai und trat, die reichgeschmückte, himmlisch schöne Irene an seiner linken Hand führend, in ihre Mitte. Sodann frug er die Versammelten, ob sie wohl jemals eine vollkommenere Schönheit gesehen hätten. Alle antworteten Nein und lobten seine Wahl um die Wette. Da rief Muhammed: nichts in der Welt kann mich davon abhalten, auf die Größe des ʿos̠mânischen Hauses bedacht zu sein! Sogleich faßte er Irene bei den Haaren und durchbohrte ihr mit einem Dolche, den er zur Seite stecken hatte, die Kehle, worauf das unglückliche Mädchen tot zur Erde sank.

Es findet sich auch bei ihrer Wollust einige Grausamkeit

Barclaisches Türkenbild 1684

Das wilde Geschlecht der Türken, das zum Verderb der Städte, Künste und Wissenschaften gleichsam geboren, ist nicht durch eigene Tugend, sondern der Laster wegen so glücklich geworden . . . Es ist ein fräßiges Volk, das mehr auf die Weide des Leibes, als Erbauung des Gemüts beflissen ist. Und nachdem sie wegen der schändlichen Fleischeslust so übel berüchtigt sind, so ist dasselbe nicht sowohl ihnen, als ihrem schändlichen Mahomet beizumessen, welcher die den Menschen sonst angeborene böse Lust, die sowohl der höchste Gott, und die Zucht gezähmet wissen will, durch seine Gesetze frei gelassen . . . Es findet sich auch bei ihrer Wollust einige Grausamkeit, sonderlich bei dem Fürsten, welcher sowohl über ihr Blut, als über ihr Gut Herr ist. Der Große Herr ging durch Constantinopel, und gedachte aufs Feld, zum Jagen hinaus. Da wird er vor eines Soldaten Hause eines Knaben gewahr, der mit den Augen fast leichtfertig spielete. Darüber wird des unflätigen Fürsten Geilheit entzündet, daß er den Knaben hinweg zu nehmen und auf die kaiserliche Burg zu bringen befiehlet. Aber der Soldat, der mit dem Knaben auch sein leichtfertig Wesen getrieben, läßt sich durch die Liebe von dem Gehorsam gegen den Fürsten abhalten, und untersteht sich, sein Leben um des Buben willen darzusetzen, und die herein fallenden Kaiserlichen Bedienten mit gezücktem Schwert abzuhalten. Aber was vermochte einer wider so viele? Der Fürst, der sonst über begangene Frevel sehr zürnet, hat dieses so törichten verliebten Soldaten Gewalt-Übung nicht allein hingehen lassen, sondern ihm auch, statt des hinweg genommenen Knaben, ein Land-Vorwerk verehrt, und ihm den Sold zu mehren befohlen. Darauf erfolgt, daß der Kaiser diesen schändlichen Hurenbalg überaus lieb gewonnen, sich an ihm erlustiget, und ihn als einen Rat gebraucht. Welches, als es der Soldat vernommen, hat er seinen vormals Geliebten, in so hohen Ehren, zu sehen verlanget. Hat derohalber von den Türwärtern mit Verehrungen und Bitten erhalten, daß, wenn der Kaiser im Garten speisete, er denselben hinter den Rücken der Trabanten, samt dem Knaben, zu sehen bekommen möchte. Denn diesen pflegte der Kaiser bei seinen Gastmahlen zu haben. Er kömmt zur rechten Zeit. Der Kaiser lag, nach ihrer Gewohnheit, auf dem Teppich, und nicht ferne von ihm diese abscheuliche Hure, welche über so hoch angebrachter Unzucht sehr stolz tat. Indem läßt sich der Soldat gar zu merklich blicken, daß er von dem Knaben gesehen worden, welcher, der vorigen Lustübung eingedenk, alsbald herfür und zu ihm wischt, und ihm die ergriffene rechte Hand küßt. Als er wiederkehret, fährt der Fürst auf ihn zu, und fragt ihn mit erbostem Gesicht und vor Zorn brennenden Augen: Wo bist du Leichtsinniger und Ungetreuer gewesen? Er antwortet: Bei meinem vorigen Herrn, bei dem ich nur einen Gruß hab ablegen wollen. Der durch Eifersucht rasende Kaiser, durchbohrt darauf ohne Verzug mit seinem an der Seite habenden kurzen Gewehr seinen Buhlen. Als er aber niederfället, fällt der Kaiser gleich mit ihm zu Boden, legt sich mit seiner Brust auf die Wunden des Erstochenen und begleitete mit Seufzen den ausfahrenden Geist. Der Soldat sollte alsbald hingerichtet werden, entweder weil er an einen verbotenen Ort zu kommen sich unterfangen, oder daß er dem Fürsten so große Wehmut verursachte. Aber er ist in dem Tumult durch Gunst der Trabanten entwischt und an geheimem Ort, durch der Seinigen Verschwiegenheit so lang erhalten, bis des Fürsten Gemüt besänftigt worden. So gar sind keine Freundschafts-Verbindungen vor so grausamer Tyrannei sicher, und achtet der Fürst nicht allein sein ruhiges Wesen, sondern auch seine Wollust höher, als das Leben seiner Untertanen.

Baki um 1550

Du schneidest Köpfe ab mit wirrer Locken Enden,
Du richtest Blutbad an mit Deiner Wimpern Enden.
Es drängen hart auf mich als Unglücksboten ein,
Die Pfeile Deiner Brau'n und Deiner Wimpern Enden.
Gefall'ne hofften sich in Deinem Staub zu wälzen:
Steht dieß geschrieben so an Deines Saumes Enden?
Dein Herzensvogel Baki girrt wie Turteltauben,
Mit zärtlichem Gestöhn' auf der Zypressen Enden.

Triumphzug

Hammer-Purgstall 1829

Des Landhauptmanns Gemahlin sandte an Ferhadbeg, mit der Bitte um den Leichnam und den Kopf des Gemahls zur Bestattung. Der Leichnam wurde ausgeliefert, und unter allgemeiner Trauer der Hauptstadt Krain's in derselben bestattet; »das Haupt«, war Ferhadbeg's Antwort, »werde folgen, vor jetzt müsse demselben die Haut abgezogen, und diese mit Stroh ausgestopft werden, zum Triumpheinzuge zu Constantinopel als Trophäe«. Vierzehn Tage nach der bestätigten Friedenserneuerung war das erste dem kaiserlichen Botschafter, Freiherrn von Ungnad (Protestant wie Auersperg), gegebene Schauspiel der Triumpheinzug der abgehauenen Köpfe. Voraus Gränzer mit langen, roten, bosnischen Hauben, dann zwei Fahnen und die zwei Köpfe, Auersperg's und Weixelberg's, auf Stangen, von denen, die sie abgehauen, getragen, der erste von Deli Perwane, der zweite von Deli Redscheb; vier Fahnen, der kroatische Hauptmann Mettlioth und der krainische Pfleger, Herr v. Thurn, Anführer von vier Fähnlein Uskoken, zwei Trompeter, einige und zwanzig Gefangene mit schweren Ketten um den Hals, der letzte, der sich für einen edlen Purgstaller ausgab, in Kamisol mit bauschichten Braunschweigern Ärmeln, mit grünen und blauen Federn auf dem Hute; so wurden sie unter Trommeln und Pfeifen zum Großwesir, und am folgenden Tage abermals in den Diwan vor den Sultan geführt. Vier von den Gefangenen wurden im Diwan beschnitten durch den Henker. Mit diesem mußte der Botschafter um die beiden Köpfe unterhandeln; der Henker forderte erst achtzigtausend Dukaten, und warf die Köpfe dann weg, wofür ihn der Großwesir prügeln ließ; endlich um fünfzig Taler ausgelöst, in ein zypressenes Kästlein gepackt, und mittelst des nächsten Kuriers versendet, wurden sie in ihrem Vaterlande zu Tschernembel bestattet.

Er ließ ihm eine mit Stroh gefüllte Mannshaut zeigen

Lisola 1684

Darauf ließ er den Bassa von Zigeth vorfordern, und ihm eine mit Stroh ausgefüllte Mannshaut zeigen, fragend, ob er dieselbe auch wohl kennete? Dem guten Bassa lief es kalt und warm über den Leib, sich befürchtend, daß es ein Vorbote sein solle, um ihm anzudeuten, was seiner Haut vielleicht bald begegnen werde. Wußt der derowegen nicht, in großer Angst und Bestürzung, was er darauf antworten sollte, sondern neigte sich zu denen Füßen des Großherrens, und verlangte nichts mehr, als die Erklärung dieses scheußlichen und furchtsamen Emblema. Der Sultan sagte darauf: Dieses ist die Haut eines von deinen Vorfahren des Bassa von Zigeth, welcher auf unsern Befehl lebendig geschunden und dessen Haut zum Denkmal hierher nach Constantinopel geliefert worden, weil er durch seine Unachtsamkeit die große Brücke bei Estock, im verwichenen ungarischen Kriege, von dem Feind hatte in Brand stecken lassen. Dergleichen Belohnung hast du unfehlbar auch zu gewarten, wann bei gegenwärtigem Kriege, durch deine Hinläßigkeit, gemeldete Brücke wiederum sollte Schaden leiden, oder zu unserem großen Nachteil vom Feinde sollte eingeäschert werden.

Wer dazu geboren ist, aufgehängt zu werden, kann nicht ertrinken

Türkisches Sprichwort

Der Tumult in Constantinopel wegen einer Meccareise des Sultans

Halbmayer 1622

Es ist nunmehr fast in der ganzen Welt erschollen, wie sich in gegenwärtigem 1622. Jahr zu Constantinopel ein großer und zuvor unerhörter Tumult und Aufstand zwischen dem Türkischen Kriegsvolk und ihrem Kaiser Sultan Osman erhoben, darüber etliche fürnehme Türkische Offiziere niedergesäbelt, auch endlich besagter Osman gefangen, und auf Befehl seines Vetters, des neuen Sultans Mustapha, stranguliert worden.

Anfänglich ist genugsam bekannt, wie der Türkische Kaiser Osman im abgewichenen 1621. Jahr, einen großen Heerzug wider die Krone Polen fürgenommen. Nachdem aber solche Kriegs-Expedition nicht allerdings zu seinem Content ausgeschlagen, ist er sehr betrübt zu Constantinopel wieder angelangt, und war damals die Vermutung, daß er auf seine Milites oder Soldatescam sehr unwillig gewesen, aus Ursachen, weil sie ihm, seiner Meinung nach, wider die Königliche Majestät in Polen, nicht getreulich gedienet haben sollten. Solche Gedanken und empfangene Suspicion bewegte ihn dahin, daß er sich resolvierte, eine Wallfahrt und Reis' nach Mecha oder Mecca (allda des Türkischen Anfängers Mahomets Grab sein soll, dahin auch die Türken aus Andacht zu wallfahren, auch ihr hohes Osterfest Cucci-Beiram

genannt, allda zu halten pflegen), fürzunehmen und anzustellen. Wie er dann bald nach seiner Wiederankunft zu Constantinopel alle Ordnung und notwendige Fürsehungen zu solcher, seiner fürgenommenen Reis' hat tun lassen ... Da haben die Janitscharen ihrem Kaiser fürbringen lassen, es sei nicht ratsam, daß der Sultan seine eigene Person und ansehenliches Kriegsvolk auf eine so gar ferne Reise und gefährliche Ungelegenheiten wagen solle. Da er aber von seiner unnötigen Wallfahrt nicht ablassen wollte, so möchte er solche allein verrichten, sie wollten in solchem Fall nichts damit zu schaffen haben, und alsdann bald einen anderen Kaiser finden. Dieweil aber ihr Bitten und Erinnern keine Statt finden wollte, ist der Unwillen des Türkischen Kriegsvolks in eine heftige Verbitterung verwandelt, und die Feindschaft wider ihren Sultan und etliche fürnehme Häupter, deren Rat der Sultan gefolgt, je länger, je größer geworden, also daß es sich zu Constantinopel zu einem großen Tumult angelassen hat ...
Das Volk adjurieret und erzürnet sich dermaßen, und machten einen solchen Tumult, daß der Kaiser Osman anfing zu dubitieren, und sich an ein sicheres Ort begab. Das Kriegsvolk aber legte alle Geduld beiseite, und drang haufenweise durch die dritte Pforte herein, solche ward von den Eunuchen (welches türkische Frauenzimmerdiener sind) zu dem Ende offen gelassen, auf daß nicht viel Blut vergossen würde ... Die türkischen Kriegsleut aber ließen sich damit nicht begnügen, sondern liefen im kaiserlichen Palast die Stiegen hinauf, besuchten und durchliefen in der Furie alle Gemach und Kammern ... bekommen auch erstlich den Kislar Aga, den haueten sie sobalden mit ihren Säbeln in großem Grimm zu Stücken. Unterdessen wurde ihnen der Primo Vezier ... gesandt und eingeliefert, demselben täten sie desgleichen, und säbelten ihn gleichfalls zu Boden. Hernach sucheten sie den Kaiser, des Vorhabens, daß ihnen derselbe der anderen begehrten Köpfe auch überliefern, und

zugleich versprechen sollte, daß er nicht alla Mecca reisen wollte . . .

Als nun das tumultuierende Türkische Kriegsvolk alle Ecken im Garten durchsuchte, fanden sie den Sultan Mustapha, der war von seinem Vetter, Kaiser Osman in einer finsteren Kammer unter der Erden, schon lange Zeit gefänglich gehalten. Solch Ort wurde ihnen durch einen Jungen, welcher dem Sultan aufwartete, gezeiget. Entschloß sich also das Kriegsvolk, daß sie ihn, Mustapham herausziehen und wieder zum Kaiser aufwerfen wollten. Zu solchem Ende hatten sie nicht so viel Geduld, daß sie durch die rechte Tür in solche, des Mustaphae Kammer oder Custodia gegangen wären, sondern sie ließen sich durch ein Fenster hinein, gleich als wenn sie in einen Brunnen fahren wollten. Als sie nun ihn, Mustapham durch das Loch heraus gezogen hatten, da entsetzte sich der arme Mann (weil er so viele bewaffnete Leute um sich herum sahe, und seines Lebens befahrete) dermaßen, daß er vor großem Schrecken fast seinen Geist aufgegeben hätte. Nach dem er aber vom Kriegsvolk verstanden, daß sie ihn zum türkischen Kaiser machen wollten, kam er wieder zu sich selbsten . . .

Als nun Kaiser Osman den neuen Kaiser Mustapham um Gnad und Verzeihung bat, auch denselben erinnerte, daß er ihm (da er, Mustapha, vom Kaisertum hiebevor abgesetzt worden) auch das Leben geschenket, eben dergleichen von ihm auch hoffete. Da gab der neue Kaiser zur Antwort, daß er das Leben durch Gottes Hülf, und nicht durch ihn, Osman . . . erhalten hätte, da er sonsten seinethalben längst tot sein müsse. Und mit dieser harten Antwort befahl er, man sollte ihn zu den sieben Türmen führen.

Die Janitscharen

Jahn 1828

Die Janitscharen wurden nämlich von Murad I. 1362 unter dem Namen Jenitscheri (neue Soldaten) aus den Kriegsgefangenen, besonders aus Christen, errichtet, und in Ortas (Legionen) eingeteilt, deren jede ihre Unterbefehlshaber und einen Obersten oder Aga hatten. Anfänglich hatte man ihnen manche Siege zu danken, welche sie aber andererseits so hochmütig machten, daß man ihnen auch manches Unglück zu danken hatte. Von einigen feigen Sultanen ertrotzten sie Begünstigungen, die sie für geheiligt ansahen, und so stiegen ihre Anmaßungen und mit denselben auch die Gefahr jedes ihrer Regenten, die sie zwar einsahen, aber sich zu schwach fühlten, die Ausgearteten in ihre ursprünglichen Schranken zu verweisen. Hat auch einer etwas gegen sie zu unternehmen gewagt, so kostete es ihm das Leben, oder wenigstens den Thron. Auf diese Art trug diese Soldateska nicht allein sehr viel zum bösen Rufe ihrer Nation bei, sondern sie mußte sich auch durch ihre sonstige Brutalität bei ihr so verhaßt machen, daß man allgemein ihre Auflösung wünschte.

35

FUNERALIEN UND GRÄBER

Türkische Funeralia

Lewenklaw 1590

Endlich sind sie den 22. Novembris (1566) zu Constantinopel ankommen. Daselbst hat man die Leich' des Sultans Soliman mit großem Zulauf des Volks, und allerlei Leut' empfangen. Und ist der Türken Mufti voran gezogen, welcher bei ihnen das Haupt in allen Sachen, ihr Gesetz, Religion, Gericht und Recht berührend. Auf den Mufti sind gefolgt, der Ischender Bascha Vizesultan, die Dephterdarn, das ist Kammerpräsident und Räte, samt deren Begen, so durchaus schwarz bekleidet. Endlich ist eine unzählbare Menge des gemeinen Volks diesen nachgegangen.

Als bald man die Totenbahre vom Wagen gehebt, haben solche die fürnehmsten Begen auf ihre ausgestreckte Hand gelegt, oft abgewechselt, und also durch die Stadt getragen. Mittlerweil haben Talismanlar oder Türkische Pfaffen, mit großem Heulen, ihm das Requiem nach Mahumetischer Weise mit kläglicher Stimm bis zu der Zuna gesungen.

Folgends hat man die Leich in die Zuna niedergestellt, die Bahre mit köstlichem Schamlot bedeckt, einen Säbel zur Seite gelegt, dadurch anzuzeigen, daß er sein Leben im Krieg geendet. Zum Haupt einen Tulbant aufgerichtet, aus gar subtiler weißer Leinwand gemacht und ineinander gewickelt, welchen er bei seinem Leben getragen, mit einem Buschen auserlesener schwarzer Reiherfedern. Hinter dem Haupt zwo große Wachskerzen, gleich wie runde Pyramides, so doch gar nicht angezündet werden, auf Leuchtern gesetzt. Darauf etliche Talismanlar und Hoggialar (sind türkische Pfaffen) dahin verordnet, welche nach türkischem

Brauch am Boden mit überschränkten Schenkeln sitzen, und ohne Unterlaß etliche Totengebete in seiner Zung mit brummendem Maul sprechen sollten. Dies alles ist noch zu sehen, wie denn ich's viele Jahr hernach, da ich zu Constantinopoli war, gewärtig beschaut und also befunden. Um seinen Sarg herum stehen auch noch andere Sarg, als nämlich der reussischen Sultanin, und etlicher des Sultans Solimans Kinder. Geschehen im 973. Jahr der Mahumetischen Jahrzahl.

Er hat ein herrlich schön Zelte vor Sankt Sophien Tempel aufgeschlagen.

Frankfurter Messerelation 1595

1595, am 8. Tag des Jänners starb Amurath (Murat) der 3. dieses Namens, Türkischer Sultan zu Constantinopel an Greys und Seitenwehe im 48. Jahr seines Alters. Aber sein Tod war etliche Tage verborgen gehalten, bis sein ältester Sohn Mehmet aus Amasia zum Regiment an des Vaters Statt gen Constantinopel erfordert ward. Wie wohl man verhoffte, sein jüngster Bruder, der nit so wilde wie der älteste, sollte zum Regiment kommen sein ... So bald nun gemeldeter Mehmet zu Constantinopel ankommen, hat er mit Gewalt und Mord die Regierung angetreten, auch alle seine Brüder, deren an der Zahl 19 gewesen, nach türkischem Brauch strangulieren und hinrichten lassen. Zehn fürnehme Weiber seines Vaters ins Meer werfen und ersäufen lassen. Den obersten Kämmerling, so des verstorbenen Amurats Todfall bis auf des jetzigen Sultani Ankunft verhalten, hat er recompensa 2000 Cechini, und der Sultana, seiner Mutter, einen Ring von 10 000 Kronen Wert geschenkt.

Seine Mutter aber mit einem stattlichen Zehrpfennig abgefertigt und an einem weitgelegenen Ort zu wohnen verschickt. Nachdem aber die Janitscharen und das andere Kriegsvolk ihres Sultans Tod vernommen, haben sie alsbald einen großen Lärmen und Unruh erweckt, die Stadt Constantinopel geplündert, und also Haus gehalten, daß man sich eines größeren Unglücks besorgte. Doch ist dieser Tumult von dem angehenden neuen Sultan zuletzt mit großer Mühe wieder gestillet worden, und in allen Gassen gute Wacht und Ordnung bestellt, und darauf nach türkischer Art, ein herrlich schön Zelte vor Sankt Sophien Tempel aufgeschlagen, der verstorbene Vater, samt seinen 19 entleibten Söhnen, darunter getragen, und der Vater auf die rechte Hand, allein, die Söhne aber gegenüber auf die linke Hand, daß sie jedermann sehen konnt bis zum Begräbnis.

Von den Türben

Castellan 1815

Turbeh nennt man Begräbniskapellen, die zum Andenken einiger Heiligen des Islamism, der Sultane, der Prinzen und Prinzessinnen des kaiserlichen Hauses erbauet sind. Diese Gebäude, die gewöhnlich in den Gärten der Moscheen stehen, welche diese Fürsten erbauet haben, sind sehr reich verziert; sie enthalten oft mehrere Gräber. Das Grab ist bloß mit einer Art von hölzernem Kasten bedeckt, der in einen kostbaren Zeug eingehüllt ist, auf welchem man in Gold Verse aus dem Koran gestickt hat; die Seite des Kopfs ist mit einem Stück von der Decke der Keabeh besetzt und wird von einem Turban von Musselin beherrscht. Ein Gitter, das mit Perlenmutter überzogen ist, umgibt das Grab an den beiden Enden; auf jeder Seite erheben sich große Leuchter mit Wachskerzen. Das Innere solcher Kapellen ist prächtig. Die Mauern und der Fußboden sind mit kostbarem Marmor überzogen, und mit Vierecken von Porzellan, Verzierungen und Aufschriften mit goldenen Buchstaben verschönert. Zu

Constantinopel zählt man siebenzehn solche Turbeh's. Oben an dem Gewölbe hängen stets brennende Lampen. Die Anzahl der Wächter des Turbehs (Turbeh-dar) beläuft sich auf vier bis sechs. Die Menge der Vorleser ist größer, welche für die Ruhe der Seele der Sultane Kapitel aus dem Koran vorlesen. Alle diejenigen, welche Turbeh's besuchen, vereinigen ihr Gebet mit dem Ihrigen.

Der Rechtgläubige läßt sich auf der asiatischen Seite des Bosporus, in Scutari begraben

Moltke 1837

Aber Du hast von den türkischen Begräbnisplätzen hören wollen, deren Schönheit man mit Recht gerühmt hat. In der Gegend von Konstantinopel krönen sie die Vorgebirge am Bosporus, von welchen man die reichste Aussicht genießt; und wenn es wahr ist, daß abgeschiedene Geister zuweilen um ihre Gräber irren, so mögen sie hier im Mondschein die Berge Asiens und Europas, den Spiegel des Bosporus und der Propontis und die riesenhafte Stadt mit einer halben Million Menschen erblicken, die in weniger als hundert Jahren auch alle unter diesen Zypressen schlummern werden.

Die regungslose Zypresse mit ihrem an Schwarz grenzenden Grün ist sehr passend zum Baum der Toten gewählt; der Stamm, die Zweige und das Laub streben nach oben, nur die schlanke Spitze ist zur Erde gebeugt; der Wind dringt durch ihre Äste, aber er bewegt sich nicht. Einzeln genommen, ist die Zypresse eine schwerfällige dichte Laubpyramide; sie sieht aus, als ob der Steinmetz sie mit den Grabsteinen zugleich gemeißelt hätte, aber in der Landschaft macht sie einen schönen Eindruck; hier bedeckt sie oft weite Flächen, und auf dem Kirchhof von Skutari bildet sie einen Wald, der drei Viertelmeilen im Umfang hat. Die Türken fühlen, daß sie in Europa nicht zu Hause sind, ihre Prophe-

zeiungen und Ahnungen sagen ihnen, daß das römische Reich ihnen nicht immer gehören werde, und wer die Mittel dazu hat, läßt seine Asche auf die asiatische Seite des Bosporus nach Skutari bringen. Das Antlitz des Rechtgläubigen ist nach der heiligen Stadt Mekka gewendet, und zu seinem Haupte erhebt sich ein Marmorpfeiler von zierlicher Form mit Versen aus dem Koran und den Namen des Hingeschiedenen, oft reich vergoldet und vom Turban überragt.

Der Turban war bisher das Abzeichen eines Rechtgläubigen, welches den Pascha, den Arzt, den Ulema, den Kaufmann, kurz alle Klassen der Gesellschaft unterschied. Bei der Vernichtung der Janitscharen begnügte man sich nicht damit, den Lebenden die Köpfe abzuschlagen, sondern man hieb auch den Verstorbenen die Turbane herunter, und noch heute sieht man eine Menge dieser geköpften Grabsteine. Gegenwärtig ist die Kopfbedeckung für Alle gleich, und der leidigrote Feß mit dem blauen Quast sieht eben nicht geschmackvoller auf den Gräbern als auf den Köpfen der Lebendigen aus.

Die Grabsteine der Frauen sind mit Blumen geschmückt, die der Unverheirateten durch eine Rosenknospe bezeichnet. Das Grab eines Moslems darf nie gestört werden, und man würde es für eine Ruchlosigkeit halten, den Friedhof nach einer Reihe von Jahren umzugraben wie bei uns. Wenn man die mittlere Lebensdauer hier höchstens auf 25 Jahre, die Zahl der Moslems in Konstantinopel auf 300 000 anschlagen kann, so sind während der 400 Jahre seit der türkischen Besitznahme nahe an fünf Millionen Türken in Konstantinopel gestorben. Du kannst Dir hiernach eine Vorstellung von der Menge der Grabsteine machen, man könnte eine große Stadt daraus erbauen, und wirklich errichten die Armenier jetzt eben eine schöne Kirche aus lauter gehauenen Grabsteinen, meist von Marmor. Die Grabsteine der Najah liegen an der Erde, die der Türken aber stehen aufrecht. Die Türbeh oder Mausoleen der Großen sind oft sehr prachtvoll, aus dem schönsten Marmor und Jaspis erbaut, mit einer Kuppel überwölbt, von hohen Lorbeeren oder Platanen überschattet und von Rosenhecken umgeben. Der Sarkophag in der Mitte dieses Gewölbes ist mit einem kostbaren Kaschmirshawl bedeckt. Neben den Türbehs findet sich oft ein Imaret oder eine Armenküche, ein Spital oder wenigstens eine Fontäne. Aber auch der arme Moslem sucht das Grab eines Hingeschiedenen zu einer Wohltat für Lebende zu machen. Viele der Grabsteine sind unten in Form eines Troges ausgehöhlt, in welchem das Regenwasser sich sammelt, eine Art Armenküche im Kleinen, wo an heißen Sommertagen die Hunde und Vögel ihren Durst löschen. Die Moslems glauben, daß auch die Dankbarkeit der Tiere den Menschen Segen bringe.

Mélek wird zu Grab getragen

Loti 1906

Andrés Kammerdiener, der am frühen Morgen das bewußte Fenstergitter prüfend betrachtet hatte, kam ganz verstört nach Pera zurück. »Mademoiselle Mélek scheint gestorben zu sein!« sagte er zu seinem Herrn, nachdem er ihn geweckt hatte. »Am Fenster steckt ein blaues Signal!«
Er hatte mehrmals Gelegenheit gehabt, mit Mélek zu sprechen, freilich nur durch eine Türspalte, wenn er die gefährlichen Aufträge seines Herrn ausführte; zuweilen hatte sie ihm sogar ihr hübsches Gesicht sehen lassen, wenn sie sagte: »Ich danke!« – Für ihn war sie immer »Mademoiselle Mélek«, weil sie ihm so sehr jung vorgekommen war.
André, den eine Stunde später Djenane benachrichtigte, daß man die Leiche der Verstorbenen gegen Mittag nach der Moschee bringen werde, stieg noch vor elf Uhr nach Khassim-Pascha hinunter. Er hatte einen Fes und die Kleidung eines Mannes aus dem Volke angelegt, um sicherer zu

sein, daß man ihn nicht erkennen werde; denn er wollte sich in einem gewissen Augenblick dem Sarge möglichst nähern und versuchen, einen frommen Gebrauch des Islams bei seiner kleinen Freundin zu erfüllen.
Zunächst wartete er im Verborgenen auf dem Friedhof, der dem Sterbehause gegenüberlag. Bald sah er denn auch den einfachen Sarg aus dem Hause bringen, getragen von den ersten besten Leuten, wie es in der Türkei Gebrauch ist. Ein Schal »Valide« mit grünen und roten Streifen umhüllte den Sarg vollständig; ein kleiner weißer Schleier war darübergelegt, um anzuzeigen, daß die Leiche einer Frau im Sarge lag. Eine überraschende Neuerung war aber der am Schal befestigte Strauß roter Rosen.
Bei den Türken beeilt man sich ungemein mit der Beerdigung der Toten, zu der nicht einmal Einladungen erlassen werden. Es kommt dazu, wer will: Verwandte, Freunde, die zufällig den Todesfall erfahren haben, die Nachbarn und die Diener. Niemals folgen Frauen den Leichenzügen; auch gibt es keine bestimmten Träger: die Vorübergehenden verrichten diesen Dienst, von Strecke zu Strecke wechselnd.
Méleks Sarg ging häufig von einer Schulter auf eine andere; es drängten sich viele Vorübergehende zu der frommen Tat, einige Minuten den Sarg der ihnen gänzlich Unbekannten zu tragen.
Voran gingen zwei Priester mit grünen Turbans; etwa hundert Männer aller Klassen folgten, auch einige alte Derwische mit ihren Magiermützen waren gekommen; sie psalmodierten auf dem Wege mit lauter Stimme, in kläglichem Ton, der dem Geschrei der Wölfe an Winterabenden in den Wäldern ähnlich war.
Der Zug begab sich nach einer altertümlichen Moschee, die weit entfernt von bewohnten Häusern lag. Der Sarg wurde auf die Marmorplatten des Vorhofs gesetzt und die Imams sangen mit sehr sanften Stimmen die Gebete für die Tote.
Nach kaum zehn Minuten setzte sich der Zug wieder in

Bewegung, um nach dem Golf hinabzusteigen und in Barken das andere Ufer zu erreichen, wo sich die großen Friedhöfe von Eyub befinden.
Bei der Annäherung an das Goldene Horn verlangsamte sich der Zug wegen der vielen Leute, die daran teilnehmen wollten. André, der solange gezögert hatte, näherte sich jetzt, berührte mit der Hand den alten Schal »Valide«, schob seine Schulter vor und fühlte den Sarg mit dem Körper seiner kleinen Freundin auf sich ruhen, aber nur ganz kurze Zeit – dann kam schon ein anderer, der ihm die traurige Last abnahm.

Zwei Grabinschriften

Lidell 1959

Auf einen jungen Mann:
Vom Tod in der Blüte meines Lebens hinweggerafft, verlasse ich einen geliebten Vater und eine Mutter, die mich beweinen. Mein Trost ist, daß ich mich hier unten dem Studium der schönen Literatur gewidmet habe, denn so hoffe ich, die Nachtigall des Paradieses zu werden.

Auf ein Mädchen:
Der Vogel meines Herzens ist seinem Käfig entflogen, um seinen Platz in den Gärten des Paradieses einzunehmen. Sein Weggang hat eine ewige Wunde in meiner Seele zurückgelassen. Es war vom Schicksal bestimmt, daß meine Tochter nur dreizehn Jahre leben sollte. Ihr waren alle Eigenschaften einer blühenden Blume gegeben, und der Tod hat ihrer Mutter alles geraubt, als er sie hinwegraffte. Himmel! Ist es gerecht, daß ihr Nest aus Stein sein soll?

Die Haremsgräber
Mickiewicz um 1850

Mirza zum Pilger:
Unreife Trauben aus der Liebe Weinberg, schmückten
Sie Allahs Tisch nur kurz, der Gruft verfallen waren
Des Orients kleine Perlen schon in frühen Jahren.
Entrückt dem Meer der Freuden, die sie kaum beglückten.

Der Mantel der Vergessenheit deckt die Gebeine,
So sehr des Turbans weißer Marmor mag gemahnen.
Verwehte Inschrift läßt nicht mehr die Namen ahnen,
Die Gottesleugner einst gehaun in kalte Steine.

Ihr Rosen Edens, ach, verwelkt an der Zisterne
Der Keuschheit, mußtet ihr der Welt so früh enteilen,
Entschleiert blühten heut noch eure Augen Sterne.

Laß diesen Fremdling nur ein wenig hier verweilen,
Erhabener Prophet, ihn sollst du nicht verstoßen! –
Der einz'ge Ketzer ist's, der Tränen hier vergossen.

Zwei Polen in Pera, Tschaikowski und Mickiewicz
Schrader 1917

Tschaikowski hatte damals an der Donau im Verbande der osmanischen Armee und unter dem Oberbefehl Oemer Paschas tapfer gefochten. Als Mickiewicz in Konstantinopel ankam, war er es, der ihm Gesellschaft leistete, mit ihm auf die Jagd ging und sein Führer in der türkischen Hauptstadt war.
Sein Aufenthalt in Pera sollte aber nicht lange dauern. Der Tod machte ihm ein Ende. Man erzählt sich unter den Polen, daß Mickiewicz gerade seine Hose einem Flickschnei-

der in Behandlung gegeben hatte und auf sie wartete, als er die ersten Anzeichen der tödlichen Krankheit bemerkte. Das Zimmer im Hause der Frau Luzinska sah den Dichter der »Dziady« auf dem Krankenlager. Die Kunde von seiner Erkrankung verbreitete sich mit Blitzesschnelle durch die Reihen der Polen. Außer den französischen Militärärzten, die ihn behandelten, kamen auch viele einfache, schlichte polnische Leute, die mit angsterfüllten Augen dem Dichter volkstümliche Rezepte anboten. Die Erkrankung war für die Polen in Pera auffällig, da es in Konstantinopel keine Cholera gab. Es verbreiteten sich daher allerhand Gerüchte unter ihnen, die eine Vergiftung des Dichters durch Russenfreunde behaupteten. Am 26. November (1855), am nächsten Tage nach seiner Erkrankung, wurde Mickiewicz schon hingerafft. Der Jammer und die Bestürzung unter den Polen war unbeschreiblich . . .
Auf den »Partezetteln«, die ausgegeben wurden, war als Vesammlungspunkt für die Leidtragenden die Ecke von Kalhondschi Kolluk dicht an der englischen Botschaft angegeben. Hierauf trug man am 27. November den Zinksarg, der die Leiche einschloß. Der Zug bewegte sich durch die damals noch enge Perastraße nach der Kirche St. Antonius, deren früherer bescheidener Bau noch heute in der Erinnerung der meisten Peroten lebt. Hier fand die Totenmesse statt. In den Straßen bildete die Division Zamojski und die Kavallerie Sadik Paschas Spalier von der Kirche bis zur Ecke der Kumbaradschistraße und von dort aus hinunter nach Tophane. Mannschaften der genannten Division waren über alle Straßen verteilt, um den Teilnehmern an der Trauerfeier den Weg durch das vor dem großen Brande von 1870 für Fremde geradezu verwirrende Labyrinth enger Straßen zu zeigen. Mickiewicz erhielt eine wahrhaft königliche Leichenfeier, zu der die französische Botschaft alle Personen von Rang und Stand eingeladen. In der Nähe des Sarges hielten sich die polnischen Patrioten, das Herz voller

Entrüstung über das, was sie für ein Werk russischer Tücke hielten. Als der schwere Metallsarg an Bord des französischen Kriegsschiffes gebracht wurde, glaubte der leidenschaftlich patriotische Pole Gorczynski, ein Glasermeister, der die Leiche bis hierher begleitete, daß der griechische Barkenführer sie absichtlich ins Meer fallen lassen wollte und gab ihm einen wohlgezielten Schlag mit seinem Spazierstock über den Kopf. Von diesem Schlag wurde noch später in polnischen Kreisen viel gesprochen ...

Atatürk im Boot

Glasneck 1971

Nach seiner Rückkehr am 26. Mai wurde er sofort aus Ankara in den Dolmabahçe-Palast am Bosporus gebracht. Ausländische und türkische Ärzte taten ihr Möglichstes, um ihn zu retten, doch die Leberkrankheit ließ sich nicht mehr aufhalten. Den Sommer verbrachte der Kranke an Bord der Jacht »Savarona«. Eines Sonntags fühlte er sich kräftig genug, um eine Bootsfahrt im Bosporus zu unternehmen. Tausende von Badelustigen bemerkten das Boot und den mit weißer Hose und blauem Marinejackett bekleideten Präsidenten. Sie winkten und jubelten ihm zu. Sein Gesicht erschien grau und abgemagert, als er sich im Boot erhob und die Grüße erwiderte. Es war das letzte Mal, daß er in der Öffentlichkeit gesehen wurde.

Ende Juli verschlechterte sich sein Zustand derart, daß er wieder in den Dolmabahçe-Palast transportiert werden mußte. Am 5. September 1938 rief er den Notar zu sich und diktierte ihm sein Testament. Bereits am 16. Oktober trat eine schwere Krise ein. Er verlor das Bewußtsein. Tägliche ärztliche Bulletins unterrichteten die Bevölkerung vom Zustand des Präsidenten. Noch einmal erholte er sich etwas und bemerkte auch das Feuerwerk zum 15. Gründungstag der Republik. Weder zu diesem Jahrestag noch bei der Eröffnung der neuen Sitzungsperiode der Großen Nationalversammlung konnte er sprechen. Die Befürchtungen der Öffentlichkeit verstärkten sich. Am 10. November 1938, früh um 9 Uhr, schloß Kemal Atatürk im Alter von 57 Jahren für immer die Augen. »Das türkische Vaterland hat seinen großen Erbauer, die türkische Nation ihren großen Führer und die Menschheit hat einen großen Sohn verloren«, so hieß es im ersten Kommuniqué der Regierung nach Atatürks Tod.

Die Füße

Dranas 1971

Er starb, trennte sich von der Herde
Seine Füße ragen aus dem Tuch heraus.

Gestorben wie jeder sterbliche Mensch
Nur die Füße leben noch.

Hinter dem toten Kopf her
Schauen zwei Brüder verwundert.

Die diese Füße sehen, sagen:
Also nicht der Kopf dachte.

Meine Füße ... – immer unterwegs
Meine Füße ... – hinter der Hoffnung her.

(Hier schwieg er plötzlich
Ließ die Schafe unbewacht.)

Der Reisende starb, nun sind die Füße frei
Der Reisende starb, nun denken die Füße.

36
BRÜCKEN

Woher die Brücken auf der Welt kommen und wie die erste Brücke entstand

Andric 1962

Als Allah der Allmächtige, sein Name sei gelobt, diese Welt geschaffen hatte, da war die Erde eben und glatt wie die schönste gravierte Platte. Das ärgerte den Teufel, der den Menschen dieses Gottesgeschenk neidete. Und solange die Erde noch so war, wie sie aus Gottes Händen hervorgegangen, feucht und weich, wie ein ungebranntes Gefäß, da schlich er sich hinzu und zerkratzte mit seinen Nägeln das Gesicht von Gottes Erde, soviel und so tief er konnte. So sind, wie die Geschichte erzählt, die tiefen Flüsse und Abgründe entstanden, die eine Gegend von der anderen trennen und die Menschen voneinander absondern und sie hindern, auf der Erde zu reisen, die ihnen Gott als Garten zu ihrer Ernährung und Erhaltung gegeben hat . . . Allah tat es leid, als er sah, was dieser Verfluchte getan, aber da er nicht von Neuem an die Arbeit gehen konnte, die der Teufel mit seiner Hand verunreinigt hatte, da schickte er seine Engel aus, daß sie den Menschen hülfen und es ihnen leichter machten. Als die Engel sahen, wie die armen Menschen diese Abgründe und Tiefen nicht überschreiten und ihren Geschäften nachgehen konnten, sondern sich quälten und vergeblich einander von einem Ufer zum andern anschauten und sich zuriefen, da breiteten sie an diesen Stellen ihre Flügel aus und die Leute begannen über diese Flügel hinwegzugehen. So lernten die Menschen von den Engeln Gottes, wie man Brücken baut.

Michelangelo ist 1519 nicht an den Bosporus gekommen, um eine Brücke zu bauen

Karabacek 1918

Zwar soll, wie bereits Eugène Müntz darauf aufmerksam gemacht hat, kein Geringerer als Michelagniolo (Michelangelo) Buonarroti eine Einladung an den großherrlichen Hof erhalten haben. Doch war das ein vergeblicher Versuch Bâjezîds II. Als nämlich Michelangelo 1506 vor dem Zorn des Papstes aus Rom geflohen war, trug er sich mit dem Gedanken, sich in die Levante zu begeben, zumal ihn ein durch Franziskaner überbrachter, sehr verlockender Antrag zum Eintritt in die Dienste des Sultâns verpflichten sollte, der unter anderem zunächst eine Brücke von Konstantinopel nach Pera von ihm erbauen zu lassen beabsichtigte. Michelangelo hatte jedoch keine Lust, der Einladung zu folgen, weil er vor dem kunstfeindlichen Sultân gewarnt wurde.

Alte Brücken

Hammer-Purgstall 1822

Über den Ausfluß der Süßen Wasser (Melas und Athyras) ins Meer hatte ebenfalls schon Justinian eine steinerne Brücke gebaut, welche aber im zweiunddreißigsten Jahre seiner Regierung im großen Erdbeben, welches fast ganz Regium (das heutige Tschekmedsche) zerstörte, zusammenstürzte. Die von Kaiser Basilius dem Macedonier gebaute hölzerne, wurde unter Leo dem Armenier durch Krumos den Bulgaren mit allen Gebäuden von der goldenen Brücke bis nach Regium verbrannt. Um diese Verbindungsbrücke, so wichtig für den Verkehr und die Zufuhr der Hauptstadt, künftig vor den Verheerungen des Feuers sowohl als des Wassers und des Erdbebens, welche dieselbe vormals zer-

stört, zu sichern, befahl Suleiman dem Baumeister Sinan, dieselbe ebenso fest als herrlich aufzubauen. Er begann den Bau der Brücke in Eselrückenform, und erst unter der folgenden Regierung Sultan Selim's vollendet, hat dieselbe seitdem den Stürmen des Meeres und der überschwemmender Wasser standhaft getrotzt.

Von der Brücke bei dem h. Mamas u. a.

Gylles 1549

Am Blachernas befand sich ein Tempel des h. Mamas, eines Märtyrers – neben derselben eine Brücke mit 12 Bögen, weil hier das Wasser stark vorbeiströmte. Auf der Brücke steht ein eherner Drache zum Andenken einer großen Schlange, die hier gewesen sein soll. Von dieser Brücke sieht man nur einzelne Pflöcke noch im Wasser, und vielleicht ist es eben die hölzerne Brücke, die im vierzehnten Quartier bemerkt wurde.

Petermann 1860

Eine lange, hölzerne Brücke über den Meeresarm, welcher das goldene Horn bildet, verbindet die Vorstädte Pera, die obere, und Galata, die untere, mit dem eigentlichen Konstantinopel; sie ist in der Mitte hoch, und zum Wegschieben eingerichtet, wie in dem neuen Kanal von Berlin, um den Schiffen den Eingang möglich zu machen.

»Mein Gott, Du hast es erlaubt, daß diese Brücke erschaffen wurde, mach doch, daß auch unsere Mentalität geändert wird!«
Gülersoy

Unter all dem Lärm und Spektakel wurde die Brücke 1912 fertiggestellt. Eine zeitgenössische Zeitung schildert die Eröffnungszeremonie wie folgt.
»Die Eröffnung der neuen Brücke«
Gestern wurde die neue Brücke, die zwischen Istanbul und Galata die einzige Verbindung herstellt, eröffnet. Die Laternen, die sich auf der neuen Brücke befanden, waren durch grüne Zweige miteinander verbunden. Morgens, zwanzig Minuten vor neun, hatten sich die Eingeladenen vor dem Valide Kaffeehaus am Eminönüplatz versammelt, und begannen über die Brücke zu gehen. Die Kapelle des städtischen Altersheims hatte ihren Platz unter der Führung des Kapellmeisters, Herrn Zâtî, auf der Brücke eingenommen. Die Kapelle spielte den Sultan Marsch und eröffnete damit die Zeremonie. Der Innenminister, Talat Beyefendi gab Duağû Efendi ein Zeichen, der daraufhin in Türkisch vorbetete, und Âmâ Hafiz Osman Efendi betete auf arabisch. Danach spielte die Kapelle den Saluttusch und zum Schluß betete man um das Wohl des Sultans. Nach der Beendigung der religiösen Zeremonie deklarierte Talat Beyefendi, daß er im Namen seiner Majestät des Sultans und der Regierung beauftragt war, die Brücke feierlich zu eröffnen. Dann durchschnitt er das mit Lorbeerblättern geschmückte Band, welches an beiden Seiten der Kassen befestigt war. Alle Eingeladenen marschierten mit ihm zusammen über die Brücke, und nachdem anläßlich der Eröffnung zwei schwarze Schafe geopfert wurden, kehrten sie zum Valide Kaffee zurück und probierten von dem kalten Büffet, welches von der Stadtverwaltung und den Unternehmern der Brücke vorbereitet worden war.
Neben den Kassen befand sich ein Bild des ersten osmani-

schen Kriegsschiffes »Reşadiyye«. Die Vorübergehenden Leute spendeten mit Lust und Freude Hilfe und zeigten damit ihren patriotischen Eifer. Die Zeremonie endete um halb elf«.

Bis zu jener Zeit wurden in Istanbul bei Städtebau- und Urbanisationsfragen nur Häuser und Paläste in Betracht gezogen, d. h., man dachte nur bei Bauten an Komfort und Ästhetik. Die Plätze und Straßen wurden außer Acht gelassen. (Genau wie in vorherigen Zeiten, wo das Innere eines Zeltes mit Seide, Gold und Silber ausgestattet war, und wo sich unmittelbar vor dem Eingang schlammige Wege befanden.) Die neue Brücke aber stellte im Vergleich zu den alttürkischen ungepflegten und verwirrenden Gassen einen neuen Begriff und einen ungewohnten neuen Städtefaktor dar: Einen Boulevard, dessen Oberfläche gut gebaut und beleuchtet war, unangenehm breit, in dessen Mitte man sich keinem Haus gegenüber sah. Diese wesentliche Neuigkeit öffnete den Verstand der Einwohner, und die Denker der damaligen Zeit philosophierten darüber:

»Ja, was für eine ganz andere Welt im Gegensatz zu der Landschaft von Istanbul, an die wir gewöhnt sind. Eine breite und ebene Straße, auf beiden Seiten Fußgängerwege so breit wie die alten Gassen von Istanbul. Am Rande ein harmonisches Gitter, im westlichen Stil hergestellt, hohe Elektrizitätslampen, kurz und gut, ein europäischer Boulevard mit allen seinen Charakteristiken kommt zum Vorschein. Da füllt sich unser Herz mit einer unbeschreiblichen Weite, da marschieren wir über einen für unsere Füße ungewohnten ebenen Fußgängerweg, mit Freude und einem Lächeln auf unserem Gesicht. Aber dieses Glück hält nicht lange an. Die Brückenstraße wird enger und enger und fällt in die finsteren Arme von Karaköy. Dann ist es möglich, mit dem Kummer, den man fühlt, wenn man von einem schönen Traum erwacht, um uns herumzuschauen und nachzudenken. Sie möchten vor den Lastenträger, der mit 30 leeren

Gaskanistern beladen ist und »Vorsicht« ruft und wie ein blecherner Hüne auf Sie zukommt, ausreißen. Da stoßen Sie aber auf einen Şerbetçi (Sorbetverkäufer), der sorglos am Rande des Fußgängerweges seine Flaschen aufgereiht hat, und laut mit seinen Gläsern klappert. Oder Sie stoßen auf einen Juden, der den Regen ausnutzend »Umbrellas« verkauft, und der sich nicht darum kümmert, daß er den Vorbeigehenden den Weg versperrt. Der Polizist, der wie seine europäischen Kollegen Handschuhe trägt, schaut gleichgültig auf das Geschehen. Um sich von der eingeengten Landschaft Galatas nicht länger verwirren zu lassen, und um meinen schönen Traum noch einmal zu erleben, flüchte ich schnell zur Brücke zurück, lehne über ihr Geländer und bete innigst: Mein Gott, Du hast es erlaubt, daß diese Brücke erschaffen wurde, mach doch, daß auch unsere Mentalität geändert wird!«

Galatabrücke

Kunik um 1940

Aufgestellt auf der Brücke
Seh ich euch alle gelassen an:
Manch einer rudert mühsam voran,
Manch einer holt Muscheln von den Pontons,
Manch einer steuert in Leichtern,
Manch einer ist Schauermann, vorne am Tau,
Manch einer ein Vogel, fliegend, poetisch,
Manch einer ein glitzernder blitzender Fisch,
Manch einer ein Dampfer, und manch einer Boje,
Manch einer ist Wolke in den Lüften,
Manch einer ein Dampfboot, wie zerbrochen den Schornstein
Platscht es unter der Brücke hindurch.
Manch einer ist eine Pfeife und tönt,

Manch einer ein Rauch, und dampft.
Aber ihr alle, ihr alle,
Alle in Sorge ums tägliche Brot.
Ist einer, wie ich, unter euch, so gelassen?
Schaut nicht, eines Tages schreibe ich
Auch vielleicht über euch ein Gedicht;
Ein paar Pfennige kommen mir in die Hand,
Auch ich werde satt.

Eine Brücke verbindet Europa und Asien

Rudzinski 1972

Vom Spätsommer 1973 an werden Europa und Asien zum ersten Male über eine feste Brücke miteinander verbunden sein: einer Hängebrücke über den Bosporus. An Eleganz der Golden Gate Bridge von San Franzisko gleichend, erhebt sich dieses neue technische Wunderwerk vor der großartigen Kulisse einer der ältesten und schönsten Kulturlandschaften der Erde. Mit 1560 Meter Gesamtlänge und einer freien Spannweite von 1074 Metern zwischen den beiden unmittelbar am Ufer errichteten 165 Meter hohen Stahltürmen verbindet sie – nur sechs Kilometer vom Zentrum Istanbuls, an der Einmündung des Goldenen Horns ins Marmarameer, entfernt – die beiden Stadtteile Beyoglu auf der europäischen und Üsküdür auf der kleinasiatischen Seite des Bosporus. Nur drei Brücken in den Vereinigten Staaten übertreffen ihre freie Spannweite: die Verrazano-Narrows-Brücke von New York (1298 Meter), die Golden Gate Bridge (1280 Meter) und die Mackinac-Brücke von Michigan (1158 Meter).
Die Bosporus-Brücke wird mit 64 Meter freier Durchfahrtshöhe auch die größten Schiffe passieren lassen. Ihre Fahrbahn besteht aus je drei 3,5 Meter breiten Fahrspuren in beiden Richtungen und zwei Fußwegen, die Gesamtbreite

beträgt 33 Meter. Die Brückenplatte zwischen den beiden Haupttürmen ist eine Hohlkasten-Konstruktion aus Stahl von nur drei Meter größter Höhe, deren Fahrbahnplatte 12 Millimeter stark ist. Die angesetzten Flügel tragen die Fußwege. Mit ihrer besonders leichten und hochversteiften Bauweise, wie sie erstmals bei der Severn-Hängebrücke in England angewendet wurde, und einer verbesserten aerodynamischen Formgebung, bietet sie einen erstaunlich geringen Luftwiderstand, der nur einem Drittel von dem eines vergleichbaren Brückenfachwerks entspricht.

Zur Zeit ist bereits das »Spinning« im Gang, die Fertigung der Tragseile, an denen später die Fahrbahn aufgehängt werden wird. Zwei etwa 60 Zentimeter dicke Seile müssen sie tragen.

Von den Baukosten in Höhe von 14 Millionen Pfund (rund 100 Millionen Mark) bringt die Türkei selbst zwei Drittel auf, die beteiligten Länder als Darlehen ein Drittel. Die Kosten glaubt man schon in drei bis vier Jahren durch den Brückenzoll, der voraussichtlich etwa in der Höhe der jetzigen Fährgebühren erhoben werden wird, wieder einzubringen. Schon von Anfang an wird mit 22 000 Kraftfahrzeugen pro Tag gerechnet und für 1990 oder noch früher erwartet man 90 000 Benutzer täglich.

Die Brückenzollstation, die für 16 Fahrspuren eingerichtet wird, erhält eine hochmoderne technische Ausstattung, die allein zwei Millionen Mark kostet. Ihr Hersteller ist die Signal-Huber München GmbH (AEG-Telefunken-Gruppe). Zum Kontrollsystem gehören zwei Fernsehanlagen für die Verkehrsüberwachung auf der Brücke und den Zufahrten, eine Funkanlage für die Brückenmeisterei und Wechselsprechanlagen zwischen den Mautkabinen und der Kontrollzentrale. Alle Arbeiten des Kassierens und der Überwachung leistet ein automatisches Registrier- und Kontrollsystem, das mit zwei Computern – davon einer als Reserve – ausgestattet ist. Das gesamte Brückenzollaufkom-

men und die Verkehrsbelastung werden für jede einzelne Fahrbahn und unterteilt nach Fahrzeugklassen getrennt registriert und am Ende jeder Schicht ausgedruckt, so daß eine perfekte Kontrolle gewährleistet ist.
Die Bosporus-Brücke ist wichtigster Bestandteil der geplanten und in Bau befindlichen 22 Kilometer langen Autobahn-Umgehung für Istanbul.

Die Erfüllung eines Traums: Ein Weg über den Bosporus

Schulz 1973

Die Brücke über den Bosporus, die die Meerenge zwischen dem europäischen Teil Istanbuls und seiner asiatischen Seite Beylerbeyi überspannt, gehört zu den alten technischen Träumen, welche die Menschheit sich lange aufsparte, um sie heute in vollendeter Grazie darzustellen. Einige Wehrufe über die Zerstörung der Landschaft durch den technischen Eingriff sind während der Bauzeit verstummt. Die beiden Brückenträger an jedem Ufer wirken sogar in der Nähe eher zierlich. Der stählerne Brückenbalken ist nur drei Meter hoch, so daß sich im Bild der leicht ansteigenden Uferhöhen beider Kontinente nur eine filigranartige Zeichnung ergibt. Die vergleichbaren Konstruktionen in Amerika, die George Washington Bridge über den Hudson und die Golden Gate Bridge in San Franzisko, liegen über dreißig Jahre zurück. In der Familie der Hängebrücken nimmt die Bosporus-Brücke mit etwa tausend Metern den vierten Platz ein. Aber sie ist unerreicht in der Verfeinerung der Mittel und in dem Minimum an Masse, die sich gegenüber der Hudson-Brücke etwa auf die Hälfte verringert hat. Das Konstruktionsprinzip, durch das die Brücke am Bosporus ihre Leichtigkeit erhielt, liegt in einem System von zwanzig Meter langen Hohlkästen aus Stahl, die in sich versteift sind. Vorgefertigt, wurden sie Stück für

Stück von der Mitte des Meeresarms nach den Ufern hin zusammengesetzt. Fehlberechnungen, die sich bei der Montage in umgekehrter Richtung, von den Ufern zur Strommitte, bisweilen ergeben, wurden verhindert. So schwebt die Brücke in einer lichten Höhe von sechzig Metern über dem Wasser. Der Spannbogen ist, auch für das Auge sichtbar, leicht überwölbt. Jeder Kabelstrang hat den knappen Durchmesser von sechzig Zentimetern und ließe sich beinahe mit den Armen eines Mannes umfassen. In ihm sind über zehntausend Einzeldrähte verspannt.

Die Stahl-Doppeltürme an jedem Ufer mit ihrem schönen, sichtbaren Dreitakt vom Erdboden zur Brückenfläche, von dort zur halben Turmhöhe und endlich zur Spitze, liefern eine angenehme Proportion. Weder das Auge noch der Verstand suchen nach einer technischen Erklärung. Darunter die lautlose Bewegung der Schiffe, die sich hier begegnen. An keiner Stelle des Bosporus, außer an seinem Anfang vor den Häuserquartieren Stambuls, wirkt der Schiffsverkehr so lebhaft wie hier, wo er das Kontrollband der Brücke passiert.

Die Hängebrücke ist ein Konstruktionserbstück des 19. Jahrhunderts. Sie hat dann in den dreißiger Jahren unserer Zeit ihre klassische Form und ihre Reife erreicht, an der kaum etwas zu verändern ist. Die Perfektion liegt in der äußerst sparsamen Darstellung der technischen Kräfte, in dem verringerten Querschnitt jener kantigen Stahltürme und endlich in dem flach ausgezogenen Brückenteil selbst, der wie ein Silberstrich die beiden Erdteile verbindet, die an dieser Stelle so nah aneinandergerückt sind. Diese Brücke ist seit Menschengedenken gleichsam ein Postulat der Geographie und erfüllt nun ihren geheimsten Wunsch, der seit den Tagen des persischen Großkönigs Darius so oft ausgeführt werden sollte. Alexander dem Großen wird der Versuch einer Kriegsbrücke über den Bosporus nachgesagt, und in moderner Zeit – in den siebziger Jahren des letzten Jahrhunderts – haben die Franzosen Vorschläge gemacht. Federführend für das Projekt heute ist die deutsche Firma Hochtief. Der Arbeitsgemeinschaft gehört die englische Cleveland-Gruppe an, die die eigentliche Brückenkonstruktion ausführte. Auch die beratenden Ingenieure Freeman Fox und Partner sind Engländer. Für die Türkei bedeutet die Brücke, die nun zur Fünfzigjahrfeier der Republik fertig wurde, das monumentale Zeichen des Selbstbewußtseins auf dem Weg zur modernen Nation.

Viele der Fährschiffe über den Bosporus, die zur Romantik dieser Stadt gehören, werden von nun an verschwinden, aber auch die langen Wartestunden für Last- und Personenwagen wird es weniger geben. Die Brücke liegt als letztes Kettenglied in einer weitgeführten Rundum-Autobahn. Sie wird durch ein ganzes System von Viadukten ergänzt, das schließlich eine dritte, auch neue Brücke über das Goldene Horn abschließt. Der Europäer nimmt mit einer gewissen Genugtuung wahr, daß an dieser zwanzig Kilometer langen Autostraße die Kreisel- und Kleeblattsysteme sich noch nicht zum Selbstzweck erheben. Eher hat die Technik dieser uralten Stadt ein Element ihrer eigenen Romantik hinzugefügt. Von der Brücke erblickt das Auge die Kuppeln der Hagia Sophia und die Minarette der Blauen Moschee in dunstiger Ferne, und es scheint kein Widerspruch zwischen den alten Wundern Stambuls und den neuen zu bestehen.

Das Volksfest der hunderttausend Türken

Wiemann 1973

Istanbul, 30. Oktober. Asien ist am Dienstag zu Fuß über den Bosporus nach Europa gekommen: in Gestalt von mindestens hunderttausend Menschen, die von Istanbul (Ost) nach Istanbul (West) über den etwa eineinhalb Kilometer breiten Meeresarm drängten. Der schier unerschöpfliche

Leiberstrom setzte sich um 12.10 Uhr Ortszeit in Bewegung, nachdem der türkische Staatspräsident Fahri Korutürk ein rotweißes Band zerschnitten hatte, das die Auffahrt zur modernsten Hängebrücke der Welt markierte. Sie verbindet den asiatischen Stadtteil Beylerbeyi mit dem europäischen Ortaköy und ist zugleich das wichtigste Teilstück einer 22 Kilometer langen, halbringförmigen Autobahn, die bis zum Oktober nächsten Jahres Istanbul umgehen und der von einem täglichen Verkehrschaos geplagten Stadt endlich Luft verschaffen soll.

Das erhabene Wort von der Erfüllung eines jahrhundertealten Traumes, die geschichtsträchtige Wasserstraße zwischen dem Schwarzen Meer und dem Mittelmeer zu überbrücken, mutet an diesen Tag nicht als übertrieben an. Es war, als hätten die Türken, die aus den 67 Provinzen des Landes zu dieser Feier gekommen waren, tatsächlich seit undenklicher Zeit auf diese Stunde gewartet, die ihnen eine feste Landverbindung nach Europa schenken würde. Auf einigen der stattlichen Anhöhen auf der Ostseite der Stadt schoben sich die Zuschauer so dicht zusammen, daß außer ihnen nichts zu sehen war, nur die wogenden Menschen. Und als die Honoratioren und die Gäste aus vielen Ländern am anderen Ende der 1560 Meter langen Brücke angelangt waren, versperrte ihnen eine kaum weniger überschaubare Menschenmenge den Weg.

Waren das 200 000 oder 300 000 oder gar noch mehr Türken, die sich dieses Ereignis nicht entgehen lassen wollten? Niemand wird das genau sagen können. Doch diese durcheinanderquirlende Statisterie, deren Eindruck ein noch so geschickt gemachter Mammutfilm nicht überbieten kann, wirkte wie die handgreifliche Bestätigung der in den Festreden skizzierten Vorgeschichte einer zweieinhalbtausendjährigen Sehnsucht und Erwartung.

Der persische König Darius I. soll schon 500 Jahre vor Christus der erste gewesen sein, der Asien und Europa über den

Bosporus hinweg verband, indem er Schiffe aneinanderreihen und so für seine Armee eine schwimmende Brücke schaffen ließ. Im Jahre 1503, so berichtete der amtierende Premierminister Talu, habe Leonardo da Vinci dem damaligen ottomanischen Sultan einen Brückenbau vorgeschlagen. In der zweiten Hälfte des vorigen Jahrhunderts präsentierten französische Ingenieure Pläne für einen Eisenbahnviadukt. Doch erst nach der Republikgründung – vor genau 50 Jahren durch Atatürk –, so heben die Türken stolz hervor, habe das Brückenprojekt ernsthaft in Angriff genommen werden können.

Vor zwei Jahrzehnten begann man mit intensiven Studien, doch es dauerte noch bis Anfang 1971, ehe der damalige türkische Premierminister Demirel den ersten Spatenstich tun konnte, und weitere 40 Monate, bis die mit 1047 Meter Spannweite längste Hängebrücke Europas und viertgrößte der Welt am Dienstag endlich für den Verkehr freigegeben werden konnte.

»Die erste feste Verbindung zwischen Asien und Europa« – so und ähnlich lauteten die bombastischen Worte, die diesen von keinem einzigen Wolkenfetzen getrübten Sonnentag in die Tafel der Weltgeschichte zu gravieren suchten. Und sie machten unter dem Eindruck des technischen Wunderwerks, dessen sechs Fahrspuren mit Fußgänger- und Radwegen zu beiden Seiten sich wie ein feines stählernes Band über die alte Kulturlandschaft wölben, in der Tat für einen Moment vergessen, daß die beiden Kontinente seit eh und je geographisch miteinander verschmolzen sind. Es scheint, als würden die Superlative, die die beiden 165 Meter hohen Doppeltürme dieses Bauwerks ohnehin umspülen, noch nicht ausreichen, das Ereignis angemessen zu würdigen.

Die Türken, die viele feierliche Reden über sich ergehen ließen, zeigten sich von solchen Übertreibungen wenig beeindruckt. Sie wollten über ihre unter deutsch-britischer Regie erbaute Brücke gehen und machten den Dienstag zu

einem Volksfest. Mächtige Trauben von Luftballons glitzerten über der Menge der Zuschauer und Teilnehmer, von denen etliche in den Trachten ihrer Regionen gekommen waren.
Besonders herzlichen Beifall fand die große Schar ehemaliger Mitkämpfer Atatürks. Die metallbeschlagenen Gewehre in der Hand oder über der Schulter, Uniformen aus den zwanziger Jahren tragend, Patronengurte umgehängt und dunkle Pelzkappen auf dem Kopf, trugen sie ihre Fahnen von Asien nach Europa über den Bosporus und ließen ein Stück türkischer Geschichte lebendig werden.
Auch für die Bewohner der beiden Stadtteile und besonders die Lastwagenfahrer sind die Superlative von untergeordnetem Rang. Für sie ist mit der Eröffnung der Brücke die Zeit vorbei, da sie stunden- oder gar tagelang auf eines der eineinhalb Dutzend Fährschiffe warten mußten. Über die Brücke, über die nach Schätzungen täglich ein Strom von zwanzigtausend Autos rollen wird, werden sie nur wenige Minuten brauchen. Mit der Uhr gemessen, ist der Sprung ins Morgen- oder Abendland durch dieses 140-Millionen-Mark-Projekt beträchtlich kürzer geworden.

37
GENIUS LOCI

Es ist ein Feldlager, das an Ort und Stelle verharrt.
Butor 1962

Ich erwachte in dem immer noch rollenden Zug. Ich schob den Vorhang etwas beiseite, um hinauszusehen. Noch nie hatte ich eine solche Trostlosigkeit erblickt. Regen fiel auf das baumlose thrakische Hochland, wo zwischen den großen Steinen nur kleine dornige Sträucher und Asphodelen wuchsen. Hie und da sahen türkische Soldaten vor ihren mit Stacheldraht umzäunten Blechbaracken dem aus dem Westen kommenden Zug nach. Wir hatten schon mehrere Stunden Verspätung. Ich schloß den Vorhang wieder, um erneut zu schlafen.
Dann kamen die langen Vororte am Ufer des Marmarameeres, der Flugplatz, der Strand, das große vergoldete Tor mit seinen beiden Türmen aus rißigem weißen Marmor, die Seebefestigungen, zwischen denen sich der Zug langsam hindurchwand, die hohen grauen Holzhäuser, die nicht eingeebneten, schuttbeladenen, unregelmäßigen Plätze, die ansteigenden Straßen, das Gewimmel, die bleistiftähnlichen großen Minaretts.
Es war schwierig, aus dem Bahnhof herauszukommen. Der Bahnsteig wurde repariert. Man mußte sich zwischen Steinhaufen seinen Weg suchen. Das Wetter hatte sich ein wenig aufgeklärt.
Als ich auf den Bahnhofsplatz trat, wurde ich von dem gellenden Lärm der Stadt überfallen und betäubt, vom Hupen der Taxis und dem Quietschen der roten, gelben oder grünen Straßenbahnen, von den großen Reklameaufschriften, die auf den schwarzen Häuserfassaden die Ver-

dienste der Banken dieses orientalischen Liverpool verkündeten.

Es ist ein Glück für mich, daß ich die Schiffsbrücke von Galata zum erstenmal bei Regen und Nebel überschritt, diese zweistöckige Brücke, die jedesmal, wenn ein Schlepper vorbeifährt, leise unter den Füßen atmet, diese Anlegebrücke mit den vielen eisernen Treppen, gesäumt von Anlegestellen, von denen Leitern zu den Schiffen hinabführen, die zum Bosporus, nach den Prinzeninseln oder Ejub fahren, die Brücke mit ihren Schaltern, Wartesälen, Geschäften und Cafés, mit ihrer dichten Menge von Fischern, die am Geländer lehnen oder am Rande kauern und ihre Nylonnetze ins Wasser hängen lassen, von körbetragenden Reisenden oder von Passanten in europäischer Kleidung außer den Pelzmützen, doch mit zutiefst fremdartigen Gesichtern, olivenfarbenem Teint, stark hervortretenden Backenknochen und langsamen, unentschlossenen Bewegungen.

Man konnte die asiatische Küste nur ahnen. Durchnäßt und müde, denn ich war weit gelaufen, hatte ich mich an einen der viereckigen, grüngestrichenen Tische gesetzt, um ein Glas Tee zu trinken. In dem mit Reklameschildern in türkischer Sprache verzierten Saal saßen noch einige andere Gäste, tranken schweigsam Tee und sahen die ernste Bevölkerung in den dunklen, erdfarbenen Kleidern vorübergehen, vor den kleinen überladenen Personenschiffen, den Fischerbooten, wo auf einem Kocher die frisch gefangenen Fische gesotten wurden, mit denen man dann die Hälfte eines runden Brötchens füllte, den bemalten und manchmal sogar mit Schnitzwerk geschmückten Booten, die zur Dämpfung von Stößen mit einem Kranz aus Stücken alter Autoreifen versehen waren, vor den großen Segelbarken, den langen Zügen schwarzer Schleppkähne, zur Linken die großen weißen Schiffe, die den Dienst nach Smyrna und Alexandrien versehen, zur Rechten die Kräne, die Rauchwolken der Eisenbahnen, die Bäume des Gulhane-Parks, und über den Dächern des Serails mit seinem merkwürdigen, dem Kirchturm einer französischen Kirche gleichenden Turm, die Kuppel von Sankt Irene, dann, wie schwebend, wie in einem langsamen, unaufhaltsamen Flug von ihren vier gewaltigen Strebemauern emporgetragen, die Hagia Sophia.

Nie wieder hat mich dieses gewaltige, ungeheuer belebte und feierliche Schauspiel, diese Kreuzung von Häfen, diese vor mir sich entrollende Zeremonie so stark beeindruckt wie bei dieser ersten rauhen, unwirtlichen Begegnung, bei der die traurige und sanfte Ungesittetheit dieser ehemaligen Nomaden so sehr unterstrichen wurde, die ihre Pferde im Heulen und Pfeifen der Dampfer vergessen haben, im dumpfen Lärmen der Wagen, den Stößen der Bootshaken, dem Knarren der Ruder, dem Plätschern des Wassers und den Schreien der Möwen, und ich habe doch das alles auch von dem perlen- und ambrafarbenen Licht verzaubert gesehen, das von dem allgegenwärtigen schillernden Wasser auf so wunderbare Weise verteilt, zurückgeworfen und in Schwingungen versetzt wird, die Minaretts auf den Hügeln gleich den Zeltmasten eines prächtigen Lagers, gleich dem Schilfrohr auf dem Teich der Engel, und dann, am Abend, alles sich verwandelnd im herabfließenden Gold des Himmels, das von dem leuchtenden, sich in das Innere Europas bohrenden riesigen Horn wieder emporsteigt, die Kuppeln und Lagerhäuser färbend, die Augen der Menschen, in ihr Blut dringend, in das meinige, in meine für mich unkenntlich gewordenen Hände auf dem Geländer, das nicht nur zu Bronze geworden war, sondern zum bebenden Glied eines schlafenden wilden Tieres.

Es sind drei Städte, die sich übereinanderlagern und die man beim Umherwandern entwirrt, drei aus verschiedenen Invasionen entstandene Städte von zutiefst unterschiedlicher Struktur. Verweilen wir noch etwas bei der letzten, der Industrie- und Handelsstadt, der Stadt der Banken, der

Reklame, der Straßenbahnen, der schwarzen Stadt, bei ihrem Tunnel, der unterirdischen Drahtseilbahn, die den Besucher von Karaköi nach Pera hinaufbringt, bei ihrer langen gewundenen, allzu engen und verstopften Straße, dem Istiklal Cadessi, die sich mit ihren zahllosen Geschäften und Bars auf dem Kamm des Hügels bis zu dem riesigen Taximsplatz hinzieht, bei ihren Leuchtschriften, ihren Fluggesellschaften, Buchhandlungen, Garagen und Reparaturwerkstätten, bei ihren Bemühungen, sich zu festigen, sich von der Vergangenheit zu befreien, sich zu verwandeln und zu gesunden, aber auch bei ihrem klebrigen Schlamm, in dem man an Regentagen bis zu den Knöcheln versinkt, bei ihrer Unordnung, ihrer Unterwelt, der tiefen Unsicherheit, die von ihr ausgeht, bei den früh am Abend verbarrikadierten Häfen, der bösartigen Stille der nächtlichen Straßen, dem Schrecken, der um ihre Gärten und Kasinos streicht.
Dieses orientalische Liverpool, das mit solcher Macht auf dem östlichen Ufer des Goldenen Horns gewachsen ist, hat sich auf dessen anderer Seite in das alte Stambul hineingefressen, in die große, seit Jahrhunderten verfaulende osmanische Stadt, hat seine Saugwurzeln in die Hohlräume, in das gelockerte abgenutzte Gewebe getrieben und dessen Kraft auf diese Weise aufgesogen. Die unvergleichlich viel festeren mächtigen Betonbauten treten allmählich an die Stelle der großen, schieferfarbenen Holzhäuser mit ihren Balkonen, ihren unzähligen, schräg zu den steinigen, ausgewaschenen Straßen stehenden Fenstern, ihren gedrehten Säulchen, ihren Außentreppen, ihren kleeblattförmig durchbrochenen Konsolen, ihren Inschriften in arabischen Buchstaben über den Eingangstüren, an die Stelle der alten Häuser, die so leicht brennen, die von Würmern zerfressen und rissig sind, zwischen Gemüsegärten, Friedhöfen und unbebauten Flächen, auf denen rennende Kinder ihre Drachen immer höher steigen lassen bis hinauf, wo Milane kreisen, die sich plötzlich auf irgendeinen Abfall herunterstürzen.

Es ist ein Feldlager, das an Ort und Stelle verharrt, ohne sich jedoch ganz zu verfestigen, es sind Hütten und Lauben, die vergrößert und vervollkommnet worden sind, ohne doch jemals den Charakter des Provisorischen ganz zu verlieren. Das türkische Istanbul ist eine großartige Totgeburt, der genau entsprechende Ausdruck für das Imperium, das in sich selbst zusammenbrach, als es aufhörte, sich weiter zu vergrößern. In den großen Bazaren war die Zeltleinwand zu Deckengewölben geworden, und auf allen Hügeln entstanden zu ihrer Erhöhung, Vollendung und Krönung diese riesigen Kristallisationen, die Moscheen der Sultane, und in den unteren Vierteln ihre köstlichen Schwestern mit den fayenceverkleideten Wänden und Fassaden. Welch eine Stadt hier mit der Absicht, die andere zu übertreffen, in deren Ruinen sie sich einrichtete, am Ende des 15. und im 16. Jahrhundert gebaut wurde, in dieser Zeit der Größe und Kühnheit, der Zeit nach dem Sieg, der Epoche Mohammeds des Eroberers, Solimans des Prächtigen und seines Architekten Sinan! Eine Stadt, all dem voraus, was man damals in Europa schuf, wie die beiden großartigen Anlagen zeigen, die den Namen dieser Sultane tragen, von denen die des Eroberers noch im 17. Jahrhundert fast genau nach dem alten Plan neu errichtet werden konnte! Dann war plötzlich der Atem ausgegangen. Man hat zwar die Tradition zu Beginn des 17. Jahrhunderts mit der blauen Moschee Ahmedije weitergeführt, man hat wohl versucht, sie im 18. Jahrhundert mit der Moschee Nuri-Osmanije und der Tulpenmoschee zu erneuern, aber das waren nur noch vereinzelte, immer seltener werdende Anstrengungen, die ihrer selbst immer weniger sicher waren, und die beiden wohlgeordneten Inseln haben sich nie miteinander verbunden. Indes die Ruinen Konstantinopels weiter zerfielen und tiefer im Schutt versanken, beschädigten die Erdbeben bereits die neuen Gebäude.

Kommen wir also zu dieser Geisterstadt, auf deren Überreste man bei jedem Schritt stößt, Grundmauern aus Ziegeln, Stadtwälle, große rechteckige Löcher, die einst offene Zisternen waren, Kirchen schließlich, die sich in eine Art Höhlen verwandelt haben, zu der Stadt, deren Anziehungskraft die Ursache ihres Untergangs wurde, ein Zauber, der sich trotz ihres Zerfalls erhielt, und die im Geiste des Besuchers – so sehr sie im einzelnen auch unbekannt ist, denn dieses riesige Ausgrabungsgelände ist noch immer fast unerforscht – beinahe alles auslöscht, was auf sie gefolgt ist. Sie steht am Ursprung von allem, sie hat alles Spätere gezeichnet. Sie selbst hat sich diese außergewöhnliche Lage gesucht, denn sie ist nicht aus einer Entwicklung Byzantions hervorgegangen, sondern aus der Verpflanzung der Hauptstadt des sich orientalisierenden römischen Reiches. Ihre große Kirche, die Hagia Sophia, die auf unvergleichliche, sofort erkennbare Weise alles beherrscht, war für die osmanischen Architekten eine quälende Herausforderung. Nachdem sie eine Zeitlang die Nachahmung eines so eigenwilligen Bauwerkes aus einer Kultur, die sie zu ersetzen strebten, klug vermieden hatten, sahen sie sich durch dessen unabweisbare Anwesenheit gezwungen, seine Struktur nach ihrem Geschmack abzuwandeln, sie ihren Bemühungen zugrunde zu legen und die verschiedensten Variationen zu versuchen, um sich von seiner Macht zu befreien. Doch was sind die köstlichen Bäder der Stille, die Moscheen von Rustem Pascha oder Mehemed Sokolli Pascha in all ihrem Raffinement, all ihrer Vollkommenheit neben dem Schweigen, das über den Besucher hereinbricht, sobald er unter dem Mosaik der Jungfrau zwischen Justinian und Konstantin hindurchgetreten ist, diesem von Gold summenden Schweigen, in das alles Donnergrollen, alles Blätterrauschen der Wälder, alles Tosen der Wellen eingegangen ist! Was wiegt das edle Maß der leicht geknickten Bogen, all diese genaue, rationelle, erfrischende Eleganz neben der magischen Tiefe, die den Besucher von allen Seiten umschließt und ihm zugleich entgeht?

Und zu dem glanzvollen Hintergrund in der Fethije Dschami oder der Kahrije Dschami treten zu unserer völligen Verzauberung jene begnadeten Figuren, die in ihren gedrängten Kuppeln auf geheimnisvolle Weise entschweben.
Allmählich, wenn man all die Bruchstücke zusammensetzt und die Entfernungen mißt, gewinnt der Traum Gestalt; über den unbebauten Flächen, zwischen all den Minaretts steigt dann das Zauberbild Konstantinopels empor – die Kirche des Heiligen Georg ersteht vor unseren Augen, wieder strömt das Gold, nach der Beschreibung des Psellos, wie aus einer Quelle in der Mitte über die ganze Außenfläche; in ihren Nebenanlagen erstehen die Galerien und die Pferde, die Wiesen, die Kanäle, die Wasserbecken, die kleinen Wäldchen und Bäder; im Palast Magnaura der Thron des Salomon; die Chalke bedeckt sich wieder mit ihren bronzenen Ziegeln, die Zisternen erhalten ihr Wasser zurück, die Hügel ihre Terrassen und ihre Treppen – das Zauberbild der Stadt, die von ihrer ersten Stunde an durch alles bedroht war, was von der Hochebene, aus dem Innern der Kontinente kam, der Stadt, die, als die Bresche in ihre Mauern geschlagen wurde, seit langer Zeit schon in ihren eigenen Ruinen lebte und mit großer Mühe ein paar Höhlen des alten Glanzes, die riesigen verfallenen und verlassenen Paläste inmitten der verödeten Viertel bewahrte, das Zauberbild der immer einsameren Stadt, die ganz für sich allein das Imperium wurde.
Die Brücke von Galata atmet unter meinen Füßen; ich habe sie nicht verlassen, die Nacht senkt sich herab. Ich betrachte die Kräne und die Züge, ich betrachte den Dunst Asiens in der Ferne, ich betrachte die schwimmenden Lichter auf dieser Meerenge, durch die noch immer das Schiff Argo fährt, auf dieser Meerenge der Fülle, des Glanzes, der Köstlichkeiten und Ahnungen.

»So verschwindet der frühere Stand der Dinge immer mehr, und wer künftig die Hauptstadt besucht, um ihre Eigentümlichkeiten zu betrachten, wird sich sehr getäuscht finden«, schreibt um 1840 Robert Walsh, Caplan der Britischen Botschaft in Constantinopel. Zusammen mit dem Architekten und Zeichner Thomas Allom, legt er 1841, schon in deutscher Sprache, ein zweibändiges Werk vor, mit englischen Original-Stahlstichen, die nach der Natur gezeichnete Skizzen von Allom wiedergeben. »Alle diese Eigentümlichkeiten einer türkischen Stadt, werden bald in der Einförmigkeit europäischen Wesens untergehen und, wenn die Neuerungen so reißende Fortschritte machen wie bisher, kaum eine Spur hinter sich zurücklassen.«
Die beiden »Spurensicherer« aus der Mitte des 19. Jahrhunderts fürchten, daß Worte nicht ausreichen, das Vergängliche festzuhalten, und mit dem Zeichenstift gelang es Allom in der Tat, das darzustellen, was jedem Ahnungslosen vorschwebt, wenn er das Wort Constantinopel hört.
In Europa wird eine Zeit eingeläutet, die in ihrem Wohnstil die Farben üppig kultivieren wird, die Damast, Brokat und Teppiche benötigt, um diesen, von Dolf Sternberger später so genannten »Inneren Orient« aufblühen zu lassen, der Intimität und Abgeschlossenheit für eine Innenwelt garantiert, in Innenräumen, die schützen und entzücken. Schöne, lange Worte werden beim abendlichen Rauchen, mit Suleika in Porzellanmalerei auf dem Pfeifenkopf, vom Großvater an den Enkel weitergegeben: »Konstantinopolitanischer Schnupftabaksdosenverwaltersgeselle«.
Wie soll man sich dieser Stadt nähern, die so vielerlei herüberschickt in unser Abendland, wo die Empfehlungen dafür lauten: Vom Wasser her, notfalls schwimmend zur Serailspitze hin. Durch die Luft jedenfalls auf einem fliegenden Teppich. Und literarisch ausgerüstet lediglich mit den Mär-

chen aus den Tausendundein Nächten im erwartungsvollen Gemüt?
Nein, so ist das nicht, auch nicht der gute Rat gilt, man könne sich in die Stadt auf dreierlei Weise einschleichen: Über Kuriositäten, auf barockem Wege oder durch die Belle Epoque.
Bei unserem ersten Besuch (1959) haben wir lange gebraucht, die Irritation durch den sich bietenden Eindruck bei der Landung mit dem Schiff zu vergessen. Grau ragten die Brandmauern, wie im damaligen Stuttgart-Feuerbach. Blau grüßte von Karaköy die Leuchtreklame der Versicherung »Nordstern«. Den südlichen Halbmond sieht man später.
Bescheidenheit ist angebracht, auch wenn wir nicht unsicher einziehen, wie die Gesandten an den Hof des Sultans. Sie wird uns beigebracht durch offene Augen und Ohren. Das erste Urteil entpuppt sich schnell als Anmaßung. Allmählich entziffert man das Mosaik, aus dem Detail wird ein Muster, vielleicht ein Ornament, das überall aufkommt, sogar auf den großen Tabletts, wo sie Gemüseabfall anbieten in den ärmsten Straßen.
Acht Meter Verschüttung in der Gegend des Hippodrom. Acht Meter Kulturschutt. Und wie kommt es, daß doch immer wieder das, was obendrauf sitzt, auch das Frühere merkwürdig anzeigt? Ist diese Stadt immer noch derselbe Organismus, der nach dem Prinzip des Lebenden das Muster des Ganzen in den Teilen vorführt, und so auch die Vergangenheit aufscheint, am unwahrscheinlichsten Ende zwischen »Beton und Blech«?
Seit dem Fall des griechischen Kaisertums, dem Bollwerk des Christentums in seiner Hauptstadt Konstantinopel, die als ganz und gar uneinnehmbar gegolten hatte, sah die europäische Welt auf den Südosten und machte sich verschiedene, realistische und phantastische Bilder. Man reagierte in Deutschland mit einer Art Literatur. Schon im

selben Jahr (1453) wurde das wahrscheinlich älteste »Türkenlied« verbreitet, der »Türkenschrei« genannt. Es heißt darin:

. . . »Ihr edlen Fürsten alle gleich
ich ruf euch gar demütiglich
laßt euch das Leid zu Herzen gan
das uns die Türken haben getan
der Christenheit zu leide . . .«

Später, zur Zeit der wirklichen Türkengefahr, wie sie die zweimalige Belagerung der Stadt Wien (1529 und 1682) unter anderem darstellte, gab es viele Türkenlieder, Türkenspiele, auch Fasnachtsspiele, Flugschriften und Erbauungsschriften, die hierzulande ein Türkenbild vermittelten. Hans Sachs zeichnete die Schrecken auf in den bekannten Motiven:

. . . »auch schnitten's auf die schwangeren Weiber,
die Kinder auf die Spieß sie steckten,
und sie auf gen Himmel reckten,
darob einem Christenmenschen grauset . . .«

Man las die schön gedruckten Traktätchen oder Flugschriften, von denen es auch solche gab, in denen der Türke verspottet wurde, und manchmal, und immer öfter, wurde er sogar bewundert, hatte er doch den deutschen verwandte, geschätzte Eigenschaften: Zucht, Treue, Tapferkeit. Aber Luther meint, daß gerade diese Eigenschaften in Deutschland abhanden kämen, und er mahnt:

»Betet, denn es ist keine Hoffnung mehr da, daß Kriegsrüstung was tun wird, Gott muß es tun . . .«

Da fängt man an, die Türken als Strafgericht Gottes aus Zorn über die Sündhaftigkeit der Christen zu sehen. Also wird deutsche Unbotmäßigkeit von Gott durch die Türken bestraft?

Man wollte mehr wissen, über die Leute unten am Bosporus, die so viel bewirkten mit ihrer mohammedanischen Botmäßigkeit. Man hörte gespannt von den fremden Sitten und den eigenartigen Begebenheiten und war es zufrieden, wenn dort die Erde bebte.

Es kamen Berichte von Reisenden, vor allem von den Gesandten an der Pforte, die einerseits genauere Kenntnisse ermöglichten, der Phantasie aber auch mehr Nährboden gaben. Nicht eigentlich zugelassen zum türkischen Leben, waren die Legaten oft in einiger Unklarheit verblieben und waren trotz genauester Beobachtung ihrer Umgebung und deren Verhalten mehr ahnungsvoll als wissend. Nie war genau auszumachen, wo der Feind stand, Unbill drohte von überall und überraschend. Doch die Herren vollbrachten meist wahre Kunststücke an Diplomatie, Einfühlung und Improvisation, übten große Geduld als standhafte Edelleute und Christen.

Andere Augenzeugen, solche vom Gesandtschaftsgefolge, auch Kaufleute, erfaßten oft ein komplexeres Bild, sicherer in Unbefangenheit oder auch Dreistigkeit. Samuel Schweigger hat sich fröhlich umgeschaut, und das »schlug zu Buche«, wie man lesen kann. Übrigens gehen schon damals und zu allen Zeiten Anschauung und Deutung von ein und derselben Sache bei verschiedenen Autoren oft weit auseinander.

Viele Briefe und Berichte aus der zweiten Hälfte des 16. Jahrhunderts, geschrieben von Besolt, Dernschwan, Nicolai, Gerlach, Busbeq und anderen erzählen von der Verwunderung über das Unvereinbare, über die seltsame, fremde Lebensart.

Detaillierte Beschreibungen der Lokalitäten und Situationen täuschen nicht über die Unsicherheit hinweg, die man gegenüber der türkischen Macht empfand. Jedoch die Anteilnahme war groß. Lewenklaw verfaßt seine »Chronik der Türkischen Geschichte«. Er und andere schildern das Leben des türkischen Volkes, seine Länder, seine Religion, seine Sitten und seine Herrscher. Der Leser folgender Charakteristik hat vielleicht schon ähnliche Empfindungen gehabt, wie im 19. Jahrhundert der Besucher einer »Völkerschau« im Berliner Zoo.

»Eines frechen Gesichts. Schielt ein wenig mit den Augen, die blau sind ... Hat ein kleines Maul und dicke Lefzen ... Tut das link Aug zu und bald wieder auf ... Das Kinn ist subtil und die Haut braun ... Er ist sehr fressig und hat einen hitzigen Magen wie ein Ofen ... Schauet die Leut, die um ihn stehen, fleißig an. Scheint für und für etwas traurig und in Gedanken zu sein ...« So also steht es im Lewenklaw, und es beginnt die Beschreibung mit den Worten: »Dieser König ist 28 Jahr alt«.

In den »Messerelationen«, Nachrichten, die zu jeder Oster- und Herbstmesse in Frankfurt am Main regelmäßig erschienen, als Zeitungen über die Ereignisse im verlaufenen Halbjahr, nehmen vom 17. Jahrhundert an die Notizen über Geschehnisse am Hof des »Türkischen Kaisers« und über Einrichtungen in der Stadt Konstantinopel, immer mehr Raum ein.

Im 17. Jahrhundert verschwindet auch die religiöse Deutung der Türkenplage allmählich. Der Sultan wird als literarische Figur im barocken Drama eingeführt. Er ist da weniger der Exponent einer fremdartigen, volkreichen Großmacht, als vielmehr der repräsentative Mensch, der nach abendländischen moralischen Ansichten den Typ des grausamen Tyrannen verkörpert. So steht er da, als Anti-Ideal, auf der Bühne, und muß sich nennen lassen: »Geiler Hund, durchteufeltes Gemüt, Drache, Bluthund, Kindermörder«. Die »Exotik« spielt noch eine kleine Rolle in diesen Stücken. Sie handeln mehr vom Sittlichen und von allgemein menschlichen Gefühlen. Ayrers wortreiches Drama von der »Schröcklichen Tragedi, vom Regiment und schändlichen Sterben des Kaisers Mahumet ...« (1618) zeigt das. Der Gedanke, der seit der Reformation, ja schon bei Luther selbst, aufgekommen war, daß die Uneinigkeit der Christen an der zunehmenden Stärke der Osmanen und an der Unterwerfung der christlichen Welt, schuldig sei, ist in Lohensteins Schauspiel »Ibrahim Sultan« (1673) abgehandelt. Moliere hingegen läßt in seinem burlesken Drama von der genasführten Großmannssucht »Der Bürger als Edelmann« (1670) den ältesten Sohn des Großtürken, und mit ihm einen ganzen Orient, in Paris auftreten, und erfindet eine eigene türkische Sprache: ... »Türkisch muß ja eine wunderbare Sprache sein!« »Wunderbarer als man glauben sollte. Wissen Sie, was Cacaraca muschem heißt?« »Cacaraca muschem? Nein.« »Das heißt: Meine liebe Seele.«

Kommen wir ins 18. Jahrhundert. Jetzt rücken in den Frankfurter Messerelationen, dieser Nachrichtenbörse, die Sensationsberichte aus Konstantinopel innerhalb der Zeitschrift nach vorne, an wichtige Stelle. Die kriegerische Bedrohung ist vorüber, das handelsmäßige und diplomatische Interesse wächst. Jetzt haben wir mehr Zeugnisse von reisenden Franzosen und Engländern, zum Teil schon damals ins Deutsche übersetzt und hierzulande gelesen. Tournefort unternimmt 1700 »auf königlichen Befehl« die Reise und gibt seine Erlebnisse wieder. Lady Montagu hat Zutritt zum Harem einer Ex-Sultanin. Olivier reist als Vertreter der Französischen Revolution und bringt genaue Daten seiner Untersuchungen über wirtschaftliche und bevölkerungspolitische Umstände. Er ist es auch, dem auffällt, daß in der Stadt manchmal Feuer ausbrach, weil die Bürger ihren Sultan zu einem »Anhörungsverfahren« zwingen wollten.

Aus diesen Quellen der Reiseliteratur schöpfen auch die Dichter. In wechselnder Beleuchtung erscheint der Türke in der »hohen Dichtung« des anbrechenden bürgerlichen Zeitalters.

Goethe reflektiert Berichte aus dem Orient. Im »Faust« läßt er »Vor dem Tor« den »anderen Bürger« sagen, daß er sich »nichts besseres weiß, an Sonn- und Feiertagen, als ein

Gespräch von Krieg und Kriegsgeschrei, wenn hinten, weit in der Türkei, die Völker aufeinanderschlagen«.
Racine hat schon in der Mitte des Jahrhunderts das Drama »Bajeset« geschrieben, das die schöne Roxane im Westen berühmt macht. Der Orient gewinnt immer mehr Farbe, auch in der Musik. 1781 geht Mozarts »Entführung aus dem Serail« als »Deutsches Singspiel« in Szene. Das Exotische erhält luxuriöse Züge, die sich auch in den schönen Künsten äußern. Dem argwöhnenden Bürger scheint Abstinenz geraten, man singt den Kanon »C-A-F-F-E-E, trink nicht zu viel Caffee, nicht für Kinder ist der Türkentrank ... sei du kein Muselman, der ihn nicht lassen kann«. Und die Gräfin Carven ist am weitesten in den Harem vorgedrungen.
Aber »Suleikas« Jahrhundert ist erst das Neunzehnte. Erst dann kommen die schönen Frauen zum Vorschein, die Orientalinnen, die auf Alloms Stichen und in vielen äußerst unterschiedlichen verbalen Darstellungen der Gegenstand unendlicher Vermutungen sind. Nun weiß der Leser, weshalb wir das vorliegende Buch mit diesen englischen Stichen illustrieren. Sie haben den Stil mitgeprägt, der den »Zauber des Orients« nach Norden transportierte. Das Leitbild für einen literarischen Exkurs malte viel später Henry Rousseau, der Konstantinopel nie gesehen hatte. Es stellt den Schriftsteller Pierre Loti dar, im roten Fez mit Türkenbart und Katze, vor einer Istanbul-Landschaft, in der Hand die große Orientzigarette. Denn: Pierre Loti, er hat das Charakteristische der Stadt erlebt im Geist des neunzehnten Jahrhunderts, im Sinne des Fin de siècle. Und er hat mit seinem Buch »Die Entzauberten« der Türkin einen Emanzipationstip gegeben. Aber indem er sie am schönsten so beschrieb, wie sie war und bleiben sollte, konnte er ihr doch nicht raten, sich zu verändern! Und was ist daraus zunächst geworden? Noch lange nichts. Die Haremswirtschaft, meint auch Nietzsche, sei die »ungeheure Vernunft Asiens«.
Jetzt im neunzehnten Jahrhundert ist auch die Stunde des

Schleiers angebrochen. Das Geheimnisvolle gewinnt Bedeutung, das Ausschalten von Klarheit, das Verschleiern. Das halb oder ganz Undurchsichtige scheint im Orientalischen integriert, ein faszinierendes Merkmal von neuer Qualität.
Nicht nur Suleikas Gesicht verhüllt der Schleier, auch in die gesprochene Rede gerät er hinein. Verhüllung der Absichten, Umgangsformen von unverständlichem Zeremoniell sind seine feingesponnene Substanz. Der Schabernack bedient sich seiner. Das Spiel mit ihm ist durchaus kunstvoll, und Prüderie ist selten sein Inhalt, eher schon Gerissenheit. Doch schließlich kommt er von der Fee und kommt aus dem Märchen. So hatte schon zu Anfang des Jahrhunderts die Romantik im Orient das Wunderbare, das Phantastische angesiedelt. Und auch Goethe, der gewiß kein Freund der Romantiker war, spricht im Westöstlichen Diwan mit seiner Suleika, die bekanntlich in zweierlei Hinsicht keine Türkin war.
Ganz und gar nicht romantisch ritt Lady Hester Stanhope in Türkenhosen auf schnellem Pferd, lebte wie ein Mann unter den Türken und erschreckte die Leute im Geiste der dem Orient so fremden Aufklärung.
Die Literatur schwillt immer mehr an. Nun sind wir auch im Jahrhundert der beiden großen Geschichtsschreiber, Zinkeisen und Hammer-Purgstall. Der letztere war im Auswärtigen Dienst Österreichs an der Pforte in Konstantinopel. Dort begann er mit einem umfangreichen Quellenstudium, sammelte und erwarb Schriften und Dokumente und widmete sich dann in seiner Heimat Österreich seinem Lebenswerk, der vielbändigen »Geschichte der Osmanen«. Auch eine voluminöse Geschichte der Osmanischen Dichtkunst hinterließ er als der erste Übersetzer der beiden großen türkischen Dichter, die zur Zeit Solimans des Prächtigen lebten, Baki und dessen Schüler Fasli, wofür er heute schlechte Zensuren bekommt. Die Literaturkritik nennt sie

»roh und in vielen Punkten unzuverlässig« (Annemarie Schimmel 1973). Aus dem Persischen übersetzte er den »Diwan des Hafis«, den Goethe in dieser Übertragung für seinen »West-östlichen Diwan« benutzte. Eine große Sammlung von türkischen Sprichwörtern, Redensarten und Versen vereinigte der unermüdliche Autor unter dem anschaulichen Titel »Das Kamel«. Er soll auch das in Istanbul geflügelte Wort in Umlauf gebracht haben, die Grand Rue du Pera sei so eng wie der Horizont und so lang wie die Intrigen ihrer Bewohner.
1835 wurde Graf Helmuth von Moltke am Hof des Sultans Mahmud II. Sachverständiger für Festungsbauwesen und Militär-Instrukteur. Die Briefe an seine Braut und seine Mutter sind anschauliche und eindringliche Berichte über das türkische Leben in der Stadt. Mit analytischem Verstand und menschlicher Teilnahme, entdeckt er die bislang für den Europäer kaum verständliche kommode Lebensweise der Orientalen. Seine technischen Beschreibungen von Bauwerken und Einrichtungen der Hauptstadt sind Meisterstücke wissenschaftlicher Prosa. Das Kapitel über die Wasserversorgung könnte einer Vorlesung in Experimentalphysik angestanden haben. Milieuschilderungen und Erlebnisberichte, medizinische und ökonomische Gutachten und Stellungnahmen, beispielsweise in seinen Mitteilungen über die Pest und die Einrichtung der Quarantäne, verraten seine große Originalität. Aber auch Moltke sieht schon, ebenso wie der Romancier Gautier, ja selbst die beiden Spötter aus England und Amerika, Kinglake und Mark Twain, sehen das, daß alles nicht bleiben wird. Zwar ist es noch ganz »neu« für die Reisenden und Berater, die Gäste und die Experten am Bosporus, neu auch für den Leser, für den diese Reisenden und Gäste schrieben, aber schon scheint es nicht mehr sicher zu stehen. Man träumt zwar noch in Stambul, aber die Schornsteine fangen bereits zu rauchen an, auch wenn damit nur Schiffe und die Loko-

motiven der Bagdadbahn fahren werden und keine große Industrialisierung bevorsteht.
Auf dem Weg nach Konstantinopel finden wir um die Jahrhundertwende auch einige Deutsche, die man als »Preußische Orient-Enthusiasten« bezeichnen möchte, auch die Nicht-Preußen unter ihnen. Es sind Studienräte und gelehrte Privatiers. Ein sehr preußisches Fräulein Rosa von Förster legt ihre korrekten Maßstäbe an, streng gerade, wie ihre Haltung. Die Stadt wird Hintergrund für Memoiren. Die achtzigjährige Anna Grosser-Rilke, eine Cousine des Dichters, schreibt ihre Erinnerungen. Sie war 1889 nach Stambul gekommen, wo ihr Mann eine Agentur für Nachrichten gründete, »die den Namen ›Agence de Constantinople‹ erhielt, und der es bestimmt war, bis zum Ende des Weltkriegs fortzubestehen und in kritischen Zeiten für Deutschlands Interesse zu wirken«, wie sie selbst sagt.
Beide Damen berichten vom Besuch des Deutschen Kaisers beim Sultan. Das prächtige, mit goldenen Mosaiken verzierte Zeugnis dieser Orientreferenz steht noch heute auf dem Hippodrom und erinnert an diesen Besuch Wilhelms II., ein Brunnen, dem Sultan Abdul Hamid II. zum Geschenk gemacht.
Und die Türken selbst? Sie beginnen in den achtziger Jahren im europäischen Stil zu schreiben. Und während in den »guten Stuben« oder in den Salons unseres Heimatlandes die »höheren Töchter« auf den Klavieren und Flügeln »Alla Turca« klimpern, breitet sich in manchen türkischen Erzählungen die sentimentale Gewitterschwüle des Jahrhundertendes aus.
Mit dem Titel »Türkisches High-Life« erscheint jedoch, um die Jahrhundertwende schon ins Deutsche übersetzt, ein »Türkisches Sittengemälde«. Der Dichter Achmed Midhat, von dem es etwa 200 Prosawerke gibt, zeigt in den drei Erzählungen »Der Nimmersatt«, »Die Ehe« und »Jugend« vor allem das Leben der Stambuler Jeunesse d'oree. Sein

Übersetzer und Herausgeber Horn sagt 1902: »Die türkische Moderne paßt nicht mehr nach Asien, sondern nur nach Europa.« Sie wende sich gegen das »Tinten-Türkisch« des bisherigen, der persischen Literatur verhafteten Stils. Tatsächlich war die Dichtung bis dahin nur für Hochgebildete, und es gab keine Brücke zur Volksliteratur.

Reisestipendien, meist nach Paris, machten jetzt westliche Quellen zugänglich. Eine Gruppe von Schriftstellern verfaßte Romane und Erzählungen, deren Handlungsort Stambul war, oft aber genausogut überall in der Welt gewesen sein könnte. Von dieser Literatur gab es bald Proben in deutscher Sprache.

Die Revolution der sogenannten »Jungtürken« (1908) brachte eine neue Phase der Entwicklung »Hin zum Volk«. Werke, wie die witzige Kulturhistorische Plauderei des »Volksschriftstellers« Mechmed Tewfiq »Ein Jahr in Stambul«, geben Auskunft über Sitten, religiöse Feste im Jahresablauf und den Stand der Dinge im Alltag. Nicht nur die Thematik, auch Sprachform und Wortschatz werden volkstümlich orientiert.

Eine Literatengruppe mit dem Namen »Morgendämmerung des Kommenden« gehört noch zur Ära vor Atatürk. Sie ist beeinflußt vom Ömer Seyfeddin, dem ersten Meister türkischer Kurzprosa. Seine realistischen, humorvollen Erzählungen machten Schule.

In der Zeit des türkischen Freiheitskampfes unter Kemal Pascha hat endlich die dritte Phase der türkischen Moderne begonnen. Es werden die ersten bedeutenden Romane geschrieben. Halide Edib Adivar, tritt für die Orientierung nach dem Westen ein, sie ist Anhängerin des Befreiungskampfes und für Mädchenbildung und Frauenemanzipation engagiert. Reschat Nuri Güntekin und Yakup Kadri Kara Osmanoglu leisten wie sie wichtige Beiträge zur geistigen Neuorientierung.

Am Anfang des Zwanzigsten Jahrhunderts gab es immer

noch Pierre Loti. Jedoch der Schleier begann zu einem Attribut am Hute der Europäerin zu degenerieren. Suleika hatte nach Atatürks Reformen das Gesicht zu enthüllen.

Alle Türken lernten jetzt das lateinische Alphabet, oder sollten es wenigstens lernen. Alles Geschriebene und Gedruckte wurde von nun an in lateinischen Buchstaben zu Papier gebracht. Zweiundvierzig Sprachwissenschaftler waren so lange in Klausur in Dolmabahçe, bis sie das Wunder der Umschreibung bewältigt hatten. Von nun an steht auf der Speisekarte, auch für Europäer lesbar: »Sosolandes«. Und wenn man begriffen hat, daß hier phonetisch buchstabiert wird, kann man das leicht als »Sauce Hollandaise« verstehen. Daß man die Mütze des Wärters im Archäologischen Museum bestaunt, die die Aufschrift »Müze« trägt, ist einzusehen. Aber auch hier kommt man der vieldeutigen Schreibweise auf die Schliche und begreift, die Mütze selbst sei nicht gemeint, sondern der Träger derselben ein Angestellter im »Musée«.

Neben allem dem war zu allen Zeiten in Konstantinopel das türkische Schattenspiel eine Quelle der Belustigung. Ritter, der zahllose Texte gesammelt, geordnet und in deutsche Verse gebracht hatte, sagt in seinem 1924 erschienenen Buch über die Helden Karagös und Hadschiwad und ihre skurrilen Aufführungen, daß sie nur möglich seien in einer Stadt, nämlich in dieser Stadt. Diese Hauptstadt mit Landschaftscharakter und mit ihren verschiedenen dort siedelnden ethnischen Gruppen, dazu mit den häufig in Tracht und Sprache sonderbar wirkenden ausländischen Gästen, ist der reiche Humus für solches Theater. Die in hohem Maße vorhandene Gabe des Humors, die Fähigkeit zu witziger Nachahmung bis hin zur Karikatur, und eine besondere Begabung für dramatische Darstellung, befähigte die spottlustigen Bewohner der Hauptstadt zu Produktion und zu Genuß des Spektakels in gleicher Weise.

Der türkische Meddah, der öffentliche Erzähler, ist Komiker und Stimmkünstler, der den Diskant der Frauen so gut karikiert, wie die Redeweise der zahlreichen Volksgruppen mit ihren Mundarten. Er ist schlagfertig und er ist ein Philosoph. Von Artin Pascha wird ein charakteristischer Scherz mitgeteilt: Allah fordert alle Völker auf, sich etwas zu wünschen und bewilligt in bester Geberlaune stets die ihm vorgetragene Bitte. Zuletzt erscheinen die Orientalen und wünschen sich eine gute Regierung. »Ach«, ruft Allah aus, »das geht über meine Allmacht!«

Wir nähern uns der Gegenwart. Noch ist alles im Fluß. Alle Prophezeiungen sind eingetreten, was den Sieg von Blech und Beton betrifft. Und doch gibt es ein türkisches Sprichwort von strahlendem Optimismus: »Fließendes Wasser wird nicht schmutzig.«

Mit Virginia Woolf, Michael Butor und Barbara Frischmuth kommen wir in unsere Zeit. Ihre Literatur spricht unsere moderne Sprache. Es gilt, fast Unvereinbares zu vereinen. Nur wenige Zitate können aus der großen Fülle jetzt noch eingezeichnet werden, damit das Bild nicht aus dem Rahmen gerät. Eine Art von Markierung möchten die Verse der jüngeren türkischen Dichter dazugeben.

»Noch sind die Dichter auf dem Wege . . .« schreibt in gewisser Erwartung die Literaturkritik (Schimmel), die zugleich in der jüngsten Gegenwart eine Vielfalt von Strömungen bemerkt, »die einem zuvor nicht gekannten Pluralismus, auch in Stil und Technik bewirken« (Brands 1969). Kafka, der Nouveau Roman und die experimentelle Prosa gewinnen Einfluß. Nazim Hikmet, der überragende Avantgardist hinterläßt aus Gefangenschaft und Exil ein Spätwerk mit den leidenschaftlichsten Visionen, die weit über die Türkei hinaus wirken. Er und Orhan Veli, der das moderne Istanbul besingt, sind die großen Anreger für die junge Generation.

Es soll hier keine vereinfachte und verkürzte Literaturgeschichte angeboten werden. Es wird nur versucht, die Auto-

ren der Zitate in einem chronologischen Zusammenhang zu zeigen, und dem darüber hinaus interessierten Leser einige Namen zu nennen, die nicht in den Texten vertreten sind. Wenn einige Namen häufig erscheinen und andere kaum oder gar nicht, so hat dies mit literarischen Maßstäben nichts zu tun. Die Auswahl erfolgte in der Absicht, den Themen ein möglichst lebendiges Profil zu geben. Darum kamen auch die Archäologen und Kunsthistoriker fast überhaupt nicht zu Wort, obwohl Gurlitt und A. M. Schneider zweifellos zu den besten Kennern von Byzanz und Konstantinopel gehören.
Die benutzten Zitate blieben nicht immer unverändert. Das altertümliche und barocke Deutsch wurde, soweit nötig und so wenig wie möglich, dem heutigen Leseverständnis angenähert. Das gleiche gilt für die von der Herausgeberin besorgten Übersetzungen aus dem Englischen.
Dieses hier vorgelegte Stadtbild entstand aus der Erfahrung und aus Eindrücken wiederholter Besuche. Das Auffinden und Sammeln der Texte wurde mir sehr erleichtert oder überhaupt erst ermöglicht durch die Mitarbeiter der Frankfurter Universitätsbibliothek und durch die Ratschläge und Hilfe, die ich im Turkologischen Institut der Universität Frankfurt gefunden habe. Herrn Dr. Wenzel, Frau Lazar, sowie Herrn Professor Dr. Sellheim, Herrn Professor Dr. Brands, Herrn Dr. Gruber und Frau Hauenschild gilt mein ganz besonderer Dank. Die erste Begegnung mit Istanbul verdanke ich Dr. Klaus Tuchelt im Jahr 1959, damals Referent am Deutschen Archäologischen Institut, und bis heute ein freundschaftlicher Gewährsmann für alle Fragen zu diesem Thema. Ihm und seiner Frau Antje, geborene Gallwitz, sei dieses Buch gewidmet.

Esther Gallwitz

Glossar

Vorbemerkung. In das Glossar wurden die Wörter aufgenommen, die nicht in allen Textstellen selbst erklärt werden. Ihre unterschiedliche Schreibweise, die teilweise angeführt wird, erklärt sich durch den Zeitpunkt ihrer Verwendung, die Überlieferung der Zitate und die verschiedene Sprache der Autoren. Die heutige türkische Schreibweise ist *kursiv* gedruckt.

Acajou. Florentinische Adelsfamilie
ada. Insel
Aga, Agha, *ağa.* Feiner Herr, früher Titel für höhere Offiziere und Zivilbeamte, später Anrede für niedere Offiziere und Gewerbetreibende
Aja Sofia. Hagia Sophia, St. Sophie, Heilige Weisheit
Alcoran. Koran
Alevi. Mohammedanischer Ordensangehöriger
Amurat. Murat, Murad
Anatoli Hissar, *Anadolu hisar.* Festung am Bosporus auf dem anatolischen Ufer
Approchen. Annäherungswege
Arcanium, Arcanum. Das Geheimnisvolle. Geheimmittel mit besonderer Wirkung
Archimandrit. Vorsteher der Mandra, Abt über mehrere Klöster
Archipelagus. Inselwelt zwischen Griechenland und Kleinasien
Asper. 50 Asper = 1 Dukaten (im 16. Jahrhundert)
Atmeidan, *atmeydanı.* Roßplatz, Rennplatz, Hippodrom
Atschmoglan. Zehentkinder

Bassa, Pascha, Wascha, *Paşa.* Titel der oberen Rangstufen der Offiziere und Beamten
Beeg, Beg, Bei, Bej, Bey, *bey.* Herr, Titel für höhere Offiziere und Beamte, Anrede für Angehörige der Oberschicht und Europäer
Beglerbeg. Herr der Herren, Titel des Provinzialstatthalters
Bektaschi, *Bektaşi.* Angehöriger eines Derwischordens
berat. Bestallung, Bestallungsbrief
berat-kandili. »Heiliger Abend« in der mohammedanischen Religion
Besasten, Bisestano, Bazar. Kaufhaus
bey. Siehe: Beeg

bismillâh. »Im Namen Gottes!«
Bostan, *bostan.* Gemüsegarten, Garten
Bostandschi, Bostangi, *bostancı.* Gärtner, Palastwache, Leibwache des Sultans
Bostandschi-baschi, Bostansi-wascha. Oberster der Palastwache, Aufsicht über die Ufer des Bosporus, die Wälder und die Baupolizei, öfter mit diplomatischen Aufträgen betraut
burnu. Landspitze, Kap

Cachexie. Kräfteverfall, Abzehrung
Camelot. Siehe: Kamelott
cami. Moschee
Capitschi, Capydjy, *kapıcı.* Torwächter, Pförtner
Capitschi-wascha, Cavedji-bascha. Oberster Torwächter
Capudan Pascha. Großadmiral
çelebı. Herr, vornehmer Herr
çeri. Irreguläre Truppe, Schar, Soldat
Chan. Siehe: Han
Chorsroe, Chosrew, Kosrau. Persische Herrscher aus dem Haus der Sassaniden
Collation. Frühstück
Curban. Siehe: Kurban

Defterdar. Kammerpräsident, Finanzdirektor der Provinz
Degirmenkapi. Müllertor
Deli, *deli.* Narr, Wahnsinniger
dershanı. Unterrichtsraum einer Medrese
Dilendschi, *dilenci.* Bettler
Diwan. Als Bett benutzbares Sofa. Hofhaltung des Sultans oder Großwesirs, türkischer Reichsrat, Ort seines Zusammentreffens
Diwan. Gedichtsammlung eines Verfassers
Doliman, Dolman. Alttürkischer Leibrock des Mannes, später auf kaftanartige Gewänder, sogar weibliche übertragen
Drachme, Dram, Dramm, Dirhem. 1/100 Chéquer = 3,21 g
Dragoman. Dolmetscher
Dschami, *cami.* Moschee
Dschem, Zizim. Liebe
Dscherid, Dgerid. Langer Stab, Wurfspieß bei Kampfspielen zu Pferde

Effendi, *efendi*. Herr
efendim. Mein Herr (Anrede)
Elif, *elif*. Buchstabe
Elifbe, *elifbe*. Alphabet
Emir. Ursprünglich hoher Verwaltungsbeamter. Fürstentitel
Eskiserail, Esskiserail, *eskiserail*. Altes Schloß
Ejub, Eyub, *Eyüp*. Hiob, Fahnenträger Mohammeds, Vorort von Istanbul mit dem Grab Ejubs

Facenetelin, Fazilettlein. Im 15. Jahrhundert aufgekommenes Ziertaschentuch
Ferman, Firman, *ferman*. Befehl, Verordnung, Urkunde
Fetwa, *fetva*. Rechtsgutachten
Franke. Westlicher Ausländer
Frauen-Zimmer. Harem
Funeralien. Zeremonien und Gepränge bei Leichenbegängnissen

Garipigen. Garde zu Pferd
Gauren, Giauren. Christen
Geniserail, *yeniserail*. Neues Schloß
Guardi, Gwardi, Garden, Wächter
Gül, *gül*. Rose
Gülden Stück. Goldbrokat, auch in anderen Techniken mit Gold gewirkte Stoffe von definierter Länge
Gülistan, *gülüstan*. Rosengarten

Haçi, Hadschi, *hacı*. Mekka-Pilger. Storch, Klapperstorch
Halva, Helva, *halva*. Verschiedene Arten von Honig- und Zuckerkuchen
Hamam. Öffentliches Bad
Han, *han*. Großes Gebäude für Karawanen, großes Gebäude für Werkstätten und Büros
Hanim, *Hanım*. Dame, Frau, Fräulein
Harem. Vorhof, heilige Hürde vor der Moschee. Frauengemach, Frauenhaus
Hasné. Kaiserlicher Schatz
Hassir, *hasır*. Matte aus Rohr, Stroh oder Bast
Hellespont. Straße der Dardanellen

Henotikon. Edikt zur Beilegung der theologischen Streitigkeiten in der byzantinischen Kirche
Hesperiden. Nymphen, die jenseits des Ozeans die goldenen Äpfel des Paradieses hüten
Hippodrom. Rennplatz
Hodscha, *hoca*. Lehrer, Geistlicher, Meister
Hohe Pforte. Palast des Großwesirs und Regierungssitz
humma. Fieber
Huri. Paradiesjungfrau zur Belohnung der Seligen, mit unzerstörbarer Jungfräulichkeit begabt

iftar. Abendliches Fastenbrechen, Hauptmahlzeit im Fastenmonat Ramazan
iftar-topu. Kanonenschuß, der den Sonnenuntergang und damit das Ende des Fasttages anzeigt
iman. Glaube
Iman, *imam*. Geistlicher, Oberhaupt der Gemeinde, Vorbeter in der Moschee
Imaret. Armenküche
Insolentien. Anmaßungen

Kadi. Richter
Kaftan. Langärmeliger, vorne offener Überrock
Kaik, *kayık*. Ruderboot
kalem. Schreibfeder. Büro, in welchem mehrere Beamte arbeiten
Kalpak. Pelzmütze
Kamisol. Unterjacke
Kamelott, Schamlot. Gewebe, ursprünglich aus Angora-Wolle mit gezwirnter Kette
Kandil. Moscheelampe
Kanun, *kanun*. Gesetz. Verordnung willkürlicher Macht, Grundgesetz des Eroberers
Kapi, *kapı*. Tor, Pforte
Kapidschi, *kapıcı*. Torwächter
Kapidschilar Kiajasi. Oberstkämmerer
Kapudan Pascha. Großadmiral
Kasiasker. Heeresrichter
Kef, *keyif*. Wohlbefinden, Behaglichkeit, behagliche Ruhe
Kiaja Beg. Innenminister

Kilar, *kiler*. Keller

Kislar Aga, Kyslar Agasy. Oberhaupt der Eunuchen des kaiserlichen Harems

Kitabchane, *kütüphane*. Bibliothek

kız. Mädchen

Klafter. 6 Fuß, Längenmaß, zwischen 1,7-1,9 m

konak. Wohnhaus

Kosrau. Siehe: Chosroe

Köschk, Keosk, Kiosk, *köşk*. Pavillon

kull. Turm

Kurban, *kurban*. Opfer, Opfertier

Kurban bayram. Opferfest, Lämmerschlachten, Schafopfer

Kurusch. 100. Teil eines türkischen Pfunds (Währungseinheit)

Lambrien, Lamperien. Boden- und Wandleisten

Lapithen. Mythischer Volksstamm Thessaliens

Legat. Gesandter

Leichter. Boot zur Entladung tiefgehender Schiffe in Häfen

Letten. Bröckelige Schiefertone, erdiges Baumaterial

Lira. Türkisches Pfund, Währungseinheit

Lodos, *lodos*. Südwind

Losament. Logis, Wohnung, Quartier

Mahalle, *mahalle*. Quartier, Nachbarschaft, Gemeinde um eine Moschee

Mahomed, Mechmed, Muchemet, *Mehmet*. Mohammed

Mameluck. Ein zum mohammedanischen Glauben übergetretener Christ

Medah, Medach, *meddah*. Öffentlicher Märchen- oder Geschichtenerzähler

Medrese. Theologische Lehranstalt, Koranschule

Mekteb, *mekteb*. ABC-Schule, Grundschule

Melek. Engel

Mesdschid, Messit, *mescit*. Kleine Moschee für den Alltag

Mihrab, *mihrap*. Gebetsnische in der Moschee

nimbar. Kanzel in der Moschee

minder. Sophapolster, Sitzkissen, Matratze

Mithridat. Eines der ältesten Arzneimittel, Gegengift aus 54 verschiedenen Pflanzen

Mollah, *molla*. Theologe, geistlicher Richter
Muffti, Muphti, Mufti. »Entscheider«, Gelehrter in religiösen Rechtsfragen
Muquallid, *mukallit*. Nachahmer

Nachtkalpak. Nachtmütze
Nargileh. Wasserpfeife
Nepenthe. Sorgenbrecher
nil admirari. Sich nicht aus der Fassung bringen lassen
Nischandschi. Staatssekretär der Anagramme
Nymphaen. Heiligtümer der Quellgottheiten

Odaliske. Weiße Haremssklavin des Sultans
Ocmeidan. Pfeilplatz, Pfeilfeld, Schießsportanlage
Okka. Türkisches Gewicht, 1,282 kg
Orator. Unterhändler

Padischaçh, Padischah, *padişah*. Orientalischer Herrscher, Kaiser
Partezettel. Todesanzeige
Pascha, *Paşa*. Titel eines Generals oder Gouverneurs einer Provinz
Peroten. Bewohner Peras
Pforte. Siehe: Hohe Pforte
Piaster. Währungseinheit, türkisches Pfund
Piscinen. Fischbecken, Wasserbecken, Taufbecken
Propontis. Marmarameer

Rajah. Nichtmohammedanische Untertanen der Türkei
Ramazan. Fastenmonat
Rapier. Degen
Rebiul Evvel, *rebiyül evvel*. 3. Monat im mohammedanischen Mondjahr
Reiger. Reiher, Aigrette. Schwarzer Reiherfederbusch, oft auch aus Edelsteinen
Reis. Oberhaupt, Vorsitzender, Präsident, Schiffskapitän
Reis Effendi. Außenminister
Renegat. Abtrünniger, zum Islam übergetretener Christ
Rumeli Hissar, *Rumuli hisar*. Festung am Bosporus, auf dem europäischen Ufer

Sandschak. Standarte
Scheich. Ehrentitel weitesten Umfangs, von Ortsvorsteher eines Dorfes bis Obermufti von Istanbul
Scherbet, Sorbet, *şerbet*. Fruchtsaft
Schiktaren. Garde zu Pferd
Schisch Hane, *şişhane*. Stadtteil zwischen Pera und Galata
Schopf, Schöpf. Schuppen oder Stadel
Schupfen. Schaukel, schaukeln
Selamlik. Männertrakt
Serasker, Seraskier, *serasker*. Kriegsminister
Sinekure. Pfründe
Sinekurist. Kostgänger
Sofa, *sofa*. Kleine Veranda, Diele, Halle, Korridor
Sofi. Freund der Weisheit und Ruhe
Solennität. Feierlichkeit
sollenniter. Feierlichst
Spahi, *sipahi*. Berittene Soldaten, Reiter
Spinellen. Edelsteine, eigentlicher Spinell ist der Rubin
Stadien. Längemaß, 1 Stadium rund 200 m
Sublimat. Quecksilberchlorid

tahta. Brett, Holz
Tedicola. Siehe: Yedicule
Tekfur, *tekfur*. Herrscher, türkische Form des armenischen Königstitels thakavür
Teki, Tekke, *tekke*. Derwischkloster, Haus, in dem man umsonst zu essen bekommt, Opiumhöhle
tempe. Einschnitt, Tal
Templer. Angehöriger des Templerordens
tepe. Erhebung, Hügel
Terdschüman, *tercüman*. Dolmetscher, Interpret
Tertium non datur. Ein drittes gibt es nicht
Theriak. Opiumhaltiges Arzneimittel, Gegengift
Theriaki. Opiumesser
Threnodien. Trauer- und Klagelieder
Thyrsus. Stab der Bacchantinnen
Triklinien, Triklinium. »Drei Tischlager fassend«, in Hufeisenform aufgestellte Speisesofas
Tschauschen, Zauschen. Staatsboten

Tschelebi. Siehe: *çelebi*
Tschenbascha. Hofmarschall
Tschibuk. Lange Tabakspfeife mit Meerschaumkopf
Tura, *tuğra*. Namenszug des Sultans, offizieller Namensschnörkel des Sultans
Türbe, *türbe*. Grabkapelle, Mausoleum
Tulbant. Turban

Ulema. Höhere Geistlichkeit, Gelehrter, Vertreter der theologischen Gelehrsamkeit
Ulusagen. Garde zu Pferd

Valideh, *valide*. Mutter

Yachmak, *yaşmak*. Schleier, Straßenschleier
Yale, Jale, *yalı*. Am Ufer des Meeres oder des Bosporus gelegene Sommervilla, Uferpalast
yalı. Strand, Ufer
yedi. Sieben
Yedikule, Jedikule, *Yedikule*. Schloß der sieben Türme

Zausch. Siehe: Tschausch
Zeloten. Eiferer, namentlich in Glaubenssachen

Adivar, Halide Edib, »Kinder, die ich kannte«, in: Otto Spiess, Das Geisterhaus, Türkische und ägyptische Novellen, unter Mitarbeit von Kissling und Schimmel, Verlag Butzon und Bercker, Kevelaer 1949, S. 150 ff.

Akbal, Oktay, »Machmud Beys Zeitung«, in: Die Pforte des Glücks, Hrsg. Wilfrid Brands, Verlag Erdmann, Tübingen – Basel 1963, S. 119 ff.

Allom, Thomas und Walsh, Robert, Constantinopel und die malerische Gegend der sieben Kirchen in Kleinasien. Nach der Natur gezeichnet von Thomas Allom. Nebst einer kurzen Geschichte Constantinopels und der Erklärung der Stahlstiche von Robert Walsh, Kaplan der britischen Gesandtschaft zu Constantinopel. Nach dem Englischen von J. Th. Zenker. Verlag Georg Westermann, Braunschweig 1841, S. 55 f., 159 und Abbildungen.

Andrić, Ivo, Die Brücke über die Drina, © Carl Hanser Verlag.

Ayrer, Jacob, Schröckliche Tragedi vom Regiment und schändlichen Sterben des Türckischen Kaisers Machumetis . . ., Opus Theatricum, Scherffen, Nürnberg 1618. Neudruck in: Bibliothek des literarischen Vereins zu Stuttgart, Bd. 77, Hrsg. Adalbert v. Keller, Stuttgart 1865.

Baki, siehe: Hammer-Purgstall.

Barclai, Johannes, Der Türcken und ihres Wesens Beschreibung . . . Auß des Herrn Johann Barclajens Icone Animorum. Johann Hoffmann Nürnberg 1684 S. 3 ff. – Frankfurter Flugschriftensammlung 5982.

Besold, Melchior, siehe: Lewenklaw.

Birsel, Salah in Pazarkaya »Moderne türkische Lyrik«.

Bonatz, Paul, Leben und Bauen, Verlag Spemann, Stuttgart 1950, S. 248 ff.

Braun, Maximilian und Schneider, Alfons Maria, Bericht über die Eroberung Konstantinopels, Nikonchronik, Göttingen 1940, S. 5 ff.

Brown's Reisen, Bibliothek der neuesten und wichtigsten Reisebeschreibungen, Hrs. M. C. Sprengel, Weimar 1800, S. 508.

Brunner, Samuel, Ausflug über Constantinopel nach Laurien im

Sommer 1831, Verlag Huber & Comp., St. Gallen und Bern 1833, S. 84 ff.

Büttner, David, Turca Religiosus, das ist: Eine kurze jedoch gründliche Beschreibung der gantzen Türckischen Religion . ., Melchior Göpner, Zwickau 1664, S. 9 ff. – Frankfurter Flugschriftensammlung 5912.

Busbecq, Ogier Ghislain de, Vier Briefe aus der Türkei, 1555-1562, übersetzt von Wolfram von den Steinen, Verlag der Phil. Akademie, Erlangen 1926, S. 33 ff.

Butor, Michael, Genius Loci, Verlag Biederstein, München 1962, S. 22 ff.

Byron, George Gordon Noel, Lord, Briefe und Tagebücher, Hrsg. F. Burschell, Fischer Bücherei, Frankfurt a. M. 1960, S. 65 ff.

Castellan, Antoine Louis, Sitten, Gebräuche und Trachten der Osmanen, Verlag Gerhard Fleicher d. J., Leipzig 1815, Bd. 2, S. 96 ff., Bd. 3, S. 140 ff.

Christelius, M. Samuel, in: Gerlach, Stephan.

Craven, Elisabeth Gräfin, Reise der Gräfin Elisabeth Craven über die Krimm nach Konstantinopel in den Jahren 1785/86. Taschenbibliothek der wichtigsten und interessantesten See- und Landreisen, Hrsg. Joachim Heinrich Jäck, Verlag Haubenstricker und von Ebner, Nürnberg 1828, Bd. 37, S. 90 ff.

Dranas, Achmed Muhip, Stunde des Entrückens, in: Moderne türkische Lyrik, Hrsg. Yüksel Pazarkaya, Verlag Erdmann, Tübingen-Basel 1971, S. 65 ff.

Edib, siehe: Adivar.

Egenolff, Christian, Chronicam Glaube, Gesatz, Sittenn, Herkommen, Weiß, und alle Geberden der Türcken . . ., Straßburg 1530, – Frankfurter Flugschriftensammlung 1647.

Fasli, »Gül und Bülbül, das ist: Rose und Nachtigall«, Hrsg. J. von Hammer-Purgstall, Verlag C. A. Hartleben, Pest und Leipzig, 1834, S. 7 ff.

Förster, Rosa von, Constantinopel. Reiseerinnerungen, Verlag R. v. Decker, Berlin 1893, S. 42 ff.

Forchheimer, P. und Strzygowsky, J., Die byzantinischen Wasserbehälter von Konstantinopel, in: Byzantinische Baudenkmäler 2, Mechitaristenkongreß VII, Wien 1893, S. 260 ff.

Francisci, Erasmus, Tischreden eines Türckischen fürnehmen Bassa zu Constantinopel mit einem Teutschen Connestabel Christlicher Religion . . ., o.O. 1664, S. 4 ff. – Frankfurter Flugschriftensammlung 5913.

Frischmuth, Barbara, Das Verschwinden des Schattens in der Sonne, Suhrkamp Verlag, Frankfurt a. M. 1973, S. 9 ff.

Füruzan, »O Du schönes Instanbul« und andere Geschichten, in: Frau ohne Schleier, Türkische Erzählungen, übersetzt von A. Uzunoglu-Ocherbauer, Europa-Verlag, Wien-München-Zürich 1976, S. 9 ff.

Gautier, Théophile, Constantinople, Ed. Michel Lévy Frères, Paris 1853, S. 268 ff. Übersetzt von Andreas Beyer.

Gerlach, Stephan, Stephan Gerlachs deß Aelteren Tage-Buch . . ., Verlag Johann David Zunners, Frankfurt a. M. 1674, S. 34 ff.

Glasneck, Johannes, Kemal Atatürk und die moderne Türkei, VEB Deutscher Verlag der Wissenschaften, Berlin 1971, S. 296 ff.

Goethe, Johann Wolfgang v., Italienische Reise, Sämtliche Werke, Artemis-Verlag, Zürich 1977, Bd. 11, S. 442.

Goethe, Johann Wolfgang v., Xenien, Sämtliche Werke, Artemis-Verlag, Zürich 1977, Bd. 2, S. 527.

Goethe, Johann Wolfgang v., Nationelle Dichtkunst, Sämtliche Werke, Artemis-Verlag, Zürich, Bd. 14, S. 558 ff.

Grosser-Rilke, Anna, Nieverwehte Klänge, Lebenserinnerungen aus acht Jahrzehnten. Verlag Otto Beyer, Leipzig-Berlin 1937, S. 113 ff.

Gülersoy, Çelik, Cağlar Boyunca. Istanbuler Perspektiven durch Jahrhunderte, Istanbul o. J.

Gurlitt, Cornelius, Konstantinopel. Verlag Wolff, Leipzig 1908, S. 94 ff.

Gylles, Peter, Topographische Beschreibung der Stadt Constantinopel in den Jahren 1548-49. Taschenbibliothek der wichtigsten und interessantesten See- und Landreisen, Nürnberg 1828, Bd. 10, S. 17 ff.

Halbmayer, Simon, Türckische Relation, oder Gründlicher Bericht, welcher massen zu Constantinopel unter den Spachi, Janitscharen und anderm türckischen Kriegsvolck ..., Nürnberg 1622. – Frankfurter Flugschriftensammlung 5196.

Haller, Gerta, »Istanbul«, 1979, Erstveröffentlichung.

Hammer-Purgstall, Joseph Frh. von, Erinnerungen aus meinem Leben. Bearbeitet von Reinh. Bachofen von Echt. Akademie Wien und Leipzig, Wien 1940-42, S. 39 ff.

Hammer-Purgstall, Joseph Frh. von, Geschichte des osmanischen Reichs, 8 Bde., Pest 1822-28.

Hammer-Purgstall, Joseph Frh. von, Baki's des größten türkischen Lyrikers Diwan, Verlag C. F. Beck, Wien 1825, S. 6 ff.

Hikmet, Nazim, »Der blauäugige Riese« und andere Gedichte, in: Moderne türkische Lyrik, Hrsg. Yüksel Pazarkaya, Verlag Erdmann, Tübingen-Basel, 1971, S. 74 ff.

Horn, Paul H., Geschichte der türkischen Moderne, Verlag Amelang, Leipzig 1909, S. 24 ff.

Horn, Paul H., Vom märkischen Sand und türkischen Land. Humoresken von Horn-Pascha, Verlag Schall, Berlin 1903, S. 236 ff.

Jacob, Georg, Vorträge türkischer Meddăh's, Verlag Meyer und Müller, Berlin 1904, S. 37 ff.

Jahn, A. M., Reise von Mainz nach Egypten, Jerusalem und Konstantinopel in den Jahren 1826-27, Verlag Joseph Stenz, Mainz 1828, S. 161 ff.

Jorga, H., Geschichte des Osmanischen Reiches, Gotha 1908-13, S. 263 ff.

Kästner, Erhart, Aufstand der Dinge. Byzantinische Aufzeichnungen, Insel-Verlag, Frankfurt a. M. 1973, S. 15 ff.

Kâmil, B., Die Türken in der deutschen Literatur bis zum Barock, Diss., Kiel 1935.

Kanik, Orhan Veli, »Ich hör Istanbul« und andere Gedichte, in: Der goldene Becher, Türkische Gedichte vom 13. Jahrhundert bis in unsere Zeit, übersetzt von A. Schimmel, Verlag Milli Eğitim Basımevi, Istanbul 1973, S. 140 ff.

Karabaçek, J., Abendländische Künstler zu Konstantinopel im 15. und 16. Jahrhundert. Anzeiger der Kaiserl. Akademie der Wissensch. in Wien, Phil. Hist. Klasse, 1918, Nr. 11, S. 8 ff.

Kinglake, Reisebericht »Eothen«, Verlag Bernhard Tauchnitz, Leipzig 1846, S. 30 ff.

Klinghardt, Karl, Angora-Konstantinopel. Ringende Gewalten, Societätsdruckerei, Frankfurt a. M. 1924, S. 133 ff.

Kral, August Ritter von, Das Land Kemal Atatürks, Verlag Braumüller, Wien-Leipzig 1937, S. 76 ff.

Kriesstein, Melchior, Beschreibung der Kaiserlichen Statt Constantinopel . . ., Augspurg 1543. – Frankfurter Flugschriftensammlung 1687.

Kündig-Steiner, Werner, Die Türkei, Verlag Erdmann, Tübingen-Basel 1974, S. 230.

Lewenklaw, Johannes, Newe Chronica Türkischer Nation, Verlag Wechel, Marne & Aubri, Frankfurt a. M. 1590, S. 25 ff.

Lidell, Robert, Die Stadt am Bosporus, Verlag Fretz und Wasmuth, Zürich-Stuttgart 1959, S. 104 ff.

Lisola, François de, Türckische Raths Stube . . ., Freystadt 1684. – Frankfurter Flugschriftensammlung 5981.

Loti, Pierre, Die Entzauberten, Verlag Ullstein, Berlin-Wien 1912, S. 40 ff.

Loti, Pierre, Aziyadé, Ed. Calmann & Levy, Paris 1923, S. 58.

Lucas, Paul, Dritte Reise von Paul Lucas aus Frankreich in die Türkei . . . 1714, in gedrängter Kürze mitgeteilt von Michael Fiedler, Taschenbibliothek der wichtigsten und interessantesten See- und Landreisen, Nürnberg 1828, Bd. 36, S. 265 ff.

Melanchthon, Philipp, Warhafftige Historia von der Zerstörung der zwo löblichen Stedte Athen und Constantinopel . . ., Wittenberg 1557. – Frankfurter Flugschriftensammlung 1695.

Messerelation, Frankfurter, siehe: Relationis Historicae.

Mickiewicz, Adam, Lyrik polnisch-deutsch, Verlag Reclam jun., Leipzig 1978, S. 105.

Midhat, Ahmed, Türkisches High-life. Erzählungen aus der Gesellschaft, Verlag Starke, Großenhain und Leipzig 1897.

Molière, Jean Baptiste, Der Bürger als Edelmann, Frankfurt und Hamburg 1960.

Moltke, Helmuth von, Briefe über Zustände und Begebenheiten in der Türkei aus den Jahren 1835 bis 1839, Verlag E. S. Mittler und Sohn, Berlin 1893, 6. Auflage, S. 21 ff.

Montagu, Lady Mary, Briefe aus dem Orient, Verlag Steingrüben, Stuttgart 1962, 3. Auflage, S. 169 ff.

Montaigne, Michel de, Essays, Historisch-kritische Ausgabe von Otto Flake und W. Wiegand, Verlag Georg Müller, München und Berlin 1915, S. 164.

Murhard, Murhard's Beschreibung von Konstantinopel im Jahr 1800, Taschenbibliothek der wichtigsten und interessantesten See- und Landreisen, Nürnberg 1828, Bd. 41, S. 272 ff. und Bd. 72, S. 43 ff.

Nikonchronik, siehe: Braun, M. und Schneider, A. M.

Nikolai, Nikolaus von, Reise des französischen Gesandtschaftssekretärs N. v. N. von Marseille nach Konstantinopel 1551, Taschenbibliothek der wichtigsten und interessantesten See- und Landreisen, Nürnberg 1828, Bd. 13, S. 216 ff.

Olivier, G. A., Reise durch das Türkische Reich, Egypten und Persien während der ersten sechs Jahre der französischen Republik oder von 1792 bis 1798, Hrsg. M. C. Sprengel, Verlag des Landes- und Industrie-Comptoirs, Weimar 1802, S. 17 ff.

Pazarkaya, Yüksel, Moderne türkische Lyrik, übersetzt von Helmut Mader und Ulrich Müller, Verlag Erdmann, Tübingen-Basel 1971, S. 65 ff.

Petermann, H., Reisen im Orient, Verlag Veit & Comp., Leipzig 1860, S. 18 ff.

Peters, Richard, Geschichte der Türkei, Verlag Kohlhammer, Stuttgart 1961, S. 140.

Pouqueville's Reise durch Morea und Albanien nach Constantinopel 1798-1801. Aus dem Französischen von K. L. M. Müller, Verlag Johann Conrad Hinrichs, Leipzig 1805, Bd. 2, S. 72 ff.

Pückler, Hermann Ludwig Heinrich Fürst von, Fürst Pücklers orientalische Reisen, Verlag Hoffmann & Campe, Hamburg 1964, S. 422.

Racine, Jean, Bajazet. Deutsch von Heinrich Viehoff, Verlag Habel, Berlin 1869/70, Bd. 2, S. 127.

Relationis Historicae, Jacobi Franci, Historische Beschreibung der denkwürdigsten Geschichten/so sich in Hoch- und Nieder-Teutschland auch Italien/Hispanien . . . Türckey/Barbarey . . .

zu Land und Wasser/zugetragen . . ., Frankfurt a. M., sogenannte »Frankfurter Messerelation«, seit 1590 halbjährlich.
Rifat, Oktay, in Pazarkaya »Moderne türkische Lyrik«.
Ritter, Hellmut, Türkische Schattenspiele, Karagös, Deutsche Morgenländische Gesellschaft, Verlag Franz Steiner, Wiesbaden 1953, S. 373 ff.
Rudzinski, Eine Brücke verbindet Europa und Asien, in: Frankfurter Allgemeine Zeitung, 19. Juli 1972.

Schiltberger, Hans, Reisebuch. Nach der Nürnberger Handschrift herausgebracht von V. Langmantel. Literarischer Verein Stuttgart, Tübingen 1885, S. 46.
Schneider, Alfons Maria, Die Kuppelmosaiken der Hagia Sophia, Verlag Vandenhoek und Ruprecht, Göttingen 1949, S. 348.
Schrader, Friedrich, Konstantinopel. Vergangenheit und Gegenwart, Verlag Mohr, Tübingen 1917, S. 7 ff.
Schultz, Stephanus, Aus den Lebenserinnerungen. Hrsg. Editha Wolf-Crome, Evangelischer Verlag Herbert Reich, Hamburg 1977, S. 84.
Schulz, Eberhard, Die Erfüllung eines Traums: Ein Weg über den Bosporus, in: Frankfurter Allgemeine Zeitung, 26. Oktober 1973.
Schweigger, Salomon, Eine newe Reyßbeschreibung auß Teutschland nach Constantinopel und Jerusalem. Verlag Johann Lautzenberger, Nürnberg 1608, S. 50 ff.
Sieber, Just, Barclaisches Türckenbild . . ., Nürnberg 1684. – Frankfurter Flugschriftensammlung 5982.
Stanhope, Lady Hester, Die Sitten der Türken. Ed. Colburn, London 1845.
Stork, Ernst von, Volk und Reich der Osmanen, Verlag August Robert Friese, Pirna 1829, S. 98 ff.

Taner, Haldun, »Es regnet in Schischhane«, in: Die Pforte des Glücks, Hrsg. Wilfrid Brands, Verlag Erdmann, Tübingen-Basel 1963, S. 91 ff.
Tarencì, in Pazarkaya »Moderne türkische Lyrik«.
Teply, Karl, Kaiserliche Gesandtschaften ans Goldene Horn, Bibliothek klassischer Reiseberichte, Verlag Henry Goverts, Stuttgart 1968, S. 371 f.

Tevfiq, Muhammed S., Ein Jahr in Konstantinopel, Hrsg. Theodor Menzel, Verlag Mayer und Müller, Berlin 1905, S. 1 ff.

Thamm, Melchior, Herbsttage in Konstantinopel und Kleinasien, Verlag Willi Kalb, Montabaur 1912, S. 18 f.

Tournefort, Joseph Pitton de, Beschreibung einer im Jahr 1700 unternommenen Reise. Taschenbibliothek der wichtigsten und interessantesten See- und Landreisen, Nürnberg 1828, Bd. 34, S. 165 ff.

Twain, Mark, Reise durch die Alte Welt, Verlag Hoffmann & Campe, 3. Auflage, Hamburg 1968, S. 266 ff.
Alle Rechte beim Carl Hanser Verlag, München.

Walsh, Robert, siehe: Allom.

Weller, Newe Zeytung von Constantinopoli von eynem Comet ..., o.O. 1542. – Frankfurter Flugschriftensammlung 1684.

Wiemann, Udo, Das Volksfest der hunderttausend Türken, in: Frankfurter Allgemeine Zeitung, 31. Oktober 1973.

Woolf, Virginia, Orlando. Deutsch von H. und M. Herlitschka, Verlag Fischer, Frankfurt a. M. 1964, S. 107 f.

Zinkeisen, Johann Wilhelm, Geschichte des osmanischen Reichs in Europa, Verlag Friedrich Perthes, 7 Bde., Hamburg 1840-63.

Zu den Bildern

Die Illustrationen von Thomas Allom stammen aus:
Constantinopel und die malerische Gegend der sieben Kirchen in Kleinasien.
Nach der Natur gezeichnet von Thomas Allom.
Nebst einer kurzen Geschichte Constantinopels und Erklärung der Stahlstiche von Robert Walsh.
Vollständige Ausgabe mit den englischen Original-Stahlstichen.
Zwei Bände, Braunschweig 1841.

Auf eine Wiedergabe der Bildlegenden wurde für diese Ausgabe verzichtet.

Inhalt